間主観性の現象学Ⅱ　その展開

エトムント・フッサール
浜渦辰二　山口一郎　監訳

筑摩書房

目次

第三部　共同精神（共同体論）……281

翻訳分担者（五〇音順）

以下に、それぞれのテキストの翻訳分担者を示すが、全体にわたる監修は浜渦・山口の二人でおこなったので、最終的な責任はこの二人にある。

稲垣　諭（自治医科大学教授）　二一、二二、二三、二四
紀平知樹（兵庫医療大学共通教育センター准教授）　七、八、九、一〇、一五、一六、一七
中山純一（東洋大学文学部非常勤講師）　一八、一九、二〇、
浜渦辰二（大阪大学大学院文学研究科教授）　一～一七（監修）
村田憲郎（東海大学文学部准教授）　二五、二六、二七、二八
山口一郎（東洋大学文学部客員教授）　一八～二八（監修）
吉川　孝（高知県立大学文化学部准教授）　一、二、三、四、五、六、一一、一二、一三、一四

まえがき

改めて強調する必要はないかもしれないが、現象学は哲学である。現象学は、論理学や数学、あるいは統計学のように、すべての学問にその応用が可能な道具とされる方法、ないし方法論ではない。また孤立した個人の内面に直接与えられていると盲信される個人的意識体験や意識現象を記述する方法、そのようなものを提供するのが現象学なのでもない。そうではなく、現象学は、すべての（当然、自然科学をも含めた）学問の基礎を解明し、それら学問の客観的真理基準を問いただし、諸学問の基礎づけを遂行する「厳密な学としての哲学」を目指し、それを実現しようとする途上にある哲学なのだ。

このようなあらゆる学問を基礎づける哲学として現象学は、その研究が進展するにつれ、期せずして、他の諸学問（とりわけ精神科学）に大きな影響を与えることになった。精神病理学の領域においてヤスパース、ビンスヴァンガー、ブランケンブルクなど、社会学の領域では、シュッツにみられる現象学的社会学、言語学者ヤコブソンの現象学的構造主義、最近では、新たな生命科学とされるオートポイエーシス論の創始者の一人F・ヴァレラの提唱する神経現象学など、現象学の与える諸学問への直接的影響は多大である。

どうして、哲学である現象学が、期せずして、まさに、みずから望んだ経緯もなく、他の諸精神科学に大きな影響を与えることになったのか。

前巻『間主観性の現象学　その方法』（以下『その方法』と略記）で問われた「他者」の問いは、フッサール現象学にとって、あくまでも「厳密な学としての哲学」の問いとして、本巻『間主観性の現象学Ⅱ　その展開』において示されているように、一貫した原理的な考察として展開された。原理的考察とは、各自、意識に直接与えられている現実を直視し（「現象学的還元の遂行」）、そもそもその意識の現実がどのように与えられているのか、あらゆる意識現象の成り立ち（「構成」と呼ぶ）の最終根拠を徹底して問い詰めることである。この徹底した探求の態度と、そこで示されてきた内容は、精神病理学研究者に、「正常と異常」の区別以前に、そうとしてしか与えられない「感覚の持続と変化」の領域を露呈し、「自己と他者」の区別を単純に前提にする社会学研究の素朴さに気づかせ、言語学研究に、言語使用におけるダイナミックな時間体験の分析を提供することになったのである。

このようなフッサール現象学の「他者」論の他の諸学問への影響は、実は、フッサールの他者論の全体が公刊される以前の諸学問への影響であった。前巻『その方法』の「まえがき」にあるように、そのころフッサールの他者論として知られていたのは、主に『デカルト的省察』の「第五省察」での論述だった。ところが『フッサール全集』第一三〜一五巻が刊行された後のフッサール現象学研究者の間にも、この「他者」論をめぐり、さまざまな見解や解釈、批判や反批判が交錯しているという現状がある。神経現象学を提唱するヴァレラは、これからの生命科学の革新的なプログラムの進展にとって、「現象学的還元」が科学研究者の共同体の中でしっかり学ばれ、訓練されることを必須の条件としている（「神経現象学」、『現代思想オートポイエーシスの源流』所収）。この学ばれるべき「現象学的還元」がいかなるものか、現象学研究者のあいだに見解の相違がみられる以上、フッサールのいう「現象学的還元」を経て露呈されてくる「他者」の与えられ方が徹底した理解にもたらされることでしか、フッサールが目指した「現象学的還元」の真意は明らかにならない。

フッサールの「他者」論は、戦後、ドイツ語圏内で、M・トイニッセン『他者』において、M・ブーバーの「汝《なんじ》」（経験と利用の対象以前の生ける人格）の概念と対置されて批判的に論究され、B・ヴァルデンフェルス『対話の間《あいだ》の領域』でM・メルロ＝ポンティの視点から明らかにされ、K・ヘルト「相互主観性の問題と現象学的超越論的哲学の理念」

においてフッサール「他者」論に含まれる原理的矛盾が指摘された。トイニッセンの場合、『フッサール全集』第一三〜一五巻のテキストは考察に含まれていなかったが、「汝」の概念によるフッサール「他者」論の批判は、ヴァルデンフェルス、ヘルトにも継承されている批判といえる。これらの批判が集中する論点の中心には、やはり、『デカルト的省察』の第五省察で展開されている、受動的綜合の基本形式としての「対化《ついか》」（本書第二部参照）による他者の与えられ方の理解が問題として立てられているといえるだろう。フッサールは「対化」をとおして〝私の身体〟と〝他者の身体〟のあいだに、それぞれの「身体」という意味そのものが、そのつど新たに生成しているという「間身体性」の生成を論証している。この論証が真に納得いくものといえるか否かは、読者の判断にお任せする他ない。

なお、本巻には、西洋哲学の伝統に深く根づく「人格」の概念を基軸にした「人格共同体」としての「共同精神」について論述されている。家族と社会の成り立ちが、人格の形成とその人格による共同体の構築という見地から、現象学的分析にもたらされている。人格相互の関係とは、他でもない。「人と人とが正面から向き合って、互いに、自分の利益のための道具としてではなく、人として認めあい、各自の思いを伝え合い、共通の目的があればそれをともに遂行する意志を確認しあって行動する」そのような人と人との関係に他ならない。現在の日本において、民主主義による社会制度の構築のさい、そのような人格相互の関係はどこまで実現していて、実現が容易でないとすれば、その原因と理由はどこにあるのか、本書第三部が大きなヒントを与えてくれることを期待するものである。

（山口）

凡例

本書は、Edmund Husserl, *Zur Phänomenologie der Intersubjektivität, Texte aus dem Nachlass, Erster Teil: 1905-1920*, Husserliana Band XIII; *Zweiter Teil: 1921-1928*, Husserliana Band XIV; *Dritter Teil: 1929-1935*, Husserliana Band XV, hrsg. von Iso Kern, Den Haag, Martinus Nijhoff, 1973. から監訳者によって厳選されたテキストの翻訳であり、フッサール『間主観性の現象学　その方法』（浜渦辰二・山口一郎監訳、ちくま学芸文庫、二〇一二年。本書では『その方法』と略記する）の続編である。

なお、各テキストの表題は、原文の表題を監訳者が簡略化したものである。もとの表題ならびにそのテキストの由来については、巻末の解題を参照されたい。

翻訳にあたって、以下のように記号を用いた。

一、原文でゲシュペルト（隔字体）によって強調された箇所は、傍点を付した。ただし、人名であることを示すゲシュペルトについては傍点を伏していない。

一、原文の„ “による引用は「 」で示し、（ ）による補足はそのまま（ ）で示し、イタリック（斜字体）による強調は、原文編者によって付け加えられた表題等はゴシック体にし、イタリックで示された外来語（ギリシア語・ラテン語・フランス語など）については訳語にカタカナのルビを付した。ただし、物(的身)体、(過去)把持の二語の半角の（　）は、熟語としての意味のまとまりを強調するために訳者が使用した。

一、〈　〉は、原文編者による補足を表す。

一、原文著者および編者による注は、＊とアラビア数字で示す。ただし、著者自身が後にテキストに細かく手をいれていることに関わる編者注は、一部重要なもののみを残して、割愛した。

一、訳者による注は、［　］で囲んだアラビア数字で示す。

一、著者・編者注、訳者注ともに、各部の末尾に置いた。

一、〔　〕は、訳者による補足説明であり、基本的にはこの〔　〕内の言葉は飛ばして、前後の文章をつなげて読んでいただけるようにした。

一、《　》は、訳者が語句をまとめて読みやすくするために用いた記号である。

一、原文の——（ダッシュ）はそのまま——で示したが、それ以外に、訳者の判断で、読みやすくするために用いた箇所もある。

一、上部欄外の数字は原書の対応する頁を示しているが、原書としては『フッサール全集』第一三～一五巻の三冊を用いており、その巻数の区別は示していない。どの巻の頁であるのかは、各テキストの出典を示した解題で確認していただきたい。

間主観性の現象学Ⅱ　その展開

第一部　自他の身体

3 一　自分の身体と他者の身体*1

ある種の外的な物体は、たんに物体としてではなく「身体」[1]として統覚[2]される。そのように統覚されるのは、その物体が私の身体との類型的な類似性をもっているからであり、つまり、そこに生じる関連する出来事が、私の身体に生じる外的な出来事と似ているからである。後者の出来事は私の「内面性」のうちに並行するものをもっており、それゆえそこにある物体にもこうした内面性をともに要求することになる。

このような統覚は、あらゆる統覚と同様、印象において与えられるものに付随する超越
4 化的統握[3]であり、これは直観の規則的な関連のなかで実現される。事物の場合には、統覚
は予期という様相をもつが、それは原本的《オリジナル》[4]な直観、つまり知覚へと移行できる。それに比

べ、感情移入[5]の場合、その（充たされていない空虚志向としての）統覚的な統握は、準現在化[6]という形態においてのみ「充実」されうる。そこにある身体物体が内面性を要求し、この内面性を私はさまざまな程度ではっきりと直観化することができるとはいえ、内面性という類型の知覚体験のうちでそうするわけではない。あらゆる（その根源的な形態における）統覚と同様、感情移入する「知覚」は措定する直観であって、その充実形態のうちでつねに措定しており、それゆえ後者の〔内面性という〕側面に関して措定する準現在化なのである。しかし、ここでは充実という言い方がふさわしいかどうかは疑わしい。どのような統覚的知覚も、知覚をとおしてのみ充実されるのであって、それゆえ、たんなる準現在化によって充実されることはない。準現在化は知覚の付属品としての役割を果たしうるにすぎない。つまり、知覚には空虚志向が属しており、それが場合によって直観化されるが、ここでも同様というだけである。他の《フレムト》[7]身体は、身体や人間として知覚され、私はこうした知覚の志向性にしたがって、知覚から知覚へと進んで行くことができる。それゆえ、他の身体や人間の外的な挙動の全体は、つねにそれに属する内面性において理解され、予期に応じて経過し、ますます新たな予期を呼び起こし、それが確証される。ところが、この内面性に関して言えば、それは知覚によってそれ自体が与えられうるものの範囲には属してはいない。それは、ともにある現在、ともに属するもの、共存において身体と結びついたものではあるけれども、あくまでも〔そのように〕要求されているものである。このことは、感情移入に特有なことである。私の身体性は外的に現出するものとして印象の内面性と〔連合[8]的・統覚的に〕つねに結びついている。それに比べ、他の身体の外面性は私の身体のそれと同じ現象的な類型をもっており、まさにそのことによって、対応する内面性がともに「要求」され、志向的にともに措定されることになる。しかしながら、そのようにともに要求されるということが、すべて知覚されうるという意味でのともに要求されるという性格をもつとはかぎらない。

　ここで、想起[9]もまた、先行する想起と後続する想起に関して、ともに要求するものを含んでいることを指摘することが役立つのではないか。ここで、要求というのは、私によりかつて知覚されたものに関係する。それに比べ、感情移入の場合、要求はともに現在するものに関係する。外的な事物経験においても私たちは、ともに現在するものへと、ともに要求するものをもっている。つまり、客観的にともに現在するが〔現に〕知覚されていないものは、〔いつか〕知覚されうる。それは将来的に知覚されうるか、いまも変わらずにあり続けている場合には、同様な仕方で以前すでに知覚されていたかのいずれかである。しかしながら、それはいまあるようには、私にとっていま知覚されうるわけではない。知覚されうるものはまさに当初から、ある過程のなかで到達されうるものであり、それゆえ後から到達されうるものである。したがって、〔感情移入とことなる外的知覚の特徴として〕残されている違いは、同一の外的実在が、その現実存在の別の客観的時間位相において知覚されうること、また、その実在がしかじかの現在の規定をともなったともにある現在を要求する場合、それは原理的に準現在化によって与えられ、動機づけられうる要求としてのみ考えられるのであるが、〔外的知覚における〕この要求には、「もしも私がしかじかに随意的に動いていたとすれば、いま準現在化しているのと同じ現在の規定が与えられ、しかも印象において与えられていたはずだ」といった仮説的な動機づけ[10]も妥当なものとして属しており、しかもそれ自身は準現在化という形式において実行される仮説的な思考が妥当なものとして属しているということ、これだけである。これに比べ、ともに現在する他者《フレムト》の内的生は、そのようにすれば（そのときは当然私の内的生として）与えられうるかもしれないものとしても、また（私の内的生として知覚によって）与えられえたかもしれないものとしても考えることができない。

　感情移入やそこで遂行される他の人間の構成の本質には、それがまさに類比的な要求であって、私の内面性のうちで動機づけられていながら、私の内面性の範囲内には見いだされないし、見いだされえないような、私の内面性の類比体《アナロゴン》[11]に向かっているということが含まれている。私の内面性に含まれるものは、まさに必然的に印象において与えられるか、過ぎ去ったものとして想起において与えられるか、あるいは未来のものとして、つまり印象によって到来するものとして与えられるかである。私の内面性のうちでは、多様な結合が可能であり、すなわち身体物体的に現出するものと自分の精神的なものとのあいだにさまざまな結合が可能であるが、いずれにしても、あらゆる自分の精神的なもの、つまり「意識」[12]は、内面において（すなわち印象や想起において）経験される私のものとして、私がなすもの、私を触発するものなどとして与えられる。私はただ、何が経験において「ともに属する」のかをまだ知らないだけである。したがって、身体物体的現象は子どもにとってもすでに現にありうるが、子どもはまだ、何らかの食べ物を口にするとお腹をこわすこととといったことを何も知らない。そこに多くのことが加わってくるが、それらは他者《フレムト》の経験と他者の知識を引き受けることで初めて知られることであり、こうした知識の意味からして、この私が、実際にはしていなかった経験の動機づけられた可能性に対する指標になっているものである。だが、このような統覚や思考によって引き受けることは、さしあたりは働かせないでおくことができる。

6 したがって、創設されるべき連関は、すでに創設された連関と同様に、自分の顕在的な意識流と自分の身体へと向かっているが、この自分の身体とは任意の事物ではなく、内的態度において身体と呼ばれる特有の与えられ方のうちにあるこの身体である。それゆえ、

「私の身体」は私にとって特有の形成体、まったく自分の主観的かつ客観的な形成体である。それは、別の事物と同じような事物、つまり一つのそれ自体《アン・ジッヒ》[13]（直観的な「それ自体」、直観的な空間事物、独我論的なものとしてすでに純粋に構成される自体という意味での）ではなく、事物にはそのほかの点で類似しているが、私の身体として与えられる現出の仕方においてきわだち、はっきりと境界づけられる統一体である。この統一体が、それに特別な付加的な客観化が行なわれて、この身体と別の事物とを物理的な因果性の連関において完全に同等視することを要求するときには、みずからのうちに物理的な物体事物を担うことになる。それゆえ、この物体事物は初めから身体の所与性とともに構成されているわけではない。こうしたことは、構成[14]の理論のなかで注意深く取り組まれるべきである。

したがって、あらゆる他者の身体は、まずは外面性のうちで与えられ、誕生の当初では、外的事物として与えられるものとして引き渡され、それから身体として統握されることで第二の誕生を経験するのでなければならない。ここにおいて、それは内面性のうちにある身体として構成され、意識内面性の全体と自我を備えたものとして構成され、それとともにそれらは補いあって、生気ある人間的な存在になるものとして構成される。多くの身体があれば、それだけ区別された多くの人間や人間自我、人間の体験流があり、それぞれがそれぞれの外面性に対して存在し、それぞれが同一の世界に関係している、等々ということになる。

さらに注目すべきことだが、物理的事物、つまりすでに外的な事物統覚の直観のうちにあるたんなる物体に関しては、構成にとって、つまり統覚の根源形成にとって、それぞれがそのほかのものと同等である。つまり、認識する自我のうちでは一つの事物がやはり最初のものとして構成されねばならないので、どの事物も最初のものとして統握されること[7]ができる。この事物の統覚が獲得されれば、別の事物の統覚も類比的な転用のうちで生じることになる。

しかし、身体統覚の場合には事情はことなっている。身体が根源的に与えられることは、私の身体が根源的に与えられることでしかありえず、別の身体が与えられることではありえない。「私の身体」という統覚が原《ウア》[15]本質的に最初のものであり、そしてそれは唯一の完全に原本的《オリジナル》な統覚である。私は私の身体を構成して初めて、あらゆる別の身体をそれとして統覚できるのであり、この統覚は原理的に間接的な性格をもっている。この統覚が他者《フレムト》の身体に対して、内的態度におけるその身体の共現在化を帰属させることによって、それは、私が私の身体をまえもって統覚していることをすでに要求している。それゆえ、他者の身体はすべて、私の身体へと遡って関係するのであって、それはちょうど、別の自我やその内的生活もすべて唯一のものとしての私自身の自我に、つまりもっとも現実的で究極的な意味において原本において私に与えられている私自身の自我に遡って関係しているのと同様である。他者の身体は、なるほどある種の原本性において私に与えられている。つまり、私に他者の身体物体が原本的に与えられ、感情移入する共現在化が特有の統覚を作りだし、それによってまさしく人間のようなものが原理的に到達されうる唯一の仕方で与えられているかぎりでは、原本性において与えられているのである。しかしながら本質法則的には、私は原本的には人間として与えられているのではなく、みずからの周囲世界の、特有に機能する中心という驚くべき固有の仕方で自分の身体をもっている《我あり》[16]として与えられているのであって、私は他者を人間として措定するやいなや、自分をも人間として統握し、すなわち、他者が私についてもっているはずのアスペクト[17]のもとで、自分を統握するようになる。ここではさらに注意深く、構成についての明晰性を作りださなければならない。

物体的事物の構成は実在の構成である。実在はさまざまなアスペクトの志向的統一として構成される。しかし、こうしたアスペクトは連合的に生じた予期志向によってのみ構成されうるのであり、この予期志向は「こうすれば、こうなる」という規則のもとにあり、そうしたものとして、同一の自我〔意識〕流の内在的な知覚所与のうちで、場合によってはその充実を見いだすことになる。とはいえ、その充実は暫定的なものである。というのも、さまざまなアスペクト、ないしあらゆる面での立ち現れ《ファントム》[18]の構成に属しているこの連続的な予期系列の本質には、志向の無限な含蓄があらかじめ描かれているからである。志向《イデ》

8 対象的《エル》[19]に最初に構成される実在は独我論[20]的なものであり、これは総じて独我論的な意識流の規則にまったく基づいている。それに対して、間主観的な実在、つまり「あらゆる」主観にとっての客観性は、感情移入をとおして構成される。

生気あるもの《アニマル》[21]すなわち人間の構成もまた、実在の構成である。志向対象的に最初の構成の場合には確かに、独我《ソルス・イプセ》の自分の身体とその質料的な周囲世界がまさに独我論的な仕方で構成されることがあてはまる。それゆえ、それぞれの生気あるものは独我論的な意識流における内在的連関のたんなる規則として構成される。次いで、こうした独我論的な事物のあいだに「他者の身体」が登場し、それによってまったく新たな種類の超越が登場する。これまでの超越が生み出していたのは、「私の」意識流にまったく落ち込んでくる多様性の志向的統一であった。この統一それ自身は決して意識体験ではなかったけれども、やはり内在的な多様性に属し、それ自身では理性的な妥当性の規則をともなった意味の統一にすぎなかった。そのかぎりにおいて、この独我論的世界はやはり「内在的」世界にすぎなかった、と言うことができる。この世界は私を超え出ることはなかったし、それは私の意味形成体として、私の現出のうちで私によってその内在的な統一意味に応じて措定さ

れ、理性的に証示されていたり、されることができたりするような、私のものであった。

感情移入は、最初の真の超越（それゆえ特有の意味での超越）を創出する。というのも、「他者の身体」という類型の物体をも含めた実在の内在的に創設された世界に基づいて、いまや新たな種類の実在が構成されるからである。それは高次の層として（私が内的見方において私の身体を、すなわち私の原《ウア》身体をもっているように、特殊な身体構成において）第二の身体の共措定を含んでおり、それが第二の方位づけられた現出周囲世界（内的見方における世界）と私に独我論的に与えられた同じ世界の現出をともない、また、第二の構成的多様性、活動と感受における第二の自我と自我内容などをともなっている。

ここにおいて、第二の意識流がともに措定されるが、それは私の流れのたんなる意味形成としてではなく、その意味形成と権利付与によって示唆されるにすぎないものとして措
9 定される。第二の意識流では、私に示唆される構成において独我論的に構成される世界が、「私のうちで」構成される世界と同一化され、構成される意味にそくして、つまり示唆そのものの意味にそくして同一化されねばならない。

ここにおいて意識は、初めて実際に自分自身を踏み越えることになる。踏み越えることで与えられるのは他《フレムト》の自我と自我意識である。そのときにそれとともに与えられるのは、私の独我論的領分[22]における「実体」すなわち事物実在の規則正しい構成はすべて同時に、

感情移入される領分における調和的、同一的な実体の構成に対しての規則を与えているということ、逆に言うと、「通常《ノーマル》」の場合の規則的な多様性というのは、まさに〔自他のあいだで〕同一であり、私が自分を他者におき入れるときに私が見いだすものは、他者が自分を私におき入れるときにその他者が見いだすものと「同一のもの」だ、ということである。

もちろん、ここで問われるのは、何がこのような同一化への動機づけの源泉になっているのかということである。しかし、他の《フレムト》身体は、私にとっては、私の事物世界において与えられる外的身体でありながら、他者にとっては、当人にだけ与えられ、私によって感情移入されているような原身体である。そのさい、この原身体は、方位づけられた周囲世界の中心であるが、この周囲世界は感情移入された内的見方としてあり、私にとっては外的な他の身体がもつ、私の方位づけにおいて私に与えられた外的周囲のことである。このことは、感情移入が、私の身体および「私があちらこちらへと動く」という私の内的見方との関係において、また、私が精神的に任意の場所に自分を置く場合の任意の空間位置との関係において、その意味内実を獲得するのとかなり近い仕方にあり、いずれの場所にも固有の世界の見方、固有の世界アスペクトが属しているからである。

他の《フレムト》身体は、私がそれをまさにそこに存在し、「内側から見ると」私の身体がそこで適切な動きのときに内側からそこに見えるであろうとするのと似た仕方で見えている身体として理解することなしには、身体として統握されえないし、その原《ウア》現出を獲得することもできない。そこからのそうした見え方には、そこからの周囲世界が属しており、その世界はそれゆえ、私の身体によってと同様に、そこから知覚的に機能するものとしての他の身体によって示唆されている。

　こうしたことは、さらに新たに検討されねばならない。そして注意深く示されるべきなのは、私と他者とがそこへの通路をもっている一つの意味がもつ、動機づけの体系的な秩序全体と必然的な統一形成である。しかし、私が別の身体をもつよりも前に別の主観をもつことはできない。しかも、私が別の身体をもつことができるのは、他《フレムト》の自我をこの身体とともに生きるものとして、この身体をそのように直観し、これらの事物に囲まれながら一つのものとして把握するような作用のうちにおいてのみである。ここではいくつかの段階を見いだすことは、ほとんどできないだろう。ここで言うことができるのは、視線の方向からして第一のものは、方位づけられた世界（そこからの世界アスペクト）をもった内的身体である、ということだけである。それはまさに「経験されたもの」「見て取られたもの」であり、それゆえ、自我と自我生はともに現前しているが、これらは反省をとおして、この感情移入する準現在化「における」反省をとおして初めて把握されるのである。

したがって、私が初めに独我論的に私の事物と私の世界とを構成し、次いで感情移入によって別の自我を把握し、この自我はみずからの世界を構成するものとして、それだけで独我論的に把握され、そのあとで初めて、両方の構成された統一が同一化される、というようになっているわけではない。そうではなく、私の意味統一というのは、示唆された他《フレ》の《ムト》多様性が私のもつ多様性と切り離されていないことによって、おのずから《エオ・イプソ》、他の感情移入されたものと同じ意味統一なのである。*2 私が他者をそれだけで構成する自我としてみなすときに初めて、私は、意味形成体が他者によって構成されたものとして見いだし、それを他者とその内在へと数え入れることになる。

281

二　私の身体の構成

感情移入を論ずるためには、より一層の正確さが必要である。

（一）自分の身体は特殊な仕方で構成される。いわば最初の感情移入が可能となるために考察されるのは、そして、それに劣らず後からの感情移入においていつも唯一本質的に有効な動機づけの基盤として考察されるのは、身体を知覚においてすなわちすでに事物として構成していることである。

知覚において身体はあらゆる事物と同じようにさしあたりは立ち現れ《ファントム》として構成され、より高次の段階において初めて、直観的な因果性[23]をとおしてさまざまな性質をもった事物として構成される。私たちは最初の段階だけを取り上げ、それゆえ、身体という立ち現れやそれが完全な身体の原本的《オリジナル》知覚へと練り上げられることを取り上げる。完全な身体は、こうした練り上げにおいてすでに、それが現出するがままに前提にされているか、あるいは、それが言いすぎであれば、あらゆるさらなる外的知覚に対して機能する役割をつねに果たしている。いずれにしても、根源的に衝動的に経過するキネステーゼ[24]〔運動感覚〕と

282

並行して感覚の経過がすぎて行き、まだ立ち現れとして構成されておらず、ましてや事物として構成されてはいない「眼球の運動」が、視覚的所与を経過させる。眼を閉じるとき、あるいは暗闇にいるときは、キネステーゼとともに触覚所与が経過する。これ以上詳論されえない仕方で、そこではすでに立ち現れの統一が、すなわち身体（それはつねにもっとも近くに与えられているものである）の視覚的な立ち現れや触覚的な立ち現れが構成されうる。二つの感官が通常通り協同しているときには、触れられる身体所与の触覚的および

視覚的立ち現れは、触れる手（たんに視覚的に与えられている）の立ち現れから区別されるが、この触れる手自身がふたたび別の手などで触れられる可能性がある。

身体が立ち現れとして構成されることによって、その身体は必然的につねに、別の特殊な身体の層とともに構成される。どの身体の部分も立ち現れとして構成されるが、それはまた「器官」としても構成される。つまり、キネステーゼ的に動くものとして、私の自由な「私は動く」[25]によって私がキネステーゼ的所与を経過させ、その結果として動くものとして、したがって、いつもなじみのやり方で主観的に動きうるものとして構成される。その場合にすでに、触覚野のなかに変化が現れる。しかし、私が身体の別の部分に触れるなら、特定の部位における触覚野が辿られる（たとえば、太腿の表面）。その場合、触覚野の別の断片はつねに別の仕方、すなわち（触れる指の）接触などという仕方で、ある。

したがって、立ち現れとともに一つになって、立ち現れがそこに属する感覚「面」としての、すなわち機能する器官の接触によって辿ることのできるものとしての並行する層をもつということも構成される。逆に、指は触覚面をもっており、触れるものとして、この指の自由なキネステーゼにおいて機能することができ、そのさい、機能する器官という名称のもとで、指の立ち現れは、辿られて顕在化されうるようなキネステーゼ的多様性とのまさしく統一を獲得する。そのことによって、指の主観的な運動は、そこに属している自由な運動可能性を顕在化することとなる。しかも、こうした運動可能性は、可能な接触における実践的な目標設定をもっている。指は、主観的に運動可能なものとして、目標設定の「器官」として、つまりいま形成された私の「触れる能力」のための器官として構成される。

そのつどの立ち現れは、私が自由な知覚の経過において、知覚器官を自由に機能させることにおいて辿ることができ、調和的統一において構成することができるような、もろもろの現出の統一である。しかも、私の太腿や胸などの立ち現れは、感覚態の層をももっており、私はその層をともに辿ることができ、触れる知覚のうちにおいて、その層がそこに属しているものとしてともに与えられているのを見いだす。そのようにして、私はさまざまな方向性において、私の身体の立ち現れに属しているものをもっている（それが立ち現れ全体として構成されるのは、個々の身体の部分が知覚器官として結びついてあいついで機能する場合にかぎられる）。

したがって、身体が知覚において構成される場合には、そのほかの事物が構成される場合とは事情がことなっている。私たちは身体をたんに、呈示する（射映する）現出の体系によって構成するだけではなく、身体にとっては、立ち現れそのものを構成する射映[26]の体系が、多層的な体系と絡み合っており、しかも共現前《コンプレゼンタチオン》[27]をとおして絡み合っている。*3 共

283

現前は確かに、どんな立ち現れの構成にとっても、すでにある役割を果たしている。射映のそのつどの内容に属しているものがすべて、共現前によって結びつけられているかぎり、そうである。さらにそこに含まれていることだが、「私が経験する」の自由な経過のなかで、あらゆるそのつどの射映はもっとも近い瞬間の射映をあらかじめさまざまな程度ではっきり何かとして予料し、すなわち経過のなかでいまやはっきりと実際の現前に至り、（もっとも単純には不変化という事例において）すでに現前したものとともに現前するもの《コムプレゼンツ》に至る何かとして予料している。それはさらに、立ち現れのさまざまな層でともに現前するものとして、顕在化されていなくてもいつでも共現前を経験するかもしれない。しかし、身体の場合には、私たちは特殊な身体の層をもっている。これらの層は互いに指し示し合っている。それらが実際にともに経過して、顕在化される場合には、ただ一緒に登場するというだけではなく、互いに関係し合いながら「現前する」ものとして機能している。「指示する」という表現が意味している予期志向は、経過のなかで充実される予期であり、原本的《オリジナル》に与えられること、すなわち原本的な現前である知覚《ペルツェプチオン》[28]によって充実される。立ち現れを現実化するときにいつも機能しているキネステーゼ的経過は、当然、あらゆる事物知覚に対してつねに共現前する機能を行なっている。しかしながら、その経過は事物に属してはいない。むしろ、それらはたとえば手という触覚器官に属しており、すなわち、この手は、その「触覚面」や触感覚態に関してそうであったように、そうした特有性を構成的にもっているのである。さらに、この身体、私の身体は、私の内的生や自我生の全体に対し特別な仕方で関係している。感性的な快や感性的な苦しみは、直接的に、ある種の感覚態に属している。あらゆる心情の生や意志の生は、感性的な感情の変化を伴っている。身体的に清々しい、爽やか、容易に意のままにできるなどの感情や、他方では苦痛に満ちた抑制、興奮や怒りなどの感情は、身体的な出来事のなかで放射される。このような放射は、これはこれで一面的な共現前《コムプレゼンタチオン》であるが、これはもちろんこの点において、経験の対象として身体の構成的な層へと通じてはいない。というのも、ここで問題になっているのは、私が私の身体に基づいて関心を向け、同一化して眼を向けつつ、特別に同一化する関心をもつような《ともに与えられること》ではないからである。とはいえやはり、身体のこうした特有性は、あらかじめ構成されており、さまざまな触発のもとでそうした共現前をともなっている。このことはもっと研究されるべきであろう。結局のところ、事物の感性的な因果性もまた、「共現前」の構成的な形成体なのである。[*4]

感情移入を可能にするような、他者の身体物体と自分の身体物体との類似性は、どこにあるのか。自分の身体は、通常は機能している器官に応じて分節されている。したがって、この身体は、全体としてもその部分に関しても、外的なふるまいの変化にもかかわらず、類型的なものをもっている。他者の身体は、全体に関してもその部分に関しても、自分の身体に似ている。しかも、触る、つかむ、押しやる、突きだす、運ぶなどにおける、外的なふるまいすべてに関してもそうである。しかし、私の身体の場合、外面性というのは、共現前によって内部層と結びついており、これによって、外面性が私の主観性全体、すなわち私の自我や私の主観的にしかじかに現出する周囲世界——これは私の現出する身体の周りに方位づけられている——と連関している。そしてそのさい、それらに対応する私の身体的な出来事は、主観的に行なったり被《こうむ》ったりすることであり、私の動機づけ状況のもとで、しかじかに規定されること、したがってそのように身体的に働きかけたり応じたりすることである。身体的に与えられていることは、任意の事物が与えられていることと同じようにただ経過するだけではなく、また、ただ事物的因果性において規定され、せいぜいのところ私が介入した結果として因果性に関してさらに規定されるというだけではない。それだけではなく、私の自分の身体が与えられていることは、外面性（空間事物性）として経過するのであるが、なおも主観的な側面をもっている。したがって、それは、私の主観的な連関のうちにあり、キネステーゼによって動き、また、動かされる存在と出来事としてあるのだが、それは私がしかじかの事物を見て、不安を感じ、逃げ出したりするからであり、あるいは、そうした事物を私が目標として捉えようとし、また、捉えるので、私がそれを食べるなどということが結果として結びつくからである。こういった場合に、あらゆる事物が示すような外面性をなすものには、「内面性」がなおも備わっていて、これが動機づけをとおして、外面性の歩みにある規則を定めるのであり、それが外的な経過とそこに属する主観的な経過における共属性の統一なのである。

ところで、他者《フレムト》の身体においては、外的なふるまいが類比をとおして、内的なふるまいを、すなわちこの身体のうちに器官がもっている主観性を「想起させる」のだが、このことによって、いまや本質的なことは、たんに確固として静止している事物類似性がそこにあるのではないし、また、私がただ眼を向けている事物のふるまいのたんなる類似性があるわけでも、それゆえ、事物が変化するという側面やその変化の因果性という側面での類似性があるわけでもない。そうではなくて、何らかの「ふるまい」が、身体的なものとしての私の身体的なふるまいと類似していることがあるのであって、そのさい、ある出来事が類比体《アナロゴン》として、私に恐れを呼び起こす事物から私が後ずさりして回避したり、あるいは、ある食べ物に惹きつけられ、それをつかみ、食べることなどを想起させるのである。しかし、それはたんに想起させるだけではなく、出来事の経過において、「ちょうど」私がそうしたことをした後で、そうした事物に直面している「ときのように」、私がそれをつかんだ後で、そのようにして食べるときのようになっている。新たな想起はいずれも、先立

つ想起によって動機づけられており、同時に、私にとって外的に経験される対象において
まさに外的に示されるものによって確認されるのであるが、それというのも、私が想起す
285 るものがただちに外面性において現れるからである。いまやこの外面性は、対応する内面
性という類比体を獲得するが、この内面性は私にとって共現前しないものである。という
のも、それは経過のなかでたえず新たに類型的な仕方で呼び覚まされ、外面性をともに要
求しながら、実際に現れるときにもこの外面性を示しているので、共現前的な力が、すな
わち外面性が予期されるのであり、それと同時に、対応する内面性は、たんに表象された
ものや、たんなる類比ではなく、むしろともに現にあるのであって、私にとってのみそれ
自身が経験されうるものではないし、まさに私の内面性なのではない。

447

三　内的身体性

身体とそのとりわけ身体的な諸特性。その自我性。知覚身体、「私は動く」。あらゆる器

官には、キネステーゼの体系が属している。私の腕が受動的に押されたり、放電によって痙攣したりするときのように、キネステーゼは強制的に、いわば私によそよそしく《フレムト》経過することがある。しかし、キネステーゼは「私は動く」という形式でも経過し、しかも、自我から能動的に働かせる随意的なキネステーゼという様相において、あるいは自由にまかされるという形式において経過することがある。後者の場合、自我から発して自分の《かくあれ《フィアット》》[29]において意欲されているわけではないが、やはり自我が向かうことなく受け入れられ、背景で意識され、自我にある程度都合がよくなっている（たとえば、私が他のことに携わりながら、自分の子どもを遊ばせている場合のように）。私はピアノを弾き、運動が私の感覚のなかで経過するとき、私はその運動を意のままに統制しているわけではない。あるいは、呼吸することについては、私が止めたり、ふたたび始めたりできるが、一般的には経過するにまかせている。このように経過するにまかせるということは、特殊な自我活動が欠如しているにもかかわらず、やはり自我的に主観的なものであり、自我の領土に属しており、これは同時に、可能な「私はできる」[30]の領土である。*5

あらゆる器官はみずからのうちに原本的《オリジナル》な経験にしたがってそのキネステーゼをもっており、あらゆる知覚器官は知覚する「行動」のために機能するそのキネステーゼをもっている。どのキネステーゼも可能な経過の連続であり、私がどんな位置でも止めて、キネステーゼの静止へもたらすことができる。どのキネステーゼの経過にも器官の相対的な運動が対応し、どのキネステーゼの静止にも器官の相対的な静止が対応し、それゆえ「私は動く」が対応している。眼球は瞼の開閉という特殊なキネステーゼをもち、それが知覚することに役立っているが、本来の知覚の運動は、継続する知識へと通じる運動であって、そのようなことはない。

新たなテーマ。「私は動く」とともに経過する知覚機能における知覚器官はすべて、知覚野とのある統一をもっている。しかも、視覚器官、触覚器官、聴覚器官などの区別にしたがって、私たちは感覚野への特殊な関係をもつことになる。この関係が主観的に統握されることで、知覚所与が視覚的な現出の仕方における視覚的所与となったり、触覚的な現出の仕方における触覚的所与になったり、等々ということになる。

触る手は「私は動く」におけるキネステーゼの経過（知覚という根源的形式。私は動かされているが、触りながらやはり経験しているという二次的な形式）であるのに、私たちが想定できるように、そのほかのキネステーゼの体系は静止している。私は、触る手を、あらゆる指を同時に見つめ、存在的に言えば、その手が、触りながら知覚された物（的身）[31]体に、変化しない物（的身）体に空間のなかで触れる〔のを見る〕。この物（的身）体は変化する主観的な様相のなかで、ある側面において、ある近さにおいて、それぞれのパースペクティヴ[32]に対応して変化する主観的な現出の仕方において現出する（たとえば、複数の触る指が変化する圧力において現出する）。私が現出の仕方それだけに注目し、現出する対象の内実を捨象するならば、私は接触の感覚所与をもち、それが何かの現出として統握される。感覚所与とは、統握が捨象された感性的内実のことである。*6

感覚所与は手に属し、より正確には指に、触れられる指先に属している。私は接触において「触れられる」物（的身）体に注目して、その〔指が〕機能することには注目しないと
449
き、私は触り、触知覚を獲得する。それに比べ、私が手を知覚しながら、手に注目するならば、その手が客観的に触れられた位置に接触感覚をもつ。*7

身体全体には、とりわけ身体表面には、触覚野が属している。身体がどこで触れられても、そこに接触の感覚が対応している。それゆえ、身体のどの位置も、知覚することに対する意義をもちうる。というのも、どの位置も一つの身体器官に属し、まさに一つの運動可能な体系に属しており、結局、身体全体が歩行において一つになって運動するからである。

視覚の場合。存在的な視野としての知覚野とその完結した統一における視覚的な感覚野。身体の表面に局所づけられてはいない。表面全体はそれだけで触感覚野をもっており、眼球も、触感覚可能であるかぎり、そうである。だが、開いた眼としての眼球には、視覚的

な感覚野が属しており、それが存在的・対象的に統握されることで視覚的な事物野が属している。

聴覚（頭や上半身のキネステーゼ、頭を動かすものとしての身体全体のキネステーゼ。耳を開いたり閉ざしたりすることには、ここで指が携わっている）、聴覚「野」と聴覚的に対象的な統握。もちろん、延長するもの《レス・エクステンサ》[33]の統握は直接には生じない。

実践的に統御すること。身体は事物的連関のうちにあるものとして客観的に現出するが、事物との空間的な接触のうちにあるものとして直接に現出するのは、身体が主観的に触れるものである場合のみである。こうした主観的な関係にはさらに特殊性がある。*8 突く、押す、つかむ、つかんでそれによって身体と結びついたもので他の客観を押す、叩く、間接性において働きかける、結局のところ遠くへと働きかけ、連続性においてさらにふたたび間接性において働きかける。衝突による球体の運動のような因果的過程を産みだすこと、とりわけ主観的身体的に自然に介入することは二重の意味をもっており、すなわち、自然因果性という意味と身体性の内的視点からのみ理解されうる過程という意味とをもっている。その過程は内的意味をもっており、私たちがそのさい自我を、その自我的な能動性、情動性、受動性という点において統御するものとして身体と特殊な関係をもっているような何かとしてもっと引き入れるなら、ある種の客観的な出来事が、主観的に働きかけられ、

451

ときには意図的になされた行為という内的な意味を獲得する。すなわち、その終局からすれば、自我がそこを意欲して向かっているものとして、外的な自然にそくした《ナトゥラル》[34]存在を自我に有用なものに改変することとして、一つの目的意味を獲得し、そして、意欲的な産出の手段や方法としての中間段階を獲得するのである。だが、このことは身体性のもつ特殊な客観性を越え出て行き、身体性が機能することによって働かされるものをあらかじめ指示するものとしてのみここに属している。ちょうど、機能することがすでに目的論的なものであり、それゆえまさに特殊に自我的な営みであるのと同様である。

感性的な感覚とともに感性的な感情もともに局所づけられている。他方で、主観的に働きかける性状として客観において統握されることで、客観がちくちくし、ひりひりする（苦痛が燃え上がる）*9——これらは、自然にそくしておらず、純粋に延長するもの《レス・エクステンサ》に属しているわけではない特性である。感性的感情が自我を触発し、自我は、さしあたり感覚的には、苦痛から遠ざかり快適なことに近づこうと、意図しないままキネステーゼを遂行する。このようなキネステーゼの経過は、とりわけ自我の領土において感性的な触発から動機づけられたものであり、それが一次的に目覚めた自我には該当しないとしてもそうである。

生理学的なもの。それは、自然にそくした因果性に服する変化可能性のうちにあり、その客観的・主観的な因果性のうちにある延長するもの《レス・エクステンサ》としての身体の客観的構造である。正常《ノーマル》[35]な物理的有機体としての正常な身体性は、身体があらゆる点で身体としてありうることの前提であり、あらゆる器官が実際に器官であり、知覚、感情、実践において実際に機能しうることの前提である。つまるところ、統御することの前提である。器官は機能しなくなることもあれば、その機能において客観を異常《アノーマル》な仕方で現出させることもある。しかし、そのとき私が経験するのは、自然客観としての器官が特別な仕方で変化したことである。私は、他の客観に対する正常な知覚を産みだすために、客観として存在し存在しなければならないような器官（正常に構成された器官）と異常な器官とを、経験において区別しなければならない。その両者に事物の正常な現出と異常な現出が相関的に対応している。[*10]

補足として。身体は感性的に感覚され、感官の感覚野の担い手である〈だけでなく〉、そこに基づけられて、とりわけときにはきわだった感覚や感覚複合に基づけられ（布置という連合の拡大された意味において連合的に結びつけられ）、感情的に感覚されうる。

実践的身体と、知覚器官としてキネステーゼ的に機能する身体。ここで注目すべきは、身体がもつ、自然にそくした（それゆえ延長的事物に属する）因果性と自我的因果性という、二つの因果性の区別である。延長的で自然にそくした運動と変化は、自然にそくした因果性の「こうならばこうなる」という連関のうちにあり、それゆえもっぱら別の自然に

452

そくした運動とともにある。しかし、自然にそくした考察では、自我的な身体運動は非因果的に動く。私が手を動かすとき、自然にそくした考察では、手はおのずから因果的な運動である。キネステーゼ的自我的な経過は、統覚的な所属において、自然事物として（その外的側面として）器官の自然にそくした運動をともなっている。運動は同時に、自然にそくした質的な変化であり、少なくとも知覚領分においては変形である。こうした自我運動に対して、私たちは感性的な感情の側からの根源的な動機づけをもっている。しかし、感覚所与（最も低い層のヒュレー的感覚所与）[36]の統覚、現出する自然客観としての統握は、自然にそくしたものが感情に彩られて現出することを条件づけており、この自然にそくしたものがいまやそれ自身がそうしたものとして触発し、感じながら実践するものとしての自我を触発する。感性的感情による動機づけが行われるのは、次のようにしてである。その感情が自我を触発し、「私は動く」への傾向において触発するのであり、感情の高まりや落ち着きがそうしたことと手を取り合って進み、感情がポジティヴになったりネガティヴになって、この方向に応じて上昇したり減少したりすることで、自我は運動を統制したり、強めたり弱めたりすることになる。*11

突くこと、自然へ因果的に介入すること。力の源泉として身体においてキネステーゼ的に統御している自我、および、主観的な力や自我因果的な影響可能性の源泉としての身体。

キネステーゼにおいて、「私は動く」のエネルギーが大きくなったり小さくなったりする。こうした主観的なエネルギーには、キネステーゼの「速度」の高低があるが、それは物理的エネルギーのうちに「客観的」な相関項を、自然にそくした相関項をもっていて、それは自然にそくした因果的な影響の「大きさ」である。それゆえ、身体は自然やその経過に介入する器官として、自然のなかに入って働きかける。

触覚的に機能する身体の特別な働きかけ。さしあたり、根源的な知覚領分には、知覚された事物に何も加えることはない「たんなる」触覚知覚としての知覚があり、突いたり押したりすることのなかに触れることがある（ときにはうまい言い方ではないが、意図に反してあるいは意図もなく、主観的なエネルギーが少ない場合には現れないような物理的な運動が生じる）。そこにはさまざまな客観の区別がある。自然にそくした客観はさまざまな「抵抗」をもち、比較的持続する主観的に相対的な特性をもっている。それは、運動の因果性に関係する自然にそくした意味での抵抗である。事物はほかの事物によって衝突され、ときにはうまい仕方で、ときにはまずい仕方で衝突に抵抗する。離れる運動に必要な運動エネルギーが大きければ大きいほど、客観の抵抗力も大きい。それゆえ、主観的意味でのエネルギーは物理的エネルギーと関係している。極限事例としては「それ自身をゆだねられた自然」の内部における自然や自然にそくした因果性へと「介入すること」がもつ

453 主観的・身体的因果性は、つねに積み重なって関係している。身体はそれ自身との関係において知覚身体であり、かつ実践的な身体である。私の自分の身体への関係における私の身体的な行動によって（いずれの器官もいわば個別身体である）、私はたんに（機能するものとしての器官から客観としての器官に至るまでの）身体を自然客観として知覚するだけではなく、その身体の自然へと介入し、その身体を押し、突き、圧迫しながら取り扱い、その自然因果性へと介入するのである。

固有のテーマ。客観的・主観的（生理的・身体的）因果性における自然としての身体の因果的変化。「正常な《ノーマル》」身体は、私の身体が身体として機能し、しかもさまざまな身体的器官を個別に考察するときに機能しているという可能性の条件となっている。これら器官の物理的自然は、もしもそれが私の器官として機能しうるのでなければならないとすると、物理的因果性のうちで（ときには私自身から心理・物理的に、あるいはより正確に言えば、身体・物理的に）自由に変化させることはできない。しかしここで、統御することと、物理的自然に対する因果的関係においてつねに前提されている感覚可能性と、そして、射映としての感覚与件が自然にそくして経験される事物に対する関係とが区別されねばならない。眼は異常な《アノーマル》仕方で機能し、悪くなることがあるが、すると私は形や色などをもはやはっきり区別できない。色盲になることもあるし、完全に盲目になることもある。しかし、キネステーゼは機能している。視覚的な感覚野は、異常な仕方で感覚所与で充たされる。このことは自我に関係する違いではなく、このように機能したり、うまく機能しなかったりすることは、自我によそよそしい《フレムト》身体の部分に属している。

505
四　ゼロ方位づけと空間構成

感情移入あるいはむしろ一人の人間の知覚を記述する。

私の原本的《オリジナル》な領分のうちのそこに、〈私は〉身体物体を〈もっている〉。この領分のうちで、私の身体物体は唯一の身体であり、そのうちに私が統御を私の原本的な統御として経験するような、つまり統御を知覚するような唯一の身体である。

しかし、この領分のうちに私は他者《フレムト》の物（的身）体を経験し、にもかかわらずそれを身体として統握する。その身体は、私が立っているのと同じ現在において、私が知覚していないし、知覚できないにもかかわらず、身体に特有な性格をもっている。それは共現前《アプレゼンタチオン》である。しかし、この共現前はどのような種類のものであり、どのような現象学的内実をもっているのだろうか。それは空虚な準現在化である。しかし、それはかつて私が知覚したときのように自分の過去を準現在化するような想起なのではないし、また、期待でもない。しかしまた、私が知覚できたかもしれないような現在を、あるいは、私が実際にできるように、私のキネステーゼを働かせれば知覚できるかもしれないような現在を共措定するような共現前の一つでもない。私が自我主観としての他の《フレムト》人間やその生に帰属させるものは、私にとって原理的に知覚されえないものである。

　そこでは何が他者として本来的に共措定されるのだろうか。それは自我であり、しかしまたその身体である。私が身体をもっているように、その他者はみずからの身体をゼロ位506置において経験し、キネステーゼのなかで働かせ、私がそうするように身体を統御し、それによって他の事物を知覚するものとしてそうした事物に関係し、周囲世界の全体に関係し、間接的に周囲世界に没入しながら生き、自我としてそれを評価し、努力し、行為し、等々である。正確に見れば、私がここで共現前したものは、第二の原本的《オリジナル》な経験であり、まさに、私がそうした経験を、しかも実際に原本的に体験するような仕方での経験である。原本的な経験領分という乱暴なタイトルが私のもとで意味するもののすべては、変様されるなかで、私が私の原本的な領分において私の前のそこに知覚する身体物体による共現前として示唆される。そのようにして私たちは、他者の心と、解釈を通じてそこにあるこの物体にあてがわれた原本的な経験とを同一化する。

しかしそれはどのような原本的《オリジナル》な経験なのだろうか。その内実について、つまり、そのうちでそれ自身構成されて表象されるその身体性について、それによって他の自我に対して構成される事物については、どのようになっているのだろうか。

他の心にある他の自我は身体を経験する。その身体を、もちろんゼロ方位づけにおいて経験する。共現前するこの身体は、原本的に現前するそこにある私の身体物体と同一であり、私はそれについて、それを他者の身体として解釈すると言う。私はゼロ方位づけにある外的物(的身)体をどのようにして表象することができるのだろうか。どのようにして私は、そこという様相において原本的に経験される外的物体に対して、同一化において解釈的表象を、すなわち、絶対的なここ、方位づけのゼロという様相において準現在化する表象をあてがうようになりうるのだろうか。私がみずからをそこにある物(的身)体へと、その空間位置へと置き入れる以外にどのようにすればいいのか。それは、私が明らかにできることであり、私がそうするならば、もちろん動機を要求することである。そしてそのとき初めて、この表象を解釈する共現前へともたらすような動機を要求する。

この点をそのままにして、続けることにする。もし私がそこにいて、この物(的身)体の

位置に私の身体があったとしたら、私は、私の周囲世界である周囲世界を、現在の方位づ
けではなく別の方位づけにおいて経験することになるだろう。いずれにしても私は、世界
がそこからはどのように見えるのかを表象することができる。そして私は行為するどんな
場合にもこのようなことをしなければならない。私が行為し、身体的に活動して私の周囲
世界へと介入するとき、私の周囲世界がそこからどのように見えるのかを、表象すること
がつねに私にとって重要となる。行為が方位づけられた周囲世界において遂行され、私が
その周囲世界に立っているとき、私は、どうやって左の方や右の方に手を出すべきか、前
507 方や後方をつかみ、突き、押すべきなのか等々をわかっている。それゆえ、実践的な生活
においても、あらゆる語りは方位づけの言葉を引き入れなければならない。たとえば、時
間的には、いま、たったいま、あとで、今日、昨日、明日などの言葉であり、空間的には
左や右、前や後、遠くや近くなどの言葉である。

　そして、私が行為する前に、いまここにいる私は、あとからとそこを、未来の行為の場所とその行為が進行する方位づけを表象しなければならない。この場所とは何らかのそこであり、しかじかに方位づけられて、近かったり遠かったりするそこであり、私がまずはそこに入って行かねばならないそこである。そして、私がそこに行くなら、いま身体的にここにいる私自身がそこにいることになる。さらに、そこに事物があるならば、私はその

ものに居合わせるのであり、事物が動くならば、私はその動きを追い、事物が占めていたすべての空間を後から占めることになる。

それゆえこのような仕方で、私はあらゆる場所へみずからを置き移すことができ、つまり私の身体を置き入れることができる。このような置き移しという考えにさらに深く立ち入るならば、空間それ自身、事物世界の形式は、私が自分を置き移すことができるような場所の体系にほかならないことに気づく。

「外的」物(的身)体、そこという方位づけにある私の身体の「外部に」現出する物(的身)体が、この位置に存在しうる身体という表象を呼び起こしうるのは、私の身体、つまり原本的《オリジナル》に構成される唯一の身体が、入って行くことができるという形式で、あらゆるそこの位置において考えられうることによってのみである。それゆえ、私の身体だけが表象の変様を受け入れて、それによって、いまはそこに存在しないとしても、そこに存在するものとして可能な仕方において考えることができるだろう。

しかし、このような表象は、私たちにかなりなじみ深いものではあるが、困難をともなっている。私が自分の身体を経験できるのは、ここという様相においてのみである。そして、もし私が身体をそこに存在すると考えるとすると、それは身体として表象されるかぎりやはりここという様相をもたねばならず、したがってそことここという様相を同時にもたねばならなくなる。どうしたらそのようなことが可能なのだろうか。

ここでは次のような問いが差し迫ったものとなる。運動を経験として表象することがいかにして可能なのだろうか。そして、「私は動く」における私の自己運動、つまり私が原本的な証示において知覚しながら経験できる唯一の運動が、運動として表象可能になり、あらゆる他の運動、外的運動と同等にある仕方で経験されうるようになるのは、どのよう 508 にしてなのだろうか。私のキネステーゼ的運動を場所の変化として統握し、私が外的物体において経験する場所の変化と同列に置くならば、私のキネステーゼ的静止はどんな場合にも、何らかの別の物体と同じような場所という意味をもつことになり、私のゼロ方位づけの身体は、外的経験のうちにありそれゆえ外的方位づけのうちにある物体という意味をもち、実際には実現しないがやはり意味として共現前された同じ物体という意味をもつことになる。

私が自分の身体を別の物体と同じような物体として、その運動を別の運動と同じような運動として、その空間や空間形態を別の空間形態と同じような空間形態として統握し、私の全体経験のうちで斉一的に構成されるのを見いだすかぎり、私の自分の身体物体に関してある種の感情移入的な共現前が遂行される。

私が私の物(的身)体をそこに存在するものとして表象することができ、それが外的現出によって代表象されて、別の同じような物体がそこにおいて私にとって見られるように現出するのであれば、そのときに私は次のような可能性をもつことになる。すなわち、私が実際に等しい物体や類似した物体をそこに経験するときに、その物体を、私があたかもそこにいるかのようにその物体が存在するとみなす可能性をもち、したがって、その物体を、対応する内的物体すなわち身体が準現在化によって帰属させられるような物体とみなす可能性をもつのである。

520

五　空間構成と感情移入の「古い」解釈

どのようにして、空間それ自体が（静止を前提にして）構成されるのか。事物をともなった近い空間は、遠さのキネステーゼが活動し、事物がそのキネステーゼ的（さらには視覚的およびそれと並行してパースペクティヴ的）な方位づけの変化のもとで同一視されるとき、新たな近い空間となる。その一方で、以前の近い空間は、古いキネステーゼに属し、

521
いつもふたたび打ち立てることができる（現実化されうる）ものとして、引き続き妥当している。そして、無限に《イン・インフィニトゥム》そうなっている。いま実現されたばかりのどの近い空間から、どの「空間位置」から出発しても、私はどの近い空間をもふたたび実現できるし、あらゆる近い空間はそれぞれから発して、それ自体で存在するものとして、すなわち、存在する空間の統一に結びついて、顕在化においてこの空間を連続的な統一として「産出」するものとして、恒常的な妥当をもっている。私はそのとき、あらかじめ置かれた静止した事物をくりかえし見いだすことができ、その位置やその近さの方位づけの体系のなかにそれぞれの事物を見いだすことができる。私はそうした方位づけのいずれをも随意に産出できるが、そのさい、私は近い空間を産出して、そのゼロ位置を占めるのである。

あるいは、おそらく次のようになっている。私は特定の近い空間を遠さのキネステーゼなしに変化させねばならず、したがって静止したままであるが、回ったり振り向いたりして、全面にわたって触りながらである。私は自分のキネステーゼの体系をさまざまに顕在化しつつ通過することができる。一つの形式では、私はまっすぐ直線的に離れて行くキネステーゼを働かせる、という具合に。私は回りながら振り向いては、ふたたび歩き出したりすることによって、そのキネステーゼをふたたび反対に通過したり、別の直進的なキネステーゼを働かせたりできる。そのように何度もくり返す。まっすぐというのは、放射の二次元的な体系を形成している。中断や静止によって獲得するどんな位置からも、私は同じことをすることができる。どんな場合でも私は、あらゆる可能なキネステーゼがそこに含まれている同じ形式のキネステーゼの体系を産出する。もしも私がいま、この遠さのキネステーゼを静止させて、静止する事物とともに近い空間をもっているとしたら、まっすぐの方向（回る位置を通じた方向と規定される）はいずれも、離れて行くキネステーゼの通過において、知覚のなかにとどまる「同一の」事物の方位づけの変化を産みだす。

こうした変化を、私がくり返し反対にして、いわば何も生じないことにできるなら、私は、立ち現れ《ファントム》の内実のなかにある事物にともに生じる変様を同一化する。しかし、区別できる構成的な諸契機をその内実が失ってしまうような遠感覚においてのみ、私は変化としてパースペクティヴだけを経験することになる。そのさいにそれぞれの事物はそのパースペクティヴにおいて、出発点である近い空間を、そしてそれに対応する最適の近い事物を遡って指示している。連続性のうちに私は、変化した内実をともなう近い空間の連続性をもっている。視覚的なものについては、そのつどの近い空間には、私が触りうるものだけが属している。パースペクティヴ化とともに、近い空間からの退出が生じるが、その代わりに、すでに見えている新たな事物の登場が生じる。視覚的には、私は見える空間領野の連続性をもち、それは、回転のキネステーゼにおける近い空間と同様に、変化のなかで同一化される。視覚的な近い空間はさしあたり(純粋に視覚的には)、事物的なものについて最適の仕方で与えられているものである。しかしそれは、遠さのキネステーゼにおいて、もしくは接近することにおいて初めて示される。そのさい、最適の大きさの対象が、さらに接近することで、部分的な規定を受け取り、私たちは最終的にいつでも、静止の位置で同時に触ることもできる視覚的に近いものへと立ち返ることになる。

　こうしたことはすべて、体系的に考え抜かれ実行された困難な記述を必要としている。「他者が動く」のを、「他の《フレムト》身体」という外的物体が運動するのを私が見るとき、しかも視覚的に私の身体物体と類似しているのを見るとき、それが運動において現出する仕方は、もし私がそこから同様な運動をしたらもったであろうような、私の運動の内的に現出する仕方を思い起こさせる。

　動く他者、身体機能において生き生きと活動している他者は、私にとって外的に与えら
522 れており、したがってさしあたりはゼロ位置において与えられてはいない。しかし、私が自分を置き入れて考えるやいなや、その外的運動のうちでそこにある外的物体を、動く者としての私と一つになって、同様に動く者を合致のうちでもつことになり、しかも、二つの運動は自然に合致しているというだけではない。他の物体の運動はその主観的な様相において、つまり、内的なゼロ運動のうちにその意味をもつような外的運動という、いまや

二重の主観的な様相において、私の物体的運動と合致することになる。それゆえ、こうした意味は転用されることになり、他の物体が、私の身体と自然な類比のうちに置かれるというだけではなく、いまや私に外的に与えられる物体でありながら、内的物体や内的物体的な運動を「意味する」ことになる。しかしながら、いかにしてこうしたやはり矛盾であるかもしれないような措定へと至るのだろうか。

以上が私の古い解釈であった。しかしいま問われるのは、私の運動のそうした矛盾する外的表象へ訴える必要があるのかどうかということである。外的運動と、私が知覚する（遠感覚において見る）という機能運動との類比を示すことで、十分ではないだろうか。私はそこに自分の隣に、言ってみればすでに近くに、私の身体に属する外的ふるまいをともなった私の身体に類似した事物をもっていると言うだけで十分ではないだろうか。私のもとで、外面性と内面性とが一つになっており、しかも外面性において、ことさら身体的なものという内面性が根源的かつ現前的に充実されて表現されている。方位づけの違いは必然的に両者を区別するけれども、外面性の類比は視覚的に明らかである。しかし、「他の身体性」の種類や変化の仕方全体は、私の自己経験の可能性を呼び覚まし、それゆえ、機能する身体性の表象やそれとともにまさに機能している「対応する」内的身体性の表象を呼び覚ます。しかし、ここで「対応する」とは何のことだろうか。表象がこの類比を通じて呼び覚まされるということだけを意味するのだろうか。私は、私に原本的に与えられている外的運動を解釈し、内面性がその基礎にあるような外面性という意味を措定しつつ与えるのである。しかし、こうした外面性が内面性を想起させるということ以上のことが、そして、この解釈がつねに充たされる動機づけがこれからすぐに進行するということ以上のことが、必要なのだろうか。

550

六　運動や空間位置にとっての構成的キネステーゼ

（一）細胞。キネステーゼ的な移動《ロコモチオン》の《私はできる》をもたないような私の身体。私は細胞のなかにあらゆるものを見ることができ、通常は私の意のままになる私のキネステーゼを通じて、あらゆる側面から見ることができる。私はさらに直接に手を伸ばしてすべてを触り、抵抗するものとして経験することもできる。私の身体は近さのゼロ客観であり、遠いものもやはり近くにある。知覚野の全体が近い領野である。そこに移動の能力を付け加えても、何も変わることはない。移動はそのほかのキネステーゼと別の役割を果たすことはできない。

（二）壁が倒れるのを、私は「もっと遠くで」見る。移動という《私はできる》はここでも欠けている。静止と運動のうちにある「遠くの事物」は、近くの事物と同じように見える。しかし、「私はその事物に到達できない」。遠くの客観は、存在する事物のように見え、存在する事物を示唆している。しかし、私が手を伸ばし、あらゆる私のキネステーゼを働かせるなら、そこに存在するものとして私が到達し、その運動を実際にそうしたものとして経験することができるような客観、しかもそこに属する現出変化をもった客観の範囲へと至る。というのも、私は、運動を示唆する当該の現出変化をいつでも補塡できるし、それによって身体的に触れつつそうした現出変化のもとに、私が望めばつねに留まることができるからである。あるいは、私が、私の主観的な対抗運動によってその「運動」のあらゆる位置に触りながら到達し、私が望むかぎり、そこからともに行くことができるからである。視覚的に現出が変化するあいだにも、現出するものは実在的に存在しており、触って抵抗を試すことで接近できるし、「静止」という契機の恒常的な変様であるこうした変化のあらゆる契機において接近できる。古いキネステーゼ的な位置を取り戻すときには、私は同じ現出ではなく、別の現出をもつ。しかし、「たんなる運動」の場合には、規則的な位置変化の場合に生じるかもしれないような現出をもつ。そして、私は主観的な位置の変化を連続的に遂行しながら、静止の場合と同じ現象的な変化を獲得することができる。したがって、私はまさにこうした現出の変化を、静止に属している現出の変化に対して、運動可能なキネステーゼ的な位置変化へと帰属させているという点にのみ相違があることになる。運動の経験には、より正確にはその知覚には、それが欠落すれば触知覚をも欠落させるような触る経験にともに生じる顕在的なキネステーゼが根源的に属している。そして、このことが運動の統覚にもともに属している。私は運動を見ながら統覚できる。しかしそこには、「私は触れながら近づき、ともに行きながら触る」という意識が属している。ただ見るだけでは、運動の最終的な証示も実在性としての最終的な証示も与えることはない。

遠くを見ることが可能であるならば――「もっと遠く」の現出変化が、近くの現出変化とまったく類似して経過する。そのようにして確かに、遠くの実在性や遠くの運動が根源的に示唆されるのであり、私はほとんどこう言いたいのだが、共現前されるのである。しかし、静止や運動における遠くの実在性の知覚は、そちらへ行くことができるといった意識を前提にしている。限定された近い領分を超えてこの意識が欠ける場合には、確かに、こうした遠さは実在性として考えることはできるが、それは、私のキネステーゼがさらに

551

及んで行き、できるならば触って、何かが実際にあるかどうかを、静止しているか動いているかを確信できる、という類比的な可能性を、空想によって表象できるという意味においてにすぎない。とはいえ、現実性としての遠さは、そのときにはまさに空虚な可能性にすぎず、私は、それが存在するともしないとも言うことができない。さらなる実験によって確証されるような想定という意味での仮説を、私は決して作ることができない。というのも、私は自分のキネステーゼに対してはあらゆる実験をすでに行っており、そのような自分のキネステーゼを超え出るような実験を行うことはできないからである。ただ一つだけできることがあって、何も支持するものがないような新たなキネステーゼが私に生じることは排除されるわけではない。

(三) 私が無 限《イン・インフィニトゥム》に働かせることのできる移動のキネステーゼをもっていて、それゆえ私は「歩く」ことができると、いまや想定してみる。私は、キネステーゼを通じて近い領分の内においてのみ、すべてのものに到達できるだけではないし、静止と運動における実在的な現実存在を示唆しているような近い領分の限定された視覚上の現出変化を確証できるだけでもないし、私がそれを(統覚的に)できることを確信しているだけでもない。むしろ私は、(視覚的な遠さの絶対的に遠い地平に至るまでの)無限に進行する現出変化を、実在的なものを示唆することで確証できるのであり、しかもそのときには、確証は本質的にますます新たに始まる移動を通じてなされる。私は、かなり以前にそうした現出変化を《私はできる》の領分として学び知り、支配することを学んでいたのである。いまや実際に運動が現実的なものとして証示されうるのであり、視覚のこの側面として与えられる視覚的な運動はどれも、仮象であるか現実であるかのいずれかである。そのどちらであるかが証示されうるのである。

空間構成のために考察されることだが、個々の器官のキネステーゼは純粋に独自に知覚に関連するものとして機能しうる（それゆえ、残りの器官がキネステーゼ的に静止しても、立ち現れ《ファントム》が構成されうるのであり、とりわけその空間形態に関して構成されうる）。そのさい、そのほかのキネステーゼが経過しているが、知覚のキネステーゼとしてはそもそもともに機能していないことがある。ちょうど、私が眼を閉じながら触り、眼を動かすときや、見ながら知覚し、接触のないまま手を動かすときのようにである。キネステーゼは知覚するものとしては、客観との「コンタクト」においてのみ機能する。眼のキネステーゼは眼を開いている場合にのみ機能し、手などのキネステーゼは「接触」している場合にのみ機能する。さらに見過ごされてはならないことだが、私はたとえば、そのままでは見えないものを触ることができるのであり、こうした触覚知覚にとっては、眼のキネステーゼは共に機能しているわけではないが、別の客観、視覚的な知覚野の客観にとっては知覚す

552

るものとして機能している。確かに、私たちはここで別々の知覚をもっているのであり、それらは、さまざまなキネステーゼの別々の機能において分かれている。しかしながら、そこで構成されるのはやはり、つねに現実に存在する知覚世界の統一なのである。こうしたことは、さらなる共現前に依拠しており、独自に論及されるべきものである。*12

いまや検討されるべきは次のことである。眼球のキネステーゼ（眼球運動的キネステーゼ）はそれだけで機能して「視覚事物との接触」において、立ち現れとしての視覚事物を構成する。立ち現れの形態は、その性質から区別されるが、後者は可変的でありうる。形態はキネステーゼ的布置を通じて構成される。形態的に変化しない視覚事物の場合には、同じ立ち現れの形態を構成するのは、反復において同一的な布置である。指がそれだけで機能するとき、あるいは手がそれだけでその固有のキネステーゼとともに機能するとき、指の姿勢が変化せず、変化しない（とりわけ形態が変化しない）物体を触る場合も、同様である。いまや、眼球運動と頭の運動などが組み合わされることがある。眼球は眼球運動的に静止していて、ただ頭だけが動く。純粋に眼球運動的なものとしての視覚の運動への配属と形態の同一性、両者の運動体系が入れ替わったり、組み合わされたりする、等々。組み合わせにおいては、組み合わされるキネステーゼは、同じ形態に対してふたたび構成的であり、このことは当然ながら、統覚的配属に根ざしている。形態はたんなる運動やたんなる静止のもとでは変化しない形態である。

(一)（変化したり変化しなかったりする）一つの同じ立ち現れ《ファントム》を構成するキネステーゼ

(二)運動や空間位置にとって構成的なキネステーゼ

それゆえ、形態を構成するキネステーゼが、単純なキネステーゼであれ組み合わされたキネステーゼであれ、運動を構成するようなキネステーゼから、後者はまったく新しいものではないにもかかわらず、区別されるのである。こうしたことは、たとえば次のようなかたちで生じることがある。

私が静止した客観をもっている時、たんなる手の運動によってそれに触り、その空間的な形式を見いだすことができる。その代わりに、私は上腕を動かして、同じ形式を見いだ
553 すことができるし、ふたたび手の運動に立ち返って、上腕をキネステーゼ的に静止の状態に保つことができるし、逆もまた同様である。私は両者を組み合わせて、ふたたび同じ形態を見いだし、それぞれの特殊なキネステーゼに立ち返り、ふたたび同じ形式を産出できる。したがって、両方のキネステーゼは等価的なものとして、形式構成一般にとって等価的なものとして受け取られ、あらゆる仕方において組み合わされて利用される。あらゆるキネステーゼがこうした仕方において、互いに代理を務めうるような等価的な体系に組み

入れられる。しかし、しかじかの等価的なキネステーゼによって空間形態を現実化する何らかの仕方に、さらなるキネステーゼの可能性も属している。しかも、本来的に知覚的に機能しうるキネステーゼの可能性がである。そのさいに、そうしたキネステーゼを働かせることは、私たちを客観と接触させないことがありうる。しかしここでは、もっと正確でなければならない。

触覚において、等価的なキネステーゼのいずれによっても変化しないものとして一つの形態を産出する。私がくり返しそうしたことをできるならば、その客観は静止している。残りのキネステーゼは通常は静止しているが、それはさもなければそうした等価的な触ることへと機能しながら入って行くこともできるかもしれない。しかしまた、私が等価的なキネステーゼを共に働かせることなく、客観を失い、それとの接触をもたないようになることもありうる。私は立ち戻って、その客観をふたたび見いだす。それは静止している。しかしまた、通常は等価的なキネステーゼの一つにおいてその変化しない形態をもって構成される客観との接触を私が維持するのは、私がさらなるキネステーゼを、等価的ではないキネステーゼを働かせることによってのみということもありうる。そのとき私は、静止におけるのと同じ現出の変化をもつが、それは通常とは違うキネステーゼによってのみ可能である。そのとき、その客観は動いている。運動は長く持続したり、短く持続したりしうる。運動はどのように変化しようとも、ふたたび静止して終わることになる。運動はどんな位置でも終わりうるだろうし、どんな位置でも、理念的《イデエル》には静止をみずからのうちに担いうるであろう。

したがって、運動の構成には、形態同一性にとって構成的であるようなキネステーゼと、形態のさらなる運動にとって構成的であるようなキネステーゼとの機能上の区別が属している。後者は、発動するとき、新たなキネステーゼが発動するときにのみ、確固とした形態知覚を獲得するときに知覚的になる。

視覚においても類似している。そこで私はたとえば眼球運動的なキネステーゼや等価的なキネステーゼをもっている。私はくり返し同じ形態を、同じ視覚事物を見る。しかし場合によっては、私が同じ視覚事物を維持しうるのは、「共に歩く」ことで留まらせて、形態同一性を構成する眼球運動的等々のキネステーゼを当然共に働かせる場合のみである。原本的《オリジナル》な経験において構成される空間は、みずから空間位置をもち位置の変化によって運動可能な事物や自然物体の存在形式としての空間であるが、これら事物は、それぞれの空間位置から空間位置へと運ばれることができる。近い空間という主観的な様相は、《そこにあるそれ自体》という一次的な形式であり、「直接的な知覚可能性」のうちでの空間的なものの形式である。現実化の原形式における直接的な知覚それ自身には、触ることと

554 抵抗を経験することが属している。やはり知覚にはいつも、私が動くことができる、事物が動くことができる、事物にくり返し到達し触ることができる、といったことが属している。こうした変様の潜在性の全体は、時間の領土において、再想起をくり返して、現在まで辿ることの潜在性と類似している。《私はできる》は、そのさいに顕在性によって確証されるが、その顕在性のなかで私は《そこにあるそれ自体》を、把握したり触れたりするキネステーゼの遂行のなかで経験する。

空間的なものの真なる存在は、原本的な経験において、近い空間の存在として実現されることによって、つねに身体へとともに関連するのであり、その身体は実際にそれ自身が「空間的に」経験されるのである。

266

七　身体と外的事物の相関関係

原初的《プリモルディアル》[37]抽象において、したがって他者をともに妥当させる「前に」、自分の身体物体と外的事物としての物体という本質的に異なる与えられ方にさいして、この身体物体が他のすべての物体と同じように一つの物体として経験される統覚がどのように成立するかを明らかにしようとすると、私たちはさまざまな困難な問題を解決しなければならなくなる。一定の世界経験のうちに生きている私たちにとっては初めから、自分の身体は、他の多くの空間物体的事物のあいだにある一つの事物として経験されており、他のすべての事物も同様である。一般的な経験においてすべての事物は、それらがどれほどことなっていようとも、またどれほど特殊な個別的意味をもって経験されていようとも、まさに事物として経験されている。領域的一般者は統覚のうちにあり、これは「事物」統覚である。この統覚は、すでに世界空間を普遍的地平としてもっており、その地平のうちで、そのつどの事物が他の事物のあいだに存在し、経験の現実性と可能性によって無限にそうなっている。こうして私は、世界に関する知覚現在の全体統覚の統一のうちで、つねに身体と外的事物の両方を見出す。すなわち、私の身体は常にここに、他の〈事物〉はそこに交互に登場する。

私はまずそれぞれに特有な統覚、つまり外的事物の類型的な統覚と私の身体のそれとを別々に考察する。しかし、私がこれらの統覚を具体的に、すなわち、私の自己身体知覚と他の事物についての私の知覚として見てみるなら、そしてまた経験の連続性の体系的な進行――それぞれの場合に、「身体物体」と「外的事物」という知覚意味が進行しながら充実する自体所与へと至るのであるが――を考察してみるなら、両方の側で重大な区別が現存していて、それが、どのようにしてここで両方が等しい領域的意味において妥当するか、両方が等しい意味において空間客観として妥当しうるか、ということを理解するのを困難にしているということを私は認めざるをえない。

すべての（身体ではない）外的客観にとって、経験の多様性とそれを統一して同一の存在する客観の自体を与えるようにすることとは、まったく同じことである。しかし、自己身体知覚にとってはまったく孤立した別様の多様性とその統一化がある。

私は、普遍的な知覚の連続体の統一における現実的および可能的な知覚が提供するものや提供しうるものを確保しているか、現実的および可能な知覚の多様性全体をつかんでいる。それら知覚は相互に個別的であり、すでに同じものの経験として結びつけられたり、結びつけられうるからである。

まずは外的事物に眼を向けよう（しかも、すべての変化に先立って、静止しつつ、質的に変化せず、変形もしなければ、その延長された性質においても変化していない。それゆえ、そこでは分割や寄せ集めによる変化も欠落しない）。そのとき私は、何が統覚された実在的事物から現実的な自体所与へと至るのかという問いにおいて、「多くの側面」つまりそのつどの立ち現れ《ファントム》の呈示の理解可能な統一としての表面的立ち現れを得ることになる。そのさい、私がそこで作動しながら活動している知覚身体性としての身体性の作動をとおして、側面の妥当という歩みにおける統一的な妥当が動機づけられているということが示されている。そのことから、事物統覚に関するさらなる遡行的な問いへと進んでいかねばならない。それは、そこにおいてそのほか、事物そのものにとって固有なものが自体所与へと至るような可能な知覚に関する問いである。*13

ある種の存在論的区別がそこでは導きの糸になる。そしてその秩序は知覚可能性や知覚システムの基づけによって規定される。しかも、そのうちでそれ自身、妥当によって妥当が予描されることが含意されるようなシステムとしてであり、また、獲得されるべき全体の体系において基づけ関係が存在するように証示が経過しうるようなシステムとしてである。すなわち、立ち現れのシステムは、運動、変形、分割などのシステムを基づけている。求められているのは、妥当においてそれ自体先なるものと、それ自体後なるものである。最初のものは、感性的・存在的なものから自己呈示する現出への遡行である。次に、感性的・存在的な身体性とその現出の仕方に固有なものの考察である。私たちはすぐに、「私がそこに立ち会っている」ということに至る。すなわち身体、つまり知覚器官において私が知覚していることや私が作動していることである。私がこの方向に向かうなら、いまや身体さえも経験された事物として、とはいえしかし、事物以上のものとして与えられており、しかもたえずそうである。そして、それの作動が、他の事物が現出の仕方において私に現出し、そのうちでしかじかの呈示される存在的な内容をもって妥当できるための動機づける前提されたものとして、存在的世界的な出来事として、それでいながら、たんなる自然出来事としてではなく、呈示されるのである。身体物体とその外にある知覚客観とのこうした存在的な相互関係的存在がどのように自体を与えるようになるのか、その知覚システムと現出の仕方はどのようになっていて、また、それに属する妥当の基づけと妥当の動機づけとがどのようになっているかを私が探求していくと、存在的には、身体を動く器官、しかも、この運動において知覚器官として作動しているキネステーゼ的に動く器官へと分けるということにたどり着く。そして私がそれをつねにすでに統握しているように、これらの器官は、眼や触覚器官などとして特殊な存在的構造をもっている。しかしここで問われるのは、何が知覚を実際に自体所与にもたらすのか、何が外的事物の知覚の身体側面そのものへの歩みにおいてそれを知覚する意識のうちで与えられるのか、しかも、事物の現出に備わる存在妥当として動機づけながら、それゆえ、基づけながら与えられるのか、ということだけである。すべての実在物に関する知覚は、そして本来的に知覚されたものへの還元において、私の身体の知覚へと遡行的に関係づけられている。還元された自然経験もまた、私の身体を遡行的に示す。それ自身は、知覚によって「事物」として、しかしそれ以上のものとして与えられているのである。

しかし身体は、知覚された物体事物とみなされているのだから、それ自身、他の事物と同じ仕方で知覚されるのではないか。すなわち、見ることや触ることなどによって。

したがって、私は、知覚器官として身体がそれ自身で作動するということにたどり着く。あるいは、身体が多様な器官から作られるその仕方、そして私がそれら器官において作動しながら、それぞれの器官を、あるときは他の器官、すなわち身体の他の部分にたいする知覚器官として利用することができ、またあるときは、そのさい他の器官が知覚している器官に関係づけられて機能することによって、知覚客観として利用することができるのはいかにしてか、その仕方にたどり着く。

私は困難に出会うことになる。すなわち、外的事物の表面は、触覚的にも視覚的にも構成されている。私の身体の表面を私は確かに全面的に触ることができるが、しかしくまなく見ることはできない。そしてそれでいながら私は私の表面的な外見の全面的で視覚的な表象をもっている。それではどのようにして、私には決して可能ではないような「可能的な知覚」として、見えていないものの「補完」が考えられるのだろうか。

さらに私は、私の身体が、表面性という層において——つまり、純粋な経験において

――、他の空間物体が決してもたないような二層的な経験の仕方をもつということに気づく（身体の「感性論」はあらゆる他の事物の感覚的・感性的なものを越えていく）。その表面は、連続的に「感じる」表面であり、そしてそのうちで、私の知覚する活動であるが、また根源的には実践的な活動において私は作動している。この作動において身体は動く――つまり、《空間的に動くこと》においてと、《キネステーゼ的で自我的に》という二面性において。そしてこの内的な「私は動く」はそれ自体では、空間的な意味での運動を何ももっていない。しかしそのことのうちにも、表面経験の層において全面的に経験することのうちにある外的事物は、動かないものとして、そしてそもそも変化しないものとして経験可能であり、そのとき具体的な経験は必然的に、現に存在し不変のまま持続する事物という意味をもっている、ということが含まれている。*14 顕在的な自己の身体の経験は、しかし必然的に身体を示しており、しかも運動の経過やそれとともに生じる変形において、その「外面」（の身体）に関してである。

さらに、すべての外的事物は、方位づけられた呈示、つまり存在的パースペクティヴに
269 ついて全体的な与えられ方に属する全体システムをもっている。他方で、私の身体の個々の器官の分肢のみが、一つの、しかし不完全なパースペクティヴ化をもっている。しかし、私の身体全体は、パースペクティヴをもって現出することはないし、「より近い」とか

「より遠い」といった与えられ方をもちえない。したがって、それに関連づけて言えば、すべての間接的経験(空間運動の意味で理解し、理解されるすべての間接性に対して、そして直接には経験されない可能な運動を間接的に存在するものとして仮定するためのあらゆる間接性)に対して手がかりを与える根源的経験における外的事物の運動、すなわち外的事物の運動知覚は、身体物体全体の運動《ロコモチオン》としての自己運動のうちにはいかなる類比体《アナロゴン》ももたないのである。どのようにして内的に経験されたキネステーゼが、空間における他の事物のように、空間における場所の変化というその「客観的」存在意味に至るのだろうか。実際に私の自己身体知覚の連続性から私の空間形態として、さしあたり表面形態として経験するものを、私はどのようにして、普遍的空間の部分として統覚することに至るのだろうか。

すべての外的事物は、他のすべての外的物体との場所の交換の可能性において与えられている。私が「動く」とき、ある他の事物と私の身体とのあいだに生じるこの場所の交換を、同じような仕方で、見たり、知覚したりすることができるのだろうか。もちろん、ある事物が静止しているとき、いかなる他の事物もその場所を占めることはできない。それがその場所へ動くとき、それは静止し抵抗するものとぶつかる。そしてその事物がさらにぶつけられず、あるいは何らかの仕方で動き出さないかぎり、それはその場所を保持する。

私がとまっていて、キネステーゼ的に静止を維持しているかぎり、外的事物は私の身体に接触するまで近づくことができる。そして私が静止を続け、「抵抗し」、「場合によっては私の力を緊張させる」なら、その事物の運動は終わる。「私が道をあけると」、事物は空虚な空間を見出し、そこを事物は運動においてさらに通り抜けることができる。しかし、静止や抵抗や、私が緊張させる時に論じた力は、内面性であって、外的経験としての私の身体物体的経験の所与ではない。

　私たちは次のように言ってはならないのだろうか。つまり現実的知覚から、ないし現実的および可能的知覚から外的事物に属する空間、つまり原初《プリモルディアル》的知覚の空間は、私があらゆる瞬間に、そして絶えず方位づけの位置システムのゼロ点にあり、そこにおいてそのつどそのものとして経験されている空間位置が呈示されるような、そういった種類の統一体として構成される、と言ってはならないのだろうか。方位づけの位置という様態において現出するものは、その内実によって、現われ《アパレンツ》[38]（すぐれた表面）であり、その区別可能な部分そのものが、方位づけられて与えられ、相互に相関的に方位づけられている。物体的身体は、その与えられ方において、全体として捉えられると位置の変化、つまり方位づけ運動のゼロ物体としては近づけないものであり、あらゆる他の客観とはことなり、方位づけられた空間において静止もしていなければ、運動もしていないのである。しかし、その物体的身体は、その現われをもち、その延長や、そのうちで特別な仕方で方位づけの内的な区別をもっている。あれこれの主観的方向において移動することのキネステーゼ的変化においては、恒常的な知覚的充実において、方位づけられた位置の現われが空間位置として270同一化され、ゼロ位置とゼロ延長の現われが、ゼロとしてのその不変性にもかかわらず、ふたたび空間的に延長した身体に対する空間的位置として同一化されるのである。私自身の物体性という現われは、すべての感性的な知覚による方位づけの野とその方位づけの方向に対して、なじみ深いキネステーゼにおいて将来的に経験されうる方位づけられた空間性を私に示唆しており、また、その統覚的な同一性システムにおいては、方位づけ空間の領野、つまりこの統覚的同一化において対応する移動のもとで脱落するであろう方位づけ空間の位置が、露出してくることを示唆している。というのも、私の身体は、すべての方位づけと方位づけ変化の中心として、その中心的キネステーゼとともにこの変化を目覚めさせながらも、それ自身は、方位づけ変化における統一としては与えられることができないからである。私の身体はつねに、それがそれ自身、そして相関的に構成されている仕方において、空間性の可能的根源的な知覚を示唆しており、この示唆において、空間性を間接的に可能な経験の空間性として妥当させている。それゆえ、この可能な経験は、身体が移動する現実的かつ可能的なキネステーゼにおいて間接的に証示されることになる。

しかし、私の身体がその移動するキネステーゼにおいてつねにくり返し方位づけられた空間を開き、そして、直接的なものとして知覚的に方位づけられて呈示される同一の空間性の構成が可能になることによって、普遍的空間と空間世界が存在し、すべての方位づけられて与えられる事物がその方位づけの変化において、そのうちに同一の空間位置をもち、それをその事物が静止や運動において、あるときは保持し、あるときは交換する、ということがよく理解できるようになる。このことはしかし、すべての身体の外にある事物にのみあてはまるのであり、まさに可能な方位づけ変化にあるものとして、私が能力的に制御されたキネステーゼのシステムにおいて、あらゆる方位づけ変化を生み出し、あらゆるおのずから登場するものを変化させ、理念的《イデエル》にきわだたせることもできるような者であることによって、同一なものの呈示となるような変化としてのみ、あてはまるのである。それに対してまだ理解されないのは、私の身体そのものが、空間のうちに実存し、その位置をもつ空間事物として経験され、また経験されうるということであり、また私の身体がそのうちで物理的に動かされたり、静止したり、そしてそもそも実在的な客観であるということ、つまりその外面性において延長するもの《レス・エクステンサ》として構成されるということである。

私は自分を内的にキネステーゼ的に動くものとして統覚し、それを機械的運動、つまり客観的空間における運動を内側から演出することとして統覚している。私は自分を内的にぶつかり押し動かすものとして、抵抗を経験したりみずから抵抗したりするものとして統覚し、そしてそれをぶつかったり、ぶつけられたり、抵抗したりすることの物理的経過として外的にともに理解している。それらは、二つの任意の事物一般とまったく同じように、身体という事物と他の事物のあいだに生じることである。したがって、〔ここでは〕私の身体は自然客観である。

原初性の存在意味の構成はどこまで及ぶのかが問われる。延長する自然の存在意味が純
271 粋に原初《プリモルディアル》的には構築されず、他者がいわばいつも私を助けている——ちょうど他者が私にとっての他者として経験可能であり、経験されているのと同じように——ということを私はもちろん気づいており、反省すれば十分に確信することができるにもかかわらず、私はその原初性を抽象的にきわだたせなければならない。しかし、いかにして他者という意味の存在妥当が、その基づけにおいて調達され、そしてどの程度まで原初的な妥当や妥当統一が、他者の知覚を可能にするために基づけているかを理解しようとするなら、私はまずは固有の意味で、原初《プリモルディアル》的な構成の射程を追究しなければならないのだが、それは可能な経験、つまり自己確証の調和的綜合において経過すると考えられた経験の体系において、充実する同一化の体系的構造からの妥当の基づけとしてである。私はそのことをとおして原初性の両面的な「心理物理的」な統一を、探り出さなければならないのだが、この原初

性の統一は、自身のうちに含まれている存在意味として「外的側面」を、つまり物体的身体の特別な妥当統一をみずからのうちに抱えており、この妥当統一が、それに帰属する類型的で外的なふるまいにおいて、類似のふるまいを示す類似の外的物体（他の身体《フレムト》）と連合的に対化《ペア》されながら、「心的」側面を共現前する転用へと導くのである。

しかしそのさい、まさに身体的物体性の原本的な構成の独自性から、つまりすでに固有性をもつ共現前の上層から、本来的な現前になることはできないのだから、なぜそれは感情移入において共現前される心的なものが原本的な現前において私にとって転用可能であるのか、ということが理解されなければならない。

実在物の現われという層において、原初的に経験されるのは、つねに知覚の内部で、実在的時間の現われという様態としての実在的現在であり、その場にある実在物であって、それは空間的な現在において、つまりここやそこにおいて呈示されている。この呈示が、方位づけなのである。しかし方位づけがどれほど変化しようと、そして経験されたものがどれほど、静止したものや動くものとして経験されようとも、それは物体的延長をもち、経験のうちであらゆる瞬間に本来的に経験されたものとしてその表面が充たされ、その現われと、あらゆる瞬間にある側面からのみ見られたこの表面が充たされる。本来的に知覚的な与えられたものにおける現われは、二層的に直接的に、視覚的・触覚的に呈示される。

見られたものと触られたものは相互に共現前しあう。そしてこの共現前は、それが意識に生じる領野においては根源的である。私が見ないで触るところでは、それに対応する見ること、あるいは、触られたものそのものに属する視覚的なものを、同じものの呈示として顕在化することができる。私はここで、根源的な発生が可能なものとして創設したものを再生させることになる。しかし、私の背中を私は見ることができないのだが、それでいながら、私の背中は、まったくともに経験され、私が触ることによって経験される手の裏側、それに対して私が共現前された視覚的側面をいつでも獲得することができる手の裏側と同じように、根源的に統覚される。さまざまな感性がそれでもともに意味付与する機能をもっている。背中を触ることと手の裏側を触ることとの類型的な類比は、いわば軽率に
272 「盲目の」連合において、視覚的な背面を共現前することに導くことがあるかもしれない。しかしそれは、習慣的に私が連合的な妥当の転用において予期しているように、私がここでできることをあそこでもできるという、つまり私が統覚している視覚的なものの類比体《アナロゴン》を現実化するという可能力性[39]の転用とは別のことを言うのだろうか。

あらゆる試みが失敗に終わっているのだから、いまや、対応する視覚の固有性を抹消することなく、背中を触ることに並行的なものとしてその視覚の固有性を割り当てているということは、どのようになっているのであろうか。ここでは正しい解答は次のようにはな

らない。つまり、あたかも二つの存在者がそれ自身で構成されているかのように、存在者がそれ自身で視覚的あるいは触覚的に構成されているのではなく、一つの存在者が構成されており、それに属する可能力性は、それ自身と並んで、仮象の可能性をもつ可能的で経験的な証示なのである、と。しかしそのことには、抹消つまり「無効な」ということが、静止している存在との対立において、仮象としてその根源的な証示のみをもちうるということが属している。私たちの場合で言えば、共現前された視覚的背面は背面であり、背面の経験の統一において触覚的に経験可能なものと同じである。私が事実的に見ることにおいて「そこに行く」ことができないということは、仮象としての抹消を提供しはしない。なぜなら、私はやはりそこに行くことができ、衣類によってたえず触れていることのうちで、私は本来的にはすでにこの経験のうちにあるからであり、私は手でそこをつかむことによって、より大きな充実の意味において、前進するからである。私が視覚的共現前への移行を行い、そのうちで与えられた動機から未来の視覚的呈示を予料するならば、その呈示は決して虚構ではないし、妥当をもち、それは触るという行為によって確証されて証示されるか、間違いとして示される。しかしもちろん、それ以外に充実が両方の側面を包むことができ、一般的に視覚的な近くの領野が最善な状態を提供しているあいだは、私は近づくことができない身体の部分に関して、こうした利点をもつことはできない。背中の衣服の場合、私はそれを脱ぐことによって、また、私の身体の前にもってきたり、離して置いたりして視覚的に確信することができる（しかしそのさい、触覚的なものはその共現前においてともに妥当しており、その証示においてともに調和している。さもなければその視覚的なものは仮象である）。しかし、私がそのことを身体そのものに対してはできないということは、やはり明証的である。

さて、運動に関してはどうであろうか。歩きながら私は自分を空間において動かされた物（的身）体として統覚している。根源的にはしかし、私はただキネステーゼ的な「私は歩く」ということに関してのみ経験されている。しかし私の空間運動についてはどうだろうか。空間的運動の根源的経験を私がもっているのは、方位づけられたものとしての他の事物についてのみである。ここでも、私の歩くことがどのように「見えている」のか、そしてそれが眼を閉じると、触覚客観においてどのように呈示されるのか、ということを私は十分に表象することができる。あたかも私の身体が外的客観であるかのように、すなわちそれがそうしたものと同様、視覚的に私から隔たったところで、つまり方位づけの変化一般においてパースペクティヴをもって現出するかのように、私はここでふるまうのだろうか。しかし、どのようにしてこの表象の仕方は、それが私に対してもつ妥当意味をもつのだろうか。というのも、外的事物の可能な運動の表象の仕方が、可能な知覚において現実

273

化するという妥当を可能な経験としてもつという仕方で、可能な経験として妥当させるということは矛盾だからである。どのようにして直観的表象が可能な経験として無効であり、それでもやはり自身のうちに妥当を、しかも経験の妥当を担うことが可能なのであろうか。この表象が、同じ妥当機能の可能な知覚システムの連関において想定されることによって、ここで直接的に触知覚に属する並行的なものと同じように提供される経験ではないにもかかわらず、可能な経験をそのうちで示唆しているかぎり、そのことはおそらく、たとえどんなときでも直接的に可能であるだろう。

衣服の例は、そうした間接的な参照の可能性を示している。私がまさに着ている時に触れる上着の裏側の視覚的に並行な像は、直接的な共現前として、直接的で可能的な現前において、すなわち、たんに見やることにおいて現実化されるものとして、どのような直接的妥当ももたない。しかしこの妥当意味において無効にされた直観が、一方でともに妥当している触覚性を指示するだけでなく、他方で視覚領野そのものにおいて、この上着の視覚的に確立される知覚の多様性と、そのうちで視覚的に発見されうるものを指示する。その知覚を私は上着などを脱ぐことによって、可能力的に確立することができる。

そのことは私たちを次のようなことへと導く。すなわち、綜合的に結びつけられ、あるいは結びつけることのできる可能な経験、つまり可能な自己呈示のシステム全体は、そこにおいて同一の事物がその原本的な自体現存において経験可能であり、そしてあらゆる点における綜合的な通過において証示可能であるようなシステムであるが、そのシステム全体が二つの本質的にことなったグループに分かれるということであり、これら二つのグループは、ともに存在意味をともなって規定的である動機づけ連関のうちに、互いに関連しながら存するグループである。

（一）そのうちで（私の身体ではないような）外的事物が、方位づけのシステムにおいて右、左、上、下、前、後といったそれぞれの次元にしたがって現出し、経験され、経験可能であることという意味において、身体の外に呈示されているような現出のシステムは、それとして証示でき、すべてのこうした次元において近さや遠さの濃淡をともなっている。このことが、空間における場所の経験に関する、経験可能な実在の与えられ方の区別を提供する。それは、ここそこの相対的な区別としても表現されるような呈示の区別である。さまざまな方向において隔てられているものは「そこ」であり、より近いものは「ここ」である。そして相対的に近い領分の全体が、ここの領分としても語られる。それは（自体を与えることとしての）経験の内部でのすべての濃淡にとってと同じように、経験の全領圏が曖昧に領域的な仕方で「近い－遠い」および「近くも遠くもない」中間領圏という普遍的な性格によって分けられるということが妥当する。

しかし全体としては、身体への関係があり、その「外で」は、もっとも広い意味における「そこ」として、外的事物が経験される。身体そのものはしかし、全体的なものとして受け取られるなら、すべての方位づけのゼロであり、この意味ですべての「そこ」、それの外にあるすべてのものにたいする絶対的な「ここ」である。

（二）第二に、私たちは同じ外的事物（私の身体ではない事物として）の自体呈示の相関的なシステムをもっている。それは、そのつど同じ物体を、それが私の身体と「結びつけられている」ということ、あるいはそれを実際にすでに存在する「結びつけられている」ことにおいてもち、そしてそこにおいてのみ、もちうるということをとおして、想定するような現出[*15]である。

これはどのような「結びつけられている」ことなのであろうか。もちろん考えられているのは、たとえば、私が「自由にそれだけで」、静止したり動いたりする事物を手に取ったときに、それどころかその上に私の手を置いたときにでも登場し、また、それを手にもち、手をその上に置く（場合によってはともに動く）かぎり、登場するような統合の固有の仕方である。あるいは、それが私の身体と（私が乗っている）車を統合するのは、車が走ったり止まったりなどするあいだ、私がそれに乗っているかぎりにおいてである。私の衣服と「私」の統合ももちろんそこに属しているが、それは、私がその衣服を着ているかぎりのことであり、またもちろん、私の机との統合がそこに属しているのは、私が机に向かって座り、それをたえず支えにして書き物をしたりするかぎりにおいてである。これらの事物は、「客観的に」いつも私の身体から切り離されている。となれば、この統合つまり「結びつけられている」ことはどのように特徴づけられるだろうか。それは明らかに、もはや私のたんなる身体が、ゼロ方位づけ（ゼロとして方位づけの反対ではあるが、あらゆる方位づけにおいて前提されている）において存在するゼロ客観ではなく、いまや私の身体が、その身体と「結びつけられている」客観と一つになっている、ということによってである。身体ではないあらゆる客観は、身体のある種のふるまいによって、ゼロ方位づけへと移動することができるが、しかしそれはただ、その客観がこのふるまいにおいてその根源的で、それに固有な現出の仕方に関与することによってのみである。身体が、かつてそこにあって、右や左、近くや遠く、私の前などにおいてあった客観として獲得されると、その客観は《そのそこ》という性質を失い、方位づけの様態を失い、ゼロ経験の様式に入り込むことになるが、このゼロ経験の様式とは、身体全体にとって獲得されたものと一つになった統一的な様式なのである。

いま言われたことのうちには、〈動く事物〉とともに走ること、ともに歩くことが含まれる。それは、あらゆる歩くことと同様に、ただ事物の方位づけを変化させるだけでなく、その事物のもとにつねにいることとして、身体の現出の仕方や他の事物の現出の仕方を統一的に結びつけている。手に取ることは、私が歩くと、かつては静止していた客観であるが、私が歩くことによって方位づけの変化において現出させる代わりに、むしろつねにゼロとして現出させることとなり、そのことによって、「私とともに動く」ものとして経験される。このように動いたとすると、ともに歩くことは、その運動のいかなる変化でもなく、それはゼロにおける方位づけの変化なのである。

本質的でもっとも普遍的なのは、次のことである。すなわち、私の経験し機能する身体とそのつどの経験の全体性とのあいだには、その経験に本質的に属する（固定したままの形式における）方位づけの体系との関係において、私がある種の自由なキネステーゼによって、いつものように事実的に経過する方位づけを任意に変更することができるという連関が存在する、ということである。私は方位づけの変更に対する可能力性と支配力をもっており、ただ私は変更の連続性の形式と合法則性に結びつけられているだけである。そして、そのことのうちには、私は結局のところあらゆる事物に対してその方位づけをゼロへと変更し、継続的にゼロ形態において維持することができるということが含まれている。このことはいまやキネステーゼのシステムにおけるある種のキネステーゼ的な演出に関係
275
しており、それは、方位づけとして経験されたものの身体的な機能相関者である。あらゆ

276

る受動的方位づけには、静止におけるキネステーゼ的状況が属している。この点で私が「歩きながら」静止すること（停止すること）におけるあらゆる方位づけは、すでになじみの変化の可能性のもとにある。*16

前もって言っておかねばならなかったことだが、私たちはこの基礎的考察において、純粋に現実的および可能的知覚に由来し、それゆえ知覚において自体呈示へと至るものにそくした客観にもっぱら関わろうとして来たし、そしてふたたび、私たちはそこにおいてももっぱら物体的な客観の範囲を視野に入れ、あるいは、全面的かつ完全に知覚可能な客観を抽象的に選び出してきた。そのさい、私たちのすべての歩みが、すなわち私たちの自然で根源的な知覚生活がその上で行われている基盤物体、すなわち、いわゆる基盤物体としての大地は、除外されていた。というのも、飛行船に乗っているとき、私たちはそうでなければ大地に数え入れるような空気を、「歩くこと」で飛び抜けることはできないからである。私たちが鳥だったとしたら、事情は別だったであろう。鳥が飛ぶということは、キネステーゼ的な「私は動く」なのであり、そして鳥が飛行機に乗るとすると、彼らにとって――基盤物体の上にいる私たちにとってと同様――すべての現出の仕方における反転が行われる。私たちにとって現実的および可能的な経験可能性に制限することが、私たちの基盤物体を排除するのは、無限性のうちにあるこの基盤物体が私たちにとってその経験仕方のシステム全体において経験されえないからである。もちろんそのことは、ここではまだ考慮されることができない意味の拡張としての間接的意味付与によって、原初的統覚の拡張を指し示している。

ここでももちろん、システム全体の両面的な統覚が、志向的に相互に関係しあっていることと、そのうちで生じる妥当の基づけを解釈するという課題が生じてくる。この妥当の基づけが可能にしているは、空間物体のそのつどの個々の経験の存在意味とその存在的意味に、そのつどの現出の仕方が、それが方位づけられている場合、ゼロ現出の仕方としてそれに属する反対の現出の仕方をも指示するということが属している、ということである。システム内のすべての現出の仕方が互いに移行可能なものとして意識され、このようにしてのみ、存在意味を働かせている。このことからして、その指示が意味しているのは、私が当然のごとく自分から、すなわち私のキネステーゼ的に自由な活動において、当該の変更を遂行しうるということである。このようにして錯覚もまた解明されることになる。たとえば、以前にはある方向へ向かって動くのを見ていた車や船に私が乗り込んだと考えてみるなら、私は船の上にある客観の静止や運動を経験するが、それは真の運動とは別のものなのである。

次の区別は重要でないわけではない。すなわち、一方で、身体の分肢との統合やそのことにより——職人の道具のように——間接的に知覚器官や衝突器官などへと拡張されたものとなるような身体の分肢の拡張と、他方で、それによって身につけたものを乗り物にするという特殊な場合も含めた、身体全体との統合とである。根源的な意味における「道具」とは、物理的対象であり、それによって、もっとも根源的で直接的な身体的行為と外的なものへ身体的に働きかけるというさしあたり間接的な行為は、身体を拡張する事物を取り入れることで働かせ、もっと有効に役立つよう働かせるという新たな形式をえることになる。

　そうした解明が、とりわけゼロ現出の仕方と、そのうちで身体そのものの現出の仕方の解釈としてここで前提されている解明が行われ、方位づけのゼロ形態において、このゼロ形態のうちにともに含まれている非身体的な事物に対して、身体にもまたその現出の仕方にも〈ふさわしい〉ような固有性——すなわち、そうした事物がある「身体の分肢」に「結びつけられて」いて、これがともに成り立っていることに属する場合、それらは、決してキネステーゼ的な分肢ではないし、決して固有のキネステーゼもたないが、キネステーゼにある仕方で関与しているということ——の解明が行われるなら、いまや次の問いに近づけるということになる。この問いとは、どのようにして身体そのものが、統覚的に、

277 あたかも身体もまた、その身体的・自我的な支配によって初めてゼロの与えられ方をその

方位づけられた外的与えられ方と並んで受け取るような、ゼロ客観の一つであるかのように、非身体的事物と等しく並べられるということが可能になるのか、という問いである。

八　身体を事物として統覚すること

原初性において、私の物体的身体と他の物体とのあいだには、統覚ないしは構成の仕方に或る本質的差異がある。ここで、両者において純粋な経験へと還元し、したがって、「現出の仕方」――すなわち側面の所与や、そのつど本来的に知覚的なもの、つまり側面の契機に属する多様なパースペクティヴ――の多様性における統一としての純粋に物体的な現われ《アパレンツ》へと還元しよう。そうするとまずは、根源的には私の物(的身)体として直観的証示へと至るものは、すべての他の物体のなかの物体――つまり、すべて等しい仕方で構成される外的事物――とは本質的にことなっていることが分かる。これらの物体に存在的には、ともに構成され、根源的に経験され、経験可能なものとして運動が属しており、この運動は、「近い事物と遠い事物」、すなわち「方位づけ」の変化する与えられ方という仕方で呈示される。そのことと相関的に、私がこの与えられ方の変化に自発的に介入しながら、その与えられ方を変化させることができ、極端な場合には、私の介入なしに静止として経験されていたものが、いまやまさにそのような与えられ方や経過において、以前の運動のように呈示され、また、その逆も同様になる。こうした介入は知覚する身体的行為として、つまり眼で見ることなどとして特徴づけられ、しかもそのさい、見たり何らかの仕方で知覚したりするものとして、私の身体器官を私からこちらへ動かしたり、あるいはあるときは動かし、あるときは静止させたりする。ところで、私の身体を、それが物体として知覚においてまた純粋に知覚によって与えられ、全面的に証示されるがままに考察するならば、私の手が、たとえ制限された仕方であれ、知覚器官としてともに作動している個々の身体の分肢は、その物体的運動と静止（机の上で動くものとしての手など）において外的事物のように経験されるということを、そしてすなわち、運動や場所の変化が身体の分肢のもとで実際に知覚によって示されるということを、私は確かに見いだすが、何らかの運動や静止における身体全体がそうであるというわけではない。

それにもかかわらず、私の身体は、他の物体と同じように物体として統覚される。純粋に感性的な経験の段階において構成される私の物(的身)体の統覚的な創設は——その物体

278 は、感性的な外的経験において外的物体として感性的に現出によって呈示されるものと、まだいかなる類的共通性をもちえないのだが――、他のすべての物体と同じようにその物体に対して、運動と静止、形態――それがあらゆる状況のもとで普遍的な空間において空間断片を形成し、それをその資格において実在的に場所によってそのつどの形態にするのだが――の変化と不変化におけるあらゆる物体的共存の形式である普遍的空間を初めて創造する。

それと同時に、身体物体の創設、つまりすでに延長するもの《レス・エクステンサ》として普遍的な空間性において経験される身体物体、そのうちで私がつねに支配し、私がつねに、そして直接的にそのもとにいる自然の物体としての身体物体の創設が行われる。言い換えるなら、それとともにそしてそこから、私の心理物理的な存在の創設が遂行されるのである。空間的にあるときは静止し、あるときは運動し、それによってしかじかの仕方で変形したり、他の仕方で変化したりする身体的物体性のもとに私はつねにあり、空間のうちに、すなわち空間時間性に局所化されて、それゆえ、身心の統一体として、つまり生気を与えられた物(的身)体として経験可能であり、経験されるのである。

さらなる帰結において、そのこととともに、人間という領域の創設が、心理物理的存在の存在意味を外的物体へと統覚的に転用するという仕方で可能になるのだが、それはこの創設がこうした転用可能性の条件に対応し、それゆえ、この統覚的転用へと導くことができるような、私の身体的・物体的現存在との類似性をもつかぎりにおいてである。

しかしより詳細にみるなら、私がすべての自然のうちで生気づけられた物体として、それゆえ空間時間性において存在する物体として経験されるのは、本来的な心理物理的統覚においてであるが、それに先立って、その統覚を基づけている身心の統覚があり、それによって初めて「私の身体物体、他の物体と同じような物体」という統覚が、そしてそれとともに、空間統覚一般が可能になるのである。もちろんそのためには、自分を見たり、自分に触れたりすることにおいて感性的に経験される私の物(的身)体が、感性的に経験される他の物体と実際に類似しているということが、この外的物体において経験される運動や可動性が私の身体へ間接的で統覚的に転用されることへと導きうるし、また実際に導くということ、しかも次のような仕方でそうであるということが必要となる。私が実際に運動としてみている私の身体の分肢の運動は、外的客観の運動と同じように(この運動は両方の側面で存在的な出来事であるが、それはいまだ運動という完全な意味をもちえてはいない)、キネステーゼの内的に支配している「私は動く」ということのうちに連続的で不可避な並行するものをもっている。このことがその役割を果たさねばならないのは、ある外的物体において、私の手と等しく類型的に類似した仕方で私の手と同じように運動のうちで呈示される分肢が、まさに手の運動として、すなわちある並行的な内的運動を、つまり自我が支配してともに歩く運動を示唆するような空間的運動として統握されるところにおいてである、ということを私たちはすでに知っている。しかしそのことはなお他のことを前提している。私の身体の感性的自体経験の分析によって次のことが初めて示されなければならない。すなわち、どのようにしてこの経験が身体を統一的物体性として、外的に呈示される物体、しかも分節化された物体と類比的に、さしあたり感性的に現出にそくして経験にもたらすのか、そしてその分肢においては、私の身体に対応する分肢をもちながらも、物体が、そこで最初のより根源的な意味であちらこちらへ動くこと、近づいたり遠ざかったりすること、右や左へ動くことなどを形成している経験へとその感性的な変化仕方をもたらすことがないにもかかわらず、そのような物体と類比的に経験にもたらすのはどのようにしてなのか、が示されなければならないのである。この類比に対応して、〈私の身体〉は、その分肢のみが運動し、それ自身は運動しない「不動の」物体として統握されるのである。しかしいまや、私の身体の分肢のあらゆる感性的に経験可能な運動は、一貫して随伴した運動であり、それゆえ、並行する「私は動く」という自我的なキネステーゼと連合的に一つになった運動である。したがって、それはつねに「心理物理的」な仕方で二面的に経験される。しかし他方で、この経験された分肢の運動は、あらゆる外的経験にさいして、すなわち、いずれにせよ、外的物体を知覚することのすべての経過にさいして、恒常的に機能している。しかも、根本本質的な契機として、この作動には、内的な「運動」つまりキネステーゼが属しており、これはしかし、つねにその外的側面をともなっている。この作動は、二重のものを帰結としてもっている。それはキネステーゼに連続的に属する相関者として、現出の経過（キネステーゼとともに経過することとして）を制約し、そこにおいて、「静止」が経験されたものとして構成される、ということがある。キネステーゼの内的で自我から演出される《走り抜けること》においては、私が内的に「同じ」キネステーゼに戻ってくるたびに、私はくり返し同一の現出の仕方を得ることになり、また、任意の《走り抜けること》において、くり返し同様に対応する現出の仕方の多様性を走り抜け、そこにおいて、同一の静止するものが構成されることになる。もちろん、そのさいまさにこの同一的に留まっているもの、あるいは変化しない相関のシステムは、現出の仕方あるいは具体的な現出の仕方において、私からではなく、つまり自我的にキネステーゼ的な動くことの純粋な帰結としてではなく変化するもの、すなわち、対象にそくして私の助力なしに生じる質的変化や不変化をなすものからは区別される。現実的にキネステーゼの変化において現出の仕方が随伴的な帰結の仕方で反復される場合、まったく等しいものが、つまり完全な不変化が経験されて、それが他の場合との競合で初めてキネステーゼ的に動機づけられた変化とキネステーゼ的には動機づけられていない変化へと分かれることになる。しかしながら、私たちはここではそこまで立ち入ることはない。

それに対応して運動が経験されるのは、現出の仕方が規則づけられた仕方で次のように経過するときである。すなわち、ただちに、そしてすべてのキネステーゼの経過にさいして、共属的で、その現出様式に対応して帰属的な現出の同一の多様性を形成するのではなく、むしろ、身体的に支配している自我が対応するキネステーゼ的な「ともに歩くこと」において、ある特別の機能を実行し、そのさい二重の仕方でキネステーゼ的に作動しているようなときにのみ形成する、というように、すなわち、ある種の歩きながら介入するこ
280
とをとおして、ある種の速さ、ある種のテンポによって、現出の仕方がふたたび静止状態にあるように経過して、他の点で自由なキネステーゼが、任意の機能に置かれて、静止状態にあるのとまったく同じように、現出の仕方を随伴的な帰結としてもつ、というようにである。

そのことによって、私たちはキネステーゼにおいて機能的な区分が生じているという奇妙な事柄にであう。すなわち、自我が支配するものとして、それと一つになって外的に現出しながら（運動機関《ロコモチフ》的に作動するという）拡張された意味で「歩く」ものとしての身体運動と、そして運動機関的な機能なしに作動するもの（ここではもっぱら知覚にそくし

て）としての身体運動との区分である。そのことによって運動が経験されうるのであり、しかもその運動を可能な静止の連続体として統覚し、他方で同様に、連続的に見せかけの静止において変化しうる変化現象としても統覚する意味をともなってである。しかもそれは、瞬時にともに歩くことやともに走ることができ、それが変化現象を静止の現象へと変化させることができることによってである。

さて経験するまなざしと活動的な経験を身体へと向けてみるなら、身体は、運動と静止の経験という点できわめて本質的にすべての外的事物から区別される。すべての外的事物は、運動（あるいは静止から運動への移行と、逆に静止にたいして運動がゼロの場合としてその意味を与える恒常的な可能性）について感性的に経験する統覚のためには、動機づけるものとしてつねにともに作動する身体性、しかも歩いて行き作動する身体性を必要とする。そのほかに外的客観に関して見えるように、また、感性的に経験しうるようにしているのは、ともに作動するそのほかのキネステーゼ（たとえば、私があちこちへと歩きながら運動したり、場合によっては静止したり、そしてまた歩いたりなどするあいだの眼の運動や触覚の運動）である。他方で私の身体は、この後者の観点においては外的事物のように経験されるのだが、歩くキネステーゼ、つまり運動機関的《ロコモチフ》なキネステーゼによっては決して動くものや静止するものとしては経験されない。したがって身体にとって根源的に、

281

運動や静止はいかなる意味ももたない。すなわち空間領野（それはもちろんさしあたりいまだ現実的な空間ではない）における運動や静止として外的事物のもとでのような意味をもたない。それゆえ、歩くキネステーゼは、ただ内的な機能意味をもつだけで、空間における身体の現実的な場所の変化という意味はもたない。そしてそのようにしてまさに、身体的に支配し同時に身体を経験する自我は、空間のうちで、純粋に感性的経験としてのこの経験そのもののおかげで、この身体〈として〉、空間形態と空間における状態をもつのだろうし、それゆえに――経験するものにとって、そして純粋にこの経験の意味によって――空間的共存をもつのだろうが、そのような空間がいまだ構成されてないのである。それと相関的に、外的事物の空間もまたいまだ現実的な空間ではなく、対応する外的世界は現実的な世界ではない。そうしたものとして、すべての共存するものは身体と心理物理的自我を含め、その共存の形式として包含している。

　さてそれでは、感性的経験に基づけられたより高次の統覚で、身体をすべての物体と同じような物体として統覚することはどのように成立し、そしてそれとともに、どのようにして空間と世界が経験可能となるのだろうか。それに対しては、理解するのに難しくはなく答えがある。私たちがすでに外的事物と身体を自然客観として経験し、自分のことを心理物理的な実在物として、つまり人間として経験するとき、私たちが身体外の客観を身体と結びつけ、日用品を手に取り、持ち上げたり、持ち運んだりすることができ、車に乗り込んだり、動いている車に飛び乗ったり、運ばれて行ったりすることができるなど、これらのことは分かりやすい事実と言える。私たちが現出の仕方に注意するなら、あらゆる客観について、それが身体から切り離された客観から、身体と一つになっている客観になるやいなや、その可能な感性的経験のシステムが変化する。手に取られた客観は、静止したり運動したりするものとして、外的事物と同じように現出するための能力を失う。それはいわば身体の一部となるが、ただそれには特別なキネステーゼが欠けているというだけなのである。それは、私が歩くことによって、近さや遠さの現出の仕方の変化を生じさせるといったことができない。まさにこの逆のことが、明らかに身体を物体として統握する可能性を基づけている。私がある事物を手に取り、そして歩いて行くとき、それは運動しているが、次に、私がそれを手から離すなら、あたかも私が歩くことなしにそれがあちらへ動いて行ったかのように、すでに構成された「外的空間」の別の場所にあることになる。車の例で言えば、飛び乗るとか飛び降りることにおいて、私は任意に運動を見ることも、運動を現象としては消失させることができるし、逆に身体の部分の現象にすることもできる。一方と他方は、等価のものとして統覚され、つねに準備された反転の可能性を示唆している。そしてそのことは身体のすべての部分に、つまりすべての分肢と身体全体へと転用される。身体は走っている車の部分として空間の中で動かされ、それ自身が運動と等価の意味を、すなわち事物の運動と等価の意味を得ることになる。

295

九　身体と外的事物の構成

身体は、視覚的にはパースペクティヴと最初の機能層のキネステーゼによって、ならびに触覚的キネステーゼによって構成されているので、身体は、二重の仕方でキネステーゼおよび感覚所与と関連している。すなわち、一方では呈示の構成的機能によって、他方でまったくことなる方向で描出されたものとキネステーゼおよび感覚所与との連合によって、である。手は視覚的にはパースペクティヴ的な仕方で現出し、触覚的にはたとえばもう一方の手によって触れられたものとして、しかし同時に、その手のうちに、私たちがそれ固有のものと呼ぶキネステーゼが局所づけられて現出する。

こうして身体はそもそも、全体としてみるなら、二重のキネステーゼ機能によって、あ

るいは二重の仕方でキネステーゼの総体的なシステムによって構成されている。すなわち、
一方では、キネステーゼのシステムが呈示の多様性に対して機能していて、そこにおいて、
身体は外的物体と同じように（両者とも「歩くこと」に先立つ段階において）物体として
呈示される。他方で、キネステーゼが恒常的に機能することのうちで分かれたり、結びつ
いたりするというような仕方を引き起こすのは、たんに一つの分肢G_1（触れられた手）に
対して客観化するキネステーゼがその多様な呈示と結びついているだけでなく、同時に、
反対の分肢（触れる方の手であるが、当然、触れられた手によって触れることのできるも
のとして統握されている）も呈示されており、したがって常に必然的に反対のキネステー
296 ゼと反対の多様性がそこで一つになっているということである。それゆえ、一つの分肢
（たとえば〈片方の〉手）が客観化されるのは、そのことと一つになって、他の分肢が客
観化する分肢としていわばともにそこにあり、これはこれでその分肢によって客観化され
た分肢によって客観化されることになる、という仕方においてのみである。身体は、その
分肢が空間物体として経験され、知覚現出における外的事物のように呈示されるという仕
方で構成されている。しかしそれぞれの分肢において、ある種の仕方で、そのキネステー
ゼが空間的な状況（方位づけにおいて）とともに「局所づけられて」与えられている。
　そのつどの知覚現出において、分肢はその描出する所与をもつが、しかしそれ自身を、

描出されたもの、現出するものとして、その表面のすべての位置においてもち、こうして全体的な触覚的所与としてもつのである。身体の触覚的な全体の現出は全体的な身体の立ち現れ《ファントム》として、つまりそのすべての分肢の統一として（統一的な身体が部分へと分解され、その部分にそれぞれ特別のキネステーゼが属することによって規定されて）、身体の表面の上に統一的な触感覚野を局所づけられてもっている。これはそのように局所づけられているが、しかし本当は空間的に延長したものとして経験されてはいない。

まさにこの身体としての身体に属する存在論的構造のうちに、したがって、この空間的な表面の立ち現れと、局所づけられた感覚野、および局所づけられそれゆえ分割されたキネステーゼというこの層構造のうちに、身体の空間的経験が優先するということが基礎づけられている。キネステーゼのシステムは、触覚野と一つになっており、この触覚野はそれぞれの部分に特別の（より単純な、また複合的な）キネステーゼが属しているという仕方で分肢している。「指先」Δの触感覚野の部分には、ある特別のキネステーゼと、組み合わされたキネステーゼのグループが属している。そしてその働きは、この部分Δがその他の触感覚平面のすべての部分と「合致」へともたらされることができ、そのうえに「置かれる」ことができるということである。〔感覚〕野は野であり、その形式（その内在的な、二次元的で平面的な共存の形式）からして不変であるのに対して、その充実、つまりたえずきわだってくる所与は変化する。

統一的な触感覚野が部分野へと分けられるのは、それに関係づけられた、すなわちそれを触覚的に機能させるキネステーゼによってである。

触覚野が分けられて触覚野の延長において不連続的に相互外在的になった部分は、描出する機能において一種の連続性に至ることができる。すなわち、客観的延長の互いに境界を接し合っている部分を描出し、あるいは統一的に触れる過程においてともに作動しながら、同一の表面を構成することができる。個別のキネステーゼを対立的に働かせることなく、むしろ統一的なキネステーゼにおいてともに触れることによって、手の多くの指で同時に触れるなら、あたかも私たちは一本の指をもっているかのように、そしてその指をもって一つのキネステーゼにおいてあちらこちらを触れているかのようになるだろう。

297

「二重感覚」——触感覚野は、その隔たった各部分が互いに「接触し」「合致する」ことができ、しかも、このことをキネステーゼ的状況において、それゆえ自由に確立可能な状況において行うことができるという特異性をもっている

いずれのキネステーゼ的装置〔器官〕をもって遂行されたものであれ、すべての接触と、それに対応するキネステーゼ的に動機づけられた描出——そこにおいて身体の分肢が触覚的に経験されるのであるが——の経過においても、この分肢のすべての経験される表面の契機には、持続的にともに流れるものとして、触覚野のきわだつ契機が帰属している。あるいは、次第にかつたえず綜合において築き上げられる表面描出の経過には、その連続的な相互外在において場所をずらしながら、触覚野におけるきわだちの経過が帰属している。同時に、触覚野におけるこの経過には、手探りするときに機能している触覚所与のそれと「合致する」経過（たとえば、もう一方の手の触れている指先）が属している。つまり、触覚野は（視覚野とは違って）、なるほどすべての所与が相互外在にあるが、二つの所与とその位置は相互外在においてにもかかわらず合致することができ、それらはそのさいある仕方で融け合うが、それでも実際には混じり合うことはない、という根本的な特異性をもっている。局所づけは、分けられたままであり、相互外在においてたえず移行可能なものとして、一方から他方へ至るためには、まさに局所野のうちに予描された道が取られねばならず、しかも、ここにある一つの所与から向こうにあるもう一つの所与へと至るためには、そうでなければならない。局所的にことなる所与が、「触れ」合い、「合致」したりするが、それでも隠しあうことはないのである。これは現象学的にはまったく比類のない出来事であり、視覚的な影が隠しあうことと混同してはならないが、それと言うのも、視覚的な〔見えていない〕影の場合は影としてすでにもはや感覚所与ではないからである。

触覚的な所与は、互いに接触することなく相互外在的であり、キネステーゼ的な過程によって接触することになるが、そこにおいて身体は、分肢から分肢へと探り合い触れ合うものとして、根源的に触覚的に構成されるのである。そのさい、所与の接触は物(的身)体の分肢の空間的接触として客観化されるが、それはキネステーゼ的な触れ合うこととして一つになって、この接触は、連続的に探ることを生み出すものとして客観化されることになる。

触覚野が身体物体の表面に局所づけられること

私が一つの器官によって触れながら右手を探り、それがたんに一つの外的物体という仕方にある物(的身)体として与えられるだけでなく、必然的に触覚野のきわだてられた所与の延長的な相互外在と連合的な統一においても与えられることによって、描出された表面は、そのうちに局所づけられた、これら所与の層を得ることになる。触感覚野のその延長の一部は、この表面に属し、その感覚野としての手に一点一点で属しており、しかも、
298 (たとえば、私がどの程度で押すかによる)触覚的な資格の変化において同一である。私の物(的身)体の触覚的に扱われたすべての分肢についても同様である。ただ私たちがたえず考えていなければならないのは、私たちがすでに客観化されて見いだすものは、経験の

意味付与によって初めてこの客観化されたものとして構成されている、ということである。この経験をとおして私はなじみ深い身体を身体としていつも経験しているのであるが、そのような具体的経験としてのこの経験は、相互的に触れ合うことができるという、よく慣れ親しんだ可能力性によって、身体にこの意味を与えるのである。そのさい、感覚野の全体は局所づけにおいて、その立ち現れ《ファントム》が構成されるさいに、身体物体の「各分肢」へと配分され、そのことによって、物(的身)体全体へと配分されることになる。

この局所づけにおいて、感覚所与は局所づけられるものとして考えられ、触れられた表面に連合によって載せられるものとして考えられている。しかし触れることにおいて、私たちは二重の所与をもち、いずれの所与も、その感覚野の延長と位置において合致している。なぜ両方が、触れられた分肢の表面のうちに局所化されないのだろうか、なぜ触れることにおいて作動している所与は、触れられた身体平面上に局所化されないのだろうか。答えは次のようになるだろう。触れることとともに第二の層のうちに載せられる所与は一時的なものであり、第一の層と同じように、触れられたものにきっぱりと帰属したままに留まるものではない。ある時は、この器官(すでに客観化された言い方では)によって、別の時には、あの器官によって触れられることができる。どの器官によってであれ、触れられたものは、その感覚野の部分を触れられたものに属するものとしてもつが、ただその能力を与える充実は精確に同一ではないということにすぎない。しかし、あれやこれやの器官をもって（場合によっては手袋をはめた手や、はめてない手で、あるいは杖などをもって間接的に）触れることのいずれの仕方に対しても、どのようにして同じ野の一部が類似した所与とともに変化するのかは、慣れ親しんだものになっている。

　さてしかし、一方では、いずれの器官も触れることによって触覚的に構成され、そしてそのさいに作動するキネステーゼ〈によって〉構成されているが、他方では、それ自身が現実的または可能的な仕方で触れるものとして構成されている。したがって、私たちはつねに必然的に、身体を物（的身）体として、かつ身体として提供する根源的な触覚経験において、触れる器官と触れられる器官が機能的に併存しているのを見出す。しかも、触れられた器官が触れる器官になり得るというそのつどの可能的な逆転をともなってである。この逆転が起こるやいなや、そのさいに、したがって、つねに合致しあう対《ペア》になった感覚の機能もまた逆転する。以前は触れられた器官の表面に局所づけられて与えられていたものが、いまやもう片方の器官にたいして触れることにおいて機能する。そして以前はこちらの器官において機能していたものが、いまや対になった相手方において局所づけられて与えられている。そこには次のことが含まれている。身体が触れる経験の統一において空間的立ち現れ《ファントム》として構成されるのは可能力性によってであるが、この可能力性が形成されるやいなや、身体はその表面上に局所づけられた触覚的感覚野の全体とともに構成され、また、触覚的な野がその分肢としての物(的身)体の部分に局所づけられた各部分へと確固として配分されることにおいて可能となる触れることのキネステーゼ全体の関係性をともなって構成される。そのことによって、それゆえ、可能な触れることの部分的キネステーゼもまた、身体の各分肢へと配分され、それぞれの分肢が触れうるものとして構成されるだけでなく、触れるものとして、つまり自由に始動することのできるキネステーゼをもった分肢として構成されるのである。このようにして分肢が機能し始めるやいなや、感覚所与は描出する統握において触れるものとして機能することになる。しかし、同じ感覚所与が、分肢がむしろ触れられたり、あるいは触れることにおいて可能となると考えられている場合には、その分肢において局所化されたものとみなされることになる。

この十全な構成が達成されるなら、身体が見ることや触れることなしに(たとえば身体がそもそも見られないような暗闇において)、もっぱら外的事物的で触覚的な構成に対して機能しているあいだに、つねにそれでもまったく生き生きと意識され、その触覚的直観性において意識されるようになるということが理解されるようになる。すなわち、つねに充実され、それ自身において通り抜けられる触覚野と、確固としてその野へ配分されたキネステーゼとは、つねにその触覚的な「外見」を示唆している(共現前している)。

あらゆる感性的経験にさいして、それゆえさしあたり視覚的経験にさいして、何らかの触覚《ハプシス》がそこにともなっている。そして私の身体は、根源的で触覚的に構成された身体としてそこにいあわせており、空間において物体としてであるが、本当は外的物体と同じような物体ではなく、静止と運動、変化と不変化のうちにありながら、本当は他の物体が静止したり運動したり変化したりするのと同様ではなく、静止や運動のうちにある空間的な現実存在に関するもっとも根源的な経験からその本質を得ているのではない。身体もまた、「押される」ことができ、「押す」こともできる。身体が押したり、押されたりすることはしかし、二義的であり、感覚において二層的である。このように身体として押しながら、それは、手が足を押したり、叩いたり、押したりするときのように、ただみずからを押すことができるだけで、またただみずからによってのみ、押されることができるのである。さてしかしながら、次のことは幾分特異な事柄である。すなわち、ある事物は、それが固いものであれ、動く部分をもったものであれ、身体によって押しのけられることがありうる。その事物は、その部分がそれぞれの仕方で全体に対して相対的に運動するのに対し、これらの運動とともに押しのけられるということがありうる。しかしみずから自身を押す身体は、全体として押しのけられることはありえず、身体のある一部が他の一部を押すことによって、ある事物がそれ自身を押すのと同じように、物体的にみずからを押すことができるだけである。*17

これらすべてのことは明らかに、外的物体性に対立する、身体的物体性の本質固有性である。このことには次のような奇妙なことが連関している。すなわち、身体がたとえば新たなキネステーゼを獲得できないかぎり、新たな「分肢」、つまり新たな器官についての拡張ではないにしても、外的物体を身体の分肢と結合することはすべて、身体の分肢にこの分肢の拡張という固有性を与えるということである。つかむ分肢〔手〕は物体的に拡張され、この拡張において、それにキネステーゼが帰属する。こうして、その分肢はいまやみずからを拡張された器官として扱う。そこには、拡張する物(的身)体は、「器官」という意味に部分を獲得する、ということが含まれている。そのことによって、間接的な(杖によって)触れることや手探りすることや突くことなどというようなことが可能となる。

300

したがって、原初的《プリモルディアル》に構成された世界は、それが唯一の身体と外的世界から成っているかぎりでは、等質的ではない。等質性はただ物体性に関してのみ成立しており、この点において、まさに一つの層においては延長するもの《レス・エクステンサ》としても構成される身体も含んでいる。しかし、身体がそれによって自我の器官として、そして自我から不可分のものとして構成されるところのものは、身体物体が偶然にもち、他の物体は偶然にもたないような一つの覆いのようなものではない。なぜなら、器官としての身体が機能することによってのみ、外的物体は空間的に存在するものとして、物体的特性をともなって構成されることができ、そして身体それ自身も——身体が、相互的に機能しうる器官の統一化された多様性であることによって——物体として構成されることができるからである。

外的事物および事物かつ器官としての身体の根源的な構成へと遡行することにおいて、私たちは、たとえば事物が身体なしには経験不可能であって、むしろ必然的にそれと一つになり相関的に、物体的事物と身体とが二層的なものとして、そして一つの層では物体として、一緒になって構成されねばならないということを認識する。そのことのうちに、たんなる自然という世界、つまり魂をもった存在なしの世界は考えられない、という命題の基礎づけにたいする第一段階の本質がある。

身体の各分肢は、他の事物と同様に、触れながら経験されるということなしに、視覚的に動くものとして経験されることがあり、またその逆も同様である。しかし、それら各分肢は、それが触れられることも、手探りされることもないまま、すなわちキネステーゼ的な「私は動く」のうちにおいて、動くものとしても経験される。そのさい、それらは、私によって空間的に動かされるものとして経験されるが、しかし外的実践という仕方で「押すこと」などによって経験されるのではない。このことは、触れることが前提していること（私たちは「内側から」と言ったり、キネステーゼ的に動くと言ったりする）である。

そして次にこれらが結合される。すなわち、私の手は空間的に動かされるものとして触れることによって触覚的に経験される（他方の手がそれに触れる）。そして私はそれが動いているのを見て、それを動かされたものとして経験し「知覚する」が、それが触れられることなしにである。あるいはそれが触れられるときには、私はそれをやはり動かされたものとして知覚するが、しかしキネステーゼ的なものとしてではなしにであり、そしてそのことによって、それを触れる手あるいはその他の器官によって場所的に動かされたものとしてではない。

身体はみずからへの関係において実践的なものとして構成され、ある器官によって、別の器官が実践的にその外的物体を動かすものとして構成される

301

ふたたびみとめられることとして、手が、場所的には動かないものでありながら、他の手によって動かされるものとして――この手の外的実践において――経験されることがありうる。身体は分肢化されたものとして経験されている。それぞれの分肢は、私から発してある仕方で動いている。つまりそれが、私によって外的実践的に触れることによって媒介されて動かされる（押すなどの場合のように）という仕方であり、しかも、私が他の分肢を「内的に」動かし、その分肢によって最初の分肢に触れながら動かすことによってである。それゆえ、あらゆる分肢は私によって外的実践的に動かされるのだが、それは、私が最初の分肢に触れているある別の分肢を「内側から」動かすことによってである。そのことのうちには、ある分肢は別の分肢に触れることができることが含まれており、それは空間的に触れることである。しかし同時に、私は一方の分肢を内側から「他方の分肢に対して」動かしているのであり、そして外的接触とともに、一方が他方を同時に内的に触れるのである。あらゆるキネステーゼ的な触れる行動は、つまりある事物の触覚《ハプシス》はすべて同時に、事物を探りながら触れる分肢の内的運動として経験されている。そしてそのさい、その事物が外的かつ空間物体的に一つになって、身体の分肢という物体事物が物体としての外的事物と触れることであるかぎり、二重の意味で経験されている。しかし、身体的な器官が触覚的に経験されている場合、私たちは触れる器官と触れられる器官の交互の接触をもつのであり、しかも接触についてのこの二重の意味においてもつのである。

全体として受け取られた身体は、触覚的に経験されている。あるいは、全体的に遂行された、もしくは遂行されるべき接触によって、経験可能である。――それからもちろん、身体は諸器官の連関であるので、身体の器官が触れる器官によって手探りすることによってである。しかしそのような器官は、みずからを徹底的に手探りすることはできない。事実、接触の統一体としての身体は、特定の触れる器官を指示してはいない。それぞれの器官は、身体接触のより大きなあるいはより小さな射程をもっており、さまざまな器官が身体を手探りしつつ、身体の同じ器官を手探りすることができる。逆に、さまざまな描出の多様性が綜合へと至る仕方は、その綜合において、描出された対象の同一性が構成されること、および、相互的な拡張と補完によって、一つの全体的な身体が、すべてのこれら可能な結合への関係において構成されるということをもたらす。

この触覚的な構成において、連続的な綜合によって、個別に統一的なキネステーゼ全体が構成されるが、このキネステーゼ全体は、キネステーゼの可能力性の全体システムから現実化へと至る。それは、身体の（浮き彫りの）表面形態の部分断片から形成される表面の浮き彫りである。

このキネステーゼ的に構成された表面形式は、すべての「形式点」（その各々には、ある瞬間的なキネステーゼ的状況が対応している）においてともに構成された内容の形式である。すなわちこの形式の資格を与える質料であり、私から触れられ手探りされる外的事物と同様で、そのさい、資格を与えるとは、そのつどの接触感覚の性質と異なるわけではなく、時間の経過においては、ある連続的な融合を引き受けつつ、しかしそのさいキネステーゼの「帰結」として統覚されている。

しかし、身体のもとで私たちは身体物体の知覚にそくした性質の区別をもつ。しかも触れられた点や、表面の線や面の部分の質《クオリア》というこの意味においてであり、また、身体の触れられたすべての位置で触れることにおいて感覚される接触感覚の知覚にそくした所与という意味においてである。そして、連続的な進行において私たちは触覚的感覚野をもっているが、この感覚野は、表面が身体表面としてどれほど変形されていようと、また、触覚的感覚がどれほど変化していようとも、空間的‐物体的な表面として構成された身体に局所化され、この表面と合致して現出することになる。

ここで、私の身体を手探りする器官の交替において明らかになるのは、触れる器官によって、そのキネステーゼおよびその他のキネステーゼの統覚的機能において、触れられた身体表面の質料として統握され、こうして物体としての身体に帰せられているのと同一の接触所与が、触れる器官が触れられる器官へと逆転すると、局所づけられた感覚領野に属するということである。こうしてたとえば、私が手を自分の額の上で動かしながら額を手で触れるとき、それから額や頭を適当に接触しつつ動かしながら、触れている手や触れている指先に触れるとき、まさにこの同じ感覚系列をあるときは額の表面の規定として、またあるときは額の表面に局所づけられた（あるいは手の先に局所づけられた）接触感覚として経験するときには、そういうことが生じる。

最終的に私は、この独特な事柄を次のように明確に述べねばならない。すなわち、身体全体は、その触覚的感覚領野全体が一つになって身体そのものへの関係において触れながら手探りするものとして機能することができるように、触れながら機能することは決してできない、と。延長するもの《レス・エクステンサ》としての身体の構成は、それを諸器官へと分肢化することによって、そして一つの器官（身体部分）を別の器官で触れることによってのみ可能となる。そのさい、私たちは自己接触における二重感覚という奇妙な事柄をもっており、そこには、同じ野の二つの所与が、野の局所性の連続においては分離されているのに、「接触」という固有の仕方では合致しあうことができる、という独特なことが含まれている。この触れることにおいて生じている二つの接触所与の合致は、触感覚領野に固有の現象である。注意深く考察するなら、それはキネステーゼを各器官へ配分することも要求し、またキネステーゼの結合によって複数の器官を一つの器官に結合することなども要求することになる。

これらすべてのことについて、私たちは構成的に完成させねばならず、さらになお考えなければならないのは、すべての外的物体はただ触れることによって、触覚的に知覚にそくして与えられるということ、および、接触が引き離されるやいなや、物体はなお触覚的な地平においてともにそこにあることができるということである。この引き離すことは、押したり突いたりなどすることなしにも、また突いたりずらしたりすることなどにおいても、私から引き離すという形式をもちうる。後者の場合は、そのことによって外的物体が動くということを意味している。

運動の触覚的経験に属しているのは、私が同じ物体にふたたび近寄ってくるというなじみの形式において適切なキネステーゼを働かせて、新たな接触を確立することができるということであり、あるいは物体をずらす場合のように、「その抵抗の克服のもとで」、また、
303 外的物体がすでに運動のうちにあった場合には、根源的に要求されているキネステーゼとは区別された《ともに歩く》というキネステーゼのもとで、その物体のもとに留まることができるということである。

さて、私の身体に関して言えば、私たちはそこに豊かな運動をもっており、根源的に触覚的に経験され、かつ経験可能な運動をもっている。しかし、私の身体は統一的な物(的身)体全体としては、動くものと同じように経験可能なのではない。「根源的に触覚的に経験される」ということは、一つの運動を（あるいは静止を）意味しているのだが、それはその運動が、キネステーゼの「ともに歩く」変化のもとで物体の場所の変化（運動）にさいして、触覚的に連続的に触れることによって構成されている場合である。そしてそのさい、ともに歩かないキネステーゼは、静止を性格づけるキネステーゼであるが、それはあらゆる瞬間における任意の静止状態において、接触を止めることなく、再三再四くり返されることができる[*18]。

同様の運動の経験を私は、たとえば知覚機能において動かされた分肢についてもっているし、外から（私によって突かれたのではなく）突かれることによって動かされた分肢についてももっているが、私の物（的身）体全体についてはもたない。ここではこのような経験は考えることができない。それゆえ、根源的に経験可能な運動と同じようには、その反対のこと、つまり、運動へ移行しうるし運動へ移行したこともありうるような、静止の普通の意味で根源的に経験可能な静止が欠けている。こうした静止の代わりに私たちはここで運動の（根源的な運動経験の枠内で言えば）欠落をもっている。それは、私が私の身体を私の触覚《ハプシス》の射程から失うかもしれないという可能性なしに、私の身体についての触覚的経験がつねにかつ連続的に活動し続けことができるということを、静止とともに共有している。私はもちろんそれを失うかも知れず、私は自分自身を手探りする必要はない。しかし私はやはりつねに私の可能力的な触れることの射程のうちにあり、しかも、この机という事物と同じように、私がそれに触れていないあいだも、持続的にそこにあるような事物とは別の仕方である。これらの事物は、私がそれに触れることで再発見することができることの射程のうちにありながら、つねにそこにあるという必要はないからである。しかし私の身体はつねに必然的にそこにある。それは、つねにふだんは私にとって時間的にそこにあり、それからふたたびそこにないとしても、私の直接的な介入の生き生きした現在野

304

のうちにある。身体はつねにそこにある。それどころか身体は、私たちが視覚的およびその他の感性的経験を抽象的に、あるいは現実的に遮断したとしても、ある仕方で知覚にそこにいあわせている。つねに知覚的に意識された感覚野は、つねに注意しつつ知覚的に走り抜けることができることにおいて、いつも触れることの、しかも自分の身体およびそれと一つになった外的事物との可能力性を共現前している。なぜなら、瞬間的に顕在的なキネステーゼの状況という何らかの状態におけるキネステーゼのシステムもまた、原本的に意識されているからである。さらに、私の触覚的感覚野において私はつねに、すなわち世界をもつ自我としての私は、何かきわだってくるものをもつ。それは、静止したり主観的に変化したりといった、私のキネステーゼの状況において、私が何も触れていないとき（たとえばソファに座っている場合）でもすでに、好きなようにそこから触れられることができるような物体についての接触の（知覚的という）統覚意味をもってきわだってくるものである。[*19] しかし同時に、接触とキネステーゼ的状況が私の身体を触覚的に現在するものとして共現前するのだが、それがどれほど感性的に現前したとしても、またこの感官がいわば沈黙しているとしてもそうである。

私の身体を私に初めて経験可能にしなければならないようなキネステーゼというのは、考えることができない。私の身体のこの共現前もまた、外的事物の接触などという少なくとも触覚的現前と一つになって、根源的世界経験の一つの契機であり、どのような契機においても世界経験に属しており、そこではそれは、どのような形態においてであれ、世界経験なのである。

すべての、まずもって根源的な外界の経験のさい、身体がいあわせていることの探求(これに属するのは、身体がたえず触覚をとおして知覚されているのでなければならないこと、また同様に、身体と一つになって、事物が触覚をとおして知覚されているのでなければならないことである)は、なおいくつかの補足が必要である。

私たちは現在、触覚の経験を優先させているが、このことに関して、次のことが述べられなければならない。すなわち、根源的に構成的な知覚する経験は、能動的な接触における経験であることだ。このキネステーゼの能動性の内部で私は、「静止したまま」であることもできれば、ふたたび、動き出すこともできる。また私は、まったく別の活動、たとえば、他の事物の能動的知覚といった活動に移行することもでき、私のそれまでの活動を、触れるということを続けながら、取りやめにすることもできる。

ここで注視せねばならないのは、キネステーゼの配置にあって静止して立ちとどまるさいの「何もしない」という仕方は、現実の活動的でないこととはまったくことなった仕方であることだ。というのも、私はいまだ能動性にあって、なお、自我として何らかのもの

305

に携わっているという様相においてではあっても、努力しつつ何かに向かっているからである。しかし、私があることを止めて、他のことに向かうとき、また、あることに携わることを、まったくやめた場合、そのことに触れることやそれによって触れられてあることは、もはやそこに向かっていない、すなわち、能動的な努力のうちにあること（意志の様相にあること）とは本質的にことなった意味における事柄であることになる。この二義性は、根拠があってのことである。というのも、行動の可能性の能動的地平としての、可能力性の地平をともなう能動的接触は、受動的統覚の様相に移行しているからである。すなわち、たんなる連合の様相に移行して、ちょうど、感覚所与（接触感覚）が根源的な連合的時間化において「意識されて」いるように、すべての現実的な能動性からかけ離れているからである。私が注意して、この背景において《触れられ‐触れる》事物が私を「触発する」とき、この触発はすでに自我的様相なのであり、それは純粋な連合（それは、「没自我性」の領分、自我が覚醒していない領分であり、──「受動的な背景」あるいは、能動的自我生、より正確にいえば、触発的‐能動的自我生の根底にあって進捗するものにかかわっている）を突破するのだ。

いまや明らかであるのは、私があるものに触れてそれに向いて、能動性の様相に移行するやいなや、能動的でなかった接触から、能動的な接触ができあがることである。自分がすわるひじ掛け椅子に注意が向かうとき、それは進行する「接触」ではないが、能動的な触覚知覚の様相ではある。すなわち、その場と居どころを変えることなく触れることなのである。

　したがって、それによって、この二義性は、知覚にも関連しており、——能動的知覚、存在の意味を根源的に構成する知覚と受動的知覚、「背景」知覚の二義性である。

　身体に関することとして、身体はいつもすでに構成されてあることで、たえずそこにいあわせており、そのさい、つねに、何らかの意味で、知覚され、知覚にそくしてそこにいあわせている。構成されているのは身体、まさに身体としての身体であり、また、身体に根源的に属する、表層に局所づけられた触覚的な感覚層（感覚学的感覚層）をともない、器官としてのその分肢に属し、相互に組み合わさったキネステーゼ的能力による可能性、ないし、個々の時間の契機の顕在的なキネステーゼ的配置をともなっている。これらの諸層は、相互に共現前しており、それは、視覚的なものが触覚的なものをともなう外的事物にたいして共現前したり、その逆であったりすることに類似している。したがって、身体とは、たんに感覚論的に知覚されていて、知覚されたものとして相互の接触をとおして顕在化していなかったり、あるいはまた、触れたままであったりといったふうなあり方であれ、たえず知覚されているのだ。身体知覚にとって、もちろん、それ自身に接触する可能力性は、基づける可能力性であり、感覚論的なものは、それが表層において局所づけられたものとして構成されていることをとおしてのみ、身体的である。したがって、その可能力性の存在意味は、基づける存在意味なのである。こうして、触覚的存在意味もまた、視覚的な存在意味にとって基づける存在意味であり、この視覚的存在意味は、独立して実現されてありうる一方、視覚的存在意味は、触覚的存在意味をたんに共現前するだけなのである。最終的に、あらゆる客観化する現前は、内在的な、原《ウァ》現象的領分における出来事として、共現前を介した現前なのであり、そのさい、必然的に、客観の固有で原本的に与えられているものの核が、その客観の原本的な現前の意味を、ただ共現前にのみ負っているのである。現前と共現前の統一は、そのとき、客観そのものの知覚にそくした現前存在なのである。空間時間的な世界に関して、根源的客観化は、いまや孤立したものではなく、たえずそして必然的に、現前化する所与性における客観と現前化する所与性における身体とが、同一のそして不可分離の結合のうちにある。

あらゆる直接的に触覚によって知覚された客観とともに、それ自身、接触によって触れる身体が共現前されており、したがって、間接的に、視覚的現出の仕方からしても、たとえば、遠くの現出としての視覚的現出が、近くの現出へと指示が及んでおり、また、そこから、共現前をとおして、「身体による」可能な接触への指示が及んでいる。遠くにある事物の視覚的統一において、「遠くで、くるっと回って方向転換する車」と「自分の立っているところと自分の動きによって、持続的に別様に呈示される車」の遠くの現出の、それに相応した現出の仕方における近くの事物への指示は、一方で連合であり、そして、類比による統覚である。この指示は、遠くの現出の持続的な変転から発して、近くの現出のそれに相応する変転に向けられている。ここで、事実的な知覚において、現実に経過する現出は、可能力性の現出の全体的システムを共現前しており、予期にそくして、顕在的な行程にいまもたらされたキネステーゼの次に続く経過を来たるものとして共現前している。この共現前は、そのつどの視覚的所与と内在的にそれとともに立ち現われるキネステーゼの配置から出現してきて、そこではすでに、幾重にも基づけられた能力による可能性のシステムが創設されている。この能力による可能性のシステムは、《こうすれば、こうなる》ということにおいて遂行するキネステーゼを仲介にして、後に加わるものとして、それに相応する持続的な変転を作り上げることができ、それによって、それらすべてをとおして能作を遂行しうる斉一的な綜合をなしうる可能力性のシステムである。このようにして、[40]そのつどの総体的感覚所与は、それそのものとしては経験されてはおらず、「～の呈示」として作動し、しかも、（第一のもっとも下層の段階をパースペクティヴにもたらす）根源的に第一の、「最適の」近くの事物の現出として作動するのである。このように作動しつつ、「それをとおして」この綜合的統一が経験されており、この統一は、この総体的感覚所与において、ただ一つの側面から呈示されているのである。この側面は、ともにあるその諸側面を共現前する。その側面の変転のキネステーゼ的経過において、くり返し、そのつどの側面についての現前の原初的原本性の存立と共現前の存立とは、区別されており、しかも、経過する綜合において、同一のものが知覚されているのであり、いかにさまざまにことなった側面からみられようとも、この同一の表層事物が知覚されているのである。しかし、隔たりが新たに変化することで、近くの事物がたえず遠くの事物に様相をかえたり、ないしは、逆に、遠くの事物がふたたび近くの事物になったりする。この近くの事物は、「志向的変様」としての様相に対して、「原様相」なのである。これは、ここで何を意味しているのだろうか。遠くの事物は、その類似性によって、近くの事物の類比体として統覚されるが、それはいかなる近くの事物（〔ここにみえる〕小さくなった馬な
307
ど）なのでもない。つまり、近くの事物として見られているのではない。与えられ方の類型における馬は、近くの類型において（とりわけ、完全な近さ、触覚的に直接つかめるという類型において）「大きさに」関して同一の類型をもち、それに加えて、可能力性の類型、あるいは、（離れていく動きとして）それそのものが離れていくことの類型、そして、さまざまにことなった「離れていくものの方向」にそくした隔たりの類型をもつ。これは、

生き生きした知覚の領分内部のことである。

遠くの事物の類比による直接的統覚は、近くの事物の直接的統覚と同じあり方であるといえ、近くの事物の直接的統覚は、自体としてみたときに、それがより以前のものであって、したがって近くの事物としてのその統覚が指導的立場にあるということを前提にした場合、その総体的な共現前を〔遠くの事物に〕転用しているのである。近くの事物は、直接的に触れる可能性と接触可能性を共現前すること、あるいは、顕在的に現出する側面をとおして、側面の総体性が共現前されていることによって性格づけられている。そのとき、触れることは、本来、現出する側面をとおして、すでに触れることが起こっているとき、それを触覚的呈示として、そしてともにそこに属する呈示として作動している。視覚的事物は、このように統一において、共現前する触覚的事物と同一のものとして、両者ともに、同じ事物のより高次の段階の呈示として作動している。このような結合における共現前をとおして、いまや「小さな」遠くの事物は、触覚的に与えられている「事物」をも共現前しているのでなければならない。したがって、近くの事物として統握されているのでなければならない。そしてそれがそうあるのは、その事物が本当に視覚的によく似て経験されている範囲においてである。このことが該当するのは、比較的近くにある事物であって、数歩で、「それをつかめる近さ」に移動できるような事物である。

つかめる近さの構成をすでに構築した子どもは、遠くにあるものをつかもうとする。その遠くにあるものは、現出にそくしていえば、ときとして、つかめる近さから、遠ざかったものであり、そのさい、もっともまぢかで起こっていた現出の変化に持続的で類似した関係にある現出の変化をしめしている。しかし、それをつかもうとして子どもは落胆する。それでもなお、子どもは、(構成的構築としての)経験の行程のなかで、次のことを「学ぶ」。すなわち、自分でそこに向かったり、抱いて運ばれたりすることで、パースペクティヴ的な拡大をとおして、つかめるという状況が再度できあがるということを学ぶのだ。子どもは、近くにあって、触れられたり、つかめたりする事物の類型を知り、そのさい、近くの大きさをともなう近さのパースペクティヴの類型と遠さのパースペクティヴの類型を知る。それによって子どもは、遠くにあって、視覚的に現出する静止と運動を次のようなものとして理解するようになる。すなわち、近づくという能動的にパースペクティヴ化する(あるいは、運ばれたり、乗り物にのったりする)ことで、近くの事物としての、それに相応した「同一の」事物が個体的類型へと移動することができるようなものとして理解するのである。この近くの事物は、それに本質的に固有な触覚的なあるいはその他の意味の層をともなっているのだ。

いまや、この子どもが学ぶという〔多少とも〕危険な言い方が正しく理解されねばなら

308

ない。経験するまなざしは、その統一の意味と存在の意味から近くの事物を導き出している。このまなざしは、それに向けられ、持続的な遠近の仕方においてその近くの事物を確保している。それは、触れられることや、つかめることなど実践的な行為可能性が否定されることになっても、遠くにある事物が、現実の完全な事物として幻覚であることになったとした場合にもそうあるのである。それだからといって、まったくの無になったわけではなく、それはなおも、「立ち現われ《ファントム》」として、ある意味で確証できるのであり、現出の変転や眼を背けたり、また注視したりするなかで、同一化でき、確証できるのである。歩いて動く（あるいは、あちこち運ばれる）ことで、高次の構成が遂行される。それは、新たなキネステーゼ的機能をとおして遂行される、完全な近くの事物への接近や遠ざかりの経験の形成である。そこで形成されるのは、《こうすれば、こうなる》の新たな連関や、同一の事物の近さのパースペクティヴの類型における相違などである。しかも、獲得された個体的類型である馬や馬車などに相応した仕方で、そして、これらの個体的類型に属する様相においてである。この仕方と様相というのは、同一の事物が、左右、上下、これくらいの距離で、とても離れていたり、近かったり、というように、次第になじんでくるキネステーゼの新たな様式の「前提」[41]の機能に関係づけられている。ここでパースペクティヴ的に呈示されているものは、つかめる近さにある視覚的事物、また、あれこれの遠さの方位づけにおいてある視覚的事物の今という様相における事物である。これは高次の段階の意味付与する経験において志向的統一の意味をもっている。この志向的統一は、遠ざかるキネステーゼを働かせることをとおして、視覚的に性格づけられ、触覚的に直接つかめ、実践的に直接行為できるものとしての近くの事物という志向的統一へと〈移行する〉。したがって、ここで構成されているのは、事物の統一、すなわち高次の段階の多様な現出の統一としての統一であり、この現出は（斉一的に綜合する統一の）同一化の持続的に綜合する移行をとおして結合された、もっとも広い意味での遠くの事物である。この遠くの事物は、それ自身、すでに綜合的な統一であり、すでにそれ自身、下位の段階の相対的「事物」なのである。

しかし、構成する現出、すなわち存在的諸経験（事物の方位づけの如何における様相）のこの宇宙は、完全に同等の構造の現出なのではない。それらの現出は、確かに、それらすべてが相互に指示しあう可能力性のシステムの内部にあるのだが、とはいえ、すべての遠さは、その事物を本来的なそれ自身を与えるような傑出した仕方で近さを指示するようにあるとも言える。あるいはまた、遠さにあるということのすべては、近さが遠さにあることなのであり、近さから脱することなのであり、そのさい、この近さから脱することは、可能力的な減少する接近という意味をもつことをとおしてのみ、事物そのものの現出であり続ける。この近さから脱することは、私から見て、歩くことをとおしてだったり、事物から見て、近づいていく運動をとおしてだったりする。かくして、近くの事物は遠ざかりの可能性と可能力性を指示しており、それによって、一つのこととして、いつも志向的に変様する原的様態ないし原様相としてのそれ自身を、逆向きに指示している。このような仕方においてのみ、事物はそのすべての現出の仕方において、触覚的な意味層をもち、この触覚的意味層は、もともと根源的に近さの原様相にのみ属している。この触覚的意味層との関連においてあるのは、周囲世界をつかむという主観的な因果性の層としての実践的意味層である。他方、またそれ自身にゆだねられた自然の因果性の層と事物そのものに固有な自然因果性一般の意味層との関連も見られる。

　ようやく、なお次のことを強調すべき段階に至った。外的事物のすべての存在意味は、すべての存在的所与性の、方位づけられた仕方に関して、触れられ、つかめるという近くの領分、また実践的に、押すとか、ぶつけるなどといった実践的で直接的な可能力性の近くの領分へと引き戻して関係づけられている。他方、すべての外的事物は、——いつも原初性において、自分に固有な原本的経験の枠組みにおいて——それ自身、いつも何かに触れている自分の身体にさかのぼって関係づけられている。身体は考えられるかぎりのすべての事物知覚と世界知覚において共現前している。しかし、事物と外的世界という標題のもとにあるあらゆる段階の共現前が、統覚と共現前の閉じたシステムに属している。このシステムにおいて、まさに空間事物的で、空間時間的な外的世界として、おのおのの統一が構成され、そのように閉ざされている。他方、私の身体は、私の原初《プリモルディアル》的な世界の経験であるこの全体的で統一的に構成された世界をとおして、すべての可能な近くの事物の中心として、また、すべての経験にさいして作動している身体として、そして、すべての事物にかかわる行為と行為の経験にさいしての身体として共現前されている。身体は、しかし、たんに、他のすべての事物を近さと遠さによって現出にそくして類別するためのもっとも手短な事物なのではない。というのも、身体は、まさに身体なのであって、そのことには、身体をすべての外的事物から徹底して分離することが含まれている。しかしそれは、身体が、事物であることを上回って、原初的な経験の所与性において、偶然の様相においてではあっても、変化する様相において決して近くの事物ではありえないということで特殊なのではない。さらにそれに加えて、奇妙な、身体性の新たな意味の層、すなわち身体に局所づけられているといった、その特別な構成ということによるのでもない。よく見てみると、近さの現出の仕方は、この表現の本来の意味にあてはめると、身体にとって、何の意味もないことになる。というのも、近さは、遠さなしには、ありえず、同様に、遠さは近さなしには、ありえないからである。この相関関係が外的事物、すなわち根源的に本来の事物に属するのは、私たちが新たな構成的段階を解明していないかぎりにおいてである。その新たな段階が、世界の世界としての完全な意味、ないし世界の経験としての経験の完全な意味を明らかにする。その新たな段階は、世界の経験の意味、すなわち、外的事物と身体を同時に世界に属する実在性として包括し、身体に身体として、そしてまた他の外的物体と同様な物(的身)体の経験の意味を与えるような世界の経験の意味を明らかにする。それは、存在者の宇宙への世界の同質化であり、この同質化は、すべての存在するものが、すくなくとも、空間事物として同質であることで同一とされ、身体だけが、その意味からして他のいかなる物体ももちえない規定層をもつとする同質化であり、まさに原初性においてそうなのである。*20

間主観性と間主観的世界が構成されてあるとき、この同質的な世界が拡張されて、私たちは、物体の世界をもつことになる。この世界は、すべての物体がもつことのできる本質の固有性をもち、「心」で特徴づけられる人間〔動物〕ももつことができる。ただし、人間はある特別な事物の階級であって、特別な階級の特性をともなう特別な類型、たとえていえば、木と鉄〔が一つになった類型〕のような類型であるかのようにみなされる。しかし、構成的な意味付与のこの段階においてもまた、探求がなされねばならず、それをとおして、ここでもまた、根源的に意味付与する経験の世界、すなわち、私と私たちの流れる知覚の世界が、私たちの近さの世界から構成されていることが洞察され、学ばれるのである。どのようにして、しかし、この近さの世界がその構成的意味に至るか、そのあり方は、私の原初的《プリモルディアル》な構成と、そこで構成されている《近く－遠い－世界》、すなわち、私の身体と「そこで」支配するものとしての自分を共現前する私の原初的な外的世界に遡ることになる。そして、ちょうど逆に、この身体は、それが私にとって構成されるやいなや、そこにおいて私が支配し、その身体から分離できずに、その《近く－遠い－世界》を共現前し、同時に、そこで私が自分の身体と、そこでそれを根本的に支配することをとおして間接的に支配するものとしての世界を、共現前する。

触覚的に、私は接触しつつ触れながら事物の表層に突き当たる。それは私の身体の表層的事物に類比的であり、したがって、根源性における近くの事物に類比的である。私はそれを見る。私は、私の身体を部分的に見ていて、それは、知覚によって見ることのキネステーゼによって制限されている。この制限は抑制である。接触しながら手を伸ばすことにおいても、私は抑制されており、それによって、触覚的野において制限された隔たりをもっている。[21] このことは、歩くことのキネステーゼによって構成的に克服される。しかし、身体においてこのことは、不可能である。背中や頭を触ってみよう。私は、まったく同じようなキネステーゼで、他の事物、たとえば、肘掛け椅子の肘掛や頭と似たような事物に触れることができる。キネステーゼは、ぐるりと回って、私の前にある事物に触れるさい、その視覚像を示唆している。――正常な状況、知覚の正常な中心野、私の前の近さの世界、そこにおいて事物が同時に触れられ、つかめ、見えるような領分、そして正常な状況における身体。[*22] その領分において、身体はその見える圏域を、つかめる圏域と一つになってもつ。私の前の知覚世界は、完全に前面であって、正常《ノーマル》な身体としての「私の身体の前面」においてその相関者をもっている。私の前の事物は、その残りの側面を共現前する――可能力的でキネステーゼによって動機づけられた前面として。私の身体は、視覚的にいって、現実の知覚において、永久に前面にたいする相関者としてある。眼に見える分肢は、構成的にいって、近くにある見える物やつかめる物に、物の表面に関して類似している。もし私が、十分に長い首をもっているとすれば、自分をすべての側面から眺めることができよう。この類比は、私が自分の身体を見える物として「表象」できるとすることになろう。私は、私の見えない側を、（他者を考えにいれた場合、）他者が私を外のその人のところから見るように、共現前しながら表象すると言っていいだろう。もし仮にそうしたところで、他者の助けをかりて、どうやって私は、自分の触覚の動きを視覚的に表象することができようか。私の触覚の動きの綜合のおかげで、触覚の動きは原本的に自分に属するのでありながら、他者の立場からする触覚とともに、その人によって、私に属する原本的な触覚として理解されている、と言われなければならないだろう。しかし、このように理解することは容易でない。本当にそういったことなのだろうか。つまり、私が自分の身体を外から表象して、他者もその表象に加える、あるいは、私は自分の身体を他者なしに表象するというように、まるで私が自分を向こうから眺めるかのように、また、私が自分を、まるで私が他者であるかのように表象すると言える、といったことなのだろうか。いずれにしても、しかし、私はいかなる人も表象にそくして考えに入れているわけではない。

全体として見えるものとしての私の身体の類比的な統覚、私の眼の前の事物のように。そこにおいて、触覚野の側からの共現前も働いている。もちろん、この類比をよく見てみると、私は抑制や不可視性に至る。問題は、それにもかかわらず妥当性がなりたつこと、現実の共現前がなりたっていることである。

歩いているとき、この類比的統覚が働き続けている。私の（裏側の共現前をともなう正常な表側の現象としての）視覚的身体現象は、いかなるパースペクティヴ化も行なわれない。それにたいして、外的知覚野全体は、視覚的にパースペクティヴ化されており、触覚的に「拡張して」おり、いつも新たなものが触れられ、直接的に触れることができる。私、すなわち私の身体は、いつも新たな事物にさいして、そこに直接、いあわせている。近くの事物は、私が歩くとき、そのまま同じ近くの現象でありつづけることもありうる。そのときその近くの事物は、事物として動いている。私の歩みが停止されることもある。そのとき、パースペクティヴ化され、ないしは、〔地面との〕接触が失われる。歩きつづけているとき、私は私の身体についての同一の現象と、そのように動く事物の同一の現象をもつ。しかし、はたして、このことで十分と言えるだろうか。この運動の現象の意味には、この現象がたんに変わらずにとどまるということが本質的なのではなく、むしろ私が別様に歩いたり、歩かなかったりすることに依存して、パースペクティヴ化が生じるということが本質的なのである。

私の身体は、至るところに向かうことができる。身体は、たえざる近くの客観、あるいは、近くの客観の類比体《アナロゴン》である。この類比体の類比がくずれるのは、近くの客観が触覚的かつ視覚的に遠ざかるための、それに相応したパースペクティヴ的に様相をともなった可能力性をもちえないが、視覚的にパースペクティヴ的にそくして現出したり、触覚的にともにそこにあるとして共現前される他のあらゆる客観と接触しうるということによってである。ある事物は、他の事物のところまで動いていって、外的接触に至ることがある。外的に近づいたり、遠ざかったりしうるし、二つの相対的位置関係は、変化することもあり、また、外的接近が、最終的に、たえず接触する可能性に至ることもある。あらゆる静止している事物は、その場所をもち、あらゆる他の事物は、その場所にきて、その事物がその場所を空けるとき、その場所を占めることができる。あらゆる近くの現象と接触現象は、可能力的な近くの現象を共現前する。私がその場にいあわせて事物に触れることは、現象として見たとき、二つの事物の場合に類比的である。私の近くの野において、その野において触れていないあらゆる事物を私は触れることができ、このことは、ある事物が別の事物とこの領分において、接触に至ることのように見える。私は歩くことで、あらゆる場所におもむくことができる。外的空間や外的世界は、近くから見て、私があらゆる隔たりを近さにもたらし、そこで私が触れているところにすることができるということによって、まさにすでに構成されている。しかし、この《そこにいあわせる》ということは、私の空間的な《そこにいあわせる》ことである。私は身体であって、それによって、唯一のものであるにもかかわらず、空間的に他の近くの事物と同様に、近くの領分にいる。私が歩くことは、私の空間的存在を、あらゆる空間個所にはこび、私はそれによって、空間における私の身体の場所の変化を遂行する。それはちょうど、事物が、その場所を変え、移動するのと同様である。他の事物は、もちろん、私の身体では認められない運動の現出をもっている。他の事物は、視覚的に、パースペクティヴ化によって初めて、近くの事物を遡って指示するのでなければならないが、この近くの事物は、遠くから、私がそこに向かうことで、現実のものにできるようなものとして現出している。私の身体は、いつも「このこ

[42]こ」にあるが、いかなる現出にそくした《このここ》への差し戻しを必要としない。私は、自分の唯一の存在をもつと言えるのは、まさに私が、自分の空間性を自分自身と自分のさまざまにことなったキネステーゼ的な共属する器官をとおして構成することによるのであり、他方で他の事物は、私と私の器官をとおして構成されるのである。さまざまにことなった構成の仕方において、もちろん、さまざまにことなったものが構成されるが、空間の場所のシステムにおいて空間客観としてあるものは同種である。私の物(的身)体は空間における物体であり、私が歩くことは場所の変化であり、運動である。

　他の外的事物に持続的に触れながら空間において身をもって動くとき、どのような可能性がそこにあるのだろうか。その事物をその表面の同じ個所にずっと続けて触れるとき、あるいは、この個所を歩きながら触れつつ、くり返し、好きなときに旧知の個所を再度見いだしているとき、私は歩きながら、それをたえず近くの事物として実現し、その事物は、私の運動といっしょにそれ自身、運動しているのである。私が、同一の〔事物の〕個所に、歩くことだけで、戻ってくることができ、くり返しそのような後戻りをしているとき、その事物は静止しているが、私、すなわち私の身体は、その事物の上にあり、その上で動いている。*23 私が歩くことなく、足だけ動かして、動かない外的事物にずっと触れているとき、私はその事物の上で静止しており、そして、それは、歩くキネステーゼを停止したまま身

313

をもって行なうすべてのキネステーゼ的な運動にさいして、自分との接触にとどまる場合である。あるいは、私の身体が全体として立っているのではなく、他の仕方で（座ったり、横たわったりして）静止していながら、歩くことを始める《立ち上がるキネステーゼ》がいまだなお、可能性として開かれている場合もある。

もちろん、個々の分肢について言えば、それらが事物の上に載っているのは、その分肢のすべての固有なキネステーゼ的運動が、変わらないままそこにある接触を妨げない場合である。たとえば、腕と一つになった私の手が机の上に載っているときである。ある対象が私の〔感覚〕野において静止したり、動いたりしていると、私はその上で静止していようとして、その上に立つことができる。立つとは、事物の上で静止しているその場所から、他の事物の上で静止している他の場所へ歩く運動である（場合によっては、二つの場所に同時にいることである）。

ここでは、立ち現われ《ファントム》としての空間事物に関する出来事のほかは何も顧慮されておらず、抵抗といった出来事や、身体に特有な、たんに物（的身）体的な因果性のすべての現象（その上に立つときその事物が壊れてしまうことなど）が顧慮されていない。私が運動する事物の上に立って（それまでの運動とその全体性を保ったまま）その運動にかかわり、私が動かされ、自分自身が動くとき、物（的身）体の運動としてのこの運動は、ある相対的な自分で動いた運動である。

問われるのは、私が動かされるということは、空間構成にとって、どのような構成的意味をもつのかということであり、それに加えて、私にとって、動かされるということは、意味をもつことができるのか、ないし、空間における私の運動は、私がキネステーゼをともなって歩きながら遂行する運動や動き始めたものに乗り移ったりする運動や、投げ出されることで因果的な運動の意味をもちうるのかという問いである。いってみれば、ここで、そこにある他の物体のように私が、物(的身)体としてそこに属しているような同質的な物体の世界が構成されるために必要な新たな種類の構成が、原理的に必要であるのかが問われる。

私の身体が物体世界において物(的身)体として構成されているとき、他の物(的身)体が、私の身体の物(的身)体に類似しているとして統覚されうる。類似しているとは、物(的身)体のふるまいの個人的類型における類似であり、そのふるまいは、その人の具体的で身体的な「心理物理的」ふるまいに関する私の身体における物(的身)体的側面なのである。

329

一〇　努力と意志としてのキネステーゼ

関心は、触発するものへと向けられる。自我から発する方向光線（注意すること）が触発するものに向かう。自我の方向あるいは方向づけられていることとは、努力しながら向かうこと、注意のうちに参加していること、関心をもっていること、従事していること、すなわち行動である。自我はある活動を遂行する。しかしそうはいっても、それは、まだ本来的な行動、行為ではない。それは、注意しつつ何かに向けられていることが、まだ、何かを経験したり知覚したりすること、それどころか直接的に何かのもとで知覚することではないし、さらにはある対象のもとにあることでもないのと同様である。本来的な行為や行動（そしてこの語はここではまだつねに、普通とは違う広い意味をもっている）は、「目標」としてしかも到達可能な目標としてすでに構成されているものに向けられている。というのも、〔一方の〕ないことに気づいた良きもの、つまり場合によってはすでに十分なものとして経験されたのであるが、しかしその良さにおいて消え去ってしまったものへと関係しているようなたんに欲求の目標（欲求極）と、〔他方の〕実現する歩みや私によって可能力的に実現されうるものの目標として意識されているような実践的な目標とを区別すべきである。

生き生きした知覚的現在という根源領野において。ここではそれ自体先なるものが失われたものであり、不十分なものが意識されていることであり、欲求することである。いまや私は次のように言うべきだろうか。生き生きした欲求あるいは上昇していく欲求は、最初の「意志」へと本能的に移行する。それは、努力の受動性のもとに留まっているのではなく、そこから「能動的努力」つまり意志になるのだろうか（一方も他方も「作用」であるにもかかわらず）。この根源的な意志は、解き放たれる総体的キネステーゼという形式をもつのか。つまりまだ制御されてないがゆえにその部分的キネステーゼのうちに分離されずに相互浸透するようなキネステーゼのうちに解き放たれ、そこでは領野の所与が変化し、場合によっては多様に失われたものが「より近くに」来たり、もういちどやって来たりすることになるのであろうか。ここで「より近くに」というのは、高まっていく類似性における所与の変化が類似性という形式において、失われたものを絶えず透けて見えるようにすることを意味しているのであり、それが気に入り、失われたものと似ており、それを想起させ、すでにいわばそれ自身においてそれと類似性のうちにあるが、まだ十分ではないということを意味する。あらゆる帰ってくることは高まって行く類似性により帰ってくることである。そしてそうだとすると、欲求する意志、つまり何かへ向かい、運動する意欲は、満足によって止むことになる。欲求は満たされ、活動的な努力つまり根源的キネステーゼは、キネステーゼの静止へと至るのである。

それでも、人は次のように言うことができるだろう。このことはもともと刺激に応じて個々の根源的に秩序づけられたキネステーゼの多様性に該当するのであり、したがって、見ることに属する多様性か、それとも手で触れる場合には手に属している多様性か、等々ということになる。しかしすでに静止状況が優先されることによって、例えば運動がそれ
330 自身から逆戻りするような最小の緊張状態によって、関心をもつことが低下したり、失われたりするし、ふたたび求められなければならないということがある。キネステーゼ自身は、意志の様態ではないが、目標への意志の歩みとして構成されており、何かへと能動的に向かう努力においてそれは覚え込まれた道となり、遂行可能となり――内容の変化によって道として連合的に転移されるものとなるのである。

原注

*1　フッサールはこのテキストに次のような注意書きをしている。「拡張された還元と感情移入についての一九一〇／一一年の講義を一九二一年の夏学期に講読した際に書き留められた」。一九一〇／一一年の講義で取り上げられている「現象学の根本問題」[44]は、全集十三巻のテキスト第六番に収録されている。一九二一年の夏学期にこの講読をしたのは講義のためではなく、当時の彼が計画していた体系的な大著の準備のためであった。そのさいにおそらく、全集十三巻の講義テキストに附論二七、二八、三〇として付け足されたテキストも成立しており、これらのテキストはその講義に直接的に関係している。一九二一年の夏学期にその講義を講読したとき、フッサールは草稿のテキストに多くの補足や改訂を施している。これらは、全集十三巻のテキストの編集にさいしては、脚注やテキストクリティク上の付録に書き留められている。――みずから記しているように、フッサールは目下の第一番のテキストを「一九二七年に読んだ」。おそらくそれは、一九二六／二七年の冬学期の「現象学入門」の講義においてであり、その第二部（クリスマス休暇の後）は、他者経験の問題に捧げられていた。―編者注。

*2　しかし、ここには問題がある。

＊3　〔知覚の場合〕充実されるので、〔感情移入の場合の〕共現前《アプレゼンタチオン》[45]ではない。

＊4　さらに、私の身体は、外的な実在的・因果的自然への私のあらゆる実践的な介入に対する器官として機能する。そうした出来事は、先行する介入がなくても、反応や対応する運動や対応する介入へと私を促す。心理物理的な折り返し点としての身体。

＊5　講義において。不随意のものを含むような意志の様相としての自我的様相。それと対立するのが、私が何もかかわらないキネステーゼ的出来事で、それは私が決して関与しないキネステーゼ的経過としてのキネステーゼ的出来事であり、私によそよそしい《フレムト》ものの様相である。

＊6　さらに一点。身体的に機能することによって、私にとって、私の原本的《オリジナル》な知覚領分において、身体それ自身が知覚において実際に存在している。どの器官も二重の仕方において私にとって知覚されうる。すなわち、一方では機能する器官として、他方では客観として知覚され、後者の場合には、他の器官が機能している。

＊7　自然にそくした身体に局所づけられた領野としての接触（触）感覚。私の身体を見ながら知覚する。身体という自然事物と他の自然物体との客観的接触が見られると、同時に、触れられた位置での接触感覚が経験される。私の身体がその表面に関して触れながら知覚されると、もしくは、身体の部分がその表面に関して触れながら知覚されると（もちろん触器官としての他の部分が機能することによってであるが）、そうした身体は触れられた物体としてたんに一般的に経験されるだけではなく、触れられた身体として経験される。つまりそれ

は、触器官によって自然にそくして触れられ、触れられた箇所に触感覚をもつ物体として経験される。この身体は全体としていわば触感覚の面で覆われているが、それは、もろもろの規定からなる自然にそくした客観的な層ではなく、色彩のような本来的に空間的なものではない。つまり、延長的な色彩は射映統一であるけれども、こうしたことは接触感覚の連続性には明らかに当てはまらない。客観的には、どのような触ることも接触することであり、このことは、身体の自然にそくした経験が示す通りである。自我的にはキネステーゼが働くことによって知覚器官としての触る部分が機能するときに、そうした触ることは、自然客観として、感覚できるという自然にそくしていない特性を備えたものとして、対象的になるわけではない。しかし、どのような触覚所与もいまや、《として》という統握をもち、それは射映する所与であり、触れられる事物の現出に属している。この事物は別の態度においては、触器官を自然にそくして触れるものとして、その器官のなかで接触感覚を産みだすものとして現出している。

＊8　驚くべきことに、杖で触る際に接触感覚が生じる。

＊9　しかし、外的客観もすでに私の身体に接触し、「私」のうちに感覚を産みだす。客観的・主観的に方向づけられた働きかけること。事物は「私」のうちに、私の身体のうちに感覚を産みだす。

＊10　感覚野は身体性を自我的に統御することに先立って論じられねばならないだろうし、客観の領野としての知覚野もまたそうである。

＊11　キネステーゼにおける不随意であるが自我的な反応。

＊12　瞼のキネステーゼとそれ以外のキネステーゼとの基本的な相違がある。眼を開いたり、閉じたりすることは、現出の多様性を経過させることはない。それは、本来的な知覚活動性ではなく、知覚客観を、より正確には立ち現れ《ファントム》を本質的に構成するキネステーゼではない。むしろそのキネステーゼは、見ることを抑制するけれども、決して見られたものから遠ざかったり、それに近づいたりすることはないようなものである。もしも私たちが耳に対する閉じ蓋をもっていたり、触ることに対する蓋――しかし、この領分において私たちはそのようなものを何ももっていない――をもっていたりしたならば、事情は似ているだろう。本来的に知覚的なキネステーゼはどれも、形態を構成するか、近づいたり遠ざかったりするかのいずれかである。触覚の場合、客観と接触をなくすと、そのとき触れるものから離れることになる。

＊13　ここの記述は十分ではなく、性急すぎる！　純粋に原本的に経験された物体的事物、これは存在論的記述である。事物の感性的本質構造。現出論《ファンシオローギッシュ》[46]的構造と自我的-ノエシス的構造に対する導きの糸。

＊14　それはたんなる表面ではない。

＊15　方位づけの変化。(一)私の干渉なしにそれ自身から、ただ統覚を通過することのキネステーゼのみ。(二)あらゆる干渉は、経験野の方位づけ全体を変化させる。

＊16　方位づけと方位づけられたもの。

（一）視野における方位づけ、方位づけのキネステーゼ。ここで方位づけられたものとは、すなわち多様な呈示の統一体であり、「全面的にみること」のキネステーゼによって統一されている。――このキネステーゼ的変更において、視覚的事物全体とその解明さるべきものとの射映的呈示と射映的呈示の綜合。しかし、事物はただ方位づけられたものとしてのそれであり、そしてそのさい、「それ自体」という最善状態への、つまり絶対的な視覚的近さへの志向性をもっている。

（二）感性的空間野における方位づけ。方位づけのキネステーゼ。ここで方位づけられたものとは、現われ、すなわち呈示の多様性における統一体は、一面性と全面性のキネステーゼによって統一されている。キネステーゼ的変化において、「射映する呈示」すなわちその綜合は、離れた事物としての表面的事物〈である〉。まずは側面を見るということ――視覚の層における視覚的な事物。それが、空間事物の全面性のキネステーゼにおいて、この事物の射映へと格下げされる。それが、視覚の層と触覚の層の結合のさいに作動するキネステーゼである。

ある事物を全面的に見るということ（それを回すことなく、というのもそれは言うまでもなくそのものの運動となってしまうから）は、同時に他の事物の方位づけの変化を引き起こす。

統覚はつねに可能力性の形成において生じ――そして、そこに属することだが――、構成された実践的可能性としての予料された地平、あるいは実践的可能性の結合された体系的地平の形成において、すなわち、知られたものとして呈示されることと呈示することの連続的な媒介において体系的に生じてくる。それゆえ、互いに重なり合って構築された実践的予料の体系的基づけはくり返し獲得されうるものとして、つまり持続的でくり返し作り出されうる獲得可能性の取得であり、他の実践的可能性にたいしてくり返し使用可能なものとして、今後もずっと存在し、可能的な「くり返し」であるような同一的なものとして、そうなのである。

感性的領圏に対して言えば、全面的なもの、相対的に存在する現われ、しかしこれら自体が、遠さと近さの関係という体系における現出である。近いものは最善のものである。しかし方位づけられた現われの多様性は同一のものをもつが、それはたんにその体系的な可能性に由来するそのつどの現われとして相対的な意味での存在者であるだけでなく、方位づけの体系を自由に変化させ、この変化においてくり返し使用可能なものとして同一性を保持することのできる、体系的な可能力性に由来する存在者でもある。その変化において同一的なものを呈示するものは、相対性における存在者であり、現われとしての存在者である。それは静止と運動において同一のものであり、これはこれで私によって制御されうるかぎりで、その方位づけの変化において同一のものなのである。

＊17 押すことは、身体的な行為の一つの例である。私がそのうちで支配しているところとしての身体の比類のなさには、それが私がそこでかつそれによって行為し、それによって外的客観がそこからその存在において、持続したり変化したりするものとしての第二の意味層を

受け取ることができるような唯一のものである、ということが属している。この意味層は外的物体としてのそれにとっては非本質的である。つまり、それは、〈私によって〉突かれたりすることなしにも、存在することがありうるし、動くことがありうる。その存在はそれ自体で二層的なのではない。私は自分を押しやることはできない――原初的《プリモルディアル》には、あたかも私の身体物体が私なしにもなお存在しえて、私が身体なしに押すものにとどまりうるかのように〔そうすることはできない〕。

＊18 私たちは、二種類の運動と静止を区別しなければならない。端的な不動であるような静止と、物体は全体として「その場所にとどまって」いながら、その物体において、回転としてであれ、その動く部分の個々においてであれ、――ちょうどたとえば、風車の羽が動いているのに、風車そのものは固定されている場合のように――運動が生じているかぎり相対的な静止であるような静止とが、区別されねばならない。そのような客観において私たちは、（小さな客観に）触覚的にいつも留まることができ、くり返し再三再四、その持続的な現存在において同一の部分に戻ってくることができる。ただ個々においては、そもそも客観のもとに留まることができるためには、私たちがともに歩くというキネステーゼを使うということがないままに、キネステーゼがともに歩きながら機能するのでなければならない。

＊19 たとえば衣服や私が座っているソファから受動的に触れられていることは、キネステーゼの状況における接触であり、経験妥当のなお生き生きした地平における接触である。この地平においては、顕在的なキネステーゼの事態が、キネステーゼの地平状況などにおいて連合

的に意識されている。この受動性は、それゆえ、連合的な可能力性であり、私は常に能動的な態度に移行することができ、それとともに触れることはすでに触るという機能を得ることになる。

＊20　本書一〇六頁以下を参照。

＊21　伸ばすことが、自分がみているよりも少しだけ遠くに及んでしまうといったことは考えられなくはないのではないのか。力のかけ具合が、見られたとおりであることにそぐわなかったのである。

＊22　よく注意すべきである。

＊23　こうはいかない。

訳注

［1］　Leib　デカルト（1596–1650）は、ラテン語とフランス語で思考、執筆することから、日本語に訳すと「物体」と「身体」と使い分けるところを、同じ語（corpus, corps）で表記していた。フッサールは、早い時期から（一九〇七年の講義『物と空間』、『フッサール全集』第一六巻）、「物体 Körper」と「身体 Leib」を使い分けていた（両者をはっきり意図的に使い分けることは、カント（1724–1804）、ショーペンハウアー（1788–1860）、ニーチェ（1844–1900）などにも見られず、フッサールのオリジナルであるかもしれない）。「身体 Leib」は、「生きる leben」と語源を同じくしており、「生ける身体」と訳すこともでき、フランス語で

はcorps vivant、英語ではliving bodyと訳されることもある。なお、物体として把握された身体を、本書では、「物(的身)体Körper」と訳し、たんなる自然の物体とは区別している。「身体Leib」と「物(的身)体Körper」の使い分けについて、B・ヴァルデンフェルス『講義・身体の現象学』(山口一郎ほか訳、知泉書館、二〇〇四年)一〇頁以下参照。なお、両者を一つにしてしまったLeibkörperという語も使用されるが、それは「身体物体」という訳語を用いた。また、「物体的身体körperlicher Leib」という表現も見られ、ほぼ同様の意味で使われていると思われる。

[2] Apperzeption　もともとライプニッツ(1647–1716)が「知覚Perzeption」と区別して、「知覚に向かう、随伴する働き」を指して使った語で、その後、カントが『純粋理性批判』において、感性的直観の多様が悟性により綜合されるに先立って、統一を形成する主観的な働きを「統覚」と呼び、ライプニッツの「経験的統覚」に対して、特に「すべての表象に必ず伴わねばならない」「我思う」を「超越論的統覚」と呼んだ。ここでは、それが念頭にあるものと考えられる。なお、この直後に使われている「統握Auffassung」は、この「経験的統覚」とも重なるところはあるが、直接的・本来的に与えられたもの(感覚所与)に加わって、知覚が「何かとして捉える」という構造をもつことを可能にしている一種の根源的で前意識的に働いている「解釈」を指している。また、カントが(特に『純粋理性批判』第一版において)、「直観における多様なものを通観しそれをまとめる作用」を「覚知Apprehensionの綜合」とも呼んでいたが、本書の別の箇所では、この「覚知」という訳語

を Komprehension の訳語としても使用している。本書三二六頁を参照。

[3] transzendierende Auffassung　統握 Auffassung は本書第一部訳注[2]にあるように、一種の根源的で前意識的に働いている「解釈」を意味しうるが、知覚という志向性を可能にしていて、志向性の本質である、直接的・本来的に与えられたもの（内在的な実質《レエル》的所与）を超越する transzendieren 働き（能作）をもつ。

[4] originär　従来「原的」と訳されてきたが、日本語としてはなじみがなく、「原本的」として「オリジナル」というルビを振った。コピーに対する原本を示唆すると考えてよいが、もともと「根源的 ursprünglich」を説明するのに使われる語であり、「根本的 radikal」「原初的 primordial」（本書第一部訳注[37]参照）とはことなる意味で使われる。前巻『その方法』の第一部の訳注[47]も参照。

[5] Einfühlung　「他者経験 Fremderfahrung」のあり方をフッサールはこの語で特徴づけている。前巻『その方法』の第二部六でも言及されているように、この語は、もともとテオドア・リップス（1851-1914）が使っていた用語であり、フッサール自身、リップスの感情移入論には批判的であったが、この語を捨てることなく、晩年に至るまでさまざまな意味を盛り込みながら（同書、第二部、第三部参照）、使い続けた。リップスにおいても、フッサールにおいても、この語によってたんに感情の次元のみを問題にしているわけではないため、「自己移入」と訳されることもあったが、それによって余計な誤解を招きかねないので、ほかにも訳語の試みがあるものの、ここではより誤解の少ないと思われる「感情移入」という

訳語を使うことにした。

[6] Vergegenwärtigung 「現在化 Gegenwärtigung」との対比で使われる。「現在 Gegenwart」から作られた「現在の gegenwärtig」という語はふつうに使われるが、それから作られたこれら両語は、フッサールが独自に使い始めた用語である。Gegenwärtigung は、現在のもの(現前しているもの)にかかわる働き(たとえば、知覚)であるのに対して、Vergegenwärtigung は現在・現前しているのではないものに現在においてかかわる働き(たとえば、過去にかかわる想起、未来にかかわる予期、現前しないものにかかわる想像など)を指している。造語であるため決まった訳語はなく、これまで研究者のあいだでは、そのうちに含まれている「現在」という語を生かしながら、Gegenwärtigung が「現在化」、Vergegenwärtigung が「準現在化」と訳されており(『現象学事典』弘文堂、一九九四年、参照)、ここでも踏襲することにしたが、日本語として美しいとは思えない。たとえば、Vergegenwärtigung の動詞形 vergegenwärtigen は、「ありありと思い浮かべる」くらいに訳せる語であり、できれば、もう少しこなれた訳語を考えたいところである。

[7] fremd　ここでは、「自分固有の eigen」との対比で、「他の」と訳したが、ドイツ語の fremd には、「異なる」と「他の」「他者の」という二つの意味が含まれているため、両方の意味を盛り込むために「異他なる」という訳語が使われることもある。「異他なる」というのがこなれない訳語であるため、本書では、「他の」「他者の」あるいは「異なる」と訳しながら、「フレムト」というルビを振ることにした。なお、der Andere を「他者」と訳してい

るが、日本語の日常語としては、あまり使用されない。「他者、他人」など、自分でない他の人間を一般的に名指す適切な用語が欠ける点について、前巻『その方法』の訳者解説を参照のこと。

[8] assoziativ←Assoziation 「連合」は、ロック(1632–1704)やヒューム(1711–1776)の経験主義において取り上げられ、「連想」とも訳されてきた。この英国経験主義の影響のもとに発展した一九世紀の心理学を特徴づけるのが、意識の働きを原子的な所与としての要素(要素主義)とその合成によって説明しようとする連合心理学であった。すでに英国で、ウィリアム・ハミルトン(1788–1856)やJ・S・ミル(1806–1873)らが、連合を原理とする経験的心理学を形成していたが、ドイツで実験心理学を創設したヴィルヘルム・ヴント(1832–1920)もまた、その影響下に、連合を根本原理とした。しかし、フッサールが主張し、使用する「連合」は、「受動的発生の原理」であり、志向性として理解されている。ヒュームのいう連合は、この志向性としての連合を「自然主義的に歪曲した」ものにすぎないとして、フッサールは批判的に退ける。連合については、『デカルト的省察』第三九節(浜渦辰二訳、岩波文庫、二〇〇一年、一四六頁以下)および、『受動的綜合の分析』第三部(山口一郎・田村京子訳、国文社、一九九七年、一七一頁以下)を参照。

[9] Erinnerung 「記憶」と訳すこともできるが、それは、「記憶している」とか、「記憶にある」とか状態性を意味するのに対して、想起は、「想い起す」という作用性格をもつから、ここでは「想起」と訳している。フッサールはこのテキストで、感情移入を準現在化として

の想起をとおして説明しようとする。しかし、外的事物の場合、準現在化されたものを知覚の充実にもたらすことができるが、感情移入は、準現在化に留まるとフッサールは考えている。

[10]　Motivation　フッサールは『イデーンII』（『フッサール全集』第四巻）において、「物質的自然の構成」「動物的《アニマル》（生気ある）自然の構成」「精神的世界の構成」という三つの層（秩序）を区別し、「物質的自然」の世界の法則である「因果性」と「精神的世界」の法則である「動機づけ」を区別・対立させている。本テキストにおけるこの語の使用も、同書の区別を踏まえていると考えられる。

[11]　Analogon←analogisieren　「類比する」ことで、構成される類比された当体を意味する。その意味で、『その方法』では「類似物」と訳していたが、本書では「類比体」と訳すことにした。フッサールが感情移入を「類比的統覚 analogisierende Apperzeption」（『デカルト的省察』第五省察、第五〇節参照）によって把握しようとするとき、古典的心理学にみられる、自己の内的心理と自己の身体の外的知覚との関係を、他者の身体の外的知覚に当てはめ、他者の内的心理を類推する類比的類推を高次の志向的能作として位置づける一方で、それをまた、知覚として、受動的綜合の根本形式としての「対化」（対《ペア》になること）としても理解している。

[12]　Bewusstsein　このテキストで、「精神的なもの」と表現されている「意識」は、その本質を「～についての意識」と定義される「志向性 Intentionalität」にもつ。志向性が、『べ

ルナウ草稿』の頃より開示されてきた「受動的志向性」と、能動的な自我の関与を含む「能動的志向性」に類別されてきたように、意識も受動的意識と能動的意識に類別される。意識作用の遂行のただなかで、その遂行のそのままが、実質的《レエル》に「原意識 Urbewusstsein」に明証的に与えられるが（原意識の概念については、『フッサール全集』第一〇巻、一一九頁、及び『フッサール全集』第二四巻、二四五頁を参照）、この原意識も自我の能作を含まない受動的意識である。したがって、カントの場合、超越論的自我の超越論的統覚としての「自己意識」は、フッサールにとって、自我の能作を含まない受動的意識としての原意識において、超越論的統覚の統一の能作が成立しているとされるのでなければならない。この原意識は、必当然的（疑いの余地のない）明証性をもつが、十全的明証性の解明に向けて、受動的綜合の分析として発生的現象学の分析にもたらされることになる。フッサールの「意識」に代わるとされるハイデガー（1889–1976）の「現存在 Dasein」は、時間化された超越論的自我の超越論的統覚を前提にするかぎり、受動的志向性による受動的意識の超越論的解明である発生的現象学への方法論的射程を欠くとみなされなければならない。なお、現象学における従来の「意識」の解釈に関しては、『現象学事典』の「意識」の項を参照。

[13] an-sich　これは、カントの「物自体 Ding an sich」を念頭に置いている語と思われるので、「それ自体」と訳した。なお、それと対になるとしばしば思われている für sich については、ヘーゲルの場合、「即自 an sich」「対自 für sich」「即かつ対自 an und für sich」という訳語が使われる習慣になっているが、フッサールの場合、そうした構図のなかで使われて

はいないので日常的な用語として、「それだけで」「独立して」といった訳語を使った。

[14] Konstitution 『イデーンI』で、「構成」の問題とは、「意識作用としてのノエシスが、ヒュレー的なものを活性化し、何かについての意識という対象性の客観的統一としてのノエマにいかにもたらすかを解明する問題」であるとしている（『フッサール全集』第三巻、二一二頁参照）。静態的現象学に終始するいわゆる「イデーン期」の「構成」概念は、『ベルナウ草稿』が書かれた一九一七〜一八年ごろからの発生的現象学の展開につれ、この構成的契機を含まないと考えられた「ヒュレー的なもの」の構成的契機として、能動的志向性に先行する受動的志向性による「先構成 Vorkonstitution」（『フッサール全集』第三一巻、四四頁）の能作を前提にすることが開示されてくる。「受動的構成 passive Konstitution」（同書、四〇頁）と呼ばれるのも、この先構成と同一の構成層に属する。したがって、フッサール現象学における志向性の構成論は、この受動的志向性による受動的構成と能動的志向性による能動的構成の全体のなかで解明されていることが強調されねばならない。

[15] ur- フッサールは特に一九二〇年代から発生的現象学を論じるようになる（『その方法』第三部一五を参照）が、そのなかで「ウア ur-」（原＝根源的）という接頭辞を頻繁に使うようになる。静態的現象学における「根源」を指していた「原本的《オリジナル》」という語に、発生的現象学における「起源」を表す「原《ウア》」が重ね合わされてできた造語と言えよう。

[16] Ich-bin ハイフンで Ich と bin がつながれて使われているのは、デカルトの「我思う、ゆえに我あり cogito ergo sum」（ドイツ語では、Ich denke, also bin ich）を念頭に置いてい

ると思われ、それとの繋がりを思い出していただくために、「我あり」という古文調の訳語を使っている。

[17] Aspekt　同一の事物がさまざまに現れる際のそれぞれの一面的・側面的な現出の仕方のことを指すフッサールの用語。後出する「射映Abschattung」という語も、フッサールはほぼ類似の意味で使っている（本書第一部訳注[26]参照）。

[18] Phantom　この語は日常用語としては「幻影、幻」といった意味で使われるが、フッサールは特殊な意味で使っている。すなわち、「色と形をもった物」ではあるが、まだ「実体性や因果性」をもたないような物（の次元）を指している。「延長するもの《レス・エクステンサ》」（本書第一部訳注[33]参照）に対応するとも言えるので、ここでは「立ち現れ」と訳し、「ファントム」というルビを振った。

[19] ideell　ドイツ語の「理念的ideal」に対応するフランス語であるが、フッサールは、ideal（理念的）をreal（実在的）の対概念として使い、ideellは同じフランス語形のreell（実質的）の対概念として使っている。したがって、志向的体験に実質的《レエル》には含まれず、実質的体験を超越する志向性の特性を指している。このことから「志向対象的」と訳出し、「イデエル」というルビを振った。しかし、文脈によっては、ほとんどidealと同じ意味で使われている箇所もあり、その場合は、「理念的《イデエル》」や「理想的《イデエル》」とした箇所もある。この語に関して、『デカルト的省察』邦訳、三〇一頁の訳注(26)をも参照。

[20] solipsistisch←Solipsismus　「独我論」が『デカルト的省察』第五省察で他者経験の問題

を提示する際に、フッサール自身によって冒頭で異議（非難）として挙げられていることはよく知られている。フッサールにとって、この独我論の問題は、すでに、『現象学の根本問題』（『その方法』第一部の一として訳出されている）というテキスト（一九一〇／一一年）でも重要な役割を果たしていることからして、この頃から晩年に至るまで、現象学的還元に対する反論として、一貫してそれと取り組まねばならないと考えていたものであったことが分かる。

［21］ animal 「生気あるもの《アニマル》の統覚は、物理的身体と主観性との心理物理的統一を構成する」（『その方法』三二九頁）とあるように、「生気あるもの」はその統一原理として、物理的身体に属する実在的‐因果的統一の側面と、体験の流れの統一と自我作用という主観性の側面をあわせもっている。『イデーンII』において第二篇「動物的（生気ある）《アニマル》自然の構成」で論じられている（本書第一部訳注［10］を参照）。

［22］ Sphäre フッサールは、これに類する語をいくつか使っている。「領域 Region」は特殊な文脈（領域的存在論）で使われるものとして訳語を固定し、「領野 Feld」はフィールド（野）というニュアンスを残したが、ここの「領分 Sphäre」のほか、「領圏 Gebiet」「領土 Reich」「範囲 Bereich」には、訳し分ける必要があるとも思えないものもあるが、とりあえずこのように訳し分けてみた。

［23］ Kausalität 『イデーンII』において、「自然 Natur」と「精神 Geist」が対語として理解され、自然の本質規則性として因果性が、精神の本質規則性として、「動機づけ Motivation」が対置される（本書第一部訳注［10］を参照）。因果性とは、狭義において、実在する物理的自然現象の実在的な原因と結果の関係を意味するが、広義においては、「動機の因果性 Motivationskausalität（『フッサール全集』第四巻、二一六頁）」や「自由の因果性 Kausalität der Freiheit（同書、三四二頁）」のように、実践的理性の領域において、動機的連関の意味で使われる場合もある。

［24］Kinästhese　ギリシア語の「運動 kinesis」と「感覚 aisthesis」を組み合わせて作られた造語で、当時の心理学界において「特別な筋肉感覚」の意味で使われていたが、フッサールはそれを借りてきながら、『物と空間』（『フッサール全集』第一六巻、一九〇七年）の講義以来、それを外から説明するための概念装置ではなく、内から感じ取られている「運動と感覚が一体となった現象」を指すための現象学的な用語として使うようになった。

［25］Ich bewege　本来、ich bewege mich が「私が動く」を意味し、ich bewege etwas が「私が何かを動かす」を意味し、再帰代名詞をとるか、目的語をとるかが、文法上正確な表現であり、ich bewege だけでは文法上適切な表現とは言えない。文脈を考慮し、「私は動く」（自動詞）または「私は動かす」（他動詞）に訳し分けることにした。

［26］Abschattung　同一の事物がさまざまに現れる際のそれぞれの一面的・側面的な現出の仕方のことを指すフッサール独特の用語。前出の「アスペクト Aspekt」という語も、彼はほぼ類似の意味で使っている。

［27］Kompräsentation　「現前 Präsentation」の対概念であり、Präsenz に対する Adpräsenz

ないしAppräsenzと同じ意味の対概念とされる。フッサールは、「感情移入に関する古い草稿からの抜粋」というテキスト（『その方法』第二部六として訳出されている）で、「現前Präsenz」もしくは「原現前Urpräsenz」と「共現前」との対比を表す語に迷いが見られ、「共現前Komprasenz/Kompräsentation」という語から次第に「共現前Adpräsenz/Appräsentation」へと移って行ったことが分かる（両者を日本語で訳し分けるのは困難）。以上、『その方法』第二部の訳注［2］、三六〇頁以下を参照。

［28］　Perzeption　先の「統覚Apperzeption」についての訳注［2］にあるように、もともとライプニッツは、「知覚Perzeption」を「知覚に向かう、随伴する働き」としての「統覚」から区別していた。この語は、ラテン語のperceptioに由来し、ドイツ語では、「知覚Wahrnehmung」が訳語として使用される。フッサールにおいて、「知覚Wahrnehmung」の構成分析が現象学の中心課題とされるが、「知覚Perzeption」が援用されるのは、バークリー（1685–1753）の命題である「存在とは知覚であるesse est percipi」を、バークリーの場合の外的対象の知覚ではなく、「内在的知覚immanente Wahrnehmung」としてのPerzeptionの原本的明証性を露呈するときである（内在的知覚における存在と知覚の同一性について、『受動的綜合の分析』序論、第四節を参照）。外的対象の超越論的統覚の把握とことなり、内在的知覚において「現出と現出するものが分離されえない」（同書三一頁）のであり、その意味で、「存在が同時に知覚である」（同書三四頁）のだ。

［29］　fiat　聖書にある「光あれfiat lux」という神の創造的言葉に由来するとされ、近代にい

たって、とりわけ、近代の心理学において、主観のうちにすでに存在する理念に関して、人間の創造的意志作用について語られる用語となった。W・ジェームズ（1842-1910）は、意志の働きを導くという意味をもつ語として、T・リップスは、「努力」という枠組みにおいて、活動を開始する作用を意味する語として用いている（*Historisches Wörterbuch der Philosophie*, Bd. 2の Fiat の項、九四五頁以下参照）。

[30] ich kann 『イデーンⅡ』で、人格主義的な態度において、自我の能力の統一が、「《私はできる》のシステム」として理解されている。そのさい、物理的な意味での「私はできる」と精神的な意味での「私はできる」に区別され、身体の刺激と傾向性という物理的側面を支配し、目的達成のための意志の実現の連関において、捉えられている。この「私はできる」に順じて後続するのが「私は行う ich tue」である（『フッサール全集』第四巻、二一六頁と二五三頁以下を参照）。

[31] Körper 「物体」と「身体」も区別がなかったラテン語の corpus に由来する言葉で、前述（本書第一部訳注［1］を参照）の Leib（生ける身体）と区別して、物体としてみられた身体を指すのに使われる。そこで、Körper は事物や物体そのものを意味するのではなく、特に人間の物的身体を指しているときには、たんに「物体」とするのではなく、この箇所のように、「物(的身)体」と半角の括弧をつけて表記することにした。また一部、もっと簡単に「体」とした箇所もある。

[32] Perspektive もともと絵画の技法としての遠近法を指す用語であるが、フッサールは

およそ視覚において、ある視点からの展望として見られる現象、したがっていつもある「側面」だけが現出するような現象を「パースペクティヴ」と呼んでいる（『デカルト的省察』邦訳、三〇一頁の訳注（23）を参照）。外的事物は、身体に属する運動感覚や視覚をとおして、さまざまな現出の仕方を、「射映 Abschattung」（本書第一部訳注［26］参照）といわれるパースペクティヴの持続的変化のまとまりとして構成されている。このパースペクティヴの変化は、事物の視覚的空間構成のさいに問われるだけでなく、時間構成における感覚所与の射映の変化の統一のさいにも、現出の仕方として解明される。

［33］ res extensa 「思惟するもの res cogitans」に対置される「延長するもの res extensa」の区別はデカルトに由来する。このテキストで指摘されているのは、聴覚野において、視覚野の場合とことなり、「延長するもの」の統握は、本質的役割を果たしていないことである。聞こえる音の方向に頭をうごかすさいのキネステーゼも、運動感覚の持続を意味し、空間的な統握なのではない。

［34］ natural フッサールは「自然な natürlich」と区別して、「自然にそくした natural」という語を使っている。前者は、「日常な」「普通の」「当たり前の」を意味するが、後者は、「（自然科学の対象としての）自然にかかわる」を意味し、これが一層進んで、因果性を原理として自然科学の方法を駆使する態度を「自然主義的 naturalistisch」と呼ぶ。

［35］ normal 「普通の」「通常の」と訳すこともできるが、本書では、「異常 anormal」との対概念として「正常」と訳している。「正常／異常」については、その間に線引きができる

か否かも含めて議論のあるところだが、フッサールの用法において注意せねばならないのは、正常が異常を差別するわけでも排除するわけでもないことである(『デカルト的省察』邦訳、三三一頁の訳注(47)を参照)。むしろ、幼児や動物に特有な構成層の相関関係は、静態的現象学における、正常とされる成人の構成分析を前提にして、発生的現象学の「脱構築Abbau」(本書第四部訳注[2]参照)の方法をとおして、高次の構成層を基づける、発生的に先行する構成層という積極的位置づけを獲得することになる。脱構築の方法とは、静態的現象学において解明された構成層の構築の全体から、特定の構成層が機能しないと仮定して、その層を脱構築(解体)してみて、他の構成層への発生的基づけ関係を明らかにしようとする方法である。

[36] hyletisch←Hyle　もともと古代ギリシアのアリストテレス以来、「形相eidos」と「質料hyle」という対語(ラテン語ではformとmateria)において使われてきた語であるが、フッサールはノエシスとノエマ(本書第一部訳注[14]参照)のノエシス側に、志向的モルフェー(意味付与作用)と感覚的ヒュレー(感覚所与)を区別する。

[37] primordial　従来「第一次的」と訳されてきたが、この語は、ラテン語のprimordium(始まり、始原、原初)から派生した形容詞であって、prius+ordo(第一の秩序)から派生したものではないので、「原初的」と訳した(『現象学事典』の「原初的」の項を参照)。ここで「原初的抽象」とあるのは、「原初的還元」(本書第四部訳注[5]参照)と呼ばれるものと同じと考えてよい。

［38］ Apparenz　英語の apparent には、「明白であること」と「現出、ドイツ語の Erscheinung」の二つの意味があるとされ、この二番目の意味に相応することから「現出」と区別して「現われ」と訳し分けておいた。

［39］ Vermöglichkeit　「vermögen 能力がある」と「Möglichkeit 可能性」を組み合わせた造語で、「可能力性」と訳出した。「vermögen 能力がある」という用語は、『イデーンⅡ』の人格主義的態度について論述されるさい、「第五九節　能力の主観としての自我」として主題化されており、「《私はできる》（本書第一部訳注［29］参照）のシステムである統一としての自我」について述べられている。そこで、「能力は、中身のない空虚な《できる Können》なのではなく、現実の潜在性である」として、本能的で衝動的な能力の層と自律的で自由な理性の動機として能力というように階層性による全体的な能力として規定されている（『イデーンⅡ』、二五五頁参照）。

［40］ Leistung　leisten（なしとげる、果たす、行なう）という動詞の名詞化で、そのような働き・作用を表すとともに、それによって果たされた・なされた成果・業績をも表しているため、従来、「能作」という訳語が使われてきたが、必ずしも日常的に使われる日本語ではない（もとは仏教用語）ので、文脈によっては「機能」「働き」などと訳した箇所もある。

［41］ Vordersätze　キネステーゼの前提とは、「こうすれば、こうなる」というキネステーゼの動機の連関をさす。このつねに新たな連関が新たな様式として機能するようになることを意味している。

[42] Da 「現実存在 Dasein」の Da を指しているが、ここでは、身体の「このここ」と訳出してみた。

[43] Handlung 通常、実践哲学の文脈で、人間に特有な社会的行動を「行為」とし、動物をも含む行動という意味での「行動 Verhalten」や「ふるまい Gehaben」と区別するが、フッサールは、Verhalten という用語は使っていない。このテキストにおいて、「活動 Aktus」と「行動 Tun」とを「行為 Handlung」を基軸にして訳し分けた。

[44] このテキストは、『フッサール全集』第一三巻の六番のテキストであり、『その方法』第一部一として訳出されている。

[45] Appräsentation 本書第一部訳注[27]にあるように、「共現前 Appräsentation」もKompräsentation と同様、「現前 Präsentation」の対概念である。従来、Appräsentation に対して「間接現前」や「付帯現前化」(『現象学事典』)といった訳語が使われてきたが、「間接(的)」や「付帯(的)」とするのは必ずしも適切ではないと思われる。「現前」がそのうちに分裂を含み、「原現前」と「共現前」の協働・絡み合いによって成立しているという意味をこめて、できるだけシンプルに「共現前」と訳した。以上、『その方法』第二部の訳注[2]、三六〇頁以下をも参照。

[46] phansiologisch←Phansiologie フッサールは、『フッサール全集』第二八巻(「倫理学と価値論についての講義」)で、ギリシア語の phansis は、phainomenon が「現出するもの」と「現出」を意味するのに対して、体験と呼ばれる「現出することそのもの」を意味し、こ

の領域を「現出論 Phanseologie」と名づけるとしている（同書三〇七頁以下参照）。この講義に先立つ一九〇九年の講義（『フッサリアーナ資料集』第七巻「認識の現象学への入門」）では、現出論を「思うこと《コギタチオ》をその実質的《レエル》な存続体にそくして探求すること」（同書一五七頁）とし、しかもこの思うこと《コギタチオ》の実質的統一は、「必然的に究極的な時間流の多様性に遡及して指示されており、この時間流において、その統一が必然的に呈示され、現出論的時間の流れにおいて射映している」（同上）と論ぜられている。ということは、現出論において、思うこと《コギタチオ》という意識作用の統一が、現出論的時間流のなかで、実質的な側面にそくして、どのように構成されているかが探求されることが示されている。しかも、一九〇六年から一九〇七年にかけての講義（『フッサール全集』第二四巻「論理学、認識論入門」）では、ここでいわれる「体験」の概念に関連づけて、「私たちは、原意識 Urbewusstsein としての裸の体験の概念を構成する。その原意識において、所与はいまだ対象的にはなってはいないが、そこにあるのであり、その原意識においてその所与は、その先現象的な存在をもち、明証的にもつのでなければならない」（同書二四五頁）とフッサールは述べており、ここにおいて、現出論的時間流、体験、実質的所与、原意識、などを巡る現出論の問題領域が確定されている。

第二部　感情移入と対化[1]

478

一一　感情移入論への導入

他（我）《アルター・エゴ》[2]の対象的意味の記述。他のエゴは、私の原本的《オリジナル》な経験のなかで感情移入の志向的内実として登場し、空虚な内実や直観化される内実などとして確証される。したがって、私たちは原本的な経験において、カッコ入れ[3]されない原本的なエゴと、カッコ入れされ変様された他のエゴとをもつことになる。

しかし正確に見るならば、私が客観的な態度にあるときには、私が生きていて「私が」と言うときにはいつでも、私自身は、還元を受けるような形式をもっている。すなわち、私が語りかける人にとって、ないしは、私が仲間として、他のエゴとして意識するすべての人にとって、私は他《アルター》のものという様相で彼らに与えられる。したがって、私もまた他のものという形式をもっているのだが、しかし、それは、二次的な仕方においてであって、原本的にともに属している形式においてではない。私の相手というのは、私によって原本的に経験される他者である――それは、志向的なものが私の原本的な感情移入の志向的なものとしてそれ自身で原本的な性格をもっているかぎり、原本的である。しかし、この志向的なものは、私に露呈可能なものとして、第二の他《アルター》のものを志向的なものとして含蓄している。そして、これは、エゴとしての私が私の原本的な経験において私のものとして見いだし、端的に措定されたものとして見いだすのと同じものと「思念されて」いる。他のものは一般に反復可能なものとして登場するが、そのさい、それはいつも関係のうちにある――しかし究極的には、絶対的なものに関係しており、原本的な経験のエゴとしての私に関係している。この私というのは、みずから考え、またすべての他者をふたたび《考えるところの私》として、しかし他者という様態において経験し、また、そこにおいて自分をあらゆる他者と等しく並べ、さらにまさにあらゆる他者を、私がそうするように、自分とあらゆる他者とを等しく並べる者として統握する。

479 原本的《オリジナル》な経験を確立することは、還元のなせる技である。原本的な領分を記述するときには、二つの段階を区別することができる。

(a) 私は初めはそもそも感情移入について語ることはない。私は、感情移入されたものについての存在の問いをエポケーにおいて遮断するだけではなく、感情移入それ自身をも遮断する。すなわち、原本的な経験世界やその世界に意識によって関係する自我から出発して、私はその世界に構成的に関与するすべての主観的なものや自我そのものを、あたかも感情移入が存在していないかのように、したがってまた感情移入が登場するいかなる動機もないかのように、記述する。次のように言うことができる。そこには、あたかも動物や人間が私の経験の範囲に登場しないかのように、具体的な主観性を考え直すことが場合によっては含まれている。したがって、そうしたことの可能であることが検討され、示されねばならないだろう。そうでなければ、それは、一つの抽象ということになり、この抽象を実行することで、その領分においてみずからのうちで完結した統一関連が、それだけで考察されうる層として、もちろん私の原本的な周囲世界としてのみ見いだされる、ということが示される。もちろんこの場合には、私の主観性をその具体的な充実において完全に理解することを、私が獲得することはない。[4]

世界構成や具体的主観性一般の発生が構想されるとき、超越論的発生[5]の問いと客観的経験という自然に妥当する地盤の上での心理学的発生の問いとが区別される。後者の場合には、心的発達の間主観的経験が見いだされるが、だからと言って、それとともに、「生まれてくる」すべての心の恒常的な構成要素に、感情移入は属していない、と言われているわけではない。何らかの心的な全体のなかで感情移入が与えられていると考えるならば、感情移入はそのなかに、それ自身は感情移入を前提しない動機をもたなければならない、ということがまずもって示されるべきであろう。そしてまた、どんな心のなかでもあらゆる感情移入に先立って具体的な心の段階が見いだされねばならず、その段階においてあらゆる原本的な現存があり、原本的な自我論的経験において経験されうるということが、示されるべきであろう。

超越論的態度から出発するときにも、哲学する者である私は、さしあたり私のエゴを事実のうちに、したがってあらゆる感情移入の体験とともにもっており、心理学的態度において先に示されねばならなかったことを最初に示さねばならない。

いずれにしても、そのための前提となるのは、感情移入それ自身を志向的に探究することである。事実、感情移入は空虚形式や充実において見いだされ、空虚な感情移入はすべて展開されうるのであり、すなわち、自我の生の連関においてさまざまな可能性が、その可能な充実に対して想定することができる。[6]

〔(b)〕感情移入は経験という性格をもっている。人間の経験（人間という対象類型の経験）の内部において、人間の経験という根本類型の内部において、感情移入は一つの成分になっている。こうした経験の最初に、分析が物（的身）体の経験という成分を示し、どの

480 ように基づけられているにしても、そのうちに共現前的な成分を示している。そして、私たちはこの成分を感情移入と名づけている（それは、物（的身）体的・身体的なものを他者の身体として「解釈」することとしての了解であり、この身体をとおして周囲世界に関係する自我は、自分の意識生を生き、自分の原本的な経験をもっており、そのなかでみずからの周囲世界とそのなかにあるみずからの身体そのものを経験している）。「感情移入」は、それだけで生じるものではないし、他のもの、たとえば物（的身）体経験に外から付属品として付け足されるものではなく、第二の特別な対象がそれによって共現前するような志向性ではない。すでに言われたように、感情移入は経験の一つの契機であり、そのうちで特有の対象が、特別な対象領域が経験される。この点においては、文化経験の対象としての文化対象にも類似している。文化経験はもちろん間主観的な意味において、より高次の基づけをもっているのであるが、それというのも、それは文化を創出する活動の主観としての他者がもつ、まさに顕在的ではないような経験を遡って示しているからである。

したがって、あらゆる現象学的研究——具体的に把握されれば、どのような研究も構成的研究である——と同じように、このような現象学的研究の課題は、一方では、そこで構成される対象的意味を、原本的《オリジナル》な存在意味（原本的な充実という身分のなかで確実性において与えられるもの）として記述することであり、それと相関して他方では、主観的な充実の過程そのものを記述することである。充実の過程においては、対象的意味が、それが主観的に与えられる仕方において、その多様な「現出の仕方」において一貫して実現される現実性として、経験する主観にとってのみ具体的になっているが、これはすべてのこととともに、まさにこの現実化にとっては疑いようもなく避けられない必然性をともなっている。もちろん、その記述は一般的なものや必然的なものに関係する記述として、形相的記述である。[7] このような記述にとっては、事実的なものはすべてたんに範例的な意義をもつにすぎず、その可変性に拘束されておらず、その記述は個別的な事実や、それが経験されるさいに変動する未規定性には関心をもたない。[8]

そのような分析はすべて、それ自身ですでにある程度まで発生的な分析である。というのも、実際の経験と可能な経験において、私たちは変様を行い、意識生のうちで時間的に可能な変化を行っており、それとともに動機づけるものと動機づけられるものとがはっきりとする。それとともに構成的な意味の変様が必然的に遂行されるのはどのようにしてなのかが、明瞭になる。こうしてたとえば、人間がもつ知覚される物体性が変化して、それによって有機体という類型が踏み越えられ、了解（感情移入）という基づけられた上層の可能性が廃棄されるのはいかにしてかが、私たちに分かるようになり、また逆に、物体を動物の物(的身)体やさしあたって人間の物(的身)体という類型へと思考の上で変様させることで、感情移入がどのようにして偶然に生じるのではなく、必然的になるのかが分かるようになる。

他方において、「物(的身)体」という類型が経験されえないかぎり(もしくは、自然にそくした経験の発達の必然性があらかじめ示されていたとしたら、それが実際に発達しないかぎり)、感情移入も人間の経験には到達しえない、ということを私たちは必然性のうちで洞察することができる。

まさに連関のそのような必然性は明らかに、発生についてのどんな理論にとっても基礎であり、時間的な依存性が現れるところでは、それ自身がすでに発生の学説に属することになる。

ただ、発生的心理学や発生的現象学[9]について語るならば、ある普遍的な課題があらかじめ描かれるというだけのことである。すなわちその課題とは、具体的な主観性の存在の普遍的な連関を、その時間性のうちにおいて、必然的な生成の連関として、生成の必然性の普遍的法則にそくして理解するということである。しかし、そのような普遍的な課題には、構造の研究が先立っており、「発達し終えた」ものという段階での主観性の具体的な様式《スタイル》の研究が先立っている。つまり、そうした主観性というのは、私たちが研究の出発点において、変更可能な事実として見いだすものであり、差し当たって私たちはそれを、形相的に確認することのできる確固とした類型（人間と周囲世界）の内部で変更するのである。特殊な構造やそこに含まれる基本的な必然性を仕上げることは、そのうえ、あらかじめ与えられた人類という地盤に根ざした端緒を形成しており、確固とした全体類型を書き改めるに先立ってすでにそうなのである。そしてそのことが、基本的な発生的必然性を、そのほかの構造の必然性に含まれたものとして産みだし、そのようにして、普遍的な発生の理論を根拠づけるための質料全体を産みだすのである。

324

一二　精神[10]の現出としての他者経験

精神が「身体なしに」「現出する」——たとえば、話すことや、目的をもったものとして、そのほかに身体的に行為する主観を前提し、そのように私たちによって統覚されるような外的な出来事において、精神が姿を現す。これは私たち普通の〔正常な《ノーマル》〕[11]人にとっても理解可能である。

（精神は、書いたり話したりする媒体のうちで間接的に現出する。）

精神が現出する――見えるようにだが、つかむことのできる身体が欠けていて、その身体は、私にもさらに他者にも、つかむことができない。

精神が現出する――つかめるようにだが、私も、（私にとってそうしたものとして現に存在するような普通の身体をもった）他者も見ることができない。

精神が現出する――聴こえるように（ひょっとすると香りもして）話すが、その視覚的かつ触覚的な身体は私たちすべてにとってそこにない。

この精神そのものは、すべてを見ており、すべてをつかむことができ、普通の身体をもった人間と同様に、空間のなかに入って行為できる。したがって、この精神そのものは、それ自身にとって普通の身体をもっているように思える。私が場合によっては、その精神をただちにそのように統覚するのだろうか。

精神が他《フレムト》の身体をわがものとすることができる。この媒体は精神に占有される。およそ占有されるということ。

可能な証示への問い。

325 それでは、私の部屋に見えない精神が「いる」としよう。そして、触られもしない、などとしてみよう。私が呼ぶたびごとに、それは「そこに」いる。私が重い箱を持ちあげられないと、それが助けてくれる。私たちは箱を押したり、持ち上げたりする。私が何かをよく見ることができず、私の衰えた眼では小さな文字を読めないと、それが私に読んで聴かせてくれる。私は後から拡大鏡で、それが実際に助けてくれたことを確認する。私は、通りから何かをもって来てもらおうと、それを送ると、それがもって来てくれる、等々。この精神はそのとき本来は人間であり、別の人間と同じように私に表象されているが、ただ、私がその見えたり触れられたりする身体に対して盲目で、まさにこの身体に対して盲目なだけである。そして、私がその現象的な身体性に関して盲目ではない他の人間たちも、その身体に対しては盲目である。しかし、すべての人間がそうなのだろうか（ここには、催眠状態にあっての盲目という問題が属する）。この精神はどのようにして、自分自身と自分が働きかけつつ介入する周囲世界とを体験するのだろうか。私がすでに問いかけたことだが、それは、私にとって私の身体が現象的に構成されているように、自分自身に対して必然的に身体を自分自身のために構成しているわけではないのではないか。他方で、私にとって実際に構成されている現象的な事物に対して、どのようにして人々が盲目になりうるだろうか。どのようにしてこの主観は、そのときやはり、私たちとコミュニケーションしうるのだろうか。

いまやここで問われるのは、このような証示や確認される信念が、本来的にどのような意味をもっているかということである。こうした証示の根源性の内実は、したがって、その正当な意味は、どのようなものでありうるのだろうか。

正常《ノーマル》な場合とさまざまな段階の異常《アノーマル》な場合の体系的研究。暗闇の中の他者の現実存在。視覚的な現出の層が欠落した、夜の周囲世界。理想的《イデエル》に完全な夜のなかで、共同の生活を営み、相互に理解しあい、共同で作業をすること。昼には、触られる現出世界にとって、また、聴かれる現出世界にとっても、あらゆる間接的に構成的な現出層が数え入れられる。問いはこうなる。視覚的には昼で、触覚的には夜ということもありえ、しかもまた間主観的な「夜」ということがありうるのだろうか。

可能な間主観的な構成のどのような根本形式がアプリオリに考えられ、どのような層が構成された現象的事物を、可能な経験の対象としてもたねばならないのだろうか。「可能な」昼になることとの関係のなかで、夜の異常さ（具体的な正常さの範囲内での異常さ）はどこにあるのだろうか。異常な個々の主観、個々の主観の異常なグループ。個々の「盲人」がいて、その人にとってのみ夜があり、視覚的な夜がある。個々の触覚的な盲人（「病人」）。触覚の個別器官の病気、その「触感覚」全体の病気。個々の聾者（場合によっては、個々の音質が聴こえなかったり、音が聴こえなかったり、ときにはまったく聴こえなかったりする）。これは、自然で健常な人間や学者の外からの言い方である。しかし、これらはすべて、自身は健常な人間共同体のなかの人間によって外側から考察されているわけではなく、純粋に内在的で現象学的に、カッコ入れのもとで考察されているのであり、あたかも別の自我が構成されているかのようである。そして、精神の証示の正当な意味をはっきり示すためには、現象学的に考察することが必要なのである。

ここで「精神」というのは、異常な仕方で経験された主観であり、しかも、正常な人間共同体によって経験された主観である。「精神」は、正常な間主観性における正常な人間に対する相関概念である。

私は精神をどのようなものとして表象するのだろうか。私たちの正常な間主観的現出世界のうちで現れ、働きかける「誰か」として〔表象する〕。もしも私たちが、正常な身体の領野で正常な表現をあらかじめ経験していなかったとしたら、それは、私や「私たちすべて」にとって何を意味しうるのだろうか。人格〔性〕[12]という表現にとって、こうした根源的な意味付与にそくして、それは何を意味しうるのだろうか。もちろん、私は精神をふたたび人間として表象できるだけなのだが、それは、私が見るわけでも、私たちすべてが見るわけでもなく、ときには正常な現出の仕方においては経験しないような人間としてなのである。

それは次のように言うことができる。そうした人間、正常な〔したがって、視覚的、聴覚的などの仕方で経験する）人間は〔確かに〕存在するが、ただ、私たちはそうした人間をそれとして規定できなかっただけである、と。そのとき、私たちが想定するであろうことは、こういったことは、異常な心理物理的な関係に基づいて生じる（条件としての正常な関係に正常な現出が結びついている）出来事に似ているということである。そうすると、正常な条件をそれに相応して設定することは、〔まったくの〕開かれた可能性となるであろう。そして事情は、これらの精神――これらまったく普通の人間――が、私たちとの異常な経験関係のうちにあって、私たちすべてがその人々に対してまさに異常であるということにすぎないことになるだろう。そこに登場する本当に正常な人間が、私たちが精神として話しかけ、普通の人間として見いだし、見つめたり触ったりなどするものとなるだろう。

327

どんな別の可能性があるのだろうか。なおも考慮すべきことだが、精神は人間のような主観としても考えられ、それら主観にとって壁は決して壁ではなく、それら主観はみずからの身体的行為によって自然法則を打ち破り、少なくとも精神身体をともなった物質的物体をとおして浸透しているのである。

しかし、語る精神、そのほかの仕方で私たちの現出世界へと働きかけて来る精神は、このような「表出[13]」のうちで遂行される指標によって共現前され、経験され、ともに知覚されていると、私たちは言うべきではないだろうか。そして、これは根源的な経験の唯一の可能な仕方なのである。

私たち正常な人は、自分たちにとって、間主観的に構成される私たちの現象的な身体性のうちに、最初の根源的な表現領野をもっている。そこに基づけられて（最初の純粋に身体的な働きかけをとおして、すなわち現象的身体性への働きかけとして――構成される、私たちの外的な働きかけの領野において）構成されるのが、二次的な表現領野である。

だがより正確に言うと次のようになる。私の身体それ自身は、身体として、事物的な外面性の現象的な経過形式とともに構成され、その外面性のうちで、自分の内面性が対応する経過形式のなかで示唆される。外的身体は統覚される内面性と、そのうちで内面身体性を担っており、「私は動く」の根源的な領野、感覚野など局所化された感覚に対する根源的な担い手なのである。*1

音声表出や意図的に発せられた語りは外的身体性に「属して」おり、それは音が音を出す事物に属しているのと同様である。だが、こうしたものも、外的な働きかけとして統覚されることができる。しかし、それらは表出として内面性を表現しており、そして内面身体性に属し、もしくは「私は創る」「私は動かす」「私は働きかける」といった領土に属している。私が書くことは、外部身体的に考察すれば、原因へと遡及するような外的な働きかけであり、砂の上で痕跡を残す車輪と同じようなものである。しかし、それは私が書くことであり、内的身体的かつ内的心的に働きかけられた私の行動である（ともに考察されるべきは、私の身体事物との、物理的でときには随意的な結合による身体性の拡張である。
328 私は自分の拳などでと同様に、にぎった杖で触ったり叩いたりする）。

私の身体の、たんに物理的な因果作用だけではなく、身体的・主観的な出来事（周囲世界における、とりわけ身体的かつ自我的なものとしての出来事）のすべてが、私と私の行動、そして主観的な生の連関における私の動機を遡って示し、また表現している。[*2] それ自身で完結した間接的な表現の領野は、言語の領野であり、体系的な仕方では聴覚的・視覚的・触覚的な言語の領野である。言語は、より高い段階において産出され、体系的に意味と記号とを形成しながら、あらゆるものを表現するし、それをするという可能な課題をみずからに設定する。言語は、身体性において心的なものを、自然な仕方やそのほかの仕方で示唆することを、間主観的に理解できる表現の機能において、ある程度まで不要にしてしまう。

いまや次のことが問われる。言語が間主観的な表現として機能しうるためには、どの程度まで身体に根ざすことがアプリオリに必要なのか。あるいは、共通の周囲世界や言語による共通に理解しあうことが周囲世界に関連してなおも可能であるためには、正常に構成される人間の身体性に関して、どの程度まで取りはずして考えることができるのだろうか。

最初の根源的な告知。二面的な（外面的かつ内面的な）「私は動く」は、外面性によって内面性を示唆している。それによって「他者」が根源的に経験され、コミュニケーションが成立するならば、自分の身体の主観的な運動の意図的な産出が内面性の意図的な告知に役立つことができる。どのようにしてだろうか。自分の身体運動は、ただちに他者によって「理解」され、根源的に経験される。私はどのようにして、他者への表現的要求などと同様に、自分が表象すること、思考すること、意志することなどや外的な事実についての伝達をするようになるのだろうか。

329

最初にあるのは、身体性のそれ自身での構成であり、外的身体性と内的身体性の統一の構成である。つまり、感覚野や触覚領分の感覚所与やそこに属する暖かさや冷たさの所与などが、外的に現出する身体物体性に「局所づけ」[14]られる。触覚器官としての身体物体的な部分が構成され、そこにキネステーゼが「移し入れ」られ、その触覚器官は「私は動く」のなかで外的に動くようになり、あるいは、機械的であると同時に主観的であるような運動の仕方を内面的にも外面的にももつことになる。同時に、あらゆる「触覚器官」が触覚器官であるのは、どんな主観的な「私は触る」も機械的な接触であるかぎりにおいてであり、さらには、「私がこの机との接触において指を動かす」という二面的な運動がすべて、指という「二面的な」接触面「における」感覚所与の経過であるのみならず、感覚所与のなかで統覚的に描出される触覚的な机の特性、机の側面としての机の触れている現出の経過（したがって、客観的な志向性をともなう主観的な経過）であるかぎりにおいてである。

動く身体器官であり「視覚器官」でもある眼球の構成。身体の部分としての眼球のなかに、視感覚と感覚野は「局所づけ」られてはおらず、この領野はこの身体の部分に「置かれて」いるわけではないが、主観的な眼球運動は、視覚的な「知覚像」の、つまり主観的な事物現出の主観的な経過系列と結びついている。後者は、それはそれとして、触れる手の可能な（つまり私によって可能ならば働かされる）運動や手またはそのほかの器官の触覚現出系列と統覚的な結合をもっている。

こうして、あらゆる事物の現出の多様性は、さしあたり二重の仕方で（あるいは多様性のなかで事物が統一として）構成されている。しかも、視覚的な現出多様性は両眼へと関係しており、さらに先立って、あらゆる触覚器官の触覚的な現出多様性は、この触覚器官へと関係している。その次に、これら器官の現出系列の結合が生じる（そのさい、二つの眼球が両眼へと結合されるように、二つの器官が結合されるわけではない）。

周囲世界の因果的な影響の器官、衝突の器官などとしての身体、私の周囲世界にかかわ

330
る行為の器官、目的に応じた成果の産出の器官としての身体。

第二段階のさまざまな器官の器官としての身体、身体の拡張としての道具。間接的な触覚器官、突く、叩く、持ち上げるための間接的な器官。

身体的な「能力」の自我としての、身体的な有能性としての、私が私の身体をとおしてできることとしての自我。身体的な能力特性の独自性における私の身体。ここでは、周囲世界的な目的活動への方向において。

周囲世界は物理的自然としてまた現出の統一としてのみ構成されるだけではなく、私によって（また他者によって）目的をもって形成される周囲世界として構成される。目的行為のなかで目的に応じて事物を形成し直すことは、二重の側面において行われる。できあがった形態は、静止したものであれ、動かされたものであれ、目的行為へと、意図的な産出へと遡って示しており、目的意味をそのうちに担っている。それは、道具として、さもなければ形態化の手段として目的活動のために利用することができる持続的な特質である。したがって、ここでも二重の層がある。目的意味は自我身体や身体能力をともなった自我を、しかしまた、願望、評価、目的措定などをともなった自我を遡って示している。

身体としてのより広い層や現出の仕方における身体。共通感覚、感性的感情。はっきりと「境界づけられた」痛みや快の感情は、触覚領野ないしは外的な身体表面などの特定の局所づけや延長に関係している。境界づけられていない、場合によってははっきりと局所づけられていない共通感情は、身体全体を充たし、「心臓」から発して、頭のなかに（頭皮にではなく）局所づけられる、等々。

自我作用、自我触発、注意などは身体関係のうちにある。

これらすべては結局のところ一つになっているが、一つの平面にあるわけではない。それらは、私が内的身体性と名づけようとした核の層のまわりに集まっており、周囲世界が感性的に直観可能な自然のうちに核の層をもっているのと同様であり、この自然はそれはそれで、身体的なものの核の層と特別な関係にある。

場合によっては怒り、恥ずかしさ、不安などの情感も重要であり、それらはその多様な
経過の類型のなかで、そしてその内的な現出構造のなかで、もっとも本質的な根本部分に
331 おいて内的身体性に属している一方で、外的側面をも有している。怒りにおいては、「私
は動く」における物体的な手足や身体全体に該当する激しい運動（さしあたり自我論的に
気づかれ、見られ、間接的に現前しているもの）の外的な経過形式があるだけではなく、
特殊な怒りの情感のなかで、その共通感覚や共通感情などをとおして外面性としての身体
性を示すものがある。「燃え上がる」恥ずかしさのなかで、私は頬のうちにも燃え上がり
を感じ取る。しかし、私が他者を他者としてすでに統覚しているとき、私は赤面すること

を見るわけではない。恥ずかしさがどこか別のところで示されているような状況のなかで、私は他者に「燃え上がる」恥ずかしさを「見て取る」。このような「燃え上がる」ことをともなった赤面することが私に間接的に連想されるのである。

こうした例が示しているのは、間接的な連合〔連想〕の形成は、根源的には自我論的に形成されえず、まさに感情移入を迂回しても形成されうる、ということである。

感情移入を経由することでのみ私に生じうるような統覚の層を、私はみずからに対してどのようにして獲得するのかということは、そもそも重要なテーマである。したがって、ここには、連合や統覚の形成にとって重要な固有の問題がある。

さまざまな意味での表現の問題を解明し解決するためには、いまや注意深く手さぐりしながら進まねばならない。

自己経験、自己知覚。（私にとって）身体自我と十全な自我とは初めから、この核の周りに一つになって経験され、知覚されるのであり、もちろんそれは、層をなしている周囲世界との関係においてである。

理念的に言えば、自我は周囲世界との関係のなかにある。周囲世界が外的経験の世界、知覚世界であるべきとすると、それは内的身体という中心的な核の層との関係にある世界でなければならず、この内的身体は、私自身に対して外化されることになる。この外化というのは、表現を表す一つの概念であり、他者を身体をもって生きているがままに身体的に見ることとは、この「表現」を理解することであり、ここで動機づけられた共現前を「遂行する」ことである。しかし、統覚とは何かと言えば、それは、指し示しているものを対象化し、そこから指し示されたものを導きだすような判断の作用遂行ではない。客観的な指し示すということ（ある客観的なものが別の客観的なものを指し示す）という意味での「指標」はここには見いだされない。ここでは、私が「身体」という事物を把握し、それだけで措定して、次に別の人間を措定するというわけでは決してない。他の人間《フレムト》はまさに、332 身体から分離された「心」ではなく、むしろ人間であり、身をもった、すなわち、ここでは、現実の身体的な現実存在において、私にとって知覚にそくしてそこにある。ただ、私が他の人間を根源的な与えられ方においてもっと言える、すなわち知覚にそくして「本来的に」私に与えられていると言えるのは、その外的身体性のみであり、その内面性は共現前にそくして与えられているのである。物理的事物の本来的に知覚されたものと、非本来的に知覚されたものとが、別々に、推論や「指標」によって互いに関係づけられる対象ではないと同様に、同じことがここでも当てはまる。

こうしたことは、どのようにして、目的をもった行動、目的をもった活動、働きを表すような別の意味における表現になるのだろうか。生気ある《アニマル》人間的な自我主観の構成に属する内的なものの根源的な外化は、主観的な出来事であり、それはあらゆるそのような主観的な出来事と同様に可能な恣意に従属し、それゆえ目的活動に編み入れられることができる。そのための動機は次のようなことである。外化を反復したり強めたりすることは、主観的な情感の重荷を和らげることをともない、そうしたこととして恣意的に産みだされることができる。病気の動物や人間が思わず知らずに泣くことが、恣意的に泣くことにつながる。これはもちろん伝達ではないが、目的をもった表出である。

ある種の伝達、自分自身への伝達となるのは、メモ書きといった場合である。もともと主観的なものから生じたものとして主観的なものを根源的に想起させるものは、想起させるために意図的に作られる（それの類比体である）。これらは、自我論的領分における指標（拡張された意味での指標）の事例である。

他者への伝達。私はあれこれの外的なものにおいて、他者の内的なものを認識することに気づく。私は、類似のものそれ自身を目的とともに作り出し、それを他者に気づかせ、さらには目につくようにしたりする。ここに言語が生じる。言語は表現であるけれども、恣意的な表現は、まだ言語ではない。ここで問題になるのは、事態、願望態、意欲態（志向的に分節化された実践的ふるまいや行為）がそこで構成されるような多重に分節化された志向性であり、しかも、ノエマ的かつ存在的な所与性の側面に関して、共通普遍的な周

333
囲世界に関係して問題になる。そこには、指示するものと指示されるものとの二重の側面の統一がある。

ここでさらに立ち入ることはできないが、次のことが問われる。実際に言語的なものとして読まれ、妥当しうる言語表現の可能性、したがって、実際に表現されるものをともに措定するような言語表現の可能性は、理解する者やともに措定されるものにとって、何を前提にしているのだろうか。ここで表現されるものの共現前の可能性の条件となっているのは何だろうか。やはり明らかなことだが、表現する者としての私が自分の身体を欠くことはできないし、したがって他者を身体的主観として共現前できるのみである。

そして、本能はどうだろうか。[15]事物や生物に関係するかぎり、本能の露呈可能性は、根源的に知覚と知覚可能性を前提している。栄養摂取本能によっては、いかなる動物も外界を根源的に経験することはできない。そして、もし子どもが外界や事物へと向かう生得的な本能をもっているならば、それは確かに大きな意味をもっている。しかし、空虚表象[16]はどうだろうか。空虚志向[17]はどうだろうか。そこには、空虚表象の充実と空虚で本能的な予感の露呈との大きな違いがある。

したがって「新生」児にとっては、視覚的および触覚的な所与はあらかじめ地平をもっているであろう。あらゆる「経験」に先だってそうであろう。ところで本来なら、《あらゆる経験に先だって》ということはない。いずれにしても、構成的な統一の形成のプロセスは、つねに進行している。とはいえ、事物世界としての、（空間時間的に因果的、精神的という）現実的な意味での世界としての、いかなる周囲世界もまだ経験されていない。感覚所与がすでにあらかじめ射映の機能をもち、事物的な意味での地平をもつということ、要するに、不完全なものであれ、事物が見られているということは、教えられうるのだろうか。もちろん、手術を受けた先天盲の人は、苦労して見ることを学ばねばならず、その人の行動は、事物が見られているということを否認している。

根源的な本能をその現象学的な内面性と固有性において「考える」には、いったいどうすればいいのだろうか。何が、私たちに固有の根源的な理解の材料であるのだろうか。私たちの固有の、いまだなお本能的な努力についての現象学、しかもその露呈にそくした現象学。私たちは露呈を志向的に修復しなおして、先行する空虚志向について何かを述べることができるだろうか。

私たちは空虚表象を分類できるだろうか。[18] 地平に関して、変化する「予描」の差異が成立していないだろうか。予描は、少なくとも類似した先行する直観のうちに、空虚と習慣へと沈み込んだ根源的な構成のうちに、「起源」をもっているのではないだろうか。

飢えは「満腹を求めて叫び」、「痒み」は「引っ掻くこと」を求めて叫び、痛みは逃れようとする内容であり、緩和されるべき不快の内容である。しかも、私たちは能動的な「私は取り除こうとする」ことと緊張や傾向の受動的なものとを区別しなければならない。しかし、そこにはすでに空虚表象が基礎にあるのだろうか。空虚な方向づけが見いだされるが、露呈されるときにはやはり緊張解除が表象と合致している。表象されるものは、私が意欲したものであり、表象系列の「道」は現実化の道である。露呈されない努力志向には、想起やそれに似た準現在化の可能性がまだ属してはおらず、そうした準現在化やそれを貫く実践的な現実化の目標設定へと方向づけられた、自由な「私はできる」や「私は意欲する」は属していない。既知性やその反対の未知性がまだ欠如しており、その代わりに私たちは既知性の欠如をもっている。

したがって、私たちは、空虚地平と空虚表象の地平とを現象学的によりはっきりと区別せねばならない。空虚意識は露呈されていない本能的なものとして、いまだ空虚に表象するものではない。まだいかなるドクサ的定立もないし、いかなる能動的なドクサ的定立も可能ではない、と言うことができるかもしれない。[19]

意識に初めて目覚めた子どもは、いかなる表象世界ももたず、自分自身で身につけてきて、さらに身につけるような表象しかもっていない。始まりは根源的な時間意識であり、もっとも根源的な連合と構成の領土である。そして同様に、自分の身体性と周囲世界の

「表象」の構成的な構築《アウフバウ》[20]の領土である。ここではもちろん、根源的な本能が衝動の力として役立つが、それ自身をとおしてはいまだ、いかなる表象世界も、わずかな始まりにおいても構成されていない。

ここでは、自分の生気ある《アニマル》―人間的な自我（もっとも広い意味での人格）、事物的周囲世
335 界、周囲世界一般、そのうちに間人格的かつ自我的な意義述語をもった人格的周囲世界（他の人格）、これらの表象形成に対して、どのような構成的問題が予描されうるのだろうか。

（一）次のような指導原理が明らかにされねばならない。すなわち、私たちは「知覚」を、つまり、その原本性の段階系列におけるあらゆる種類の根源的な自体能与を、それがまさにただ自体を与えることであるかぎり、それを理解する解明に、その志向性しかも表象するものとしての志向性の解明に委ねるということである。

（二）その次に私たちがもつ課題は、その知覚を形相的に変容させ、可能性と必然性に関してアプリオリに探究することである。

そのさい私たちは、私たち自身が実際に自体を与える経験としてもつものをただ範例的に基礎にすえてもいいというだけであって、外的考察によって基礎構築された自体能与を押し付けてはならない。そのような自体能与を、私たちはまさにみずから当該の対象の経験、または疑似経験としてもつことはできないからである。したがって、小さな子どもの

行動を外的に観察することによってそうした自体能与へ推論するとすれば、私たち自身がそれと等しいものを体験できない以上、それは誤った方法である。あらゆる真正の現象学的な解釈は、根源的な自体観取のうちに手本をもっている。この点において、シェーラーの感情移入の理論[21]は、実際に現象学的な理論とは反対のものになっている。彼が内在的な志向的構造の分析という方法を、感覚主義に影響されて理解できなかったことはともかく、きわめて未規定的で一般的なものであれ、生得的な「表象」を前提して、こうした未規定的で一般的なものをより詳しく規定する機能だけを、あらゆる発達に割り当てていることは、悪しき生得主義の根本的間違いである。「空虚表象」を持ち出して、説明において志向性に訴えかけても、それではまだ現象学者ではない。志向性がなしうることを理解し、それをその完全な働きにおいて理解にもたらさねばならない。あるいは、あらゆる種類の対象に対して、それらがどのような構造の質料から、またどのような志向的な綜合をとおして主観的に知覚において生じるのかを理解できるようにすること、これが現象学の課題である。現象学は学問であり、しかも、理解しつつ解明することからする究極の学問である。
336
しかしそのさい、現象学は合理的な解明をなそうとしている。すなわち、形態《ゲシュタルト》がそこにおいて構成されるような洞察された必然性を本質法則（そのつどの志向性の本質構造や可能な働きの規則）へと還元する最高の形式において、そのような働きの必然性を理解しようとしている。

「感情移入」の場合も同様である。最初のものは他の人間の通常の〔正常な〕知覚であり、次いで動物の知覚が取り上げられ、しかも、そのものとして取り上げられる。これらを志向的に解明し、含蓄された志向性を明らかにしなければならない。そのためにはもちろん、志向性のABCやいわば志向性の文法がすでに必要となる。次いで、思念された精神の現出や死者たちとの交流といった異常性を考察しなければならない。それらは、私たちにとって身体的に知覚されうるような身体的な現在をもたない精神の共現前を僭称する可能性であり、この共現前が間接的なものではなく、直接的な知覚だと言い張るのである。

私が間主観性の現象学的理論をもち、現象学的還元を人格的主観の共同体へと拡張するならば、この拡張を正常に経験される人間の間主観性のために遂行することが、方法的に最初のことでなければならないだろう。もし私が、他の人格〔他人〕が私にとってそれ自体として与えられると思い込まれた別の仕方を考察しないならば、当然、この理論は完全なものにはならないだろう。

495
一三　感情移入と共現前

あらゆる他の客観と同様な自然客観としての私の身体。私の身体物体に類比的な物（的身）体が身体として共現前することは、どのように理解されるのか。それは自明なことではないのか。この問題はどのように正確に把握されうるのか。

類比推理[22]

次のように言われる。私は自分を物（的身）体として見いだし、それには心的生が結びついている、と。私が私の物（的身）体に類似している他の物（的身）体を経験すると、その物（的身）体も心的生を含んでいるだろうと、ただちに推論する。そして、私はそうしたものを経験しておらず、それが私には事実《デ・ファクト》その固有性においては近づきえないにもかかわらず、この物（的身）体はちょうど主観によって生化されているときのように「ふるまう」、という経験をとおして、帰納的な共措定が確証される、という具合である。

このように推論できるのは、他者の経験に先立って、経験世界があとから他者も私にとって存在するときにもつのと同じ意味において経験世界をすでにもっていることが前提されているときである。しかしながら、（世界における自然な生と学問という意味での）客観的世界が、他者が私にとって存在することをすでに前提にしているとしたら、どうであろうか。「他者」がその同質な「空間」や空間時間をもった「世界」に先立っているとしたら、どうであろうか。そして、たんに主観的に構成されているだけでまだある種の本質固有性を欠いている世界が、経験する者としての万人にとって同一の世界でありうるような本来的に客観的な世界に対置される、というような推論にとって、このように存在する世界が前提になっているとしたら、どうであろうか。

496

B・エルトマン[23]の統覚的補足に対して

B・エルトマンやその後継者ベッヒャー[24]を引き合いに出して、個々の主観の認識論的に素朴な世界統握について語っても事態がよくなるわけではない。この素朴な世界統握は、いまだ他の主観《フレムト》を含まない最初の世界統握において、また統覚的補足によるそうした他の主観の共統握において語られている。そのさい考えられているのは、内在的な意識所与が連合的にともに期待される他の意識所与によって統覚的に補足されるという仕方で外的知覚が生じ、また、たとえば、事物の前面として実際に知覚所与によって「代表象[25]」されるものが、期待によってのみ予料されるような別の意識所与によって補足され、その所与が次に背面を「代表象」するという仕方で外的知覚が生じる、ということである。

この代表象とか、生得的な因果的衝動とか、通常は無秩序な意識所与を超越論的因果的に解釈するという衝動とかいった、この奇妙な考えはいったい何なのだろうか。主観性にあらかじめ組み込まれているこの形而上学というのは、根本的に誤ってはいないだろうか。そしてそれは、世界経験の実際の意味と、実際の発生を実際に心理学的に解明できないことを、隠蔽するためにのみあるのではないだろうか。形而上学を脇に置くならば、「所与」のたんなる連合があるだけで、この所与は「心」のなかに、自然の客観的な統握のなかで自然事物がもっているような「実在的な」現実存在をもち、自然法則ではなく連合の規則に服している。まさにヒューム流の「印象」と「観念」がたんに積り、堆積するということになる。[26]意識の所与についての実際の心理学は、そうした連合的な「補足」や代表象を知らない。自我の意識生のうちに、私の意識生やあらゆる自我にとってその意識生のうちに、何が実際に見いだされるのかが、まずは方法的に示されねばならない。そして、方法的に抽象が行われねばならず、その抽象によって次のことが明証的に浮き立ってくる。すなわち、何が私の意識生において私のものとして与えられ露呈されうるのか、それを超えて私の自分の領分に登場する感情移入は何を思念するのか、また、自分のもののなかのどのような動機が、自分のものではないものの共措定を、一切の形而上学なしに有意味に必然的に要求するのだろうか、そして当然また、この必然性はどのような種類のものであろうか、こうしたことである。

523

一四　他者経験における連合[27]、合致、対化

（一）他の人間の知覚は、その物体性に関しては原本的《オリジナル》な知覚である。それに対して、他《フレ》の主《ムト》観性に関しては、さしあたり空虚な準現在化である。

（二）こうした準現在化の対象的な意味の露呈。それは、準現在化された顕在的現在における原本的な経験領分であり、私の原本的領分が現実の現在において私に現在しているのと類比的に、「自我」「意識生」[28]、そこで原本的に構成される最初の段階の「超越」、したがって（他の）身体と事物的周囲世界をともなっている。

（三）他の原本領分の他の身体は、ゼロ方位づけ[29]にありながら、私によって原本的に経験される「他の身体」という外的物体と同一化される。準現在化される周囲世界に関して言

えば、それら事物は、私の原本的な物体世界の私の現前領分を成している事物と同一化されている。私の現在の知覚野の外的物体は、解釈しつつ入り込んで理解するという意識において、準現在化された他の原本領分のうちに見いだされる。しかし、それはその内的身体に関係づけられた方位づけの所与性においてであり（したがってそこに属する現出の仕方をともなっている）、それは、もしも私がここではなくそこに――つまり、他者が立ったり歩いたりしているその場所に、私の身体をもって――行ったとしたら、私がもつかもしれないような方位づけの与えられ方と同一化される。このことは、そこに属するあらゆ
524 る現出の仕方にあてはまる。他者は主要な点では私が経験するのと同一の事物を経験するのだが、しかしそれは、もし私がそこに立って、私のゼロ点の周りに対応する位置づけをもったならば、対応する多様な射映において、対応する側面からもつであろうようなパースペクティヴにおいてである。他者の準現在化された知覚領野には、私の身体物体、すなわち、他者の原本的経験の外的物体が属しており、それが私の解釈においては、ゼロ方位づけにおいて私によって自明な仕方で経験される自分の身体物体と同一のものとして把握される。

新たな原本的《オリジナル》領分が、私が私の知覚野として見いだすのと主要な点では「同一の」物（的身）体をともなって、入り込んで理解されるのだが、それは、あたかも私がそこにその

身体物体の位置に代わって、この身体物体と同じ位置づけに立ち、したがってそこに歩いて行ったかのような現出様相においてである、と私は先に述べた。しかしそのとき、私の身体物体はまさにそこにあり、私にとっては、いま私がいる空間位置にはいかなる物体も存在しないことになるだろう。しかし、入り込んで理解しながらも、私は引き続きここにいる。ここにおいて主観的に描出される空間位置は、私の身体物体で占められており、私の知覚領分のそのほかの事物はそれぞれの位置をもっている（私たちはさしあたり、それらが静止して変化しない最適の状態を考える）。私の身体的な場所がキネステーゼ的に変化すると、あらゆる他の静止していて質的にも変化しない事物がその方位づけを変化させる。しかし、そうした事物はそれぞれの空間位置を保持し、そのほかの点ではそれがそれであるところのものにとどまっている。私が他《フレムト》の身体物体の位置へとキネステーゼ的に自分を移して考えるならば、あらゆる対象的なものは変化せずに、ただ私の主観的な様相だけが変化したということになるだろう。しかし、私のもとの空間位置には何もなくなり、私の身体物体は、それによって変化を経験する唯一のものとしてまさに引き続き動いていることになるだろう。私が他者に向かって立ち、そこの物(的身)体を人間として解釈するならば、あたかも私は、ここにいながら、当然ここに留まっているものとはっきり意識しながらも、同時に、そこの物(的身)体の位置に自分を移し、私が実際に（あるいは主要な点で）*3もっているのと同じ物（的身）体的な知覚領分全体をそこで保持しており、したがって、他の物（的身）体のあいだに私の身体物体ももっている。ただ私は、こうした物（的身）
525 体の総体をそこから見ているのであり、そこに属する方位づけ、パースペクティヴや一般的には現出の仕方をともなって見ているというだけである。

（四）私が解釈によって他者として経験するのは、私の具体的な原本領分をともなった私の自我の反復［コピー］ではない。それは、私が知覚世界としてもつのと同一の世界、したがって一般的には、私がこの知覚世界のアスペクトにおいて経験されるものとしてもっている世界を、別のアスペクトにおいて与えられているという点でのみ、私から区別されるような別の自我というわけでもなく、つまり、あたかも両者のあいだでは具体的主観性においてそのほかの点でいかなる違いもないかのようになっているわけではない。私が私の領分において知覚する他の身体物体は、原初的に私の知覚における物（的身）体性との連関全体において、内的に経験される身体を、その周りに方位づけられる物体世界との連関において、私が私の方位づけ仕方において経験するのとは別様に方位づけられているにすぎない同一の物体世界との連関において、「表現」しているというだけではない。むしろ、変化する経験の内実において、身体的なふるまいやそれを統御する人格が私にとって表現されているのである。しかも、その人格は、私の身体を統御しながら、私の身体をとおして私なりの仕方で同じ世界の事物にかかわり、私の目的をもっている、などといった私の人格から区別される。その人〈他者〉は自分で動き、しかじかに統御し、しかじかに性質をもつ自我として、心的生をもった自我として物(的身)体的にしかじかに変化する。私が別の自我としてもつのは、別の物(的身)体的なふるまいなのである。

(五)準現在化された原本的《オリジナル》な主観性の経験内実を記述するとき私は、私の自分の自我とそれが周囲世界や一般的には知覚世界をもっている仕方とを、ともに引き入れるよう強いられていることが分かる。強いられているというのは、明らかにそうしたことは偶然ではないからである。そこには、同じ経験世界が新たな主観性において現出する世界として入り込んで理解されるときの主観的様相は、それ自身、同じ経験世界が私にとってもつ主観的様相に遡って関係しているということが含まれている。しかもその一方で、他者は私に向かい合うものとして経験されているのである。

しかし、こうしたことは大きな意味をもっている。というのも明らかに、他の《フレムト》主観性は、一挙にいわば基づけの差異なしに入り込んで理解されることはなく、たとえば、私たちが私たちの生の主観性として知っている自分の主観性と同等なものなのではない。自分の主観性のうち顕在的現在において知覚や想起によって現実化されるのは、わずかな範囲かもしれないが、私たちはやはり沈下していた生をふたたび目覚めさせることができるのであり、私たちの生を概観し、私たちの多様な確信や態度決定などを取り出すことができる。他の主観性の場合には事情がまったくことなっている。その場合、以前にすでに行った解釈の経験から、私たちがいまだ他の主観性を見知ってはいないことが前提されていて、そこから不完全に予描される内実に関して知っているにすぎないのである。

他者についての初発的（原創設的な）「知覚」のことを考えるならば、明らかに第一のものは基づける解釈であり、これが、そこにある外的物体性をゼロ方位づけにおける身体性として準現在化し、私によって原本的《オリジナル》に経験される世界と同一化される方位づけられた世界のゼロ点として準現在化する。こうした身体性をもち、このみずからの周囲世界へと意識をとおして関係している自我は、さしあたりはまったく未規定的であり、表現をとおして初めて次第に規定される。こうしたことが意味するのは、具体的な規定内実をともなった身体と周囲世界という構造の層だけを示すような未規定の最初の解釈に依拠して、まさにそのほかの点では空虚に表象される主観性の残りの空虚な内実が、引き続きなされる示唆において、したがってさらなる解釈において規定されるということである。

（六）そのような仕方の準現在化、つまり解釈する準現在化の本質とそれとともに可能性を明らかにするという課題は、もちろん、あらゆる準現在化の場合と同様に、連合へと通じている。あらゆる準現在化の内実は、原本的経験を遡って示しており、あらゆる準現在化はそれ自身原本的な経験の変様である。準現在化の対象となるものは必然的に、私にとって原本的に経験されうるものの様相や様相的変様として構成される。私自身の原本的経験からのみ、私は自我と私の身体にとって原本的なものを、両者ともその唯一性において汲み取るのである。そして、原本的な経験や経験可能性の全体について、具体的な主観性について、したがってまた、方位づけられて現出する周囲世界に関してそうなっている。私にとって表象可能なものはすべて、私自身の主観性やその内実の変様のなかに含まれており、その変様がその最初の内実をもつのは、想起する準現在化やともに想起する準現在化の自由な変様においてであり、したがって、私自身や私の領分を空想によって変化させるという形式においてである。そして、原本的ではない準現在化が可能であるとするならば、それは何らかの仕方で私の原本領分において動機づけられていなければならない。つまり、それは連合的に覚起されなければならないのであり、もちろん類似性の連合によって
527
そうされねばならないのである。したがってそこではもちろん、出発点となるのは実際に直接的に示すことができる連合であり、その連合はそこにある「身体物体」から私の身体物体へと向かい、実際に合致へと至る。私は他の人間の経験を直接的に分析することでその合致を示すことができる。

こうした準現在化によって入り込む理解を直観的なものにするなら、私はそこにある身

体物体が準現在化されたゼロ物(的身)体として表象されるのを見いだすのであるが、それは私の身体への関係づけにおいてであり、この関係づけは衝上〔押しかぶせ〕的合致[30]とか呼ぶことができない。私は二つの物(的身)体を分離したのではないし、また、私にとってきわだってきた違いとの合致において区分しているのでもない。それは、分離とか区分が、その特殊性においてそのことを自覚し、そのことに注意を向けていることを意味するとした場合である。他者がこうした準現在化によって私にとってそこにいるならば、それは他者であり、私ではなく、私と比較されて、差異化によって私から区別されている。しかし、それは、あたかも私が感情的に入り込み、他者のなかで生きて、他者のなかに入り込んで生きるなどするかのような一体感[31]なのではない。それでもやはり他者は、私自身の変様以外の何ものでもなく、他者を経験しながら、私は私自身を変様のなかで経験している。「変様」はここでは二義的である。私たちがここでさしあたり語ろうとしてきた身体は、私の身体ではなく、そこに投射された私の身体ではなく、私の身体から区別される他の身体である。私は太っているが、彼は痩せており、私は大きく、彼は小さい。とはいえ、あたかも、私の太った身体が痩せた身体へと、長い身体が短い身体などへと変化したかのようなのである。というのも、私が他者を経験し、その感覚領野やそのキネステーゼを直観化するならば、私は私の感覚領野やキネステーゼがそれらと連続的に関連しているのを見いだすからである。たとえば、他者が〔私の〕腕に接触することで、私のなかに、私の手の領野を覚起し、対応する疑似的接触などを覚起する。しかし、こうしたことすべては隠されている。ちなみに、こうしたことは一つの変様である。それに対し、第二の変様は「他者《アルター》」という変様、「別の身体」という変様である。

それでも私たちは前者〔第一の変様〕のもとに留まろう。私自身の身体は、そこにある身体物体を解釈するときの解釈断片として、ある仕方でそこに存在するが、しかし準現在化されてである。こうしたことはどのようにして生じるのだろうか。私の身体は実際にここに存在する身体であり、それがそこにおいて準現在化の様相を受け取るべきである一方で、それはここに存在するものとしてどのように関係しているのであろうか。私が再想起を遂行するならば、それは現在を準現在化する、と私は答える。しかし、現在というのはつねに現前にもたらされた現在である。特殊な再想起が含まれている再想起された現在の全体は、顕在的な現在と、そこに属するあらゆる構造契機に関して「合致」している。視覚的なものにおいては、私の視感覚野が準現在化されたそれと合致しているのであり、そのようにして、両者の対応するあらゆる構造が合致している。この合致が意味するのは、たとえ私が通常の場合と同じように再想起のなかへと完全に沈下し、そこではただ「過ぎ去った現在のなかで生きる」ときでも、私の現在が関係しているということである。沈下においては、私の顕在的な現在は「抹消」されており、より正しく言えば、隠されている。とはいえ、そうした現在は下の方に横たわっている。私がその現在に向かうときには、直観的な過去が隠される。ときに双方の直観領野は混ざりあい、競い合うが、その競い合いは存在や妥当にかかわるものではない。両者が妥当していて、両者が私に等しく接近可能であり、自由に近づいてくり返し同一化され、その経験連関のなかで（再想起の経験連関と流れる現在の経験連関や両者の綜合のなかで）、斉一性によって確証される。そのとき、一方は現在という存在様相をもち、他方は「過ぎ去った現在」という様相的な存在様相をもつ。再想起は、そうした種類の「知覚」であり、まさに「過ぎ去った現在」という様相における原本的《オリジナル》な所与である。こうして、私の顕在的現在が私の過去のなかでともに生きており、その現在に関係している。同時に、過去は私の現在の変様であり、構造上の同一性にもかかわらず、内容と様相が変様している。

事象が明らかに類似している私たちの〈他者経験という〉事例を考察しよう。私は、私の原本的現在との合致における準現在化をもっており、差し当たって、私の原本的で現在的な身体性との合致における身体性の準現在化をもっている。ここでも――準現在化を直観化するあらゆる試みの場合もそうであるが――顕在的な現在が直観的に効力をもつやいなや、直観の交互の覆い合いが生じる。

529

しかし、私たちがここでもっているのは、それ以上のことである。確かに、〔再想起と他者経験の〕どちらの場合でも、準現在化されたものは現在の変様である。しかし、想起する準現在化の場合には、あたかも現在が過去のなかへと広がって行くかのように、過去が与えられている、と私たちは言わないだろう。この現象は、あたかも、私の身体がそこにある物〔的身〕体へと置き入れられ、その範囲に応じて広がって行き、さらには私の自我がその他の自我へと広がって行くかのようになっているとすれば、どのように理解されるべきであろうか。感情移入される身体、それは二重の意味をもっている。私の身体はここにあり、意識においては原本的な経験であり続ける。解釈によってそこに「置き入れられた」身体、準現在化された身体が、私が自分をそこへ広げているかのような性格をもっているかぎり、私は私の身体を感情移入される身体と呼ぶことにする。そして、準現在化された身体は、やはり第二の身体であり、実際には解釈において同時に存在する他の《フレムト》身体として思念されており、同様に感情移入された身体なのである。しかしいまや、そうした「あたかも私がそこに広がっているかのように」ということは、どのようにして理解されるのだろうか。

　私たちがここでもっているのは、明白に見いだされる連合であり、志向的現象として直接的に示しうるものである。そこにある物〔的身〕体が考察され、その分節化と運動の可変的な規定において経過している。全体として、さらにはそれ自身がふたたび連合的に連関する諸契機に関して、この物(的身)体は私の身体物体とその分節化を指示しており、いま実際に生じている運動や変化ではないにしても、やはり私にはそのほかではなじみのあるものを指示している。私はこれらを知覚運動として、行為において突いたり押したりするといった運動として知っている。こうした個別的な把握の経過のなかで続行された類似性の指示や、類似性連合に構成的に属しているような合致が生じることで、まさに「かのように置き入れる」ことが生じ、こうした合致のうちに存している。すなわち、こうした指示は、指示されるものへと注意を傾けることではなく、そうしたものを主題化することでもない。受動的志向性としての連合がすでに可能であり、不完全ではあるにしても、自我の活動なしにつねに効力を発揮している。私のまなざしが、それだけできわだち、把握によって原初的に効力をもつようなそこの物(的身)体に向かうならば、連合的な覚起とともに、一歩一歩の合致が生じる。つまり、一歩一歩知覚されたものは、みずからのうちに一歩ごとに、覚起するものの「想起像」を担うようになる。連合としての覚起することとそれ自身は、何かを顕在的に想起させることである。想起されるもの、それはまさに「想起」であるが、その一方で、ここには同時に原本的《オリジナル》なものがそこにあり、その現前によって覚起を放射させている。ここで区別されねばならないのは、〔第一に〕現前における覚起す

530 る原本と、〔第二に〕覚起が向かい、その原本との連合の統一に入る第二の原本とであり、こうした種類の統一に本質的に属している「想起」、つまり覚起されたもののなかに登場する、覚起するものの想起充実である。想起がそうしたものであることによってのみ、想起は原本に類似したものとなり、比較においては、合致がさらにある種の合同として登場する。ただ、連合はいまや反対方向においても必然性をもって覚起するのであり、反対方向でも、根源的に覚起するもののうちにおいて、その対立する断片が類似したものになるだけである。共現前される所与のどんな類似性の場合も、そうなっている。

知覚的連合（対化）の一般的記述

顕在的な知覚現在の範囲内に生じる任意の連合を考察する、つまり類似性の連合、そして極限事例においては同等性の連合を考察するならば、物（的身）体的と言える二つの客観がある場合には、連合は対化として私たちに与えられる。一対《ペア》のものが統一的にきわだってきて、その固有の仕方の統一をまさに対としてもつ。それは主観的な様相であり、知覚されたもの、つまり「現出」として二つの事物を結びつける「主観的」統一である。一方が他方を指示し、別の言い方をすれば、一方から他方へと覚起が向かうことになる。一方が私を触発するならば、その触発は他方へと移行するが、そのさい、その触発が他方の触発を強化し、その逆でもある。こうして移行の傾向が与えられ、私が一方の触発を追うと、それはただちに私を第二のものへと引きつける。だがそのとき、私はやはり、私の関心が顕在化されたのち、引き続き知ることへと入り込もうとする傾向をもったままになる。しかし、私が一方の側でそのようにして、次いで他方へと跳び移るなら、知ることは反復という性格を、つまりすでに知られたものを知るという性格をもつことになる。これまでの知られたものの全体が、準現在化において、類似したものや等しいものへと転用され、その移行において、明示化されない全体と同様に、明示化という様相において明示されたものが、顕在的に遂行される明示化において登場する契機と合致する。直接的な移行において、私たちは（過去）把持[32]としての準現在化をもち、これを知覚的な明示化とのたえざる合致のうちにもっている。

531

私が一つの客観の周りを回りながら観察を行ない、したがって、すでに知られている規定にくり返し立ち返るときも、事情は似ている。この場合、対象はそれ自身と等しく、直接的統一的にくり返された知ることにおいて同一である。

しかしいま私たちは、相互の覚起において現象的な統一をもち、「類似したものが類似したものを指し示し」、しかもみずからの「くり返し」として指し示すという仕方になっている。いずれにしても、移行傾向の効果と「くり返す」観察（これはそれ自身、連合という目下の主題領分に属している）との一般的な経験によって、知ることを先取りする準現在化は、実行において充実される反復のうちで進行する。類似性の把握の原創設という事態を構築しようとするなら、最初のものは静態的な対化であり、静態的なくり返し、いわば距離のある合致である。移行においては、一方の知ることの（過去）把持の転用が生じる（一つの事物の現象は知覚という性格をまだもっているが、それは、私がたったいま観察したもの、つまり、注意を向けながら、一歩ごとの個々の知ることにおいて同一の対象を規定するという方向で向かったものとは変化した様相においてである）。しかし、私は他方の客観を観察しながら、そこに転用や衝上〔ずり上がる重なり〕を見いだし、しかも、くり返される「同化」や類似化を見いだすのであり、そこでは新たなもののなかに古いものが同化され、ふたたび見いだされる。反対の移行の方向においても同様である。覚起は相互的なものであり、移行の傾向が相互に生じる。そして、事態全体は等しく、つまり、そうした移行が相次いで生じるなかで、対化、すなわち距離のある合致が構成される。私たちはふたたび、《私はできる》の意識のなかで比較をすることができ、そこにおいて、個別の類似性や全体の類似性が関係として解明される。

対化、すなわち距離をもった合致にはその程度があり、同じことだが、静態的な「くり返し」がある。すべて対になったものは、類似性の程度と距離の規定をもち、その極限の

532 事例となるのが、距離がないこと、厳密な意味でのくり返しとしての完全な同等性である。このことに対応して、移行において、しかも、個別の知ることから類似したものの個別の知ることへの移行においては、新たなもののうちに、距離を保ちながら様相化において同化されるという仕方で、すでに知っているものを「ふたたび」見いだすことが、そして極限の事例では、純粋な反復という完全なる同化が生じる。たんなる類似性の場合には、距離の緊張が意識され、合致のうちで見いだされるが、互いにずれている契機の差異が意識される。古いものは新たなものへと広げられねばならず、そのようにして古いものが新たなもののなかにあるが、それはやはり、古い基体に沈澱して引き続き妥当する規定として見いだされる（変化した主観的様相においてではあるが）。古いものは、対応する規定においては全体として類似しているにもかかわらず、あくまでも別のものである。移行において同化され、いつでも同化されうるのであり、同化する「融合」のさまざまな程度においてそうなっている。しかし、この融合は、やはり古くから知られているものが、新たなものにおいて、「たんに類似化されて」ふたたび見いだされることであり、新たなものに既知のものという性格を分け与えるかぎり、（過去）把持的な準現在化が新たなものに向かう緊張がみられることである。

私の身体物体とそれに類似したそこにある物（的身）体とのあいだに成立する連合という

私たちの事例に立ち戻ろう。ここでの類似性は、任意の二つの通常の物体が私の知覚野に一緒にあって、両者が現象的に対化する場合のような連合とは、ことなった仕方と効果をもっている。そのような二つの物体が、直接には対化しないような仕方で与えられることも、確かにありうる。マッハの図[33]のことを考えるならば、「同じ」〔二つの〕図が別の方位づけのうちにあるにすぎないにもかかわらず、それらはことなった方位づけで与えられ、さしあたり直接には〔同時に〕類似せず等しくなく現出している。二つの現象的な物体は、類似したものや完全に等しいものとして経験されるが、とはいえそれらが、その現出の仕方において完全に直接に対化するとは限らない。しかしながら、客観的な物体統握、空間物体としての経験においては、それらは言わばその現出体系を、つまり、多様に変遷する現出の仕方の、それに属するキネステーゼ的動機づけにおける統一として、可能な経験の体系をたえずともなっている。そして、連続的に経過する方位づけの変化に応じて、したがってキネステーゼ的に動機づけられた現出の経過の変化に応じて、そうした体系の系列の継続的な覚起が生じ、したがって、一方の客観あるいは両方の客観に対する現出の覚起
533 によって、対化は別の状況のもとでしばしばじゅうぶんに顕在的に与えられていたように示され、したがってその覚起が非常に容易にともに覚起へと至る。したがって、こうして、同等性がすでにあらかじめ再認されるが、これは、ある位置において経験されていた客観

が、その回転や継続運動が経験されることもなく、あとになって新たな方位づけにおいて、以前に経験されていたのと同じものとして認識される場合と似ている。

私たちの事例では、そこにある外的物(的身)体（他の身体《フレムト》）と私の身体物体との類似性が経験されるが、それは非常にことなった方位づけの所与においてであって、別の物体が示しうるように、両者に対して一つの方位づけは排除されている。したがって、現象的な対化がいったいどのようにして可能になるのかが問題である。二つの外的物体はたやすく対化して現出することができる。解明されねばならないのは、こうしたゼロ物(的身)体と外的物(的身)体のもとでそうした対化がいかにして可能になるのか、さらにはこの対化に依拠して、私たちが感情移入の知覚の内実の直接的な分析から知られている共現前が動機づけられるのは、どのような仕方で可能となるのか、ということである。

81

一五　他者経験と充実

世界のうちの人間、そして、世界のうちの人間としての私自身。それは自然な普通の世界経験において与えられ、確証されている。恒常的に経験される世界の内部で、人間はどのようにして他のものと並んである経験対象として与えられるのか。この人間Mを経験する私は、私の知覚野をもっている――それは、この知覚現在において私自身に対して呈示される、しかも「実在の客観的に空間時間的な宇宙」という意味をともなって呈示されるものとしての、世界の経験という形式での世界経験である。このような世界のうちのあれやこれやの「事物」と事物連関がこの領野において直接に知覚によって与えられ、そのうちにMも与えられている。

私が知覚しているあらゆる実在物を、私は対象的意味とともに経験している。その一つの側面のみが、本来的な知覚において呈示される。知覚の変遷において、つねに新たな側面が現実的な自己呈示へと至る。したがって、その進行において、私は対象をよりいっそうよく知ったり、以前にすでに知られたものへと戻って行ったりする。そのさい、この対象的意味の「普遍的なもの」が、同定されつつ同一的に留まる。経験された個体的なものそのものは、知られてつねにより正確に規定されるものとして経験されている。私にとって《このこれ》は、もっとも普遍的なものにそくして、まさに、私がそれをたとえば石や有機体などといった対象的意味とともに知覚し、しかもこの石などとして知覚することをとおして知られている。それがどのようにふるまい、どのように見えるかを、また、徴表のどの層をそれが示さなければならないか、どのような変化をそれが受け取り、あるいは
82 受け取りうるのかということを、私は普遍的なものにそくして知るのである。このMはその物(的身)体的存在に〈そくして〉そのうちに対象的意味をもつが、しかしそれは「人間身体」や「人間一般」といった対象的意味に含まれていることにすぎない。私はこのMをどのように、その種に特有な人間性に関して、経験し知覚するのだろうか。

たとえば、私は「手」というその人の物体的部分を、手という器官として経験する。つまり、Mが触ったり、つかんだり、突いたりするのに「用いる」ものとして経験する。同様にその人の「眼」を器官として経験する。つまり、その人がそれでもって見ていて、その人があちこちに動かすことができ、その人の眼から引かれるあれこれの方向線の当たった事物がそれによって「視野に入る」ようになるものとして経験する。私はこのようにして人間をその人の身体において支配するものとして、同様に、外から接触したりすれば感覚しているものとして、そして接触する事物を経験するだけでなく、そこから、Mにその

対象的経験意味にしたがって属するさらなるものや、ますます新たなもの、その他の物(的身)体的存在や物(的身)体的性質を越えるものをも経験しているものとして経験する。

そこで、私は問う。人間を物(的身)体的なものを越えて特別な意味で人間にするもの、そしてそれはこの物(的身)体において「心的に」支配していて、その物(的身)体に対して多様な「能力」をもち、その物(的身)体のうちに心的働きかけと心的受け取りの器官をもち、あるいは、そのうちで特別な働きかけと受け取りの多様でありながら、心的に統一された器官をもつ。つまり、その人を取り囲む事物や実在へ働きかけ、また世界のうちの事物としての自分自身へも働きかけ、あるいはそれらから触発されたり、受け取ったりするような器官をもつ。そのさい、これら取り囲む〈事物〉は、それが直接的に「知覚によって」その人からかかわられるかぎり、まさにこの人間にとって、その人のそのつどの知覚野のうちにあり、あらゆるこれらのものに先立って、働きかけと受け取りの外的関係がそれによって媒介され、もっとも直接的にかかわる自分の身体そのものがそこにある。このようなものについて本来的な知覚はどこまで及ぶのだろうか、と私は問う。したがって、ここではまず「心理物理的なもの」が問題になり、Mがその人自身によって心的に意識されたものとしての、その人の周囲世界への働きかけと受け取るという行動が問題になる。

私、すなわち心理学的ないし人類学的に経験し研究するものとしての私は、周囲世界を経

験するものとして、Mを経験し、その他の仕方で周囲世界を意識したものとしてMを経験し、
83 その人がその人の身体においてある種の仕方で触発され、その人において能動的に働きかけるなかで周囲世界を経験し、そのさい、そのつど媒介する器官は、ある種の仕方で、該当する諸客観に対する空間的位置にあるようなものとしてMを経験する。

いまやこのMの心理物理的なものを、しかもそのさい、物的なものをこえて経験されているものの、私の側では直接、原本的《オリジナル》な有体性において知覚しているものを、私はどのように経験しているのだろうか。そこにいる人間を知覚しつつ、少しずつその独自性を知覚しながら、私は物（的身）体に関して個別的なしかたで現実的そして本来的に特別な知覚において知覚可能であるものに属するものを見出し、またそのときには見えていない側面をも見出すのである。それでは、「心的なもの」はどうなっていて、そしてそれに応じて「心理物理的なもの」はどうなっているのだろうか。その人間は、私によって経験されたその人の物（的身）体的な位置において、私も見ているその家を、私にとっていまは見えていない別の側面から見ている。私がそう言うのは、私がそれを「見ている」からである。しかし、私がそう発言するとき、何が私の本来的な知覚となっているのか。もちろん他者が見ていることではない。それは、別の側面を見ることであり、しかも、私がその同じ家を別の側面からの家として知覚しているときに、Mに属すと思われる側面からの家という

与えられ方において、あの家を見ることだからである。それでは、私は何ら本来的知覚をもたず、直観的な準現在化をもっていないのだろうか。知覚しながら、私は人間Mを見ている。そしてその人を見ながら、私はこの知覚の成素部分として、その人があの別の側面に向かっていることや心的に眼をむけていることなどを「理解」している。私はただその人の物(的身)体をみるだけではなく、私はそのさいその人の物(的身)体性、その人の眼の位置や顔の表情の動きなども経験している。つまり私は物(的身)体的な表現を心的なものの表現として経験しており、物(的身)体的なものを有意味なものとして、その心的意味において経験しているのである。

したがって、話す場合と同様に、聞かれた語音は、その意味において理解されているのであるから、視覚的な記号などとして書かれているだけではない。すでに述べたように、この理解とは、ここではMという物(的身)体についての私の知覚の付属物であるだけでなく、むしろMについての私の知覚なのである。「知覚」が通常の意味をもっているかぎり、私はここで知覚について話さなければならない。私がある対象を「直接に」明証的に意識したならば、つまり自体現前として私の前に原本《オリジナル》において私に与えられたなら、その対象、何らかの実在物は、知覚されたと言われる。私は人間を知覚するのだが、私はその人
84
間を直接的に経験されたものとしては考えられない。つまり、その人間が受け取り〔苦し

み」生きるちょうどそのように、私がその人を経験するかのように、その自己固有の現在において、私に意識されたものとしては考えられない。しかしいまや私は、他者の「心的生」が、すなわちそもそも他者を私にとってたんなる物体ではなく人間にするものが、たんに「有意味的に」与えられている――「たんに有意味的に」というのは、決して「本来的に」知覚されるということではない――ということに気づく。心的なものについては何も与えられない。つまり、心的なもの全体、他の《フレムト》人格や何らかの個別的な形態における人格的な生、何らかの受苦や行為、そしてまた何らかの受動的現出の所持が与えられることはない――つまりそういったものは、何も特別に知覚されはしないのである。[*4] 心的なものは「実際に」知覚されうるのだろうか。もちろん私は、「はい」と言う。ただそれは他者の心的なものではなく、むしろ私自身の心的なものにすぎない。

　しかしなお、さらに多くのことがある。知覚によってではなく、直観的な準現在化という形においてではあるが、他者の心的なものを私は確かに直観することができる。私はそれを直観することができるが、直観しなければならないわけではなく、一般的に私はそれを直観しているわけではない。もちろん、非直観的で有意味な理解することがいずれにせよ、すでに思念され他者知覚において作動している意味を直観化することに先立っているということは、容易に洞察することができる。このことはあらゆる共現前にあてはまる。

他者を知覚しながら理解するさい、私たちは原本的《オリジナル》な知覚をもつ。それは、側面をもってそれ自体が現れるような（もちろん、「客観的意味」においてではなく、その私にとっての自体存在においてであるが）、自然にそくした多様な特性における他者の身体に関して、その原本性において首尾一貫して確証される知覚である。そして、この根源原本的《ウアオリジナル》知覚の歩みにおいて実際、原本的な充実によって確証されつつ、「統握」すなわち「意味」が絡み合っているのである。これらは他者の知覚の進行において一致や不一致の固有の様式をもっている。したがってそれらは一致の場合は、引き続き充実として進展する。すな
85 わち、それらは「意味している」が、しかしそれ自体は原本的で本来的な知覚には至ることがないような、心的なものの実際的な現実存在にたいして、充実として進展するのである。このことはもちろん、解明を要する。[*5]

ある事物知覚が斉一性の様態で進展するときでも、個別にやってくる側面の契機に関係する「意味」がその登場をともなって確認されるだけでなく、たえず知覚されている事物そのものの存在が、際限なくあらかじめ意味されただけのすべての側面において確認される。したがって、全体地平とそのうちにあるすべての定立の恒常的な変遷のなかに、充実過程がある。これらの定立は、それ自身充実によって、しかも本来的な充実（しかしそれはそれで、なお空虚志向の成素をもつ）が、その制約された存立において様式にそくして

経過することによって、経過する。地平充実はそこに根をおろしている。本来的な充実は同時に、その全体的意味における全体知覚の充実である。それは孤立してはいないのである。

他者知覚において物(的身)体知覚は孤立しておらず、それは他者知覚全体の抽象的に引き離された層にすぎない。それは表現という仕方で連続的に有意味である。すなわち、いま表現するものが、それによって心的なものを定立へともたらし、まさにそのことをとおして、ある新たな表現を要求し、したがって物体的なものにおいてある新たな現出構造がいまや有意味なものとして登場し、そして物(的身)体的なものにおいていまやこの要求にふさわしくない何かが私にとって原本的《オリジナル》に登場するときに、その定立が廃棄されるというように、充実は進展していく。したがって二つの層は互いに絡みあっている。あるいは、最初の共現前、つまり物(的身)体にそくした共現前は、つねに心的なものを共現前しているのであって、こちら〔心的なものの共現前〕は後ろを向いて言えば、つねに物(的身)体的なものを共現前している。

さてしかし、このわれわれが心的な層においては空虚な示唆(空虚な共現前)として考えてきた種類の充実に関して、それでよいのかどうかということが問題である。他者の空虚な理解は、物体的身体の知覚に「基づいて」空虚に現在化する措定としてどこまで達す

86 ることができるのか。すべての「実際に」経験する他者知覚が、ある直観的準現在化（「感情移入し」、入り込んで理解する準現在化）を要求するわけではないのか。それは再想起する知覚の場合とは似ていないのだろうか。私はたとえば、（数年後に）街をふたたび見る、いまだに古い通りがあり、あちこちで私は新しい家を見、教会が新たに修復されていることなどを見る、と言う。私は知覚する――すなわち、いま現在するもの、この通りなどを、私は部分的には変化せず、部分的には変化しているものとして経験する。ふたたび認識されたものは、その他のふたたび認識された連関において以前に見られたものを指示している。しかしそれは「別のもの」である。そこでは知覚の動機づけもまた想起へと流れ、この想起からさかのぼって知覚へと流れる。私はしかしいかなる実際に直観的な再想起も遂行しておらず、私は非直観的なものに留まっている。うまくいったとき、瞬間の直観、断片が出現する。

同時に充実段階でもある他者知覚の二つの充実形態

いずれにせよ、他者知覚は二つの充実形態をもち、それらは同時に充実段階でもある、と私たちは言わねばならないだろう。最初の段階では、直観は生じておらず、第二段階ではそれが、空虚だが歩みの中で確認される理解へと至る。再想起が私の過去を「ふたたび」という仕方での直観として所与へもたらすのと同じように、この独特の準現在化が実際に、他者を他者として私にとってもっとも根源的で知覚にそくした所与へもたらすことが証示されることができる。

そのさい、他者知覚、しかも別の自我とその心的生の知覚における層のあり方が注意され、さしあたり研究されるべきである。自然にそくした核、その身体物体は、「器官としての身体」というタイトルのもとで第一の意味の層をもち、それとともに第一の心的なもの、まさに「器官として組織化する」すなわち身体部分を器官として生気づける自我をも
87
つ。*6 この層は、十全な心的主観に対して基づけの働きをしている。それはその周囲世界をもった自我であり、あるいはその都度の現出の仕方において、一つのこの世界へと関係づけられていることを知っている自我であり、そしてその自我は、人格的自我として周囲世界的にその世界へとかかわり、ずっとかかわってきており、そのようなものとして、みずからの確信、みずからの習慣や目的、手段をもっており、以前からみずからの獲得物をもち、それへとその都度、またしばしば立ち戻ることができる、等々である。

さしあたり、私は身体を身体として理解し、この身体を知覚野と一つになっているものと理解するが、他者はその知覚野のうちに身体的に存在し、知覚野は彼の周りに方位づけられているのである。そのことを私は私から、そして私の知覚野から理解するのであるが、

この知覚野のうちで、あの身体はそこで、私がそこに立っていたりする時のように、私の身体の類比体という意味をもっている。

そしてその上に、より高次の意味が、すなわち（より低次の層の規定されたものの上に）まだ未規定の自我意味が、いまやより詳細に規定しながら構築される。このより高次の層において、先行意味がしばしばある「現実的な」指示を必要としているということは明らかである。しかしながら、そのことはなお正確に研究されなければならない。

補足的詳論

人間や動物のような実在物の知覚には、本質的な構成要素として心的なものをともに意味するということが属しているが、それを直観的に準現在化することは属していない。しかし、それは詳しく言えば、どのような「ともに意味すること」なのであろうか。それは、ともに現在化すること（共現前）であり、それによって心的なものが言わば物体的なものと一つになってそこにあるようになるものであろう。事物経験の層では、裏面に関する共現前がそれである。しかしそこにあるのは、進展する確証、知覚する思念の充実、個別知覚による充実としての経験の進展であり、共現前されたものは現前によって現実化され、それ自体として呈示される。しかしここで、それがあてはまるのは物体についてのみであ

って、それがもつ心的なものについてはあてはまらない。しかしこれはなんと奇妙な確証
の仕方であろうか。Mは実際に人間であり、その物(的身)体は、つねにくり返し表現の多
様性と全体表現の統一性であるような変化様式において物体的に変化するが、そこでは、
88 あらゆる新たな表現は、以前の表現と一致し、「人間的人格」という「意味」の統一性が
維持されている。

言語表現と比較してみよう。私が表現を理解しているとき、私はある仕方で知覚をもっている。すなわち有意味な表現として語や文を知覚している。しかしそれは間違った知覚であるかもしれない。私が「説明をする」とき、部分の意味が実際には意味の統一を与えないということを見て取ることがある。これは何を意味しうるだろうか。個々の意味は地平をもち、その経過において充実連関をもたねばならないということを予示している。私たちは次のことをどのようにして知るのだろうか。すなわち、ある可能な判断の統一において現実化すること、複数のテーゼが一つのテーゼの統一へと連関するように矛盾なく結合すること、「判断することができる」(そしておよそ可能な態度の取り方の統一が遂行可能である)という意味で「考えることができる」ということ、そしてようやく〔他方で〕、もっと先の新たなこととして、「思念」や表現や表現的意味の自体能与や明証化の統一、これらは別々のことであるだろう。後者は「真理」あるいは「可能的真理」なのであ

ろうか。[*7]

ここには、もちろん、さまざまなことがさらに補足されなければならない。私はある感性的なものを「表現として」「統覚する」。それは「偶然に」言葉や代数の記号などのように見え、私はそれを意味をもって理解する、ということがある。次のような区別がある。私がこうした「偶然性」を把握していること、私がそのなかに入り込んで空想すること、それから、それは実際には言葉や表現ではなく、あたかも言葉であるかのようであること、これらには区別がある。ある言葉というものは、実際には語られたものや書かれたものとしてのみ言葉であり、思念されたことに関して、さらにさまざまな変化を引き受けうるものがそこで理解されるという意図をもって印刷されたものとしてのみ言葉なのである。ある紋章につけられているモットーはまさに次のことを意味している。すなわち、この家系の紋章には、かつてモットーとして設立され、他者によってその状況に関係づけられているということが属している。あるいは、芝生に立ち入ることに対する警告板の指図や紙の上の印刷——それは新聞であり、したがって、新聞の「ニュース」や娯楽の広告など、あ
89 るいは学問的な広報、教科書などである。状況は統握され、規定され、あるいは未規定のままになっている。言葉はさまざまな状況に対して「同じ意味」や状況の意味をもつが、それでも、意味を変えたりもする。たとえば、私が私の判断として発言した文が、他者が

発言するのと「同じ文」であるといったように。同じ文が紋章のモットーだったり、祈りのなかの同じ文だったり、現実の特定の人への関係、あるいは空想された街や、その街の役人によって通達としてその文を発行した「街」への現実的な関係づけ、および小説などの中での関係づけのなかで、持続的に妥当するものとして、また、たまたま通りかかったとしか思えない人々へ向けられたものとして、等々。

そこで、しばしば直観化がその充実の役割を果たさねばならないのだが、いったいどの程度それは必然的な直観化なのであろうか。私は何かがすぐ分かる。私は新聞を読み、さらに読みつづける――新聞の段落のつながりのなかで相互に連関する意味の統一が組織されてくる。しかし突然私ははっきりしないことに気づき、理解が曖昧になり、私は最後の数行をもう一度読んでみる。そしていまやそれは明瞭になる。私は「意のままに」くり返すことができ、そしてこの同じ統一を、つまりくり返された理解において同じ意味統一を認識する。それとともに私が判断するなら、それは同じ判断であり、まさに私のものである同一の思念、確信である。しかしもちろん、いまや次のようなことが疑わしくなる。それは本当か、また、それはそもそも可能なのか、と。私はさしあたり、ともに判断したが、しかしそのとき、まだ私のものである「以前のあれこれの判断と一致しない」という内的抵抗が告げられることもある。どちらがいまや「正しい」のか、等々。

私たちは、状況に関係づけられ、意味規定する主観性などに関係づけられる意味の「意義[34]〔上〕」の変化をもつが、そのさいしかし、言葉はそれ自身のうちに「意義」をもち、変化を被らないような同一のそれをもっている。私たちはしたがってここで、意味あるいは意義という語の二義性をもち、それとともに証示や確証のさまざまな方向をもつことになる。

私たちは間主観性の連関のうちにまさに互いに絡みあっていて、相互に基づけられたさまざまな志向的な働きをもっている。どこで自我的な志向性が機能しているとしても、私たちは《方向づけられている》が、また志向的連関や連関地平をもっており、意識生は、
90 非常に様々な意味で、つねに志向から充実への進展である。知覚は知覚へと移行するが、そのさい、予示つまり地平は互いに移行し合い、その仕方で充実しつつ機能している。そして個々においては知覚的前面の予示が連続的に知覚的充実へと、つまり連続的に新たな側面へと移行していく。そのさい、知覚《ペルツェプチオン》の本来的な「自体」出現による本来的な充実のあらゆる位相において、地平を包摂する知覚全体が充実される。したがって、あらゆる位相の地平もまた――新たな位相の地平をとおして――充実される。知覚野と新たな知覚野への移行に対して、部分的には同じ事物の維持のもとで、しかし連続的に変化する知覚においてそうなのである。この移行においてほんのわずかだけ本来的に直観され、そして

すでに述べたように、非直観的にとどまっている意味、すなわちともに思念された地平の移行のうちに連続的な充実もある。具体的に言えば、ある恒常的な一致が具体的な流れる現在の連続性において、私にとって流れる世界現在として存している。この一致が錯覚という形式において破られるとしても、そのことは普遍的な一致の地盤の上に生じることで、この普遍的な一致は、個々の不一致によっても、ある場所やある系列において乱されるにすぎない。しかし、現在はなお現在を越える「意義」をもっている。それは、「以前すでに知覚された」という意味をともなった再認識として、したがって記憶野への指示としてそうなのであって、この記憶野を私は再想起をとおして、あるいは言語的意義、そもそも根源的現在において加わってくるすべての「意義」のような意義をとおして顕在化することができるのである。

245

一六　感情移入と対化連合

身体の構成を解明するために、なおいくつかのことが考慮されなければならない。私の身体を私は全面的に、あますところなく見ることはできないが、自分自身で触ることによって、身体が構成され、それが視覚的形態を、したがって頭や眼の形を、そしてこうして物(的身)体全体を共現前する。

私は自分の背筋をねじるようにして、自分のお腹を見るのと同様にして自分の背中を見ていることを思い浮かべることができる。また私は、ここに座っているときに、後ろにある壁の書架や、自分が座っている肘掛け椅子がどのように見えるかということを思い浮かべることができるのと同じように、自分がここに座っているときに、私の背面がどのように見えるのかを思い浮かべることもできる。私はもちろん立ち上がり、その椅子をじっくり見ることができるし、そのとき、立ったりした後にその椅子がどのようにあるのかを私は見ている。しかしそれは変化せず、いまある通りにあるのであって、見られていないが、それでもいま視覚的にすでにそのように見えている――〔それは言わば〕見られていない見えである。

あたかも私が自分の頭を後ろ向きに曲げることができて、自分の背中を自由に見ることができるかのように（あたかも私がキリンの首を、しかしまったく任意に考えることのできる首をもっているかのように）、私の背面は見えないのに見えている。あたかも互いに独立に作動する両眼と眼のキネステーゼ（眼をもった腕についた眼）をもっていて、私が自分を触ったり、一方の触肢が他方の触肢を触ったりするように、私が自分を至る所で見たり、眼が交互に見合ったりすることができるかのように、私の頭は見えないのに見えている。

しかし、いかにして物（的身）体はその感覚事物的な層をもつのか、しかも当該の感覚が働こうと働くまいともつのか、こうしたことはそもそも考えることができない。事物が触ることにおいて与えられているとしても、どのような外観をもつのかは、見られていない。触ることにおいて私は変化する与えられ方をもつが、私はそれを変化しないものとして経験しており、それは、もっと後の場で触覚的にそれに帰属するものとして与えられるものをすでに前もってもっている。それは「共現前」され、そして現前されるものはたえず流れつつ、共現前されるものと一つになっている。そこでは、それは可能力的なキネステーゼのもとでの知覚の潜在性による構成である。視覚的なものは予料され、私が触ることで与えられたり、暗闇の中で触っていたりする対象はそもそも見られていないが、見ることの可能性を呼び覚まし、場合によっては可能的な見ることの視覚的な領野からやってくる一つの像を、その対象の前に広げる。視覚的な見ることの広がりは可能性への張り出しとして、生き生きとしてくる。

しかし、私の物(的身)体を思い浮かべる場合には、事情はどうなっているのだろうか。ここで私は、この物(的身)体そのものにあって、ある限定された可能力性を構成するものとして形成してきた。私は自分の背中を掻き、確かに私は自分の背中を見ることはできないのに、私は自分の背中を視覚的に共現前して「見ている」。なるほど私が経験しながら見る能力からして、それは予料された現実的な可視性ではありえないのだから、なぜ私の身体は限定された視覚層をもたないのか、あるいは何がこの予料された現出の仕方にその機能意味を与えるのだろうか。私は私の身体物体を他の事物と同じように思い浮かべ、この表象はいつも、経験し妥当を自分のうちに担っているような表象である。しかし、これが、他の意味源泉からの妥当である場合に、どうして私はその表象をその源泉のうちに見いだす必要がないのだろうか。いまや私は、見るということがどうなっていて、私の背中を触ることができるということがどうなっているかを知っている。そしてこのことはまずもって自分が向こうに行くことを待たねばならないわけではなく、たえず指示することがここで、たえず見られたり触られたりなどする前面から発しているので、触覚器官をあちらへ向けるというキネステーゼを待ちさえすればよいということを知っている。いまや私の背中の直観は、私が間主観性を働かせないようにするやいなや、他者に由来するものとしておのずから捨象的に遮断されうる、ということだろうか。しかし、対応する現前の可能力性が私に欠けている場合、どのようにして共現前が可能になるのかを理解することは、感情移入にとって困難ではなかろうか。

247

「外的事物」という仕方で、私たちは一つの構成をもつが、それはいくつかの段階から成っている。

（一）静止の構成。第一段階の静止——まだ何ら実在性をともなっていない。この静止は構成的には、私の歩くというキネステーゼがじっとしていることや、この意味で私がじっと立っていることと関係づけられている。それは、静止している「事物」領野としての知覚領野全体の静止としての静止である。静止のために多くの感覚が作動しており、触れることは見ること「より遠くに達する」ことができ、逆もまた同様である。

（二）私が自分の立っている状態を（歩くなどして）変化させている時の静止の構成。

（三）静止の変化。個別の静止しているものは、私のキネステーゼがじっとしているときとじっとしていないときでは、その現出の仕方を変化させる。静止しているものが運動へ移行するときの運動の構成は、可能な静止の連続体として運動を構成することである。私がじっと立っているときも、立って動いているときも、同様である。分割や変形がある場合とそれらがない場合という二重の意味における運動する客観の構成。分割への関係、外延的な量の構成、境界としての形象の構成、変形——これらは、境界などの運動である。ここで分割とは、連続的に連関する部分（連続的な全体における部分）がきわだつことを意味し、また、そうした部分が質的な変化をとおして新たにきわだつことが生じること、そしてついには以前の部分が動きながらばらばらになって、ついで静止した配置へ至ることを意味し、この配置がこれはこれで運動を始め、配置として変化することになる。
（四）変化の因果性、そして次に資格付与の変化の因果性。実在物とその実在的‐因果的述語の構成。

さて、次に身体の構成である。

（一）に対して。最初の「静止」、すなわち私がじっと立っていることにおいて構成されるもの。私がすべてのキネステーゼを停止しているとき、私は私の身体について、外的事物と同じように、変化しない現象をもっている。私が自分の手だけを動かして、触覚を働かせる場合、私は、残りの身体全体について、ある事物と同様のものをもつことになる。私が眼を動かすだけなら、やはり外的事物と同じように、——私が見ているものについて——静止現象をもつことになるだろう。見ることと触ることが一緒になり——私は見ることでは達しえないものを触ることになる。しかしこのことは、変化しないものとしての外的事物の場合や個別の静止している事物においても同様に生じることである。しかしまた、私は、触っていないが見られている「事物」を「静止」のうちにもっている。触覚では達しえない「事物」が視覚的なものとしては、触ることのできる近くにある事物と同じように見える。近くにある事物には、それにくわえて、まさに触ることができることが属しており、しかも動機づけられたものとしての他のキネステーゼの「距離」に応じて属している。しかし、もし距離がもっと大きな距離であるなら、この可能力性は欠けることになる。見ているとき、私は「見える事物」の「静止」として構成をそれだけでもっている。しかし、さまざまな見える事物が（光と影や照明の違いを単純化のために捨象しておくが）「距離」によって互いに区別される。つまり、視覚的客観野の全体が、一つの距離のレリーフなのである。視覚的なものは、キネステーゼ的に構成されるが、しかしそれはまさに視覚的には変化しないものであり——この「静止」という領域においてなのである。*8

したがって、〈私〉が場所から場所へと動くのは固定した場所のシステムにおいてであるが、そのようなシステムを私はすでに歩くことによってもっている。〔他方で〕私の身体は、動かされることによる自然因果性の物体として、実在的存在をもつ。

動かされることという能作は根源的には、（より下位段階において）私がすでに動くものとして経験しているある客観と「一つになること」によって成立する。この一つになること、そしてさらに受動的な一つであることとは何であろうか。私に結びつけられたものは、ある種のともにあること（私はそれを作り出すことができる）のうちで、その方位づけを保持し、したがって明らかに静止し、そしてその場所においてただ静止するものとして変化を、場合によってはまた方向転換をこうむることになる。こうして根源的領野において恣意的に作り出される変化は、経験された運動を「静止」へと変化させ、「結びつき」が私から解き放たれると、これがたちまち運動となるのである。しかし車の上でも私はさらに動くことができ、この運動のなかでの運動は、より高次段階の変様を作り出し、このこともやがて考察しなければならないだろう。

249

感情移入に対して

動かされるという経験の成立によって、そして動かされることから静止や自分で動くことへと移行することによって、私の身体があそこにあるときの私の身体や、パースペクティヴをもった運動としてあそこで行われる私の運動の表象といった、特有な表象の仕方も可能になるのだろうか。そして、鏡像を理解することについてはどうなのであろうか。それはここに属するのだろうか。あるいはこれらはすべて、感情移入の結果なのだろうか。私の身体と他の身体との、あるいはその逆の類似性は、ひょっとしてそれが有効になるためには、どのようにして成立するのだろうか。これが根本的な問いである。それは主観的な類似性でなければならないし、連合でなければならない。二つの事物、二軒の家があるとして、一方はある側面から、他方は前面とはまったくことなって見える（そう想定しておこう）他の側面からのものとしよう。私がその家を全面的に知っているのでないならば、私はそれが同じものであると認識することはない。対化としての連合の直接的な効力は、ただじっさいに「見られたもの」〈によって〉のみ生じ、側面をずらすことによる変化は、部分的な合致が生じて、同時に示唆された側面部分の生き生きした覚起が起きるようにならなければならない。

統覚的な転用——私が一方については知っているものを、他方については後から見出さなければならないのだから、それはいつ生じるのだろうか。ことなったものがきわだたせられているとき、それは類似性や共通なものを保持している習慣的な重なり合いではないだろうか。そして、私がすべてのものをすでに統覚的に統握しているなら、そのことは、共通のものが留まり、異なるものが遮断されるという習慣的な予料でもある。

さて、いまある「他人」が見られているとき、どのようにしてその人の見られた物（的

身）体と私の見られた物（的身）体とが対化を生じさせることができるのだろうか。私の手
とその人の手、私の足とその人の足、それらは近くの空間で他者が適切な場所にあれば類
似して見える。それで十分だろうか。私は他者に触れることができる――つまり、私が静
止していて、その人もまたあそこで静止しているという、「肉体《フライシュ》」に類似した物体性に触
れることができる。それ以上のことが必要だろうか。他の身体物体を私は、ある時はこの
距離で、別の時はあの距離で、全ての変化した外観において、つまりそのパースペクティ
ヴ的な側面の与えられ方においてもっており、そしてその身体物体は私のそれに等しいも
の、つまり物体的なものである。したがって、次のように言うことは正しくないのだろう
か。つまり、パースペクティヴをもった表象としての「いずれかの空間位置にある私の身
体」という外的表象は、私の身体と等しいものとして認識された物体としての他の身体物
250 体を経由した途上で初めて成立する、と。この考え方は、私にとってくり返し困難をもた
らしてきた。ここに解決はないのだろうか。

　私の身体は、物体として構成されるだけではない――まさに私の器官としても構成され
る。私の身体は、経験され知覚され自体が与えられた別の事物が、私に対して自体が与え
られ知覚されうるものとして帰納されるようにして帰納されるわけではないが、それでも、
あたかも私がそこにいるかのように、すなわちそこに私の身体があるかのようにであって、

そこにある物体は一つの物体なのである。

そしてそこで私が、自分をそこにある類似の物体を支配しているものとして表象することによって、そしてあたかも私がそこにいるかのように、そこの実際の物体、いま実際にそこに存在する物体において、類似の物体的な運動が生じるだろう。しかも私がそこであれやこれやを支配しながら行ない（たとえば、私が他の物体の代わりに身体的にそこにいたなら、あるいは、そこに先に行っていたなら、等々のときに行なったであろう）、知覚しながら眼や手などを動かし、そこでそれらの事物を手に取ったり、私にとって自明で親しみ深い仕方で、そこからしかじかの仕方で呈示される事物にかかわりをもたされるかのように、である。

私は自分を他の身体へと投げ入れて空想しているのだろうか。そもそもそんなことができるのだろうか。私は《あたかも私がそこにある第二の物体を私の身体としてもっているかのように》空想することを行なっているのだろうか。あたかも私が他の身体を身体として、つまりこの実際に他なる物体としてもっているかのように、私は私の身体を、この他の身体へと変化させて空想することができるのだろうか。それは、私が私の物(的身)体を離れて、そこの二番目の物(的身)体へと滑り込むということを意味するのではないだろうか。しかし私の身体が遠のいて、他の身体が私に押しつけられたり、あるいは切り離され

251
たり、私から切断されたりして、そのために私に何らかの別のものが与えられるということが可能だろうか。私は、私にとって存在し、さしあたり原初的に存在する事物の総体に対する主観ではないのか。そして、そのようなものとして、また、私にとって存在しかつ存在しうるものすべてを身体的に知覚するものとして、私の同一的な身体性と不可分に一つのものではないのか。あの他の身体の同一性は、〔上述のような〕切断の前でも後でも、私の身体を前提していないだろうか。しかし確かに、《他者のうちに入りこんで考えること》という言い方は多くされてきたし、その代わりに《入り込んで空想する》ということもできる。私がそうであるところのものであり、そしてそれとともに、他の《フレムト》物(的身)体の現出にもとづいて、《あたかも私がそこにいるかのように》を意識することによって、しかもそのさい、もし私がいまもっているのと同じ物(的身)体性のうちにいるなら、私がここからそう見えるはずであるのと同じ現出をともなって、身体の類似性が意識されることによって、変化とは言えず、「空想すること」や「想定すること」としか言えないのだが、この言い方のもつよき意味は何であるのだろうか。どのようにして、私は私たちの事例において、そこから出発して、他の人間、他の身体、他の自我の実在的な可能性へと至るのだろうか。じっさいに可能なのは、他者が、つまりその人の物体的身体がその場所を離れたときに、私がその他者のいるところへ行く(あるいは正確にはその人の場所へと動かされる）ということである。こうして私はあらゆる事物の位置に身を置くことができ、それを遠くに動かして考え、それがあったところへ自分が動いて行くことができ、そして私の物（的身）体をそこにある物（的身）体と、ある仕方で合致へともたらして考えることができる。それは、いま同時にそこにあるものの可能性としてではなく、しかし、私が直観的に比較しながら移行することで、私のうちで等しいものと等しいもの、似たものと似たものを衝上〔押しかぶせ〕へもたらしたり、同一視したりする際と似ている。

では、それに対して、感情移入の新しさとは何だろうか。それはすべての連合――純粋な空想の《あたかも》において経過するのではなく、原本的で定立的な連合、つまり、まさに根源的連合に対してあてはまるすべてのものがそれに応じて変様するような連合――に本質特有的な統覚――存在意味の転用であり、したがって、知覚のうちに存在妥当の意味が存するかぎりでの現実的な付帯知覚〔統覚〕――である。

252 連合という対化は、相互的な「衝上〔押しかぶせ〕」であり、互いに対になるものが、それぞれそれ自身の仕方で、それに帰属する可能力性をともなって推定的妥当をそのうちにもっているなら、それは相互的に、一方から他方へ――受動的に、あっさりと、一挙に――転用される。しかしもちろんこのことは、かつて受けつがれた妥当が、保持されなければならないとか、保持されうるということを意味してはいない。それは、この場合もちろんまだ推定的な地平をともなった妥当であり、転用の瞬間には確実ではあっても、まさに地平という点に関しては推定的だからである。すべての「軽率で」、後に誤りと分かるような、類比に基づく統覚（本来は同語反復であるが）は、このことに基づいている。まったくの転用からやってくるような、したがって、端的な統覚として生じるような妥当は、その「正当な」限界を越えていくということを、経験の進行は示している。「現実的な類比」が達するかぎり、それは正しい、と人がいうなら、経験が初めて、「現実的な類比」がここでそのつど何を意味するのか、すなわち、予料の充実かその幻滅かを示してくれる、と答えなければならない。私が手足の一つにおいて実際に経験から「知っている」こと、つまり、それについての私の統覚において確証された妥当としてあるもの、それは転用されるかも知れない。しかし別の場合には、私は確かに似ているものをもっているだけで、
253 より詳しく調べてみると、推定の一部だけが、確証されて類比体へと移行しうる（すなわち維持しうる）ということもあるかもしれない。逆に、他の類比体への反対の転用は同時に、きわだてられた差異にもかかわらず、維持されている類比の新しい要素へと導かれるかもしれない。

感情移入という私たちの事例において、私は私にとって、なじみ深く私の生の経験からして、この唯一の物体的な身体事物においてそれに属するすべてを含めて支配している自

我という意味をもって構成されている。それは構成された妥当であり、もちろんある開かれた妥当地平をともなっている。意味を形成し、この心理物理的な原《ウァ》統一として私を構成する経験は、このように進行して行く。

他方で、そこにある物体的身体は私にとって、もっぱら外的物体からなる開かれた宇宙の中にある外的物体という意味をともなって構成される。すなわちその身体が対化に入ってくるのと同じように受け取られる。私があの物（的身）体をそこに経験する瞬間に直ちに、しかも根源的な対化を可能にするある現出の仕方において、この対化が現れるなら、[*9] その物（的身）体から、たんに統覚をとおして、物（的身）体性とそれに属するすべてのものが類似性のたんなる変化において転用される。しかも、物体一般の類型という枠組みにおいて転用される、と私たちは言うことができる。もちろん、私の物体的身体がまさに私にとって実際に物（的身）体として、しかも恒常的に構成されているなら、この転用は直ちに確証される。このことが、最初の決定的な点である。他方で、特殊な身体性と「私が支配する」とが、私からこの身体に転用され、しかも類比化される。言葉通りの意味において、私の自我や支配することなどが転用されるわけではない。

ここで、二番目の決定的な点にたどり着いている。私は私にとって、まさに経験から、そして地平において、すなわち過ぎ去った（過去の）経験によって予描されていたある経験様式において構成されており、そして私は過去と未来と生き生きした現在を包括する様式の自我としてあり、そのうちで原本的なものという私の意味をもっている。原本的な生を、つまり身体において支配することを原本的にこの支配をとおして、私がまさに実際に
254 経験している世界へと「類似によって転用すること」、すなわち、入りこんで生きたり、入りこんで経験したり、行為したり等々——このことはただちに廃棄される。*10 そのような転用はどのように作用を及ぼし続けるのだろうか、どのようにして不可能な現前が可能で妥当な共現前へと変化するに至るのだろうか。どのような統覚的推定をも私は直観化することができる。外的事物一般とそれぞれの個別類型をもった外的事物にとって、原本的経験によって充実されたり失望されたりするのは推定である。感情移入という統覚的な推定は、しかし原理的には原本的経験によっては確証されえないような推定である。原初的《プリモルディアル》領分は、私にとって原本性において経験されるものと経験可能なものの全体であり、そのうちには、あらゆる考えられる原本的に経験可能で、言わば「原本的に推定可能な」作用と同じように、あらゆる現実的および考えられる原本的に経験可能な支配することが含まれている。そしてあらゆる作用が、したがって私にとってすべての原本的に証示可能なものが、絶対的に唯一の自我極として私をもっている。私がこの領域において原初的に私の身体の自我として、したがって心理物理的に存在するものとして構成されるなら、そのことはい

かなる多数性一般を考えることもできないような絶対的唯一性において生じている。身体において支配するもの、つまり「その」（唯一の）身体を支配するものとして、この自我の唯一性は、他の可能性に開かれた一つの事実なのではない。私の原初性における第二の自我、つまり、私が原初的にそこに内在している第二の生は、私自身の身体においてであれ、他者の身体においてであれ、心理物理的に支配するものとして、第二の原初的な支配することである。しかし私が突然まったく別のものになり、私が私の人格《パーソナリティ》の断絶を経験したと、どれほど私が言えるとしても、あるいは、どれほど人格《パーソナリティ》が分裂しうるとしても、すべてのこうした分裂は、その分裂を貫き通し同一にとどまる自我極の分裂として行われる。この身体のうちで、つまりこの原初的な身体のうちで支配している自我は、生き生きと原初的に流れていく生のうちで生きている同一のものである。したがって、この領域においてはいかなる第二の身体も、身体として、したがってまた支配するものとして第二の自我を推定することはできないし、顕在的な知覚によってであれ、再想起のような原初的な準現在化によってであれ、確証可能性をともなったいかなる考え得る原初的統覚によっても推定することはできない。

さて、原初的領分において、ある活動が、つまり、推定として準現在化し、直観化されうる統覚的な推定が、しかも、可能な確証においては原本的に確証されないが、それでも確証〈されうる〉ような推定が、どのように登場することができるのだろうか。

いわば私の身体を外的事物のような存在(これは確かに本質的に異なる仕方で経験され、経験されうる)と同化することがすでに前もって与えられ、こうして私にとって私の身体物体が一つの事物物体として何か他のものと同じように「見なされる」なら、そしてしたがって私の身体の個別類型的な類似性対化が何らかの物(的身)体とともに成立するとすれば、さしあたり考慮しなければならないのは、それはどのような種類の個別類型的対化なのかということである。私の身体は、私にとって多肢的な統一体として構成されており、それらの分肢は私の身体器官であり、それらはそのうちでの私の恒常的な支配をとおして、あるときは単独で、あるときは複数の部分が一緒になって要求しつつ、特別な仕方でたえずきわだたせられており、それは純粋な物(的身)体性に関しても同じである。したがってつねに、そのようにして分節化された統一体として、この分節化においてもっともよく知られ、つねにそのように統覚されている統一体として、つまり一における多が意識され、たんなる物(的身)体性への抽象的なまなざしにおいて統覚される。外的物(的身)体をともなった個別類型的類似性とはしたがって、その物(的身)体がまさにそうした多肢的な統一体として統覚されるということ、そしてそれはそもそも、木の枝わかれと同じような多肢的な統一体なのではないということを意味している。つまり私の身体は、私にとって個別類型的に、その手や指、腕や足等々のうちにもあり、このことを私たちは類似性、つまり全体の個別類型的な類似性ときわだてられた部分の類似性のうちに前提し、身体として統覚されうる第二の物(的身)体にたいして前提しているのである。

さらにここには自分の身体とその個々の分肢やむすびつけられていたりグループになったりしている分肢の運動や変化の個別類型的なものが属しているが、それはちょうど、それら分肢が、類型的にまさに自我的な心理物理的な支配の仕方に属しているのと同様である。私においては、この類型がまさに私の支配することに属しており、分離されずに、そこに「属している」。この支配することは、それぞれの生き生きした目覚めた現在において原本的経験として顕在的な構成の統一からくる共属性の親しまれた統一としての支配することにすぎない。この原本的経験とは、しかじかの心理物理的状況において、しかじかの原本的に経過する自我的な支配においてその分肢をともなった身体の内在的に原本的な流れつつ過ぎ去っていく現出でもある。またそれと一つになって、(知覚において)構成されるか統覚される帰属性において、身体的に多様な形態の配置という仕方で、しかじかの運動や変形などとともに、その類型においてあり、したがって、すべてが類型的に親しまれたものとして知覚的に経過していく[*11]。

まさにそうした類型が、私が目下のところ私の身体性において知覚的なものとして体験する類型にたいして変化して、しかしなじまれた私の唯一の身体に属している（したがって地平的に初めから、私の自己身体統覚においてともに統覚されていた）ような変化の一つであるが、そのような類型を私はそこにある身体に見いだし、したがって、一つの類比体を、（知覚的に）私自身の身体との生き生きした類比体を、つまり私の物理的物（的身）体性の知覚的類比体を見いだすのである。

ここにいまや「連合」が登場する。それはこの類似性が生き生きしていることと別のことではないし、まさに対化であり、重なり合いと統覚であることと別のことではない。私の身体はしかし、ただ一つの層においてのみ知覚的な物（的身）体であり、具体的にはそれは身体であり、私の普遍的原初《プリモルディアル》的領分の自我であるような、私の支配する自我の身体である。統覚は、ここでは何か身体の外にあるものについての（したがって、他の《フレムト》身体物体がそのもとにあるような原初的な外的事物性における）示唆ではありえないし、あるいは示唆や帰納として身体からその隣にあって期待されるものへと延びて行くことはありえない。また同様に時間性において先立つ原初的なもの、あるいはより後の原初的なものへと、原初的世界性において通常それに結びつけられたものとして延びて行くことはない。そしてそれでも、類型的形態化とそこの物（的身）体の「ふるまい」が私の傑出した物（的身）体における私の支配を「想起させる」のであり、そのことによって、それは、原本性において唯一なのである。

それが想起させる——と言ってももちろん、私の想起（遡行想起、共想起など）の原本的な意味においてではなく、それは類比体であり、想起の一つの変様であり、「想起」としてその想起地平を、つまり、その予測や、その反証と同様にその確証をもっている。

そこにある物(的身)体のふるまい、あるいはそこにある物(的身)体が手を伸ばしたりすることとともに曲がるというふるまいは、あたかも私がそこにいるなら、キネステーゼ的に身体を曲げ、そこにある事物や杖をつかむために手を伸ばすときのように、私を「想起させる」。私にとってこのあとに続く運動は、ふたたび立ち上がることであるだろう。このことが統覚的に転用され、そこにある物(的身)体は、事実、そのような類型の運動をすることになる。つねに予描されている準現在化の絶えざる充実のもとで、このように運動的に進行する準現在化において、支配とそれとともに支配する自我の準現在化として、多様に志向的に互いに絡み合い、相互に基づけられている準現在化の統一が構成される。その自我の生のうちで、自分の身体としてそのうちで支配するものが、空間時間的に構成されるが、それは必然的に準現在化されるのみであって、私自身が私の生とともに存在するのではなく、私はこの準現在化をもち、私の生において、この自我の構成を私にとって存在するものとして成立させるのである。

私にとってそこに原本的に経験される物(的身)体は、それがそのうちで支配している自我を共現前することによって、確かに実際にこれをこの原初的なものとの心的結合としてではなく、この同じ外的物(的身)体をみずからのうちで内的物(的身)体として構成する自我として共現前するのである。

(別の機会の)再考察

私から出発して、私はいまや私にとって存在する他者を構成的にもっている。私の原初性の物体は、そこではまずはただ外的物(的身)体として構成され、その身体物体性の点で、私の身体と連合的に似ていて、ある固有な仕方で共現前している。この外的物(的身)体において支配することは、たんに共現前されうるだけでなく、私の原初性において根源的に、支配することが、根源的な知覚(あるいは同じことであるが、現前)において私の支配することとしてのみ現在的に構成されることができる。あたかも私がそこにいるかのように、そこにある物(的身)体は、私の物(的身)体と類似している。その物(的身)体は、それの視覚的な与えられ方をとおして、あるいはすでに触覚的に近い事物として、自体現出の仕方を準現在化する。その現出の仕方を私は、私がそこへ行き、この事物の場所にいたとしたら、私がもつようになるであろう。そしてそのように、私がその場所に存在するかもしれないある物(的身)体が《私の外にあること》は、——物(的身)体的にふるまう物(的身)体という類似の類型において、ある似たように分節化される物(的身)体のそれである。その物(的身)体は、あらゆる外的物体と同様に、それが存在するかぎり、そしてそれがどこに存在しようとも、それが私にとって外的であり、私の身体にとって外的であるということを前提しており、そして知覚機能における私の身体が、それがこの外的物体をできることなら視覚的な自体経験へともたらしうるという仕方で登場するのでなければならず、そのさい、私が支配する身体とこの外的事物が一つになって、接触の相互性と物(的身)体的な相互外在のうちにあるということを前提している。そのことによって、私は言おうとしているのだが、統覚的な転用が、その妥当において廃棄されている。[*12] そこにある事物は、私が可能的にそこにいることをたんに「想起させる」のであり、そしてそこでの支配、つまり身体的自我、あるいは身体において支配するものとしての私の存在は、この「想起」、つまりそこにある物(的身)体とその物(的身)体的なふるまいとともに可能的にそこにいるということ(私がそこへ行けば、あるいはそこに行ったなら等々)の表象において合致し、したがって支配の意味層がともに想起され、この物(的身)体の上に言わば乗せられる。しかしこのことはもちろん、いかなる妥当も提供しないし、せいぜい廃棄された妥当を提供するだけである。では、そこで他者知覚はどうなっているのであろうか。

660

一七　再認と対化

（一）「原本的に与える」という様態における作用としてのより先なる（まさに類似の作用の、類似の道における類似の目的を志向している）作用の（過去）把持の覚起にもとづく作用志向性の類比化する現実化――再認する知覚。

（二）共存における対化。移行において、ある分肢において遂行された作用が、可能力的に実現されうるものとして他の分肢に転用される。つまり、存在者を解明する作用が類比化として他の分肢に転用される。すなわち、他の分肢のうちで、より先なるものだが「なお現存在するもの」が再認されるのだが、それは、帰還において同じものとして再認されるかぎり、それがまだそこにあるようにである。同一的に同じとは、くり返し同一的なものとして再認されうるものであり、くり返しそれ自身で現実化されるもの、再認されうるものである。同一的なものと他の同一的なもの――感性的配置。走り抜けることはどのよ

うな役割を果たすのだろうか、またそれはどのように成立するのだろうか。本能的に走り
回るキネステーゼ――配置の本能的刺激――単一性の多数性のおそらく本能的な予料――
661 多数的な触発――野生のキネステーゼ――そこでキネステーゼが止まるような最善の状態
をともなった野――キネステーゼの結合、類比化等々。その結果として、すべてのヒュレ
ー的配置にたいして、実行された親しみ深いキネステーゼのシステム、したがってすでに
再認のシステムとなる。そして、作用がすでに活動している場合、すでに他の所与が、最
善化可能な作用として、そして可能力的に同様に扱いうる作用として、予料されている。
それは、共存において類比化する転用、つまりそれ自身等しいもの、それ自身とともにむ
しろ同一的なものを、同一的なものとしてつねに再認識可能な同じものとして、別のそれ
自身とともにそれ自身同一のものへと転用することである。対象の類似性、事物の類似性
は、再認するものとして、他のものにおいてそれぞれ解明の類比化として解明可能である。
道具の類似性は、事物としてばかりではなく、それによって人が類似のことをなすことが
できるものとしてもある。

（三）私の身体と他の身体。そこでは事柄はそれほど単純ではない。ここには外的事物のように、同時的な配置が前もってあるわけではない。まずはヒュレー的で、そしてその次に対象的、といったことはさしあたりない。さしあたり、そもそもすべての配置は、感性

的現出の仕方の配置であり、その次に初めて、対象〔多数性〕の配置である。ここで問われるのは、私の身体のまったく例外的な現出の仕方が、一つの統覚へと導かれ、そこにおいて私の身体が外的事物と同じように空間における物体として、すべての物体と同列のものとして統握されうるのは、どのようにしてかということである。そのようにして初めて、身体物体〔私の身体〕と他の物(的身)体〔他者の身体〕の相等性と類似性が経験される。

そのことが感情移入の最初の前提である。第二の前提は、他の自我と他の——他の自我の——対象的原初性を理解することであり、しかも、衝上〔押しかぶせ〕のもとでの原初的周囲世界の同一化において私自身の原初性の類似化として理解することである。ここで自我というのは、私の活動、私の触発、私の知覚の可能力性、経験一般、そして対象へ向かう享受の本能的努力、実践的可能性、行為、これらすべての自我である。

私の身体はつねに同一化しながら器官として、手として、足として、可能力的なものとして経験され、そして機能において行為しつつ、知覚器官として、実践的器官として経験される。他の物《フレムト》(的身)体は類化しながら、他の似た物(的身)体として再認され、類似的に構成される。そして全体的にと同様に個別的に他の物(的身)体として再認されるが、同時に器官として類比化される。

原注

＊1　間接的に、すなわち、杖などによる外的感覚、「間接的な」「私が〝外的事物〟を動かす」という仕方で。

＊2　表現するとは、さしあたり、受動的に構成される示唆であり、示唆的に構成される統一である。こうしたことを能動的な自我は、わがものとする。〔そうすると〕表現は能動的に産出され、用いられうるようなものであり、それは意図的な指標や意図的な語りになる。

＊3　主要な点で、と私はくり返し言った。というのも、私がある位置に行って、身体的に別の方位づけを受け取るならば、一般に、私の知覚野は変化して、ある事物が新たに登場し別の事物が退場することは自明だからである。

＊4　「有意味的」に現在的なものがともに現前する（共現前する）。しかし、この共現前は、裏面などの共現前のように実際の現前には至りえない。

＊5　他者知覚の充実の二層性。充実の下層。たんなる物体知覚のプロセスと充実地平。したがって、統覚あるいは連続的な共現前は二層的である。

＊6　初めから他者すなわち別の自我は共現前され、「私と同等のもの」であるにもかかわらず、自我は、この「層」において共現前され、その他の点についてはこの共現前によっては

未規定である。

＊7 周知の「三つの層」である！

＊8 明らかに、近くの家がパースペクティヴをもって現出するというなじみの仕方として、類型もまた一つの役割を果たしている。

＊9 一般的には、十分に接近するときに初めて、すでに外的物体として統握されていたものが、類似的なものとなることができる。

＊10 私はもちろん唯一であり、私の原初的領分においてはいかなる外的事物も自我の類比体として支配していることを証明できず、すなわち、知覚的に経験可能であると証明することはできない。

＊11 身体は、空間物体として、また、自我的な身体性として、そのうちにどのような種類の特徴や層をもっているのだろうか。というのも、構成からすれば、物体はある特別な層において構成されているのだから。

＊12 しかし、これは転倒している。というのも、類似的なものとするというのは、私がいまそこにいることを意味してはいないからである。

訳注

［1］ Paarung 「対化《ついか》」は「対 Paar」（英語では「ペア」）になること（英語では「カップリング」とも言う）を意味し、『デカルト的省察』第五省察、第五一節で「連合と呼ばれる受

動的綜合の根源的形式」(邦訳、二〇二頁参照)とされている。意味の類似性を介した連合は、自我の関心が向かう以前に、受動的綜合による意味のきわだちの生成をもたらしている。自分に固有なゼロの物(的身)体と他の物(的身)体とのあいだに、キネステーゼ(運動感覚)の動機と視覚像の現出との対化連合が、双方向的に、相互の意味の覚醒(相互覚起 wechselseitige Weckung)をとおして受動的に生成している。これまでなされた、他の現象学者による「対化」に対する批判は、「受動的綜合の根源的形式」としての「対化」の真意に届かないものが多い。

[2] alter ego ラテン語で「他(者)の自我」を意味し、ドイツ語の anderes Ich に対応する。この「他の自我」が「自分の自我」の変化したもの、ないし変様であるかぎり、他の自我の独自性と固有性は、論証されたことにはならない。

[3] einklammern 現象学的態度に至るための方法である現象学的還元をフッサールは『イデーンI』以来さまざまな仕方で叙述したが、そのさいに現象学的エポケー(判断中止)とならんでしばしば使われた比喩的な表現が、実在としての世界を「カッコ(括弧)に入れる」という操作(世界定立を「働かなくする」とか「スイッチを切る(遮断する)」とも呼ばれる)であり、それによって、世界が「カッコに入れられた」「現象」として現れることになる。しかし、やがて『イデーンI』の「デカルト的な道」への反省から、間主観性の問題を前面に出し、他者経験(感情移入)を論ずるにあたって、まずは客観的な世界を固有性領野へと還元する原初的《プリモルディアル》還元(本書第四部訳注[5]参照)を先行させるようになる

(『デカルト的省察』第四四節参照)。この箇所で論じられているのも、そのような原初的還元としての「カッコ入れ」である。

[4] Umwelt フッサールの周囲世界の概念の理解にあたって特徴的なことは、「身体‐周囲世界‐統覚 Leib-Umwelt-Apperzeption」(『フッサール全集』第一四巻、一一九頁)という用語にあるように、身体を中心にした周囲世界の志向的相関関係という構成連関において理解されていることである。したがって、すべての対象性の構成に妥当するように、「内在的周囲世界 immanente Umwelt」「超越的周囲世界 transzendente Umwelt」(同書四七頁)に区別されている。間主観性の成立において問題とされるのは、間身体的に共通して、共同にあたえられる同一の周囲世界の構成の可能性である。

[5] transzendentale Genesis フッサールにおいて、時間分析を経て、「現象学的発生 phänomenologische Genesis」と「心理学的発生 psychologische Genesis」の区別が明確なものとなり、「発生のアプリオリな規則」(『フッサール全集』第一三巻、三四五頁)が「超越論的な発生」の領域として確定することになる。この現象学的発生は、構成論の全体において、内在的時間と時間流の構成と受動的綜合における連合の規則性にかかわる「受動的発生 passive Genesis」と自我の能動性を前提にする「能動的発生 aktive Genesis」に大きく区分される(『デカルト的省察』第三八節、邦訳一四一頁以下参照)。

[6] フッサールは本書一七四頁で、「二つの段階を区別する」と言い、(a)と始めているが、それに対応する(b)が見当たらない。おそらく、この箇所から(b)が始まると思われる。

[7]　eidetische Beschreibung　質料的な個別的記述に対置され、現象学的還元をへた意識の相関関係の記述は、形相的で一般的でアプリオリな本質規則性を本質直観をとおして記述しようとする。しかし、形相的記述は、たんに形相と質料の区別にとどまらず、「形相的‐存在的思惟 eidetisch-ontisches Denken」のさいに存在する判断基体を前提にすることなく、「形相的‐現象学的思惟 eidetisch-phänomenologisches Denken」（『フッサール全集』第一三巻、二一一頁参照）の領域における記述であることに注意せねばならない。

[8]　Faktisches　事実的なものは、通常「事実 Tatsache と本質 Wesen」の対置において考察される（『イデーンI』第一篇第一章参照）が、個別的身体性についての発生的秩序が考察される発生的現象学の進展につれて、「事実的なものとしての超越論的自我なしに超越論的自我の形相は、考えられない」（『フッサール全集』第一五巻、三八五頁）ことが明らかになってくる。発生的現象学において、通常の「事実と本質」に区別できない「原事実性 Urfakitizität」の次元が呈示されてくるのである。

[9]　genetische Phänomenologie　発生的現象学は、「静態的現象学 statische Phänomenologie」における構成分析を前提にして、脱構築（解体）の方法をとおして、「時間、連合、原創設」という観点にそくして考察され、超越論的発生の秩序が解明される（『デカルト的省察』邦訳三〇八頁の訳注（5）参照）。この発生的現象学において、「ようやく、モナド的個体性の現象学をもつことになり、そこに含まれているのは、そこにおいてモナドの統一が成長し、そこにおいて、モナドが生成することでモナドであるような関連性をもつ発生の現

象学なのである。」(『フッサール全集』第一四巻、三八頁)とあるように、モナドの発展が、発生的現象学の主要なテーマとなる(『その方法』の第三部一五も参照)。

[10] Geist 精神は、「自然 Natur」との対比において、精神科学と自然科学、精神的 - 現象学的ないし人格主義的態度と自然主義的態度といった対立軸において構成分析にもたらされている。この「自然と精神」の対置は、とりわけ『イデーンⅡ』で、明確な表現にもたらされており、方法論的原理として、自然の探求において「因果性 Kausalität」(本書第一部訳注[23]を参照)、精神の探求において「動機づけ Motivation」(本書第一部訳注[10]を参照)が呈示されている。しかし、この自然と精神の二元論的対立は、フッサール現象学において、志向性によって原理的に克服されている(『フッサール全集』第九巻第五～七節参照)。受動的志向性による受動的綜合をとおして前もって所与にもたらされているヒュレー的所与が能動的志向性としての精神によって「活性化される beseelt werden」ことで、人格間相互の動機づけ連関が成立し、自然主義的態度は、精神による人格主義的態度の内に包摂されることになる。他方、この語(Geist)には「霊(霊魂、幽霊)」という意味もあり、ここではそうした日常的な用法と関連させながら論じられている。

[11] normal フッサールにおける「正常」と「異常 anormal」(本書第一部訳注[35]を参照)という対概念の特徴は、「知覚と身体性」の構成の問いをとおして解明されてきたことにある。個別的身体における心身関係は、正常な「心理物理的条件性 psycho-physische Konditionalität」に依拠するとされるが、個人の個別的身体でさえも、たとえば、病気のさいに

この条件性の異常がみられる。自他の身体の構成が問われる間主観性の解明において、フッサールは「正常な感情移入と異常な感情移入」の区別もその考察に組み込み、「第一の普遍的な正常性は、超越論的間主観性が、正常な人間性による正常な経験世界としての一つの世界を構成しているということである」(『フッサール全集』第一五巻、一五五頁)としている。したがって、「生物物理学的異常性 biophysische Anomalität」は、正常な超越論的間主観的経験においてのみ、その間主観的意味づけを獲得しうるのである。フッサールにとって、「正常/異常」の区別は、自然科学的没価値性、没意味性という自然主義的態度が従属している人格主義的態度による間主観的な世界の構成における区別なのである。超越論的主観性の構成は、受動的構成と能動的構成に分けられ、「間モナド的に共同体化された」(同書一五四頁)超越論的主観性の構成を意味する。同じく、「正常/異常」の区別にかかわる精神病理学の領域で注目すべきは、ブランケンブルクが、『自明性の喪失』(木村敏訳、みすず書房、一九七八年)での病因論的考察において、フッサールの「受動的構成」の概念を重視していることである。超越論的間主観性の構成論の領域において、「正常/異常」の区別が、たんなる差別語といった意味合いをもたないことは明白である。なお、自己と他者の構成は、他者の構成が自己の構成のたんなる変様なのではなく、超越論的主観性の間主観的構成の自他に等根源的な源泉に由来するように、正常・異常の構成においても、異常の構成は、たんなる正常の構成の変様、ないし欠如態とみなすことはできず、間主観的構成にその発生的起源をもつのである。

[12] Personalität←Person　フッサールにとって「人格」という概念は、その社会哲学において、中心的役割を果たしている。『イデーンII』によると、人格とは、本質的に「人格共同体 Personen-Gemeinschaften」（『フッサール全集』第四巻、一四二頁）における人格であり、孤立する実存としての人格ではない。しかも、重要であるのは、孤立する実存が、自然主義的態度を真っ向から排除するのに対して、フッサールは、自然主義的態度と人格に基づく人格主義的態度は、二元的対立関係にあるのではなく、自然主義的態度が、人格主義的態度に従属するとしていることである。自然主義的態度は、自分が人格的自我として、人格共同体において社会生活を送っていることを忘却してしまい、因果性に基づく自然科学を絶対化することで、抽象的な自我の独立性を盲信していることが指摘されている（同書一八三頁以下参照）。この指摘は、『危機』書で展開される「生活世界」論において、自然主義的世界観にたいする根底的批判を展開することにつながっていく。

[13] Äusserungen←「表出する äussern」の名詞複数形。「表現する ausdrücken」と併用される。フッサールは、表現を直接的な端的な感情表現と、コミュニケーションにかかわる言語的ないし非言語的表現に区別している。フッサールの「表現」概念に特徴的なことは、身体の知覚が中心におかれ、身体の知覚そのものにおいて、心的なもの及び精神の表現がすでに与えられているとしているところにある（『フッサール全集』第一四巻、三五四頁参照）。感情移入のさい重要であるのは、自分にあって、身体性の内的特性の表現が、身体性の外的特性と一つのものになっていることであり、この内的身体性と外的身体性の一致をとおして、

他者の身体に、その人の人格的生の表現、ないし共現前の感情移入が生成していることである（同書五二二頁参照）。

［14］ Lokalisation 「局所づけ」とは、事物の空間の広がりの内に位置を確定するという意味での事物空間的「局所づけ」なのではなく、心理的、主観的現象であり、「心理的なものの身体への関係づけ」を意味する（『フッサール全集』第一三巻、二四一頁参照）。他者の身体の感情移入にさいして、自他の身体のあいだに、外的身体性と内的身体性との統一の構成が生じている、すなわち、感覚野ないし触覚領分の感覚所与やそれに属する暖冷の感覚所与などが、外的に現出する身体性に局所づけられているのである。

［15］ Instinkt フッサールは、『イデーンⅡ』において、自然主義的態度と人格主義的態度との関係づけにおいて、「本能や衝動 Trieb」を「人格的自我 das personale Ich」の受動的層として位置づけていた（『フッサール全集』第四巻、二五五頁参照）。したがって、人格共同体における倫理や社会性は、本能的な基礎の上に構成されているとみなされるのである（『フッサール全集』第一四巻、六八頁参照）。とりわけ、間主観性の問題系で重要なのは、「しかし、受動性、すなわち、本能的な衝動の生が、すでに、間主観的連関を確立しうるのである」（同書四〇五頁）とされていることである。こうして、最終的に、本能は、モナド論的現象学の枠組みにおいて、「根源的な本能的コミュニケーションにおけるモナドの全性」（『フッサール全集』第一五巻、六〇九頁）といわれるように、モナド論的現象学の目的論における、原初の根底的段階に位置づけられることになる。

[16] Leervorstellung　フッサール現象学の明証の概念は、直観と空虚表象とが綜合される同一化の合致をその根源にもつとされる。「明証性はわれわれを、同一化する合一というきわだった綜合に導いた。そこでは直観と空虚表象が綜合的に統一されている」(『受動的綜合の分析』邦訳、一〇六頁)。空虚表象は、空虚地平に含蓄的に存在している。明証的直観はその空虚表象の充実であり、「いかなる地平もいかなる空虚地平も存在しないところには、いかなる充実も存在しない」(同書一〇三頁以下)ことから、空虚表象は、たんなる充実した直観の様相化ないし変様なのではなく、充実した直観そのものが成立するための不可欠の前提なのである。また、当然のことであるが、この空虚地平における空虚表象の存在なしに、自我に向けてのいかなる触発も生じえない(『フッサール全集』第一四巻、五三頁参照)。本テキストにあるように(本書一九五頁参照)。「空虚表象の充実と空虚で本能的な予感の露呈」とが明確に区別されていることを見落としてはならない。

[17] Leerintention　事物知覚に働く、見えていない物の裏側や、キネステーゼに働く予料などの「準現在化 Vergegenwärtigung」や「共現前 Appräsentation」は、元来、「空虚志向 Leerintention」といわれる。「外的事物の本来的に知覚されたものと非本来的に知覚されたもの(たとえばその裏側)について語るとき、非本来的に知覚されたものは、空虚な地平志向をとおして、同様に措定されたものであり、そのさい、知覚が運動においてなされるとき、特定の方向づけられた空虚志向が立ち現われる」(『フッサール全集』第一三巻、二二五頁以下)のである。

[18] Horizont　フッサールは、一九〇七年の講義『物と空間』（『フッサール全集』第一六巻）で、空間構成の解明にあたり、身体運動にかかわるキネステーゼ（運動感覚）が「空間の地平」をどのように構成しているかを明らかにした。歩いたり、右を向いたり、左を向いたり、さまざまな身体運動のさいの、「こうすれば、こうなる」というキネステーゼの動機連関にそくして、意識の位相の持続する系列が、「位相地平 Phasenhorizonte」を構成する（同書二二九頁参照）。位相の持続の解明は、地平概念の時間構成へのかかわりを呈示することになり、とりわけ、発生的現象学において、「生き生きした時間化における、生き生きした過去地平と未来地平をともなう、生き生きした現在の世界としての経験の世界」（『フッサール全集』第一五巻、一九七頁）とされる時間地平の生成が問われることになる。そのさい、空間地平にしろ、時間地平にしろ、地平は、「空虚地平 Leerhorizont」との関連においてのみ考察されうるのであり、このことが、他者や他の文化との地平をとおしての了解を可能にしているのである。

[19] doxische Thesis　「ドクサ Doxa（思いなし）」は「エピステーメー Epistheme（学知）」と対立させられる語（ともにギリシア語）だが、フッサールは、これをある客観の存在を素朴に確信（信憑）する態度を指すのに使い、「定立 These」もまた、対象や世界が存在していると「措定 setzen」することを指すのに使っている。「ドクサ的定立」とは、そのように存在を素朴に信憑して措定していることである。『イデーンI』では、私たちが日常的に生きている時すでにそのうちにある「自然な態度（自然的態度）」をおよそ世界が存在してい

ると信憑していることとして「一般定立 Generalthesis」と呼んでいた。

[20] Aufbau「構築」という概念は、志向の相関関係の層構造がどのように、組織的に構築されているか、問われるとき、すなわち、意識生の構成論の文脈で活用される。したがって、諸層の基づけ関係が問われるとき「基づけの構築 Fundierungsaufbau」、また、相関関係における「存在の妥当(性)」が問題になるとき、「妥当の構築 Geltungsaufbau」が解明される。なお、静態的現象学における「構築」と発生的現象学の方法とされる「脱構築 Abbau」(本書第一部訳注[35]および第四部訳注[2]を参照)との関係が考慮されねばならない。

[21] マックス・シェーラー(1874-1928)は、『同情の本質と諸形式』(一九二三年)において、直接的一体感を基礎原理にする感情移入論を展開した。フッサールは、本テキスト〔本書二一一頁を参照〕の批判にあるように、準現在化としての感情移入(Einfühlung)において、自他の区別がなく他者の生と一つのものとして生きられるような「一体感 Einsfühlung」が生じているのではないとしている。また、シェーラーが、母子関係における本能的交流(コミュニケーション)を問題にするとき、安易に「生得的観念」として本能志向性を導入し、空虚志向と空虚表象を前提にする生得主義に陥っているとの批判を展開している(本書一九五頁を参照)。

[22] Alalogieschluss フッサールは、『フッサール全集』第一三巻でも、エルトマン〔次注参照〕の類比推理説を批判する。類比推理説とは、自分の身体に自分の内面が結びついてい

るのを認め、そのような自分の身体に類比させて、他者の身体にその人の内面が結びついていると類推するという説である。フッサールがここで批判するのは、この類推は、まさに「その意味からして、経験的に確証される経験的な類推であらざるをえない」（同書三七頁）ことである。そして「この結合が意味するのは、私の（ここにある）ここに経験されている物（的身）体に、経験においてともに与えられているのが、この身体に属する心理的現象である。（……）しかし、そこでは、この心的現象は、まさにともに経験されることはないのである。一度として経験されないだけでなく、原理的に経験されないのである」（同上）。そこで遂行されているのは、推理ではなく、「他者の心的生の統覚 Apperzeption」（「統覚」については、本書第一部訳注［2］を参照）なのであり、その統覚の仕方は、「共現前」と称され、最終的には、受動的綜合としての「対化」（本書第二部訳注［1］を参照）として解明されることになる。

［23］ Benno Erdmann（1851–1921） 論理学、心理学、カント研究を専門とする哲学者で、キール大学、ブレスラウ大学、ハレ大学等々で哲学の教授であった。エルトマンの著作に *Die Psychologie des Kindes und die Schule*（『幼児心理学と学校』一九〇一年）がある。フッサールが『フッサール全集』第一三巻、三六頁で直接言及しているのは、エルトマンの *Wissenschaftliche Hypothesen über >>Leib und Seele<<*（『身体と心についての学問的仮説』一九〇七年）という著作である。

［24］ Erich Becher（1882–1929） 哲学者、心理学者。一九〇一年、ベッヒャーは、ボン大学

でB・エルトマンの哲学の授業に接し、一九〇四年彼のもとで、「生の心理学」に関する博士論文を執筆した。一九〇九年、ミュンスター大学に正教授として招聘され、一九一六年から一九二九年、ミュンヘン大学で哲学の教授であった。著作として *Der Darwinismus und die soziale Ethik*（『ダーウィニズムと社会倫理』一九〇九年）や *Erziehung zur Menschenliebe und Helfersystem*（『人類愛への教育と援助組織』一九一四年）があり、立場として生気論をとっている。

［25］ repräsentieren 「代理表象」とも訳されるが、この代表象の働きは、次の訳注［26］にある「ヒューム流の印象と観念」における観念が、印象を再現前化する、印象に代わって、観念という表象にもたらすこととして理解されている。このテキストにあるように、この代表象の概念は、フッサールにおいて、すでに、時間意識の分析のさい、過去の意識を根源的に構成する（過去）把持（本書第二部訳注［32］を参照）の理解にとどかない概念として退けられている。特有の志向性、後に受動的志向性と規定される（過去）把持は、印象を代表象する観念の働きなのではない。感情移入に関連して、「感情移入は、代表象をとおしてのいかなる呈示なのでもなく、いかなる複写なのでもない。私が現実に直観的にもつものは、必然的に、内在的意識の私の印象的所与性との合致において存在するのである」（『フッサール全集』第一四巻、一六二頁）と明記されている。

［26］ Ideen ヒュームは、その『人間本性論』（一七三九年）において人間の知覚 perception を生き生きして生動性をもつ、感覚や感情などの「印象」と、その印象が記憶や想像を介し

て再現される「観念《アイデア》」に分類した。観念は、いわば、印象の複写であり、印象の優位は、ヒュームの原子論的感覚主義の立場を示していると言える。したがって、ヒュームの「印象」と「観念」は、イギリス経験論の基礎として、認知科学の基礎理論の役割は果たしえても、人間の主観性の本質を志向性として捉えるにはいたっていない。

[27] Assoziation　本書第一部の訳注［8］を参照。

[28] Bewusstseinsleben　「意識 Bewusstsein」と「生 Leben」を一語に繋げてしまった語であり、日本語にはなじまない語であるが、そのまま「意識生」と訳した。フッサールは、「純粋意識」について論じた『イデーンI』でも、デカルトのコギトに対して、「我思う／私は考える Ich denke」と言いながら、それを「私は生きている Ich lebe」とも言い換えていた。「意識生」という語は、意識が主題的な意識ばかりでなく非主題的な意識からも成っていることを表す言葉として、ますます頻繁に使うようになる語であるが、その萌芽はすでに、一九一〇年に書かれた「現象学の根本問題」（『その方法』の第一部一）に見られる。

[29] Nullorientierung　身体運動にともなうキネステーゼ（運動感覚）は、身体の中心である「ゼロの位置 Nullstellung」の持続的な移動をとおして、「ゼロ点」と方位づけの座標軸との対応関係をとおして組織的構成が実現している（『フッサール全集』第一六巻、三二八頁参照）。身体構成は、この「ゼロの方位づけ」をつねに前提にしている。こうして、感情移入における他者の身体運動の知覚のさい、「ゼロの方位づけ」を基準にした外的身体性と内的身体性の統一が、類似性の連合をとおして、対化（本書第二部訳注［1］を参照）にも

たらされているとされる。

[30] überschiebende Deckung　下から突き上げてきて押しかぶせられてできあがる「衝上断層」のように、双方向からの力（連合による触発の力）が働いて意味が成立する合致である。このテキストにあるように、この準現在化において、二つの身体性が連合をとおして互いに突き上げ、覆い被さるようにして意味の合致を成立させるのである。なおDeckungの訳語に関して、他動詞としての「おおう、かぶせる、かばう」よりも、再帰動詞の「一致する、重なり合う」に方向づけて「合致」と訳出した。また、受動性ではなく、能動性の領域においては、「《我‐汝》の合致」の解明も展開されている（本書第三部二二、三九八頁参照）。

[31] Einsfühlung　シェーラーは、感情移入（Einfühlung）とはことなり、自他の区別が完全に解消し、「相互的な融合現象」が「一体感」として体験されるとする（本書第二部訳注[21]参照）。自他の区別が解消するというこの主張と、このテキストで述べられているフッサールの「準現在化」、及び人格主義的態度における「我‐汝‐関係」（本書第三部訳注[3]を参照）の記述は、相容れない。

[32] Retention　「（過去）把持」とは、「たったいま過ぎ去ったものを今まだ把持している」という事態を指している。re-（後ろに）という部分に過去へ向かっているニュアンスが含まれているが、過去を主題的に振り返る「想起」に対して、時間的幅をもって現在に地平をなす非主題的な働きを意味している。そのように幅のある現在のうちにすでに過去という時

間契機が含まれている特有な志向性であることを示すために、煩雑になることを犠牲にしても、「(過去)」という語を半角のカッコで付加した。

[33] よく知られた左右どちらかの単眼から見えるままの視覚風景の図であると思われる(マッハ『感覚の分析』参照)。左右の単眼でそのまま見られる視覚対象は、それぞれ、見える角度がことなっており、同一の像ではないが、その二つが一つの対《ペア》になっているのでもない。エルンスト・マッハ(1838-1916)とフッサールの興味深い関係については、『現象学事典』の人名項目、マッハを参照。

[34] Bedeutung 「意味 Sinn」と「意義 Bedeutung」の違いに関して、フッサールは、『イデーンI』(『フッサール全集』第三巻の一二四節)において、言語表現にもたらす以前の「先-表現的なもの Vor-Ausdrücklichen」(同上三〇六頁)が端的な知覚の把握にもたらされている、その意味で「意味 Sinn」が与えられている場合と、それが明確に思惟され、表現にもたらされて、たとえば「これは白い」と表現される場合を区別して、「あらゆる〝思念されたものそのもの〟、任意な作用のノエマ的意味におけるあらゆる思念(しかも、ノエマ的核としての)は〝意義〟をとおして表現可能である。(……)論理的意義とは表現のことである」(同書三〇五頁)としている。したがって、「意味」は論理的表現にもたらされる以前の広義の「意味」を意味し、「意義」は、狭い意味での「論理的意味」、「概念的な意味」、「一般的なものの意味」を意味している。この区別は後に超越論的論理学における受動的綜合と能動的綜合の区別へと、現象学的分析の進展をみせることになるといえよう。

第三部　共同精神[1]（共同体論）

165　一八　共に働きかけあう共同体[2]としての社会共同体

（一）社会的な作用と、社会的な作用をとおして共同体が創設される仕方。とりわけ、高次の秩序における人格性。共同体と高次の段階での人格性のさまざまな形式。自然にできあがった共同体と、その展開（家族）――「人為的」に任意に創設された共同体。
（二）倫理と社会性（詳細に）。義務、責任、社会性の役割。

〈第一節　感情移入の前と後の衝動的な主観〉

空間世界を衝動的に構成する、感情移入以前の主観を仮定するとき、それはいまだ人格ではない。たとえ私たちが、考える自由や、衝動的な実現を差しひかえたり、最良のものを考えて、快楽の最高の目的や、最善の方法（事物についての快楽、感性的不快や快の対象など）を付け加えたとしても人格ではない。このようにふるまうことは、この段階での「理性」なのであり、ここにみられるのは、「理性の客観」、つまり、楽しむためや、（物に由来する）危険を避けるための技術的な事柄や道具、「よく考えられた」「方法」なのである。これは、いろいろな場合に転用され、それによって統覚（の統一）によって規定された方法にそくした統握となるのである。

ここで、私たちは働きかけの目標点としての他の主観や、私たちに「善を行ない」、あるいは、「災いをもたらす」他の主観については考慮していなかった。私は自分（の行動）を、他者によって決めさせることができる。たとえば、模倣という仕方で決めさせるのである。私は他者を衝動的に助けようとすることもある。衝動的な「母の愛」や「親の愛」があり、衝動的な配慮があり、それは充実することで同時に他者のもつ心地よさをともに喜ぶのである。もちろん、他者の苦しみに直接、衝動的にともに苦しむこともある。正確にみると、なにか同じことに喜んでいるという意味で他者の喜びをともに喜ぶのではなく、他者が喜んでいることに喜びを感じ、悲しんでいることに悲しみを感じるのである。しかしまた、他者自身に対する愛も（同様であり）、他者が現にそこにいることを喜び、他者とともに生きることを喜び、他者が知覚にそくして現にそこにいることを喜び、経験する感情移入のうちで与えられるがままの他者を、その自我による生と行動における他者を喜ぶのである。それはある一般的な喜びといえ、個々の行ないに立腹したり、それが否定的にみなされたり、それに対抗策がとられたりすることも除外されない。周りの世界に向けて行為する同一の主観としての主観への喜びであり、その行為の仕方のうちにその主観の固有性が示されていることへの喜びなのである。愛は他者を育成するという関心を、憎しみは他者に害をもたらすこと、他者を否定するという関心を規定することになる。

しかし、これらはいまだ社会的作用とはいえず、本来の社会的な愛の作用でもない。

〈第二節　社会的作用と間柄。我－汝－関係[3]〉

（一）私は何かを意図的に行う、すなわち他者がそれに気づき、ある一定の仕方で行動すると見込んで（したがってそのように意図しながら）行なう。しかしこれでは、いまだ社会的な作用になっているわけではない。そこでは、他者は私の意図に気づく必要はない（私は他者と向き合っているのではない）からである。

（二）私がなにかをするとき、その人が私の意図に気づきつつ、それを行うことを期待しながらそうするとする。こうすることで、私は他者にすでに向き合っているのだろうか。私がその人に向き合うとは、まずもって、伝達するという意図を私がもつときである。私は他者に何かを知らせる。私の妻が私の帽子の上にリンゴを一つ置くのは、それで私が、外出前に何かを食べることを考えるようにということだ。このように私は彼女の意図を理解する。これは伝達なのだろうか。彼女の意図が知らせるものは、確かにこのことのなかに含まれている。別の例を挙げよう。十字路に枝を置き、仲間に進んでいった道を知らせるジプシーという例がある。これは、伝達とみなされるのでなければならないだろう。

167

　直接的な伝達、あるいは、より的確にいえば、根源的に我と汝のあいだの関連を形成する、根源的に経験される感情移入のなかでの触れ合いがみられる。すなわち、私たちは《お互いに‐向き合う》という根源的な体験をもち、そこで私はその人に何かを「言ったり」、「自分を表現したり」、あるいは表現する運動や音声による発話を行ったり、あるいは、外面的にはっきりした行動、つまり、何かを通知する意図を私がもっているという意識を他者に喚起するのに適した行動をしたりする。そのさい、この意図の表現は（呼びかけのときのように）、さらに通知され、伝達されるべきこととは区別されることもありうる。より的確にいえば、ここで結果するのは、「それはかくかくである」や、「それを君はせねばならない」などとして指し示されるものである。伝達された事実は、他者が知ることになる私の意図の内容であり、しかも、その人に知らされた私の意図の内容である。伝達の形式は、まえもって呼びかけることや、あるいは、その伝達形式にともなう言語の形式そのものをとおして理解される。

厳密な意味での人格の働きかけの関係であるような我‐汝‐関係は、どのように形成されるのだろうか。

（一）比喩で語ってみよう。私たち両者、私とあなたは、「お互い見つめ合う」。その人は私を理解し、自覚し、私はその人を自覚する、しかも同時に。

（二）私はあなたに向かい、ある事実を伝える。私はある事実を経験し、その人の次の経験の圏域で、この事実が同様に該当することをその人に「指し示すこと」で、この事実にその人の注意を向けさせる。ある手や指の動きや木材の一片を特定の方向へと投げることなどが、注意を喚起し、他者にとって（以前は私にとってそうあったように）ある関心が生じて、その方向へと注意を「向けさせる」。そしてその人の関心は、もちろん、おのずから、私が注意させようとした新たなものを指し示す動きによって導かれることになる。《我‐汝〔私‐あなた〕》の外的な環境に現存する対象への関心を呼び起こすような手段は、それが頻繁に等しい仕方で、適したものとして呈示される場合、両者の側から頻繁に使用されることとなり、最終的には直ちに、他者によって「指示」という目的に向けて意図的に作り出されたものとしても理解される。このような場合、その汝〔あなた〕が理解するのは、「私がそこでしかじかのものを見る。そして、私はそのあなたにもまたそれを見る

168 ように指示する」ということである。その人がそれを見るようにという私の意図と私の意志は、この指示（道〈としての〉指示）という手段によって実現される。この指示は私にとって、私が他者をそれによってそこに導こうとする手段として他者がそれを把握し、理解するはずの行動なのである。したがって私はそのさい、他者に働きかけるのであり、それもたんに一般的にではなく、相互にそして同時に遂行された、《我と汝》を「触れ合い」へともたらすような感情移入という枠組みの中で働きかけるのだ。その上、それは特別の仕方での働きかけなのであって、私の働きかけ（すなわち、他者を「規定し」、その人を精神的に「動かし」、その人を努力や意志において規定しようとする私の意志や衝動的努力）は、他者にとってははっきりそれとして分かるものであって、「方途」に、すなわち規定づけの手段にともに属する。

　通常の場合、こういったことは、有効な手段として働くと言えるが、もちろん、いつもそうであるのではなく、敵に対する不安が生じるとき、それに続く逃走といった場合は、こういった手段は有効に働かない。

（「触れ合い」という状況にあっての）描写をともなう伝達は別の場合である。表現されるもの、すなわち、外的な経過の、外的で物理的あるいは動物的なもろもろの出来事の自然で身体的な反応は、こうした経過そのものにとっての自然な指標となり、パートナーが自分でこの経過を見ていなかった場合、その人にこのことに注意を向かせるといったことがある。こうして、その人にそれをことさらはっきりさせることで、他者を前にして意図的に引き起こしたり、強調したりする指示として役立つのであり、そして同時に、経過の特別な側面や部分についての特別な指示として役立つのである。

次に、再想起についての伝達と、現在にないものについての伝達がある。さらに、不在の者への伝達、ないしは不在の者についての伝達、つまり、時間上、間隔のある他者への伝達がある。私の現在の意志はここで、感覚される事物についての伝達する私の表現の理解にかかわり、そのことを他者が未来において知るようになる（つまり活動的行動）ことにかかわっているのである。しかも、現在の領分の外部にある「より遅れる」未来における他者の行動にかかわっているのである。

私と汝は〔この場合〕「触れ合わ」ない。両者は時間の隔たりを超えて、精神的な手を差しのべる。過去の私は伝達する作用の主観であり、与える主観であり、より遅れる未来の主観は、迎え入れる主観である。しかしながら次のことも、この事況に属している。それは、自我がいまそのように意志することで、ある意志の確定が、習慣的にとどまる意志を創設し、そして一般的に少なくとも、自分の意志に「留まる」とすることである。それは、次のように理解される。たとえば受取る人は与える人を、いま、目の前にいない人で

169 も、現在生きている人間として理解し、その人がその伝達をその当時、受け取ろうとしていたのであり、いまでも「受け取ること」を欲していると理解する。こうあるのは、しかし、意志や見解の変更といった動機が語られない場合である。私たちがここで同時に注意を払うのは次のことである。それは、故人も、故人であることを認めた者も、そして現在生きている人も、同様に精神的に手を差し延べあうことができることであり、前者から後者への、つまりかつて生きていた人からいま生きている人に向けられ、受け止められることとして理解されるような伝達が可能であることである。

〈第三節　実践的な意志の共同体〉

私たちはこれまで、たんなる事実についての伝達に携わってきたが、ある意味で意志の共同体とその了解がここですでに提示されていると言える。しかしさらに別の、厳密な意味での実践的な了解、実践的な意志の共同体がある。つまり、触れ合うという状況において、たんにそれを知ることだけでなく、それとは別の行為、たとえば物理的、ないしは精神的な環境へと働きかける外的な行為を遂行するよう、汝に仕向けるということがある。告げ知らされたり、ないしは、記述をとおして伝達されたりして、送り手から、あれこれのことが起こるように要望されたり、意志されたりすることがあり、また、受け手を動機づけるように期待しているということがある。この状況はしたがって、たんなる伝達の状況と似てはいるが、伝達そのものが、(それ自体すでに行為であるような伝達にそなわる知る働きに対して)さらなる行為のための手段になっているのである。

その人が同意しないとき、私はその人にそれを強いることもあれば、その人が、強いることについて知っていることを計算に入れていることもある。あるいは私はその人に、このことを伝えて、外的ないやな思いをしなくてすむように、その人が私の意志に順応できるようにすることもできる。その人に伝達された私の意志は、場合によっては存続する一般的な意志の動機であり、私が意志することを「いずれにしても」絶対に行なうとするものであり、それは私がそもそも強制手段をもつかぎり、その人が順応することを、私が意志することができるということを意味しているのだ。このようなとき、主人と従者とのあいだの関係が、存続しつづける人格的な関係として生じ、触れ合いや間接的な精神的影響や働きかけの関係にいたった、複数の人格の普遍的な習慣をとおして存続するものとして生じるのである。

170

この関係ができあがると、これが現出するあらゆる行為は、両人格の生み出す、創設する意志の結びつきから生まれるものとして性格づけられる。私は主人として命令し、その人は従者として「義務に適って」したがい、《自己を‐従属‐させる》という意識、屈服という意識において、また、行ないに関しては、義務に適うという意識においてしたがうのである。

願いということのなかで私たちは一過性の関係をもつ。私の願いを伝達することが、その人の意志への動機として働きかけることを私は期待している。その人が受け手として知ることが、その人を動かし、結果をもたらしてほしいとする私の願望と希望は、まさにこのことに向けられている。願望は、その人の努力、意志、行ないにかかわる。願望は、しかし、それによって、いまだその人に向けられているわけではなく、願望がその人に向けられることになるのは、伝達とともに遂行される、知ることをとおしてであり、そして我と汝の触れ合いのうちでそうなるのである。

直接的な触れ合いの代わりに、〔間接的に〕隔たった規定づけが生じることもある。そのさい、伝達そのものが複数の主観の触れ合いにおいて生じるような伝達であることもできるのであり、それは未来へと向かう現在の願望や意志の場合であったり、あるいはその伝達そのものが隔たった伝達でもありうるのだ。

意志の共同体や了解は、相互的なものであり、相互の合意で終わることもありうる。あなたが私の願いを聞いてくれるとき、私はあなたの願いを聞く。あなたが私に何かいいことをしてくれるとき、私はあなたに何かいいことをする。さらに、私たち両者は、何かが起こることを願い、「ともに」決断し、私はこの決断の一部分を担い、あなたは他の部分を担う等々。S_1〔主観1〕とS_2〔主観2〕は同一のG〔共同のもの〕を意志するが、各自が別々にそうするのではなく、S_1はGを、S_2によって同様に意志されたものとして意志し、S_2の意志はS_1によって意志されたものにともに属し、また逆もそうである。S_1がD_1〔共同のものの一部〕という部分を実現し、S_2がD_2という部分を実現すること、このことは、両者の意志のうちに含まれており、両者にとって、〔広義の〕「手段」や、実現に属するものとして、しかし、その実現以前は意図に属するものとして含まれている。

〈第四節　我‐汝‐関係における人格的自己意識の獲得〉

独我論的に仮定された主観のうちに必然的に存在している、すべての触発と作用の極、すなわち体験流を貫いている動機づけの主観は、多様な諸様相のうちにおいて、それそのものとして存続する努力の主観である。自我となり、人格の主観になり、そこにおいて人格的な「自己意識」を獲得するのであり、我‐汝‐関係において、伝達によって可能とな
171 った努力の共同体と意志の共同体のうちでそれが獲得されるのだ。感情移入のうちで自我はそれ自身、自己の生の主観として、また自己の環境世界の主観としてすでに自覚されている。他者の自我は、「他の自我」として（つまり、まずは、他の生の他の主観の極とし

てのみ自覚されていて、他の所与のされ方などにおいて、同一の周囲世界に関係づけられていると自覚されている)、自分固有の、反省している主観へと遡及的に関係づけられて意識されている。私はいまや動機づける主観として、他者としての他者というように並存してではなく、原社会的な我‐汝‐関係に入り込むのであり、私はその人を動機づけ、その人は私を動機づけるのだ。そして、社会的作用をとおして我‐汝‐関係を作り上げる卓越した関係のうちに、両主観を包括する努力と特殊な意志の統一がある。そしてこの統一のうちで両者は、努力する主観としてお互いへと交互に「働きかけ合う」顕在的な意識において、お互いへと交互に関係づけられている。つまり、お互いに努力しつつ、ある特定の行動、ないしは受苦に向けて互いに規定づけられているのである。この共同体のうちで、各人は努力しているだけでなく、努力する者としてそれ自身、対象的にもなっている。各人は、努力する者としてそこにいるだけでなく、自らを対象的に与える者としてそこにいる。当然のことながら、対象的とは言っても、理論的なテーマとしてではなく、認識に関するテーマとしてでもない。また、より詳細に認識することや、あるいはそれ以上に、理論的な認識に方向づけられた志向（注意しつつ観照することや観察、知を求める知覚や認識する知覚）としてでもない。そうではなく、実践的に対象的、つまり、実践的なテーマに属するのだ。一方で問題とされるのは、対象を「事象」として自分のものにすることに

172

向けられた努力であり、思念されたものの理念的に同一性をもつ統一の形成と産出へ向かう努力、思念されたもののそのもの、つまり、つねに新たに志向された産出のなかで同一のものとして把捉されるようなものへの変転に向かう努力である。ないしは、さらに、概念的把握や述語による規定づけ、事象にかかわる一般原則に向かう努力と言える。他方〔実践の場合〕、努力が向けられているのは、他者を「動かして」、その人が私の頼みや命令を充足することであり、まず、その人は、当のものにかかわる特定の事柄が分かり、次に、その特定の私の頼みや命令を知って、その人に与えた私の〈命令〉や了解された願望がその人をそれに応じて「動かし」、動機づけることになる。ここで私は自分自身、ともに実践的テーマに属することになる。すなわち、実践的志向が向けられている連関において、また実践的に見渡すことができるものと、見とどけられたものとの連関において、私は実践的テーマに属している。こうして、私はどの行為にさいしても、「方途」と、目的の手段と、そして最終目的とを、実践的、主題的に念頭におかねばならない。

〈第五節　愛〉

人格的な愛―持続する心情、持続する実践的習慣。そしてそれを実現する活動。

（一）愛する人の人格的個性を積極的に好きになること、愛する人が、周囲世界に対してとる受動的および能動的な態度の全体が気にいっていること、愛する人の身体上の個性的表現や、その理知的な身体性そのものが好ましくあること。

（二）努力は、こうした喜びを可能なかぎり豊かにする活動に向かうだけでなく、愛する人との人格的な「触れ合い」にも向かい、生と努力をともにする共同体へも向かう。この共同体において、その人の生が私の生に、その人の努力が私の努力に受け入れられていると言えるのは、私の努力や意志が、その人の努力や意志のなかで、またそれを実現しようとする活動そのもののなかで実現されるかぎりにおいてであり、その逆も〔妥当する〕。すなわちその人の生と努力が私の生と努力に受け入れられるかぎりにおいてである。自我は、極、すなわち触発と作用の極なのであり、そのようなものとして自我は、流れる意識全体を貫いていく努力の統一の極である。意識の多様な様相のうちで努力することが、自我の生をなす。精神的所有物の形式、すなわち、現実存在の自由に意のままにできるように獲得された統一の形式と価値に満ちた、ないしは有益な現実存在の形式をなすすべての志向性は、努力の形成物、ないし「意識された」意志の形成物である。私が他者とともに努力の共同体に入り込むとき、私はその人のなかで自我として生き、その人も私のなかで自我として生きる。その場合、こうした共同体の種類や親密さにとって問題になるのは、我と汝のお互いに愛しみ包みあう程度の問題であり、まさしく努力やさまざまな他の活動

173
どの共同体も相互的な共同体であるわけではなく、どの相互的な共同体も愛の共同体であるわけではない。

理念的に言えば、この愛の共同体に属しているのは、人格の主観として、すなわち社会的に交流する努力の主観としてお互いに愛する人々が、努力の共同体を作り上げているということだけでなく、そのような共同体が両者にとって可能なあらゆる努力にとって特有な仕方で、また、それに特有ではない仕方においても作り上げられていることである。ということは、愛する人々は、何らかの特別な共同体のイベントのために約束をするというだけではない。もっともそのような場合があることは当然のことではあるが。先に述べたように、愛する人はお互いに、相互に伝達しあうだけではなく、またその共同体の環境について認知し合う共同体の活動に従事するだけではない。そうではなく、愛する人が愛の共同体に結びつけられるに至ったということには、一般的に一方の人の努力が他方の人の努力のうちへと、またその逆も言えるように、組み込まれている、ないし完全に組み込まれているということが含まれている。また、この共同体の本性は、愛する人の触れ合いが現実のものとなり、一方の人が他者の努力を自覚するように、その人がはっきり顕在的に〔いわゆる〕「それに特有な」場合にあって〕その努力を、その人の努力へと受けとめようとすること、ないし、他者の意志に〔積極的に〕かかわり、援助しようとすることにあるとも言える。あることを自分だけでやり遂げることが他者にとって好ましいというときも、その人が自発的に行なうことはたんにその人だけのことではなく、愛する人の事柄でもあり、そこでは、その人の願望や意志も実現されているのだ。つまり、自分自身のため、孤立した自我としての自身のためにではなく、他者のためにそうするのである。なぜなら、他者がその人の生と努力の主観として、愛する人の努力の志向性の広がりにおいて全体的に受けいれられているからである。愛する人々の触れ合いを除いたおのおのの生の営為において、お互いにほとんど知ることのない事柄においてでさえ、他者の意志は含蓄的に〔そこに〕生きている。愛する者として私が了解しているのは、私が何を考え、感じ、努力し、行なおうとも、すべては必然的に愛する人のためという「意味で」、その人にふさわしくあるように、〔しかも〕たんにその人から非難されないというだけでなく、正当に認められ、自分で努力したことがその人の努力でもあるという意味でもあることだ。こういった意味が現実に実現されうるのは、その人がそこにいて、喜んでそれにかかわり、心から喜んで援助してくれるといった場合であろう。またそういったことが締め出され、望まれないものであったりするのは、その人が、喜んで自分から進んで、私が努力する状況に身を置き、〔私の〕意志を承認するなかで、その人の自我と自我の努力が私の自我と自我の努力において活動していることが〔それだけでなく〕愛する人の非本来的で含蓄的

174 な生と努力〔も含まれる〕知られていない場合であろう。私たちが言えることは、愛する人々はお互いにたんに並存しながらともに生きるというのではなく、顕在的にも潜在的にも、相互内属的に生きるということである。したがって、愛する人々はすべての責任を共同に担うのであり、連帯するなかで結びついており、それは罪と責務においてもそうなのである。

〈第六節　倫理的な愛〉

しかし、ここで問われるのは、こうした愛は極端な場合であるのか、あるいはあらゆる意味における愛の概念を取り扱っていることになるのか、という問いである。このように記述された愛は、罪の愛であるかもしれず、すべての罪深い愛を含んでいるのかもしれない。私たちがここで念頭に置いているのは、もちろん、すべての人間に対するキリストの無限の愛であり、キリスト者が自らに目覚めさせねばならず、またそれ無くして真のキリスト者ではありえないような一般的な人間愛である。私たちがこのような愛を記述したさい、倫理的なものについては何も語られなかった。子どもを愛する両親は、子どもを懲らしめることもあり、子どものすべての生と努力を、上記のような仕方で、自分たち自身の生と努力のうちに受け入れるわけではない。友達というものは、その友が「真なる自己」

から堕落するとき、それを悲しむものである。敵を愛することを実行しようとするキリスト者は、敵のうちにある悪を愛するのではなく、悪い行ないとは、彼が自らの意志において承認したことそのものではないのだ。どの人間の魂のうちにも――これは信仰だが――善へとおのずと展開されるようなある召命、萌芽がある。どの人間の魂のうちにも、ある理念的な私、すなわち「善い」行ないのうちでのみ現実化される人格の「真の」私が含まれている。どの目覚めた人間（倫理的に目覚めた人間）も、理念的な私を「無限の課題」として、みずからのうちに意志的にたてる。そしていまや、ある特別な倫理的共同体が結果することになり、そこでは、結びついているものの両者とも倫理的に目覚めていなかったり、あるいは一方の人が倫理的に目覚め、他方の人は目覚めていなかったり、また、二人とも倫理的に目覚めていたりする。そして同様のことが、多くの人格的主観が居合せる場合にも〔言える〕。したがって、私は、真に（倫理的に）愛する者として、発芽する魂のうちで発芽し、目覚め、生成する他者の倫理的主観のうちで、意志を明確にしつつともに愛し、ともに生きる。あるいは私は、成熟して目覚めた、格闘し、たたかう主観のただなかで、また、自由に倫理的な影響を与えている主観のなかを生き、こうした主観の肯定的な倫理的習慣性から倫理的な人格的生として萌芽したすべてのもののうちで（倫理的に否定的なものは、私の願望と意志に対立している）生きる。私はまずもってこのことのう

175 ちに生きており、承認し喜ぶ（あるいは悲しむ）。しかし、倫理的共同体は倫理的友情関係であり、キリスト者とキリスト者のあいだの倫理的関係などである。

〈第七節　愛、そして愛の共同体〉

隣人愛というものは、ただただ、他者にたいして、他者の倫理的存在と生成にたいして、愛しつつ配慮することにその本質をもつのであり、隣人愛は、他者への熟慮であり、共同体への熟慮、人類全体への熟慮ではあるが、共同体の関係そのものではなく、何ら人格の結びつき、ないしは人格の連帯を作り上げるものでもない。

私たちはしたがって、愛と愛の共同体、すなわち、そうでなければ分離したままの人格が共同体的な人格性に愛しつつ浸透していくこととを区別しなければならないだろう。

キリスト教の愛はまずもって、必要にかられての愛にすぎない。キリスト教の愛は、可能なかぎり大きな広がりをもって愛の共同体になろうとする（この愛から必然的に動機づけられている）努力と結びついている。したがって、人々との「関係のなかに立とう」とし、この人々に自分を開こうとし、この人々に自分を打ち明けるよう促がす努力は、すべて実践的な可能性に向けられた努力であり、こうした可能性の限界は、倫理的に、したがって、倫理的愛によって境界づけられている。

〈第八節　社会性における人格性の起源。享受の共同体、配慮、家族そろっての食事と家族〉

倫理的なものの手前には、人格のさまざまな行動の仕方があり、それらは倫理的な価値判断、倫理的な承認と拒否に従属している。すべてのそのような行動の仕方は、（クラゲの主体[4]といった）主観一般の行動の仕方なのではなく、まさしく人格的な主観の行動の仕方なのである。人格性の起源は、感情移入と、さらに形成し増大する社会的作用〔行為〕のうちにある。人格性をもつためには、自分を作用の極として自覚するだけでは十分ではなく、人格性が構成されるのは、その主観が他の主観との社会的関係のなかに立つことで初めて可能になり、そのさいこの主観は、私たちが示してきたように、実践において対象的になっているのである。主観が主観になるのは、共同体の一員となることができる、ま
176 た現になることによるのであり、また他者との、いつでも状況に相応しつつ人格的関係を結び、その人の生と努力のうちで、事物の世界にたいして自己保存に終始するのではなく、人格の世界における人格としての主観であることによってである。

どの人格も、ある事物世界、環境としてのたんなる自然をもつ。すべての人格上の関係や関心や努力を度外視するとき、いったいそこに、価値や実践的目的に関して何が残るの

かと問われることになる。〔それは〕感性的快や、それに応じた努力や意志〔であろう〕。またそこに残ると考えることができるのは、観察する知への努力や理論的な認識への努力、さらに美的な現れや美しい自然や自然の形象を観照することの楽しみと喜びであり、とくに、さまざまな美的現象が提供される、美しいもののさまざまな形態化を享受する喜びではないだろうか。

自然で健康な感性的快の領域と通常の健康な感性的努力の領域は、何によって特徴づけられるだろうか。それはまさに、それらの領域が踏み越えられてしまうことで、異常なもの、不健康なもの、誹謗するもの、意地悪なものといったものの意識においてその本質を明らかにしているのではないのか。これは、根源的な区別だろうか、あるいは転化された区別なのだろうか。このように意味をさまざまに制限してみることで、科学的志向や美的志向が動機づけられ、価値の序列が根拠づけられうるだろうか。

この意味の制限をやめてみよう。〔そのとき〕、私は物理的な周囲世界だけでなく、周囲世界のうちにもろもろの身体と、身体性と一つになった他の主観を見出すのであり、もろもろの動物と人間を見出すのだ。

どのような可能な関係が、他の動物と人間の主観性に関して生じてくるのだろうか。どのような可能と言えるもろもろの価値づけ、価値の意義づけ、努力、意志の目的が生じてくるのだろうか。どのような可能な結びつきが人格の結びつきとして、もろもろの人格の全体に対して生じてくるのだろうか。他の動物と人間をめぐり、私はその身体に注意して、その身体を物理的な享受の対象として純粋に価値づけることができる。これが〔まず〕一つのことである。その場合、主観的なものは、自分にとって与えられてはいても、注意は向けられない。それは、その〔動物の〕身体が感性的享受のために殺され、食されるようにである。

しかし、心と主観はそこにある。そして、心が現にそこにあることが、どのように自分を動機づけているのかが問われる。私は身体性に働きかけつつ、心をともに規定するのでなければならず、心のうちで、感性的な快ないしは感性的苦をともに達成することができる。私は、他の身体を享受の対象として取り扱うことで、他の主観性のうちで快も、そし
177 て不快も痛みをも作り出すことができる。そして私が一方的に享受することが起こりうるだけでなく、性の享受におけるように、両者の側が享受しつつ、各々が〔別々に〕享受を自覚するだけでなく、両者はお互いに錯乱しつつ享受する者として、享受しようと努力し、お互いのためにその場にいあわせようとする。この錯乱するなかで一つになりながら享受を求めつつ、両者は享受する共同体の統一を生みだすことができる。他者とその人の同意や、少なくとも従順さは、享受の手段であるだけではなく（したがって他者の身体だけで

なく、他者の主観が、その人の支配する領域にある身体性として呈示しつつ、快の活動を許容しながら）、他者は一つの活動にかかわっているのであり、一つの意志の統一が両者を包括し、両者の行動の統一を導きだし、両者を一つにして快を享受するのである。まさにこのことは、それ自身、享受の対象であり、各々にとって、他者が享受することが、享受の対象になっているのである。

とはいえ、他者の主観性がまったく配慮されず、この享受が他者の意志に反して強要され、それによってその人に苦痛が押し付けられ、それどころか、他者の主観性が滅ぼされるといったことも起こりうるのだ。その場合、より高次の喜びの層と価値の層が欠落するだけでなく、その層の位置に否定的なものが出現してきて、価値の抗争をもたらし、価値を減少させるだけでなく破棄するようにならないのか、と問われることになる。その場合、問題になるのは、その人の言うとおりにするよう強制すること（他者の意志に服従すること）、そして、強要された同意や意志の服従すら前提にすることなく、他者に、その抵抗する意志にもかかわらず、その享受を強要することである。強要された側には、確かに何らの願望もなかったが、服従するなかで快が目覚め、願望が呼び覚まされ、その後、満足が生じることもあろう。また、快がまったく生じず、より大きな苦痛を回避するために苦痛が甘受されることもある。苦痛が我慢され（やむをえず受け入れられ）、とはいえ「容認される」のではないこともあり、最終的には、苦痛がわずかでも我慢されることなく、絶えざる反抗によって苦痛が拒絶されることもある。耐えることは、抵抗することでもあるが、同時に耐えることは、心情のうちで、不屈で頑固な反抗を欠くような受容を含んでいるのだ。このことは、生物学的な生殖と種の保存に関係する身体的な快にとっても同様であるが、こうした生物の活動そのもの（動物が嗅ぐことや、幼獣をなめることなど）には関係しない。強要される入浴、清潔に保つこと、感情の抑制、それによって子どもたちに腹だちや苦痛が加えられるような、教育者による子どもの指導がみられる。

178
健康に保つことや、当然のことながら心地よさにあらかじめ役立つような身体性への本能的な配慮、すなわち、人間の場合、本能的ではあっても、あらかじめ考慮された意図を伴った配慮がある。子どもは成長すると、〔他者の〕要求を理解することを学び、清潔であることの義務などを学び、服従すること、我慢すること、従うことを学び、最終的に、みずから自由に意志することを学び、強制されるものを、受動的にではあっても努力することを学ぶ。そして子どもは、自分で健康の価値を理解して学び、健康のために、瞬間的な刺激、一時的な快楽や快適さに負けないことを学ぶ。

「完全には」成長しきっていない子どもたち、将来の成長という観点で見られ、価値づけられ、愛されている子どもたち、そうした子どもたちに対する〔適切な〕態度。

非理性的な動物存在としての動物に対する行動と、人間の段階に接近している高次の動物に対する態度。

成人となった人間との関係における成人。

交流における一時的な関係。

直接的な性による仲間（家族）とともにいることに向けた本能的努力。家族の団欒のなかで同じことに向かう本能的努力。家族で一緒に食事をすること。そのとき想定されるのは、みんなが互いに他者をとおして、十分に妨げられることなく食事ができ、ねたみなどの動機が排除されていることである。自分の食事と他者の食事の喜びとが、楽しげに共鳴しあっている。家族という仲間への自然な愛という基盤で生じている。これは一時的な共同体である。しかし家族という仲間は、規則立った制度になり、〔家族のとき〕規則的に一緒にいることは、社会的行為の統一として一緒に食事することになる。一緒に食事することは、社会的な制度としての、存続する共同体としての家族の構築の根幹といえ、そのようなものとして、家族仲間という意識が構成されている。家族は、お互い一緒に生きて、お互いに支え合うための、習慣的な様式であるだけでなく、社会的な性格をもつ生の秩序
179 とともにある生の共同体でもある。つまり、家族のどの一員も、他の一員が傍らにいることを知っているだけでなく、その一員が自分の傍らにいることが嬉しいからだけでその人

を求めるのではなく、家族のどの一員も、努力する生や活動や、ともに働きかけ合い、関係しあって活動するといった相互の関係づけという共通したものがあるからである。そのさい、一方の一員の活動が他の一員の活動に入り込み、どの主観もその人なりに、他者の生と活動に介入し、その人のなかでともに生きながら、多様な我‐汝‐関係のうちで人格としてその人と一つになる。簡潔に言えば、統一、すなわち全体が構成されており、もろもろの自我主観からその統一が作り上げられ、一方の自我の生が他方の自我の生とともに生きられ、関与しあっているかぎり、それらの自我主観は、相互に結びつきながら浸透しあっているのである。一方の側の自我性は、他方の自我性とたんに並存しているのではなく、他の自我性のうちで生き、働き合っている。家族のなかでこうしたことが生じるのは、すべての、家族の統一を創設する自我の関係のなかでのことであり、こうした自我の関係は、しかし、人間と人間を統一の関係のうちにおき、相互に結合することができるようなすべての関係を包括することはできない。そのさい、家父は主人という社会的役割を担い、その他の家族の構成員は、従属する者、仕える者という役割を担う。家父は独裁者であることができ、全体を配慮することに責任がある「家長」であることができる。そして家母は、やり繰りする主婦として、家事や子育ての中心であり、こうしたことに責任があり、この役割において、女主人でもある。とはいえ他方で、彼女の活動の正当性に関して、普遍的な全体に責任を持つ主人に弁明できるのでなければならない。このようにして、他の成人の家族の構成員は、自分特有の役割を担い、その役割に責任をもって行なうことができるが、それは、再度それに特有な制限のもとでの活動である。つまりその成人の構成員は、場合によっては、家政上の役割をはたす女主人〔母親〕のもとにあり、あるいは、もっとも上位の「家長」としての主人のもとに直接従属している。その構成員はみずからを知っており、他の構成員をその働きの主観として知っているのだ。

自然‐本能的に成長した人格上の連帯〔家族と家族に由来する連帯〕は歴史的に形成しなおされていく。

何らかの目的のために人為的に創設された協会や目的団体。

180

〈第九節　社会性と倫理。共同体における役割と義務。共同体《ゲマインシャフト》と社会《ゲゼルシャフト》〉

社会性における理性。倫理的なもの。本能の基盤の上にある倫理的なもの。倫理的なものと人格性。現実的ないし可能的な人格共同体が何ら働いていない場合、そして、人格から人格への何らかの行動が生じていない場合、そもそも倫理的なものが存在できるのか。

ここでは、人格的な諸関係そのものが本質的に考察されるものとなる。構成された連帯のなかで、私は活動的な主観としてだけ存在するのではなく、人格的行為の主観として存在し、そのようなものとして、私は実践の主観としてのみでなく、《客観－主観》としても存在し、行為の内実（意志されたもの、努力されたもの、計画されたもの）に属している。私が他者と合意し、ある役割を引き受ける場合、私自身があれこれを引き受けるように自身を決めるよう、他者は私を規定する。

自然に生じる家族の共同体において容易にみてとることができるのは、まず第一に、子どもたちに対する自然で素朴に生じる母の配慮であり、また妻としての、そして子どもたちの母としての母に対する夫の配慮などである。

自然な配慮が、うっかりした見落としや瞬時の利己主義、無思慮などによって実行されないと、批判を招くことになり、人格として要請されることや命令などが生じることになる。こうして当為が生じる。たとえば、「ある人が為すべきである」という当為と、その要求を担う人の側からする「私がなすべきである」という当為である。家父にとっての「私がなすべき」というもろもろの動機、ないし前もっての自己の価値判断についてのもろもろの動機もまた、欠けることはない。たとえば、自分の怠慢に敏感であり、間違って与えた指示は、自分に従属する人々や自分自身に害をもたらす。客観的にみて自分が指導者であって、そのことがしっかり記憶されているような全体の行為は、〔ときとして〕非難の対象になるのであり、それは彼がその行為の発起人であったからである。彼は、たんにより良いだけでなく、すべきであるという当為の性格をもつ他のより良い指示に対して決断をするのである。

家族のどの構成員も、責任のある主観であり、一般的に記述し直され、同時にそれぞれ特殊な場合に相応して規定された主観であり、この一般性に属する《私は－為すべし》をもつ主観である。この存続する（習慣的な）《我－為すべし》は、ここで、自然に生じた義務を表示し、この同じものが一般的な内容をもつのは、その内容が義務に適ったものを義務の意味内実として限定し、特殊な場合には、特定の特別な義務を限定するときである。私たちが、父や母などはかくかくの役割を担うと言うとき、私たちは家族を人格的結合として理解し、この結合は共同の価値を目的として、したがって共同の最終目的として担っているのである。この目的は、各々の家族の構成員にとってのものであり、そのさい同時に、各々は、共同の目的という全体性のうちに包まれた自分の特別な目的をもつ。どの構成員も、自分の特別な目的を実現することで、家族の目的の実現を助けるという役割を担っており、その意味で各々はその役割をもつのであり、当該の目的主観なのである。目的は、当然のことながら、一般的に境界設定されたものであり、このことが表示するのが父や息子といった役割の表現である。各々は自分の役割を担い、そしてそれと同時に、自分の役割を果たすという義務をもち、可能なかぎり完全な仕方でその役割を果たそうとする。

そのさい、役割と義務（当為）は本質的に区別されるのだろうか。役割とは、主観の実践的な規定づけを表示し、目的へと向かう秩序づけを、しかも、ある特別な目的という観点のもとで表示する。この目的は全体の社会的連帯の、ここでいう家族の包括的目的に役立っているのである。家族そのものは、それ自体、いかなる役割をもつことはなく、民族としての生などのなかに位置すると言えるだけである。しかし家族において父は、家長という役割を担っており、その夫人は妻や、母などの役割を担っている。義務と当為という表現は、否定的なものをとおってきたその行程を思わせる。つまり、逸脱することが意志の一致を乱し、非難という反応を引き起こすのだ。

「人為的に」創設された同じ資格の、あるいは従属関係の共同体（主人と従者、協会、建築会社）において、もろもろの役割、ないしもろもろの義務は、取り決めに基づいて自発的に受け入れられるか、あるいは隷属関係のように、強制によって服従者に課されている。しかし、意志の連関、意志の一致はここでも人格を結合させる。この結合関係は、元来、構成員が義務（それが善かれ悪しかれ、好まれていようと好まれずに面倒なことと思われていようと）の充足を拒むときに破られるものである。脱走した奴隷はもはや、現実の奴隷ではない（ここでいまだ問われていない権利の問題は度外視されている）。奴隷蜂起は、主人-奴隷-関係を打ち砕く。抑圧と奴隷蜂起の鎮圧は、主人-奴隷-関係をふたたび作り出し、この新たな関係が以前の関係の継続として意識されることで主人－奴隷という表現が相応することになる。奴隷はこの当為を承認し、この当為もまた、事後的に、それが破綻したときにも妥当したとされるのだ。

　自然に成長する人格の、意志の共同体への部分的な変転をとおしての変化（ないしは、人格性の高次の秩序）がみられる。国家においては、すべての市民の意志の共同体がある。いまだ選挙権のない人たち、国の役割にまだ参与していない人たちは、青少年、あるいは、成長にさいして自発的に従属し、そのかぎりで意志の共同体に属する人たちのグループとしてもできあがっている。しかし彼らは、みずからの意志によって、国家体制や国家体制の変革に参加することはない。とはいえ、この記述ではいまだ不十分であり、さらなる熟慮を要する。

　テンニエスは、共同体を意志の共同体（私の正確な意味で理解された意志）としてとらえていないが、彼の共同体〔ゲマインシャフト〕と社会〔ゲゼルシャフト〕という概念[5]を参照。言語共同体、家族共同体、夫婦共同体、民族共同体。言語共同体は、人格の全体にかかわるような人格的結合ではないが、夫婦の共同体は、それが「モダンな」夫婦であろうと、人格の全体にかかわる人格的結合である。国家は、そこで各人が少し大きな団体の場合のようにお互いを知ってはいなくても、人格の全体性である。どのように人格が結合されるのか、その様式は当然、実際の感情移入や約束や、人格的な触れ合いや伝達といった段階において自然に生じ、形成される従属関係を出発点にしているのでなければならない。次に人格の結合の創設は、もろもろの人格が「知られない」まま、間接的な道筋で創設されるその仕方が吟味されねばならない。いずれにせよ、特定の人格からなる意志の共同体は、意志の主観として仲介されているとはいえ、お互いに了解し合っているのである。

言語共同体は、任意に、あるいは「自然の条件」から生じた目的設定の統一に基づく全体、すなわち、目的の統一と役割と義務との関連の秩序によって結びつきを経験するような全体に向けての人格の結合ではない。同様のことは、身分の共同体や風習や教育の形式などの統一から形成される共同体にあてはまる。最終的には、民族の統一、種族の統一な 183 どにも言える。その民族が一つの国民であるならば、国の統一と、共同体を構成する風習などの形式の統一もまた区別される。私たちがここに種族を数え入れるのも、外的で物理的な習慣の共通性が、このような共同体の性格をともなっているからである。そうでなければ、種族をここに数え入れることはない。

共同体とは、人格的行為の種類や形式上の同等性を意味するのではなく、また思考の仕方や見解、科学的確証などの同等性を意味するのでもなく、共同体のもとにある人格とは、そのような観点において、精神的な影響の関連の統一のもとにあるのであり、それは、個々の点で、その影響が至る所ではっきりしていようといまいと、そうあるのである。もっとも広い意味で、「伝統」の統一のもと、すなわち、人格の全体性、人格性の高次の秩序のもとで、私は汝に働きかけている。汝をとおしてこそ、働きかける意志は生じ、人格の働きかけとして、その役割のうちですべての他者の役割に属する意志が含蓄的に働きかけている。言語を同じくする人々は、「響きを同じくする」という彫琢のある表現を介して、言語共同体に深く働きかけるが、人格的に働きかけるのではない。これに対して詩人は、自分が言語によって刻印した芸術作品を携えて、俳優と同じように、そして先生が生徒に向くように、科学者が同僚に向くように聴衆に向かっている。科学研究者の共同体は、言語共同体のような共同体よりより以上であると言える。研究者たちが自分の〈無限な宇宙のように未規定的に考えられた、あるいは良く知られた現在の世代に〈属する〉〉共同研究者のことを思い、精神的に彼らに向き合い、そして彼らを共同研究者に向かっている者として知るかぎりで、共同研究者たちは人格的に結びついているが、もちろんそれは規約をもつような協会を形成しているのではない。

他方、芸術家と彼に追従する、あるいは彼を否定するような聴衆との間の共同体は、それとはことなっており、芸術家は聴衆を無規定な一般性として精神的まなざしのもとに見る。さらには、商人と手工業者と彼らの現実の、あるいは可能な顧客層〈の間の共同体もみられる」。ここには明らかに、自我から自我へと経過する人格的関係がみられるが、それは何らかの意味で協会といったものではなく、また高次の秩序の人格性でもない。それらの概念はより詳細に規定されねばならないといえよう。講演を聞く聴衆は、ほとんどの
184 人が偶然にそこにいあわせるものである。講演者は、プロの講演者として、多かれ少なかれある一定の人数の聴衆をもつこともありうる。同様に、手工業者や商人などの場合も、偶然に顧客をもつか、一定の数の顧客のグループをもつ。そこでは、偶然な買い手の平均的な人数が考慮されており、その偶然の買い手の数はたえず変化していて、そのつど与えられた状況のもとで、その数にしたがった規則性をもつのである。このようなことすべては、じっくり検討されるべきことがらである。

192 一九　共同体の高次の能作とその構成

〈第一節　共同体の作用、社会的共同体における行為〉

（一）「精神的なもの」、主観の作用から、また主観の活動から生じた諸対象、それら対象の「存在」、その現実性（文化という対象）。（a）間主観的なものとして、しかも特定の通常の人間共同体との関連において与えられた同一化可能な時間的現実性。（b）理性の現実性として〔の精神的なもの〕。精神的対象一般についての学問としての精神科学。

（二）主観そのものと、高次の段階の主観の社会的統一。

共同体の主観と共同体の能力の並行的構成。

共同体の作用。共同体の価値づけ、その価値づけ以前の共同体の表象と共同体の確信、共同体で実践的に当為とされるもの、ないし共同の決断など。

どの個々の主観も、共同体の構成員として自分の表象や確信や価値づけや意志（決断）や行為をもつ。しかし、私は共同体の関連において、確信（それ以前にすでに表象）を、存続する確信として、自分の経験に基づいて、あるいは他者の経験の仲介に基づいて生じた確信としてもつ。この他者の経験に基づく確信を私は同時に、他者の確信として理解できている。つまり、他者もまた、明らかに、その人の確信（それが他者のなかから生じたものであろうと、仲介されたものであろうと、ないし、まずもって私から他者に仲介され
193 たものであろうと）を、私の確信と一致するものとしてもつ。他の人々は同じことを思念し、信じ、そして逆にその人々は、このことが（特定の内実との関連において）私にも当

てはまることを知っている。私たちは自分たちを、同一のことを「判断する者」として（存続する意味において）相互に知っている。価値づけについても同じことが言える。さらに共通する要求、すなわち私たちに共通するものとして意識されている要求（願望、欲求）の可能な圏域があり、存続する努力や決断の可能な圏域がある。これらはある特別な位置づけをもっているのであり、このことについてより詳細に語らねばならない。いずれにせよ、共同体の確信、共同体の評価、共同体の決断、共同体の行為がある。

とくに行為に関しては、私の意志は、他者が意志することにかかわることができる。それは、私がその人にそのことを命じたのであろうと、その人を、私の意志に服する者とみなしているのであれ、あるいは私がその人を、なんらか別の仕方で、私にとって実践的に意志されたことをその人が行うように決定したのであれ、そのようにかかわることができるのである。その人の行動はその場合、間接的に私の行動でもあり、その場合の関係は相互的なものであって、私の行動とその人の活動性は、同時に私にとって複合的な行動であり、部分的にのみその人によって、また他の部分は自分で直接なされた、そしてなされるべきであった行動である。全体の行為と能力は、私の行為であって、また高次の基づけられた意味でその人の行為でもある。その一方で各々は、それぞれ「自分の部分」をその事柄にそくして行為し、もっぱら自分に固有な自分にとっての一次的行為を遂行し、他の部分は、私たちの各々の部分であるとして基づけられた二次的な行為の部分である。このようなことが、すべての共同体で形成されているものに妥当する。

他の共同体の能力に関して欠損しているといえるのは、意識された「共同の」意志であり、言語や学問、そしてまた、もっとも広範にわたって法律などにおいて、その共同の意志は欠けている。その場合に私は他者の能力を、その能力に基づく自分に固有な能力のための出発点として受け取り、他者もそのように受け取る。その場合、事情は次のようである。私の個々の意識において一度遂行した能力を後に、すでにできあがったものとして受け継ぎ、より高次の能力のための出発点として、自分の以前の能力をことさら回想したり、その構成的な意味を自分に言い聞かせることなく、それを活用するのに類似しているのである。

194

〈第二節　人格の高次の段階の統一の構成〉

コミュニケーションのうちで「私たちは」お互いに触れ合い、人格の高次の段階の統一を構成している。それはどのような意味において構成しているのだろうか。

どの人格も（他の人格と交流する者として、特別な場合には、未規定で開かれた交流の共同体の構成員として自分を統覚しつつ）もっていると言えるのは、自分の意志の領野として、また能力の領野一般として（個別的な）意志の目的を超えて、遠くかけ離れた精神的なもろもろの影響の領野において）、たんに個人的な環境や、その人に与えられた事物やその身体を、その人の自我に発するその人の作用として、また同時に、その人に与える影響の地平に属するものとしての可能な作用をもつだけではない。どの人格も、自分固有の人格性、自分固有の素質、能力などを、自分に役に立てているだけでなく、他者の環境や心理的物理的作用と作用の可能性、また他者の人格性などをもっているのである。

そのさい、各々の人格の主観は、自分で体験する志向性という形式において、すなわち自発的に湧出するもろもろの努力と意志という形式のうちで、直接、根源的に働きかけるのではなく、コミュニケーションにおいて他者のもろもろの努力と意志という形式のうちで、他者の《意識の自我》をとおして働きかけている。お互いに分かりあっていることは、逆向きにも分かりあうということであり、各々の他の人格の意志することや志向すること一般の媒介として分かりあっているということである。これが感情移入によって創設された人格の連関であり、この連関のなかで（本来の社会性の層を構成する、あらゆる真正な社会的観点において）、「確信」が生きており、「価値づけ」、「意志」が、それらすべてを類比的な仕方で統一する前提をともないつつ生きている。そして相関するものとして私たちがもつのは、「一つの」能力の統一、「一つの」作品の統一、ないし時間区間の開かれた

195

無限性を貫いて延び広がり発展していく統一である。ここで統一というのは、国家の統一や宗教の統一、言語の統一や文字の統一、芸術の統一などであり、私たちは、協会といった限定された社会性において特定の目的という統一をもち、その目的の統一から動機づけられる連続する能力のシステムによって秩序づけられた、そのつどの協会の能力の統一を相関者としてもっている。

ここで、次の区別は重要である。（一）一方で、私は他者の意志をとおして働きかけるということ、すなわち、私の意志の目的が他者の意志の目的の内にあるという意味で、また他者の意志と行為をとおして自分の目的を達成しようとする（共同体の意志の統一における人格の結合）という意味で働きかけること。（二）他方で、私は他者の意志をとおして、私の理念にそくして制作された技術的製品といった産出物が、他者の精神的な活動の出発点になるという意味で、働きかけるということ。産出されたものが他者によって模倣され、制作という働きかけとその作品（構成と構成物）との類型化がその文化において普及し、あるいは、その後に、さらに改良されて展開していくということがある。私の精神的な働きかけは、私のことを知る必要もない見知らぬ人格や周囲に、意図せずに伝播していく（包括的な共同体の意志と行為の統一がなくても人格的な影響による共同体がみられる）。

ここで問題になるのは、特有な統一形成である。

〈第三節　個別化された主観における習慣的なものと人格的なもの〉

個別化された主観のうちで統一の形成が進行している。つまり、個別化されて多様に連続して起こる確信のもろもろの作用に対して、存続する「私の確信」という統一が先行しており、それは、たとえ私が、そこに属する特定の内容にかかわる作用を実際に遂行しなくても先行しているのだ。こうした内容のどの新たな作用も、そこで私の確信が顕在化される新たな場合として把握される。そしてその場合、どの可能的な作用も、それが考慮されるとき（私がそのように判断するだろう状況に自己を置き入れるとき）、可能な、ないし仮定された顕在化として、〔それに応じたいつも〕同じ仕方で認識される。このようにして、私の「評価」、努力、意志が同様に先行しているのである。「傾向」という言葉は、これに関して役に立つ表現とはいえず、「存続する習慣」という言葉も役立たない。というのもこれらの言葉は、相関的ではあっても、別様に方向づけられた統覚を表現しているからである。私が「確固とした確信」をもつかぎりで、存続する自我の固有性をもつのであり、相対的に存続する状態《ヘクシス》[6]ももつ。そしてこの存続する状態《ヘクシス》から、こうした内容に関する作用が、相応した適切な事情のもとでくり返し生じている。しかし、私は確信をもっ

196 ているのであり、私がその確信なのではなく、私は自分の「固有性」のうちに存在するように、確信のうちに存在するのではない。

私の個々の能力の連続にあって、私は全体の能力を遂行する。どの能力も行動であり、ないし外的な成果といってもよい。しかし、私が行い、やり遂げたことは過去のことである、というときでさえ、時間的客観性の形式において固定されているどの私の能力、行動、成果も、連鎖やシステム、主観への帰属性をもつ客観性の多かれ少なかれ連関する連続であり続ける。それらの能力や行動などは、すべて私の実践的な行動の世界であり、実践的な可能性にたえず属する地平から影響をうけている。そしてこの地平の基礎には、私の直観的な世界があり、その世界は私において、そして私に対して受動的に構成されており、客観的に事物の世界として、たんなる自然として、とはいえ私に対する自然、私の独我論的な《環境－自然》として構成されている。

〔しかし〕私は、次の場合、いまだ人間ではありえず、人格ではありえない。すなわち、私があらゆる刺激に盲目的にしたがい、たんに本能的にいつも同じ系列をとおして反応するとき、そして、たんに心理的物理的なもろもろの傾向の主観であって、その傾向が同じ反応の類型において私を受動的に導いているときである。私が人格でありうるのは、ただ次の場合である。それは、私がただ存続する統覚と、この統覚をとおして成立し、自分にとって《自我に他なるもの《フレムト》》として対置する世界をもつかぎりにおいてだけでなく、存続する「確信」をもつかぎりであると言える。この存続する確信とは、自己によって獲得された、自己によって活動的に得られた確信であり、自我による活動的な態度決定からなされる存続する価値づけ、存続する意志であり、ここで存続するというのは、私自身にとって、この同一のものが構成されているということである。たとえば、ドイツ的なものの理念が私にこの理念をかなえねばならないとする義務を課していると確信すること、この理念にかなうようにするという存続する意志や確固としたこの意志の方向づけなどである。とはいえささいな点においても、こうしたことは、私たちが人格的に活動するかぎりで、たとえ取るに足らない違いではあっても、それぞれの人格的な〔違いの〕領分において私たちを方向づけている。外側からではなく、内側から、そして自我から、「この」確信が、この「意志」が一つの統一、所定の指導的な統一なのであり、そしてこれらの統一の仲介によってのみ、人格の能力や行為や成果が成立しうるのである。――こうしたことが「個別化された」主観において〔成立している〕。

〈第四節　共同の感覚世界の構成〉

私たちは、人格的主観の交流する共同体において、もろもろの主観のたんなる集団的な多数性をもつだけでなく、また一般的な統一をもつだけでもない。一般的統一とは、交流が相互の理解を作り出し、それによって、特定の意識を、つまり、そこでその人自身が対置されている無限に多くの他の主観をもつような意識を作り出すというかぎりにおいての統一である。この意識においてこれら他の主観と共有しているのは、唯一の環境であり、ここに主観のすべてが「私たち」において関係づけられており、組み込まれている。というのも、どの主観も他の主観に対して対峙しているからであり、自分の位置を、すなわち自己の局所化を、対峙している他者の身体のうちにもつからである。

このことはもちろん、基礎的な基底段階であり、より詳細な論究に値する。すなわち、個々の主観が自分の環境を開かれた地平をともなってもつように、交流する主観の数多性は、共同の環境を「自分たちの」環境としてもつ。どの個人も、自分の感性や統覚や存続する統一をもつ。交流する多数性も、一定の度合いで感性と存続する統覚をもち、未規定性の地平をともなった世界を相関するものとしてもつ。私が見、聞き、経験するのは、私の感覚をともなっているだけではなく、他者の感覚もまたともなっているのであり、他者も、その人の感覚をともなうだけでなく、私の感覚をともなって経験しているのだ。このことが起こるのは、認知するものを伝達することによってである。これは、たんなる客観的な議論ではなく、意識の事実であり、私とあらゆる他の人々にとっての何かであり、私

197

にとってたえず有効な働きかけをもつ何かが、私の行動のうちで、すでに私の受動性や触発やたんなる受容の領分で起こっているのである。私たちすべては、自分たちを「私たちの」感性的生においてこの意識の事実に方向づけており、「私たちの」経験に向かっているのであり、各自がたんに自分個人の経験に向かっているのではない。

私たちは複数の感性的主観であるが、交流する者として、すべての感覚が各自にとって役立っている。そのようにして、どの主観も、このすべての感覚をとおして形成された世界を対峙してもち、すべての主観に対して同一である世界を、自己に対置するものとして知る。この意味で、まるで一つの主観がこの共同体の世界の相関者としてそこにいるかのようであり、個々の主観をとおして、そして個々の主観の感覚をとおして一つの経験の統一を獲得するような一つの主観と交流する数多性が、類比的に作動しているかのようである。すなわち、各々の個別的な主観がみずからに対して一つの世界を獲得するのは、個々の主観が他者をとおして経験し、そしてその一つの世界を自己自身をとおして一貫して経験しつつ、同一の世界を同一のものとして、認識可能なものとして知っていることによるのである。

198〈第五節　共同の人格的世界と共同体の能作の構成。一面的な関係と相互に交流する関係〉

こんどはより高次の段階に関して。〈これまで述べられた節においては〉感情の感性や衝動の感性が考慮されず、また動物の行動や、特有な「動物的なもの」や主観的欲求と共同体の欲求の世界の構成も考慮されていなかった。

とはいえ私たちは、真に高次の段階に移行して、共同体における人格性の段階や社会的世界の段階、人格的能作の世界の段階や低次、ないし高次の知性における文化の段階へと移っていこう。私たちが、一面的であろうと相互的であろうと、了解しているという場合、そのことと結びついて理解しているのは、有効な能作をもたらす作用の統一が、全体の環境（この環境のうちに各々の能作の所産が組み込まれるにつれて、さらに高次の段階の環境を作り上げていくというように）に関係づけられて現われていることである。というのも、確かに個々の人格が能作を遂行しているのだが、その人格は、意識にそくして言えば、その能作と能作によってできあがったものを、他の人格による能作とその能作の成果であるように包摂しているからである。

私たちは、構成的な機能をともなう一面的な交流関係と相互的な交流関係をもっている。（一）歴史的なものとしての歴史的精神のすべての統一は、一面的な関係である。私の生とプラトンの生は一つであると言える。私は彼の生涯の仕事を継続し、彼の能作の統一は、私の能作の統一における一項目と言える。彼の努力や意志や形態化を、私は私の努力や意志や形態化のうちで継続する。歴史的統一としての学問は、能作の統一の相関者であり、この能作は、人格の多数性をとおして作動しており、より後の時代の人格がより以前の時代の人格へと感情移入していると言える。このことが生じるのは、後の時代の人格が、より以前の時代の人格の能作を、能作として追理解するかぎりであり、また、より以前の時代の人格が自らの理論によって最終的に何をめざしていたのか、何が未解決とされていたのか、今、改良されなければならないのは何か、私たち後続するものが何を継続し、修正し、完成させようとしているのかを、理念の歴史において理解するかぎりである。

（二）どの団体での活動も、共存するなかでのどのような共同作業も、相互の覚知における共同体の能作の事例であり、そのさい、部分的には一面的な覚知も作動することがある。
199 同様に自明であるのは、歴史的な連関において、ある一定の時代に協働の作業をしたり、交際する人々の相互の覚知がその役割を果たしていることである。

ここにあって、至るところで私たちが見いだすのは、人格の多くの能力と多くの意識流をともなったもろもろの人格の多数性であり、こうした数多性のうちへと意識のもろもろの作用が入り込み、適合しあっている。――とはいえ、「一つの精神」を、すなわち性格や能力（国民の気質、国民の性格など）の理念的な担い手としての「高次の段階の」人格性を見いだしているのであり、その人格性は、すべての個別的な意識を個々に解釈して包括するような意識をともなっている。

コミュニケーションは統一を生みだす。〔他方〕個別的に存在する事物は外的存在でありつづけ、並存し、相互に接触することもあるが、決して同一のものを共有することはできない。しかし意識は、現実に意識と合致し、意識は別の意識を追理解しつつ、別の意識が構成したものと同じものをみずからのうちに構成し、両者はその同一のもののうちで一つになっている。こうして、私がいま、過ぎ去った意識を想起し、想起という形式で今の意識をもつような自分の意識のうちで〔一つになっているのであり〕、今の意識は、過ぎ去ったものを含み、過ぎ去ったものの内容、同一の内容を意識している。把握という準現在化のこのことなった根本形式は、私の意識と他者の意識との合致であり、私の準現在化はその内部で、いわば他者の意識の想起であるといえ、他者の意識を私のうちへと引き入れ、他者の意識の内容を同一のものとしてもっている。このことが実現する範囲は、私の準現在化がその明瞭さや規定性という点でどの程度、達成されているかによるのである。私のどの準現在化にも、「かのように」という構成要素がそなわっているように、準現在化とは「変様」であり、この驚くべき変様の仕方は、まさしく意識の内で意識が鏡映し、みずから自身の内でこの鏡映を意識していて、それ自身この鏡像と「合致」し、それによって客観的に同一的なものをもつ、といった仕方なのだ。

意識はこのようにして意識と一致し、すべての時間を超えてひろがり、すなわち同時性という形式と時間の経過という形式において時間を超えてひろがりつつ一致しているのだ。人格の意識は、他の人格の意識と、個別的にはその人格の意識と必然的に分離している意識であるが、そのなかで、人格を超えた意識の統一が成立する。

作用としての意識は〔まさに〕人格の作用である。しかし、作用はたんに表象する作用でありうるだけでなく、能動的な理性の理念のもとに従属する作用という意味で「能力をもつ」作用であることもできる。そして、このことが作用の志向的本質を可能にするように、ある作用は別の作用の内へと入り込み、生きた作用は別の生きた作用へ、ないしは〔過去に〕生き生きしていた作用、また、〔未来に〕生き生きしたものになるような作用へ
200 と移りゆき、たえず作用は作用として、移りゆく作用において意識にそくしてそこに措定されてある。私の思惟は、活動的に能作する作用として、自分に固有な思惟が他の思惟に移りゆくように、他者の思惟に移りゆく。私の意志は他者の意志に移りゆき、私の行動は他の行動をうちに含み込んだり、あるいはそれに含み込まれたりしている。

私がアリストテレスに感情移入すれば、そのアリストテレスは過去のアリストテレスである。私は彼にもはや働きかけることはできないが、彼の以前のもろもろの思想は、いま私に働きかける。彼によって以前に生み出された思想は、私がいま、追って生み出し、私

にいま、さらに動機づけつつ働きかけている思想と同一の思想である。ともに現在にいあわせている人間は、私からの働きかけを被ることがある一方、私がその人からの働きかけを被ることもある。過去は現在へとたえず働きかけている。そしていま、作用を開始する現在の自我は、後に生じる作用や心構えに関して、今の作用を現在や未来の同一の自我やあるいは別の自我（現在、ないしは未来に「生きる」自我として）へと働きかけている。（未来への）働きかけのもつ時間性は本質の事実であり、人格の働きかけは、現実に存在するもののそれに独自な継続的持続における人格性に関係しているが、〔そのさい〕時間と内在的時間の持続性、そして世界の延長の持続性を前提にしている。

〈第六節　共同の作用ないしは共同の能作の基体としての交流する人格の数多性。共同精神〉

このようにして私たちは一般に、感情移入をとおしてさまざまな仕方で、さまざまな広がりと方向において創設されうる意識の関連において、一般的で〔個別的〕人格を超えてはいるが、なお人格として能作を遂行する意識の層をもっている。この意識の層は、それにかかわるすべての人格のうちで生き生きと働き、それらの人格をとおして流れつつ、それらの人格から流れでることで、それらの人格をとおして流れているのであり、それはまるで、一つの意識と人格の能作をともなう人格の一つの統一であるかのようであるのだ。共同の能作の「主観」として結合された共同の人格性は、一方で個別的な主観の類比体《アナロゴン》であるが、他方では、たんなる類比体《アナロゴン》ではなく、この共同の人格性は、結合された人格の多数性であり、その結合のうちで意識の統一（交流する統一）をもっている。個々の人格へと分与されている意志の多数性の内部で、この人格性は複数の人格にとって同一に構成された意志をもっており、まさにその交流する人格の多数性にほかならない場と基体をもっ
201 ている。そしてこうしたことは、他の「統一的に」、社会的に構成された作用に対しても妥当する。あらゆる自我は行為の主観であり、役割のうちにあることで、すべての完全な主観が結合された統一である。これは統一的な基体であり、自我や人格が個別的な作用と存続する作用にとっての基体であるように、交流する人格の多数性は基体なのである。すなわち、この多数性はそこでは多数性〔そのもの〕なのではなく、多数性のうちで基づけられた統一なのだ。この交流する人格の多数性は、作用の個別性としての「作用」と存続する作用にとっての基体であり、この存続する作用は、それ自身、高次の段階の構成的統一であり、その基づけるもろもろの下層の段階を当該の個々の人格の作用のうちにもつのである。

したがって、私たちがたとえば、共同精神について語るとき、それはたんなる類比につ

いて語っているのではない。また、私たちが言語や風習などといった形象物について相関的に語るとき、同様に、たんなる像について語っているのではない。大学の各学部は、もろもろの確信をもち、もろもろの願望や意志の決断をもって、もろもろの行為を遂行するのであり、それは、団体、民族、国家も同様である。そして、私たちは同様に、それらの能力や性格、心情などについても、厳密な意味、また高次の段階に相応した意味において語ることができる。

しかし、ここで高次の秩序の人格性や真正の人格の連帯性と、たんに交流するだけの共同体や影響を及ぼしあう共同体が区別されねばならず、言語は議会制民主主義国家における憲法のように生じているのではない。

物理的自然は、交流する共同体の人格的主観が相互に「移りゆくこと」によって構成〈されている〉。私の多様なもろもろの現出のうちで、同一のものが、さまざまな現れをみせるなかで統一されたものとして構成される。もろもろの現出は過ぎ去っていくが、過ぎ去っていったものは、「能作」という能力をもっており、過ぎ去ってはいても、いまだなお生き生きとしていて、構成的な影響力をもっている。感性的な主観としての主観は、現在と過去を移動する。〔しかし〕、こうしたことは、自然においてはことなっており、自然においては過去の事物は無に等しく、現在あるものだけが現実的でほんとうに「能作を発揮している」。

202

このことは、主観性一般に関する別の関連においてより重要である。私の過去のもろもろの決断は再度、遂行することで、ふたたび生き生きとなり、いまや新たに遂行された決断によって直接、働きかけをもつことになる。こうしたことは、自然においてはあてはまらず、自然においては、持続的な時間上の結果が生じており、あらゆる瞬間が過去の結果の沈澱物を含み、時間的な「瞬時」だけが実在的であり、すべての因果性をうちに含んでいる。心を理解するにあたって、心は習性によって生計を立てるのであり、瞬間的な現在だけが効力をもち、実在的であるとするようなすべての心の理解は、実は、次のような根本事実を変造してしまっているのである。この根本事実とは、再生産という媒介によって、過去そのものが現在において影響力をもっているということである。さらに、どの決断も未来へと働きかけているのであるが、それはその決断が「心」のうちで、《おのずから変化するもの》を持続的に呼び覚ましている、というのではなく、また、その変化の末端に未来の結果が自然のなかでのように立ち現われるというのでもなく、まさに、「未来に向けて」確定された意志が、現在の意志や実現する意志になるのである。過去の自我は、遠く隔たった自己自身へと働きかけている。

私のもろもろの現出のうちで、私にとって私に対峙するものが構成され、ある意味で、私のうちで、私のものである私の感性的世界が構成される。しかし他者は、私の感性と自分の感性を包み込みつつ移動しており、この移りゆきにおいて一つの世界が、すなわち両者にとって一つの世界が意識にそくしてそこにあるのである。この「両者」の相関者、最終的には開かれた多数性の相関者がある。こうして客観性のすべてがこのようにあるのである。

すべての主観性もまた、さまざまな段階の統一として構成されている。ここでもまた私たちは、まったくことなった意味ではあるが、もろもろの多様性と統一をもち、存続する確信の存続する主観や、（客観的世界の）存続する統覚や価値づけ、欲求、意志などの存続する主観をもつ。多様なものとは、個別的にお互いのうちへと流れ込んでいる体験や生の脈動であるが、それらは時間的なものとして沈澱していき、内在的時間性の規則に従属している。この規則は、内在的「連合的」な交錯にかかわり、統覚を形成し、ありとあらゆる反省以前に、可能な触発の統一と出発点（関連する人格の自我活動性と人格の発展の諸条件）とを創出している。

もろもろの人格が了解のうちで触れ合い、一致することを考慮するとき、それらの人格は、一致していてもなお個別的な人格でありつつ、お互いにとって存在し、意識にそくして各々の人格が、他の人格と一つになって、ともに包摂しあっているように意識されてい

203 る。どの人格の意識においても、人格そのものは統一であり、どの他の〈人格〉も統一であって、ともに把握しあうことで他の人格と一つになった人格である。どの人格の意識においても、流れとして構成された他の人格の意識連関と結びついているのが、他の《フレムト》意識であり、一致した人格に属する共同の流れと一つになっている。さらにこうした流れに、意識にそくして属しているのは、性格と固有性、そして存続する作用や、共同の能作、共同の制作物などの発展するもろもろの系列などである。

共同体の人格、共同体の精神性（人格というこの言葉を、特定の意味に狭めて使いたいとするとき）とは、現実に、また真に、人格的なものであって、それは本質の上位概念なのであり、個別的な個々の人格と共同体の人格を結びつけている。それは類比であるともいえ、一つの細胞と、これらの細胞によって形成された有機体のあいだの類比と同様であり、この類比はたんなる形象ではなく、類の共同体であると言える。

民族の場合、確かに、一貫した意識の統一について語ることもできようが、すべての自我主体を包括し、それらを結びつける共同体の作用の（存続する）統一について語りうるのだろうか。しかし、ここで問われるのは、民族の統一もやはり人格性の類比体《アナロゴン》ではないのかということである。たとえば、ある民族のグループが彼らの言語のために抑圧されるとき、民族は情熱の炎を燃やし、実践的統一の形式を求めるということがあるのではないのか。

〈第七節　主観性の構成〉

すべての存在の起源がそこにあるような、すべての生の構成的意味において私たちが見いだすのは、もろもろの主観性と客観性が並行して構成されること、そしてもろもろの客観性がそうであるように、もろもろの主観性は構成的な統一であることである。それ自身、「客観」になる、対象になるといった方がよいであろうが、その主観性の驚くべきことは、次のことに示される。すなわち、主観的にみて、最終的に純粋な意識において、構成的な形成物の二つの流れが区別されうるということであり、その二つの流れは、さまざまな段階において主観と客観として対置して存在し、それによって〔その段階の〕「客観」という特定の概念が特徴づけられることである。そのさい客観的なものとは、（一）事象であり、つまり、印象からなる対象であっても、それは人格の能作に由来する対象である。そしてこれらに対置して、（二）すべての事象の相関者としての主観そのものがみられる。もろもろの主観がそれとして対象と言えるのは、その主観が論理的にいって、それらを性格づける述語の主語であるかぎりである。さらにその主観のすべての特殊な人格的固有性が存続してはいても、ただ相対的にだけ存続すると言えることである。人格とは、原理的に無限の発展の統一であるが、その事象の領分においては、自然に帰せられねばならないような絶対的に固定的な実体などではない。というのも人格に関して、いかなる「数学的自然科学」も存在しえないからである。しかし、人格は必然的に、人格にとって、その環境の対象になるのであり、個々の人格は、高次の段階のすべての構成された人格性といった対象になる。すべての能作の主観もまた必然的に、能作にとっての、すなわち可能な形態化にとっての可能なテーマであり、それによって、人格と客観としての対象性とのあいだの徹底的な区別が相対化される。広い意味で人格の能作にとって客観であるのが人格であり、また人格となるものである。

主観性の「構成」の本質はどこにあるのか。内在的時間の統一形成と一つになって、存続する事物の環境と、この環境に対して存続する態度決定が構成されている。自我はそこに前もって与えられているものに関して存続する固有性を獲得し、自己発展するとともに、他者との共同体のうちで発展する。相対的な受動性のなかで共同体が構成されるが、この共同体は、個々の主観を存続し、構成され、発展する主観として前提にし、その発展においてもその主観を規定するのである。関与する主観の純粋な能動性において、団体が構成され、他の自分自身を意識する、自分自身によって設定された高次の秩序の人格性が構成される。最高の段階で構成されるのは、倫理的な「人間性」という理念であり、この理念はたんなる効果をめざす共同体に対置している。このようにして、個々の人間の理性の理想とは、自分自身を理性の主観として意志し、働きかける人間である。同様であるのが、自分自身を理性の主観とする主観の共同体、すなわち、隔離することなく、普遍的な意志のうちでお互いをそうした主観としつつ、努力し、理性的である主観の共同体である。

207

二〇　共同体における文化と伝達

〈概要〉人類[7]の精神的生は、心理的生の全体ではなく（受動性の生ではない）、目的に向けられ、目的づけられて活動的であることで、世界を精神的なものにしている。文化の形成物としての真の存在と真理。

共同体における人格の生。自己規定、社会的であること、すなわち我－汝－規定。社会的作用、世界への共同体の経験の関係づけに基づいて。実践的な了解と社会の統合。共同体と社会。共同体化の統一。存続する共同体の諸関係。

実践的環境。さまざまな実践的環境。実践的な現在と実践的な未来。
実践的全共同体としての現世の人間性（「人間の世界」）。形式としての人格的空間、ならびに人格的（歴史的）時間。このような普遍の内部における特別な共同体、伝達の共同体（言語共同体）。

自我生としての人格の生は、意識され、経験され、空虚に表象される世界、考えられ、価値づけられ、工作物として取り扱われる世界との関係においてある。こうした環境のうちに他の自我主観が感情移入をとおして入り込んでくる。しかもこの他の自我主観は、人間として、すなわち身体的－心的な統一として、それらのうちどれもが、私のように一つの環境をもつ自我を含み、さまざまな自我と自我性（の区別）を除いた共同の環境が、さ
208 まざまな自我性に対応して、さまざまな仕方で「方位づけられ」、さまざまにことなった与えられ方、また、表象や価値づけの仕方において意識されている。とはいえここで、より厳密な分析が必要とされるだろう。というのも私たちは次のことを区別せねばならないからである。ともに合意するすべての人格的主観にとって、無条件に共通している客観の世界としての自然には、次のことがすべて属する。すなわち、私とあらゆる人々が一致した経験のうちで経験し、規則にそくした、証明する思惟、（ないし）証明しうる思惟において思惟しつつ規定するすべてのものが属する。他方で、複数の身体の多様性があり、こ

れらの身体はたんなる自然ではなく、まさに「活性化」されているのである。身体もまた客観であると言えるのは、理念にそくして言えば、各々が各々にとって同じ様式で身体的な表現のうちに与えられていることができ、それ自体、そのようにあると規定されるかぎりにおいてである。どの自我も、原本的な形式にあって、自分自身に主観的な反省を向けるなかで自分自身を見いだしており、各々は、それぞれ他者を感情移入という準現在化の形式において見いだしている。どの自我も、他者が認識するまさに同一のものとして自分を同一視しているのである。

この客観的世界は、価値づけられ、実践的に形態をもった世界として、精神的、主観的述語の基体になる。そのさい、新たな種類の述語が、しかも、間主観的な述語、すなわち、間主観的な価値の特性や間主観的な目的の特性（誰にとってもあてはまる有益性）などが構成されているのである。こうした述語は、しかし、自然の述語、すなわち物理的で心理物理的な自然の述語のような無条件の客観性をもつものではない。

人類の精神的生、それは心的な生の全体ではなく、たんなる不明瞭な受動性の生でもない。私たちが目にしているのは、能動的生の圏域、共同体の連関のうちで自由に活動する個々の人間の圏域であり、目的に向けられた、目的づけられた、自分で設けた目的に向けられた生である。

目的づけられた活動は、物理的な事物とその経過へと向けることもできる。それは一時的な目的づけられた活動であったり、存続する変形した形態を事物に与えるということもありうる。こうした形態は、特定の個人の特定の目的にかなったものとして理解されることもあり、そう決められたものとして、あるいは目的が充足された後、そう決められていたものとして、つまり、その目的を充実したものとして、以前の〔その目的の〕充実を遡及的に示すもの（成果の残余）として理解されることもある。自然の対象性は、あらかじめ目的にふさわしいこともあり、そのようなものとみなされて、ある種の目的として存続し、くり返し、その目的に適合したものであることができる。しかし、この自然の対象性は、また、そこに自然の対象性が遡及的に関係させられる一つの主観にとってだけでなく、どの主観にとっても、あるいは、同じ欲求によって動機づけられた多くの主観にとっても、同じように目的にかなうことができるのである。同様に主観は対象を、その一回的な、ないしは反復可能な目的にとって変形することもでき、その対象に存続する、反復された欲求に適した目的様式を与えることもでき、また同時に、この形式は、他の主観に、同じ欲求に駆り立てられている他の任意の主観に役立つこともありうるのである。

もろもろの対象はこのようにして、価値の形態と目的の形態を獲得している。それは、
209 当該の個人や加担する他の個人の、価値づける、目的を設定する作用に由来する形態や、

それらの対象が変形を与える活動をとおして初めて到達できたような形態であり、その形態は、そのような目的に対して意図的に形態を与えた手段という刻印を、それらの対象に与えていることもある。このようにして、個別的な主観に由来する述語が生じ、一般的な、経験的に一般的な主観的述語もまた生じる。このような述語は、環境の対象と共同世界の対象をそこにもつような述語とはことなっている。後者の述語は、価値づける実践的な態度決定や主観の制作活動の能力とは独立しており、事物を目的にそって（目的を充実する手段として）適切な形態を与えるという主観のもつ意図とも独立している述語である。

環境と共同世界はしたがって、たんなる（自然の）客観と「精神的な」客観、すなわち価値と目的の述語をともなった客観を含んでいる。前者は、純粋に客観として観察することで、たんなる客観世界に属することになる対象である。他方、その客観的な（ある意味で同一の）規定づけのうちで「精神的な」有意義性が表現されるような対象もあり、そのものとには、一般的な妥当〔性〕をもつような対象もある。とはいえ、たんなる客観的な規定づけが、そうした述語の担い手として問われるわけではなく、たとえば、ある対象が私にとって「美しく」みえるように、それに見合った位置に置かれるようにする、といった場合や、このように美しくみえるように形作られたといった場合である。

真の存在と文化形成物としての真理

能動的で自由に活動する主観について考察してみよう。人間が真に人間であるのは、目覚めた人間としてのみであり、そのようにして、人間はたえず触発され、もろもろの触発にそくして活動する。人間は、経験し、思惟し、洞察的に認識する者として活動的であり、そのような者であることで、人間は努力し、価値づけ、価値づけられたものをめざし、それを実現しようとする。このめざされたものはここでは、真の存在であり、認識しようとすることで認識にいたった「それそのもの」である。しかし、非洞察的な確実性という形式において目的を決定するような、あるいは、不確かで未規定な様相存在を規定づけることとしての決定のように、この様相存在を、ただ確実性としてではあっても、洞察としてめざすのではないような、予測しつつめざすこともある。その場合には、最終的な決断への衝動が、すなわち基礎づける認識への、最終的に充実する《それそのもの》、真の存在への衝動が目覚めうる。それらは一般的には、信憑の様相のシステムであり、また、論理的命題のさまざまな形式のシステムであり、認識する確実性における認識の決断である。そして、〔自然主義的〕態度の変更ということもあり、そこでの目的は真の蓋然性である。自然〔について〕。信じられた、ないし経験され、思惟しつつ認識された現実存在は、それはそれとして価値づけられている。それがそうであるという喜び、《そのようにある

こと》そのものが喜びである。証明、すなわち「それが実際にそのようである」ことへの
210 志向、そして充実（この「本当にそうあること」の実現）。「本当に嬉しい」ということへの志向。

愛は、ただ「それだけで」喜びであると言えるのか、また、「その」現実存在「そのもの」に喜ぶと言えるのか、あるいは、それを「所有していること」に喜びを感じるのだろうか。となれば、対象の「それそのもの」の把捉に喜びを感じるということになろう。愛の志向はすなわち欲望であるということになる。欲望は所有への欲望であり、所有への努力である。願望は、そのまま、所有への願望なのではなく、そうあればよいとする願望であり、より一般的である。しかし、ある料理を望むことは愛しつつ努力することなのだろうか、食事を楽しむことは愛することなのだろうか。

愛は持続するものにかかわり、たえず自分で把捉するものの所有に、そしてこの自分で把捉することで価値づけながら享受できるようなものの所有にかかわる。しかし、所有できることの喜びは愛ではない。私は自分が所有していない何かを愛することができる。愛は習慣的な存続する《喜びの確信》である。私がなにかを愛するというのは、私がいつもそうするように、この持続するものを自分で見て喜ぶ場合であり、それを思うたびに、それに憧れ、欲望し、それそのものを見つめつつ喜ぶといった場合である。

共同体における人格的な生

自我の〔行う〕自己規定。思惟することにおける私、感じること〔価値づけること〕、欲望〔努力すること〕、自分自身に向けられた意志することにおける私、自己原因《カウサ・スイ》[8]としての私。

我－汝－作用、他者へと、他の我《エゴ》へと「働きかけ」を行使しつつ、他者を規定する自我。

私は自分自身を規定しながら、自分自身を表象するだけでなく、より明確に言えば、たんに自己観察を行使するのでもなければ、自分自身の価値づけを行うわけでもない。自分自身を価値づけるとは、私が表象しているもの、ないしは私が知っているものを価値づけるのではなく、私がそのように考えるということ、私が認識することを価値づけるのであり、さらにまた、私があれこれ価値づけ、欲望をもち、意志することを価値づけるのである。したがって一般的に言って、私が価値づけるのは、あれこれの作用を遂行すること、あれこれ思惟する《エゴ・コギト》こと、ないしは、あれこれの態度決定をすること、あれこれを真とみなすこと、あるいは、真と認識すること、あれこれを価値づけ、さまざまな欲望をもち、なにかを意志すると決断することなどを価値づけるのであり、さらには、私がそのようなものを実現すること〔あるいは、過去において実現したこと〕を価値づけるのだ。自己を価値づけるとはしかし、たんに瞬間的な作用の価値づけなのではなく、自分自身を価値づけることであり、この自分自身は同一の人格としてその作用のうちで明らかにされ、そのつどの作用のうちで、そのように行為することのなかで、それがどうあるかが明らかにされる。私がかつてあれこれをしようとしたこと、行なったこと、それどころか、あれこれ想像することが気に入っていたことでさえ、私は自分を、場合によっては私の人生全体をとおして非難したり、恥じいったりするのだ。今のこの私は、かつての私と同じ人格であり、この人格は、過去の作用の生において、また現在の作用において、たとえばこの自分を恥じるという作用において、どのようにあるかが示されている人格と同一の人格なのである。

したがって、自己の価値づけとは、自己自身の価値づけであり、この同一の自我から自
211
己自身へ向かって遂行された価値づけであり、私が遂行した作用の自己の価値づけのうちに、そのような行為において、どのような自分であるか自己自身を規定する（明らかにする）自我そのものの価値づけの本質がみられるのである。

自己の規定はしかし、存在的《オンティシュ》な述語的規定という意味での存在規定ではなく、ここでの規定は「実践的」作用である。

私は《他者であること》を意志することはできない（また、そのように努力したり、試みたりしようとすることもできない）が、別様にあること、自分を変えることを意志する

ことはできる。しかし、変化することで私はなお同一であり、また同一であっても、より良かったり、悪かったりする。私は自分が別様にあることを願ったり、そうあってほしい自分でないことに気づいたり、そうあることを否定的に価値づけたり、別様であることが可能であること、そして私にとって可能であることを認識したりする。私自身は、存続する自分の習慣性において、自分の支配下にあり、〔いつも〕自分にかかわることで何かすることができ、自己自身を実践的に規定し、その成果を生みだすことができる。

しかしこういったことは、とくに傑出した自己規定や「自分‐自身を‐変えること」の例であるにすぎない。一般的にいって、自己規定とは何なのか。〔それは〕私の自我に向けられる意志ということが言えるあらゆる場合であって、その意志は「私は自分のまなざしを自己自身に向け、自己自身を価値づける」ことにおいて基づけられている。

我‐汝の規定はどういった外観をみせるのだろうか。自我から別の自我へと向けられているあらゆる意志と行動が、我‐汝の規定であるわけではない。私から他の自我へと向けられたあらゆる表象と思惟が、我‐汝‐認識であるわけではない。

私は他者を身体として見ることもでき、そのさい、その人の眼を見ても、その人を「直視すること」ができているわけではない。私は他者を身体としてみることができ、その人の身体的表現に、その人の内的生の一部を追認しながら理解することができる。そのさい私は、その人とその人の作用〔活動〕に向かうことができるのだが、特別な意味で、その人のそばにいて、その人の〔こころの〕うちにいるのでもない。この特別な意味というのは、他者を「直視する」ことや、《「その人に」-向かう》ことを示唆している。他者が分かるようにと思って私のなす言表、たとえば、文字による言表は、〔そのままで〕「その人に向けた」、その人に方向づけられた言表なのではない。

自我が他の自我へ向けた作用において、その基礎としてあるのは次のことである。それは、I_1〔自我1〕が感情移入しながらI_2〔自我2〕を把握し、I_2も感情移入しながらI_1を把握する。しかし、これだけのことではなく、I_1は、I_1を理解しつつ経験する人としてI_2を経験し〔理解し〕、そしてその逆もまたそうなのである。私は、私を見て理解する人として他者を見るが、このことにはさらに、私が、他者も私から見られた者としての自分を知っていることを「知っている」ということもあてはまる。私たちはお互いを理解し、相互に了解するなかで精神的にかたわらにいあわせつつ、触れ合いのなかにいる。

相互に直視しつつ、知覚する意識のうちで相互に関係づけられていることが分かること、お互いにとってそこに原本的に現に存在すること、そして、把握しつつ、注意しつつ、相互に精神的に触れ合いながらお互いに向きあっていること。

こうした自我のどれもが、経験しつつ、価値づけつつ、努力しつつ、そして意志しつつ、

自分の環境やあれこれの個々の対象（諸事物、もろもろの人間、動物）に向けられていて、
212 こうした自我のどれもが生の主観であり、その過去地平と、そこに向けて生きられる未来地平をもつ生の現在の主観である。

私が他者を見るとき、私はその人を生の主観として理解する。しかしこの生の主観は私にとって、感情移入にそくしてだけ与えられており、不完全で、多かれ少なかれ未規定で、非直観的で不明確な準現在化によってのみ与えられている（地平や不明確性、空虚性において根源的な在り方でそこに与えられているすべてのものは、そこで、新たな段階の変様における準現在化が問題になることになる）。

私は他者と触れ合うことで、その人が気に入ったり、気に入らなかったりすることもある。私たちは、互いに気に入ることで、触れ合うこともある。その人は私を、私はその人を気に入って見つめる。私はその人のうちに、明瞭に理解し、語り、そのような語り方と表現の形式を選ぶことで、私に対する生き生きとした、より深く持続する関心が目覚めることを願うこともできる。あるいは、その人が気に入らなかったり、その人の不満を高めようと願うこともでき、その人を憎み、怒らせようとしたり、辱めようとしたりすることもある。

私たちは、私たちにとって顕在的な共同の環境へと関係づけられている。人は事物を自

分のものにしようとして、自分の目的に合わせて形作ろうとこころみる。その人が事物に向かっているとき、私はその人のそばにいて、「手伝う」こともある。前もって決めていなくても、その人が望むことで、直接、獲得できるものはその人にまかせ、私が直接、手に届く範囲で、その人が届かなかったり、届きにくいものの場合、私がそれを受けもったりする。

その人は「私の現在のうちで」行為し、私はその人の現在のうちで、その人に対している。私たちはたんに、同一の事物の関連のうちにあって、同一の「場所」にいるのではなく、私たちはある「共同の」現在におり、顕在的に共同の場所におり、意識にそくして共同な環境にいる。私たちはその環境の主観であり、「私たち」としてともに構成されている。つまり、お互いにとって私たちはそこにいるのであり、各人は我《エゴ》として、他者は他者としてそこにいる。この「私たち両者」は、私には「私と彼」という形式において与えられ、彼にとっては、私が「彼と私」と表現し、彼が「私と彼」と表現する、そのような形式において与えられている。

他者が現に存在することの意識を、根源的に交流する〈生〉のうちで私と交流する人として私がもつとき、私はことさら注意しつつ他者に向かっている必要はなく、その人を直視する必要もなく、またその人も私を直視する必要はない。他者が意識にそくして、とくに注意が払われなくても私の環境の領野にいることで十分なのであり、しかも、その人は、その人の領野において私が同様にそのようにある者としてそこにいるのである。さらに、自我がそこに向けられていることとして、注意が生成するとき、この向けられていることが必然的に先行していたとされねばならない。しかし、その人がそこにいて、私が何かを求めているとき、私が特別にそのことに向かっているのに対して、その人は二次的にしかそのことを意識していないこともある。しかし、その人がこのことに気づき、私を手助けするということもある。私が他者を助けるとき、私はその人の努力の内で「ともに」努力しているのであり、その人の行為に「参加している」。その行為に、私によって行われることを一部として付け加え、その意味で、その人と行動をともにし、その人にとっての目的は、その人の目標として私の目標でもあり、私の目標は、その人がその目標に到達することである。

213 このように進行していくのが、実践的了解である。助けてほしいこと。助けを願うこと。他者に向かって、あれこれしてほしいと願うこと。私と他者が意識の共同性のうちにあって、共同の現在と空間性のうちにあり、生き生きした実践的主観であること、これらのことが生じる可能性について一般的に吟味してみること〔が必要である〕。

とりわけ、努力、欲望など、一つの主観だけがもつことのできる事柄を《自分のものにしようと意志する》こと。「所有」において構成されている事物。「くり返し」使用されうる事物であって、一人の人がそれを使えば、他者はそれを使えないような事物や、多くの人によって同時に使われる事物などもみられる。

目的共同体と目的の抗争（戦争）という、相対的に持続する社会的な結合。社会的諸団体（団体、商会、商社など）。目的に値する価値づけや願い、意志や行為をともなって、社会的目的にそくした社会的な人格性（「私たち」）。社会で協力し合う役割を担う者としての社会人（社会に集う者たち）。

組織的配置と下部組織的配置との関係。下部組織と上部組織による団体。主人と従者、主人と奴隷。組織的配置の社会におけるそのような諸関係。一人の者が他者との了解のもとで、個別的な場合であれ、一般的な場合であれ、「指導者」の役割を引き受ける。そのような可能な諸関係についての吟味。

可能な共同体の類型。可能な共同で促進することのできる目的。認識共同体、経済共同体、共同の宗教的生を促進するための共同体。間主観的な（可能なかぎり自由な個々の生と、社会集団の形式において秩序づけられているような）生の秩序づけのための共同体。抗争を可能なかぎり排除し、秩序によって調停することで、すべての人々の平和な生や行為が可能になるような共同体。国家。

社会ではない共同体。学問の研究者の共同体。ここには何ら意志の統一はなく、同志との了解のうちで引き継がれた義務もなく、同志による組織もなく、社会的な人格性（意志による了解における意志の統合もなく、合意もない）もないのである。共同体の言語的生、経済的生など。

社会（共同体）の客観性と、あらゆる構成員にとって同じである与えられ方。それらがそのようにありうるのは、ただ、社会性を構成する作用とその習慣性によって構成員のなかで、与えられることが可能になっている場合である。したがってどの社会性も、その本来的な与えられ方を、当の構成員の立場から方位づけられた与えられ方としてもっている。構成員をともなうとする共同体の表象にあって、あらゆる他の構成員が自分を可能な方位づけの中心点として表象し、このことは、あらゆる他の構成員もまた同様に、まさにその
214 ような中心点として、逆方向に志向的に包括し、そのように、あらゆる観点からして相互に表象されている。

他の構成員、同志のうちへと間主観的に《自分を移し込む》こととしてのこのようなすべての与えられ方は、同一の社会的全体の「現出の仕方」として間主観的に理解され、同一化の関係のうちにある。真の自己とは志向的統一であり、真の存在であり、この真なる存在は、いかなるものであるか解明されなければならず、その無限に開かれた地平をもつ

ものである。

共同体的な（共同体化された）主観性の共同体意識、共同体的な自然、共同体的な身体的−人格的存在〔本質〕、共同体的な自然のうち、すなわち共同体的な客観的世界のうちで結びついている人間と動物。

共同体化という統一。どの主観も、開かれた規定可能で未規定的な諸地平をともなった開かれた無限性としての共同体の世界の主観である。この世界は、どの主観にとっても真に同一であり、だれにとっても同一のものとして認識可能であり、環境という自分の世界のうちに見出されるどの主観も認識する主観としてある。こうした世界には、この世界の主観である主観の開かれた無限性が属している。どの主観にとっても、他の主観はただそこにあるだけでなく、そしてそれら主観について、経験し、認識し、それらについての知識をもつだけではない。また、主観の価値づけや意志がその主観の生、すなわち受動的で能動的な生におけるそれらの主観に向けて拡大するだけでなく、むしろどの自我も、社会的作用において、人格的自我主観として他の主観にたいして、共同体の関係に入ることができる。この主観は意図的に表現し、言表にもたらし、伝達することができ、共同の世界において、まずもって物理的な世界で、さまざまな結果を生みだすことができる。この結果とは、そのようなものとして他者がそれを知ることのできる範囲に属するだけでなく、他者によっても、この主観が意図し、産出した結果として理解されることができ、また、他の自我（あるいは多くの他の自我）がそれによって利益を得たり、不利益を被るといったことのために、その結果を生みだすのであり、それによってことがうまく運んだり、妨害されたりするのである。私が他者に対して自分を表現しつつ、その人にいわば《宛名書きする》ように、私の他のそのような〔行動〕様式、ないし成果をもたらすような活動の結果は、他者ないし、他者の規定されていない開かれた多様性に向けて宛てられている。それは、私が手紙で「個人として」自分を他者に向けるときだけでなく、文書を書くことで、他者がさまざまな機会（それを私はあてにしている）に、それを読むことができ、あるいはそれを読む場合が生じ、その文章で望まれた結果を経験するのである。あるいは、自分の庭に柵や壁を作るとき、このことが意味するのは、私が他者に自由な出入りと、囲いの内部の自由な使用を禁じていることを他者が分かるためにそうしているということである。このようにしてもろもろの経過、すなわち主観によって特定の仕方とそれに相応する内容とともに産出された経過、ないし主観にとって存続する事物は、いわば《宛先》を
215 もち、この宛先は、他の主観に向けられた、ある特定の意義が受け止められているような主観を遡及的に指示している。他方、まさにこの意義や目的の意義はそれ自身、内実をもつものであり、主観とその意識生、そしてこの主観を導く特定の、ないし規定されていな

い一般的な目的の活動性に向けられている。

世界のもろもろの主観のあいだには多様な社会的働きかけの連関が生じており、それら諸連関は、直接的な人々のあいだの瞬間的で顕在的なつながりと並んで、比較的に長く存続する持続的性格をもっている。

しかし、そのような人々のつながりや存続する関係し合いの漠然とした創設の可能性があるにもかかわらず、世界のすべての主観がこのような関係のうちにあるのではない。どの主観も、その顕在的な環境をもち、自然の対象と人間の領分をもつ。こうした領分の主観は、顕在的現在のうちで顕在的に経験し、より厳密に言えば、こうした領分は、主観の顕在的な目的活動性の、ないし可能な顕在的目的活動性の範囲をなしている。そしてそれに加えて、広義の実践的現在があり、実践的可能性の現在の地平という圏域を境界づけている。すなわち、環境世界の現在のうちで私が影響を及ぼすことのできるすべてと、そこに目的を定め、目的にそくして活動しつつ介入することのできるすべてがある。したがって、ある固有な概念、すなわち顕在的現在の現実の働きかけの領分という概念、あるいは、潜在的で実践的な環境の現在という〈概念〉が必要とされる。

しかし、こうした現在はその実践的な未来をもつ。どの自我も、自分の実践的生の開かれてはいるが、無限とは言えない地平をもち、自分の全体的な生にとっての自分の実践的環境に属する〔地平をもつ〕。この地平において、自我はあらゆる瞬間において、その実践的現在をもち、実践的にいまできそうなことを、「直接」実現できるのである。そのとき、現在という概念は、《今日〔という時間〕》へと、また《次の時間》へと拡張され、さらに、そこで私ができること、私の実践的環境が向けられているものへと拡張され、最終的には、私の生の全体へと拡張される。

こうした実践的環境には、すべての隣人が属しているわけではないが、私が伝達できる人々、私が何らかの社会的な作用〔活動〕において向き合える人々が属している。こうしたことを私は、火星人に対してはできないし、地球上におけるすべての人間に対してできるわけでもない。私の実践的環境のどのような他の主観も、他方でまた、それぞれ自分の実践的環境をもち、私が他者をとおして働きかけられるかぎりで、私の実践的環境に間接的に属してもいる。

現世の人類は、およそ一九世紀後半以降、国家の権力を組織化することで、最大限に広がった実践的共同体を、つまり、自我主観の総体性を形成した。こうした自我主観の総体性にとって、直接的あるいは間接的な相互理解と実践的な社会的働きかけの実在的な可能性がある。しかもその結果として、新たな主観の拡張はもはや不可能となり、あるいは同じことだが、共同体の実践的環境によってこうした拡張が、この場合には現世の世界〔世

216 界歴史という意味での世界）によって結びつけられている。このような最大限に実践的な共同体は、実践的全共同性や人格的普遍、人間世界を形成している。一九世紀以前に、地球上には一つではなく多くの人間世界があり、人間の全共同体、あるいは相関的にことなった実践的世界が存在した。普遍的で実践的な共同体のあらゆる構成員にとって、実践的世界は同一の実践的世界であり、この実践的世界はあらゆる他の構成員と普遍的で実践的な世界そのものを包括している。実践的世界は同時にこの世界にとって主観性であり、実践的客観性としてこの世界に属している。それは、主観が独立して考えられるとき、自分自身を自分の実践的環境のうちに含んでいるのと同様である。主観はそれ自身にとって同時に実践的客観である。

　実践的全共同体のうちで、どの人格の生も他の人格の生と直接的、間接的に結びついており、どの意識も他のどの意識とも直接的、間接的に結びついている。こうした共同体のすべての人格は、一つの同一の人格的地平をもつ、ないしはもちうるのであり、いわば、一つの人格的な空間を全共同体的な主観の環境という形式として、また人格の世界を、こうした形式に属する人格的現実性としてもつ、ないしはもつことができるのである。どの〈主観〉も、こうした地平のうちへと入り込むことができ、「近くの」人格から「より遠い」人格へと前進しつつ、次第にもろもろの人格をそこに与えられる人格にもたらすこと位づけのゼロ点である。各々はそれ自身、自分にもっとも身近な者であり、人間世界における人格的方位づけのゼロ点である。共同体としてすべてを結びつけているこの生の流れ（綜合的に結合され、あるいは結合可能な多様性が、あるいはむしろ、主観のもろもろの流れの全性がそれぞれの自我に中心化されて）には、外的な共同体の環境が志向的相関者として属しており、この環境（物理的自然、心理物理的自然）の可能な所与性や現出の仕方の全性が属している。しかし、この外的な共同体的環境は、実践的に届きうる、すなわち、まさにこの人格の経験の仕方において直観可能なのであり、この人格にとって、その実践的可能性の枠内で認識可能であり、それによって、価値づけと実在的形態化のすべての現実性が規定されているのである。

こうした普遍なもののうちに、可能で特別なすべての共同体の形式、すなわちすべての可能で特別な共同体と共同体の結びつき（実践的な統合と実践的な抗争、敵対関係）が刻み込まれており、多様に結合したもろもろの意味を伝達し、表現にもたらすのに適合した、伝達する記号と記号の結合のシステムとしての言語の統一をともなう「自然に生じた」伝達の共同体が刻み込まれている。言語的に完結した共同体の伝達形式としての言語。

このような共同体の構成員は、他の言語を学ぶことができ、そのようにしてこのような多くの伝達の共同体の構成員になることができ、それによってそのようなさまざまな共同体が、こうしたさまざまな言語を使いこなすもろもろの人格の行き交う場所で相互に関係し合うことができる。言語はまた、実践的な客観の領分に属してもいる。言語は任意に形成され、変形されることもでき、言語そのものは、個々人の任意の作用から生じ、伝統をとおして引き継がれてきた共同体的な形成物である。

217 表現のシステムにおける、ないしは唯一の言語の表現のシステムにそくした形式における局限した生と働きかけの共同体。

510 二一　分かちあう共感と意志による人格的生

私は、私的な態度（非社会的な自我‐態度）をとるか、社会的な態度をとっていて、こうして、どの人格も人格的な現実存在において、しかもその意識生において、非社会的（通常の意味での「反社会的」ではない）な生の広がりをもち、また社会的生の広がりをもっている。

多くの人間のもとで人格的人間として生きるどのような人格も、共在する人間の地平のうちに生きる自分を知りつつ、多様な共在する人間の「構成員」(同僚、仲間《ソキウス》)なのである。構成員であるというのは、当人とその仲間のあいだの社会的作用をとおして創設された人格にそくした人間の連携のうちの構成員ということである。人格の生において、つねに新たなものが創設されているが、それは場合によっては、一時的で一過性のものとして、たとえば特定の手近な目的に関係づけられていたり、あるいは手近ではないにしても、限定された時間内の目的、さらにはある種の目的のもつ実践的な一般性へと関係づけられていたりする。それには時間的な制約があったり、「私たちは、いまから先々、商売という観点から、あるいは学術的な観点などから共同に仕事をしよう」といった未規定的な形式における開かれた無限の時間地平をともなったりすることもある。つまり、このことがとどまりゆく社会性をもたらすのであり、これらの例は、当該の人格の社会的作用をとおして、もしくはこれらの作用によって社会的な意志の結びつきに至る人格の社会的作用によ
511 る意志的な創設に基づいている。とはいえ、ここにはもちろん、そのような形式をもたない次のような別様の創設がくわわる。それは、私がみずからを不特定の人々と結びつけ、伝達をとおしてその人を、私とともにある意志の実現へと動機づけ、私がみずからに課すのと同じ目的を他者に課すように動機づけるといった形式をもつ創設である。したがって、

その人がその目的を意志するだけではなく、その人によって意志されているものを、私が意欲するのと同様に、私によって意志されているものであるその目的を、その人が意志するように規定するといった形式をもつ創設である。そのさい、私が意志することは、その人が意志することをとおして進行しており、その人が意志することは私が意志することを貫いて進行していて、その目的は私たち両者にとっての共通目的なのである。ここには暗黙のうちに、私たちの誰もが同時にそして相関的に私たちのあいだの結合を、ないしは人格的な結合そのものを意志しているということがある。もちろんこういったタイプの創設は、いくつかの特殊形式をもっている。それは意志することのさまざまな様相に基づいて、すなわち、意欲の直接性か間接性かという様相や、その地平拘束性およびそれとともにある未規定的な一般性と規定的な特殊性のうちに基づいている。

しかし、この意志とその意志的な目的にさきだって、私たちが本能的とよぶ自我の努力の先行形式、すなわち触発され、引きつけられているという先行形式、あるいは《みずから‐決定すること》の先行形式がある。すでに動物で生じているような性的な共同体の根源的自己‐創設は、特定の目的をともなった意志的創設をとおした婚姻、そしてそこでは生全体という時間地平を見越すことをともなっている婚姻からは区別される。同じような事情にあるのが、友情であり、それは「共感」をとおして、特別な意志的決意や他者と結びつきたいと考える目的なしに、結びつきに至るのである。他方でさらに、生き生きと感じとられる共感を基礎にして、共感できる人格との友情というつながりをもちたいと望んだり、意志することに向けられているということも生じる。したがって、私はつねに連帯において存在する。この連帯とは、私がそのつもりで、特定の意図をもって作り上げ、ないしは、ともに作り上げたつながりであり、この連帯には、場合によって私は他の道をとおして入り込んできたかもしれないが、いずれにしても自分で自主的に入り込んできたのである。私は、私の家族のうちで成長した。そのさい、人とのつながりにおいて、母親とのつながりが、あらゆるつながりのなかでもっとも根本的なものだ。その後、兄弟や、同僚、友人といった、さらにいくつかのつながりが生じる。そして私は、伝統的な共同体のうちに入り込んで成長してゆき、（私の「性」といった）歴史的な意味をおびた私の家族という共同体、あるいは慣習や言語などをともなった私の国という共同体へと入り込みつつ成長していく。伝統を受け入れながら成長することの本質には、意志のさまざまな様態をとおした、ともに作り上げる共創設ということがあるのである。

すでに述べられたように、人間的生はいまや二重の様式で存在する。つまり、人間は非社会的に、もしくは社会的に生きる。第一のものに関しては以下のような例がある。私は〔二人で〕散歩をし、葉巻をくゆらせ、食事をとる。ただし食卓を囲む人々のメンバーと

512
してではない。そのようにして私はみずからの一挙一動において、もっとも広い意味で、つまりしっかりした社会性に関係づけられてはいないという意味で、私的な領分をもっている。社会的に生きることで人間は、他者との顕在的な結合のうちに現れる。それは、新しく社会的に結びつけられるにせよ、すでに創設されている社会的団体において、仲間《ソキウス》として、つまり構成員として活動するにせよ〔、変わらない〕。ここにはさらなる区別も存在する。私はたとえば、学者としてただ自分のために仕事をするといったことがあり、そのさい、「学問上の聴講者」や、私がそこで仕事をし、ともに働く共同体について顧慮することなしに仕事をするのである。そうした共同体には、交互に批判し合うことが属しており、他の研究者の研究成果をとおして、それを批判的に受け入れたり、変更したりして、特定の規定にもたらすことや、それらの成果に方向づけること、また承認するように動機づけることが属している。私が自分のためにだけ仕事をしたとしても、そのような仕事は、それでも私にとって、社会的で学問的な意味をもつようになる。〔しかし、〕私が意識的に他者と論争するような場合や、もしくは学術会議において他の研究者を前にして直接、自分の成果を報告するなどの場合は別である。また、さまざまな社会的活動が存在する。協会に「従事する」こと、もしくは雇い主に使える従業員として働くこと、あるいは協会の会議、場合によっては時事的な批評、それとは別の同僚との共同作業に努めること。そうした事例において私は、顕在的な《私たちという態度》において存在している。

留意されるべきは、そのさい私は他者を、現にともにいるものとして経験し、もしくは共存在するものとして「知っている」だけではなく、つまり他者をこの世界でともに存在するものとして、憶断《ドクサ》的な確実性の形式において顕在的に意識しているだけではない。私は自我として、中心として、私の能動性の遂行主体として、他の能動性の主観としての他者と、遂行という、あり方で結びつけられていることである。私は他者のうちに存在し、他者は私のうちで活動的に存在する。私は他者の仕事を共有しつつ働き、他者は私の仕事を共有しつつ働く。愛の共同体（友愛）において愛するものとして、しかも私の能動性において、私は（愛しつつ考察するものであり、他者へと愛を向け、他者のうちへと入り込む）、他者を、何らかの仕方でたんに生きているものとして考察するだけではなく、つまり他者を私の存在領野で生きるものとして考察するだけではなく、私は他者の生のうちで生きるのであり、その生をともに生きるのである。しかも、場合によって私はまさに他者にとって存在するのである。ともに生きるものは、外的に分けられているのではない。他者のともに生きることは、私がともに生きることを包摂するのだ。

そうはいっても私たちは、共同体化の相互性のうちで結びつけられた社会性から、一方向的な社会性を、区別しなければならないのではないか。いまや確実なのは、それが「感

情移入」それ自身であることである。他者が私に意識されるその動機のうちで、私は他者
と合致して存在し、私の感情移入する生は疑似的にその人の生のうちに、そしてともに行
為し、ともに受苦することのうちにある。またそこにおいてともに知覚することやともに
思念することなどを行う。しかしこの感情移入に属しているのは、他者のうちで現実的に
能動的なともに生きること、あるいはともに能動的であることの基層だけである。それが
もとになって、私たちが共通の環境をもっている層が現れる。つまり私はその人と同様の
世界をもち、その人は私と同様の世界を（社会的な結合なしに）もっているということに
なる。[*1] とはいえ私は、実践的自我として自分の目標をもち、他者は他者の目標をもってい
る。私はみずからが意志することを意志し、他者が意志することを意志してはいない。そ
して他者が意志することのうちで私は他者を「理解する」。とはいえ、たんに感情移入を
遂行するだけでは、私は他者を受け入れてはいないし、他者の生（能動的にふるまうこ
513 と）を、価値づける生、実践的な生としてともに生きてはいない。私が他者を思惟するも
のとして追理解するさいにも、一挙に他者の思惟の生や、判断し、結論づける生などをと
もに生きるわけではない。私が他者とともに生きるときには、共感という形式でそれが起
こりうるのであり、しかも他者のうちで、他者と愛したり、憎んだりすることをともにす
るという形式で、それは起こりうるのだ。

ともに意志することに関してはどのようになっているのか。私が〈いまだ他者との相互的な結合が形成されておらず、他者はおそらく私が現にそこにいることさえまったく気づいていない場合でも〉他者とその人の意志のうちで意志するようになるといったことは、起こりうることなのだ。私は、他者がまさにその人にとって手におえない動物を殺傷する場にいあわせていることに気づいている。私はその人の嫌悪感を受け入れるとともに、その動物をみつめながら、同じような嫌悪を感じる。その動物によって動機づけられた他者の行動が、私のうちに入り込み、それに共感しつつ私はともに意志する。それは私がともに感じるのと同様であり、その行動を欲し、ともに意志する。とはいえ私自身が行為するのではない。もしそうであれば、まずもって私がその動物に向かい、しっかりつかまなければならなかったのであるが、そうではなく、他者がすでにその動物をつかんでおり、行為しているのだ。私が望むのは、その動物が殺されるのを目にすることだけではなく、その人がそうすることで、その人の意志としての私の望みが実現されることなのである。その意志に私はともに意志することで参加している。当然ながら、このともに意志することは、通常の意味での意志することではない。それは、「意志の共感」である。感じ、欲求し、意志しつつ私は「参加する」ことができる。ともに感じ、ともに欲求し、ともに意志することは、たんに他者のものと並行して作動するように私が感じることとして〈存在する〉のではない。また、同様にそれは、感じる仕方において、たんに偶然、ともに起ることの意識なのでもない。つまり、会話中に私のパートナーが私と同じようにふるまっていることに私が気づくときや、あるいは私が演劇を見ているときに、隣の人に私と同じ心情の動きを察知するというのは、この「参加すること」、すなわち、他者が感じることをともに感じることなのではないのである。

このともに感じることにおいて、私は自我として他者のうちに沈潜しており、他者の感じることのうちでともに生き、ともに感じている。私は人格として、対象としての他の人格に向かっているのではなく、私が向かっているのは、そのように行為する人格としての人格が向かっている当のものなのである。そこでは私は、その人格に沈潜し、同じ環境の意識をもつことで、その人格と合致し、「同じ」主題的対象へと自我にそくして向かっている。とはいえ、参加するものとしての私は、感情移入に応じて準現在化された自我と合致している。すなわち、その自我の感じることや欲求することをともに感じ、ともに欲求し、ともに意欲する者として合致している。そのさい私は、反省的に自分の参加を表明するときのように、自分に向かってはいないのである。私は、ともに行為する斉一性の様相において行為することもあれば、次のようなそれに対立する様相において行為することもある。すなわち、ある人が一匹のアシナシトカゲを嫌がって避けようとするとき、私はそのトカゲをかわいいと思い、その人がそれを追い払おうとするのを、内的にともに行うこと（共感してともに行うこと）ができず、むしろ「反感」をおぼえる場合である。ともに感じ、〔ここで〕ともに行為し、ともに態度決定することに対応するのは、反感などであり、その否定的なものなのである。

ここから、ともに感情をもつことから区別されるべき感情や意欲や行為が発生しうる。この共感的な受苦（その参加）は、ある人が他者に同情するという仕方で、「他者に積極的に同情すること」なのではない。その場合、その人の苦しみは、その人が苦しんでいることのうちにあるのであって、人が他者へと沈潜し、他者との合致において感じることが述べられているのではない。さらにそこでは人は、感じることのうちで「その人とともに生きるもの」として、他者をそもそも対象に、つまり「主題」にしているのではないのである。しかし一方のものは他方のものから生じるのであり、根源的な同情はしたがって、基づけられた作用（根源的というのは、たとえば慣習的な語りといった様式の志向的変様ではないことである。非実在的に思念された様式ではあるが）であり、根源的で、基礎的なともに感じることのうちに基づけられている。

これらすべてのことが正当に成立することで、次のこともまた、正当であると言える。すなわち、たえず感情移入が働いているように、そしてそのさい、他者のうちで、他者とともに生きることとして記述された根本的事例が示すように、他者は、私に対して人間として「客観的に」空間時間的世界のうちに現に存在していることである。それは、私は、私で、たえず人間としての私の現実存在の意識を空間時間性のうちでもつように、そして誰もが方位づけの主観的な様相のうちにあるように存在していることでもある。とはいえ、世界意識一般と主題的意識のあいだには、基礎的な区別が存在している。

461

二二　伝達共同体と社会的習慣性

〈内容〉人類にとっての世界としてあらかじめ与えられている間主観的に構成された世界——作動する主観性である「人間に対置されつつ」変わることのない世界として——〔この世界には〕あるときは実在する世界として態度がとられ、あるときは人格的に態度がとられている。社会的作用にとっての前提と形式としての伝達共同体。社会的習慣性と個々の主観の習慣性。社会性の統一としての人間性。

出発点にすぎないとはいえ、根底的な記述。

私は感情移入を遂行しつつ、どのように他者を経験するのか。

（一）まずは、まったく一般的にいって、経験は何らかの関心のもとでの経験であり、感情移入する経験もまたそうである。関心の顕在化に属するもののすべては、その関心に由来するどの作用にあっても、一次的に、ないしは二次的に主題となっている。すなわち、私はその関心に方向づけられており、的確にいえば、私は一次的に主題的なものに方向づけられている。経験はまた主題を外れた経験でもありうるのであり、あるときには主題的経験へと媒介される移行において、そうした経験に、現実に移行しながら存在し、またあるときはそこへの途上においてあるとはいえ、現実にそこへと移行することなく存在する
462 こともある。すなわち、非主題的な経験は、「その関心への呼びかけ」の様相のうちにあったり、あるいは、いいかえれば、関心を引きながらその関心の、自我へと呼びかける様相のうちにあることもできる。より本来的に言えば、そのつど経験されるものは、呼びかけるものという特性をもち、自我に刺激を行使するものという特性をもつ。そしてそれに応じて、経験されたものを経験するということもその様相をもっている。とはいえこの呼びかけは、自我にかかわることはあっても、その呼びかけによって、そこへと応答しなが

ら眼を向けることや、耳を傾けることが結果しなかったり、それによって関心づけられた能動性への移行が結果しないこともある。しかし、また、経験されたものがそれとして自我に対して向き合い、呼びかけることはあっても、その呼びかけが、何か目下の関心に向かう自我や、ないしは、その自我の関心に「かかわる」ことなく消え去ってしまうといった経験も明らかに起こりうるだろう。

このように、いまや「一つの同じ経験」が、実にさまざまな現象学的内実をもつことになり、場合によって能動性において機能しなかったり、機能したりする。また場合によって、経験されたものが主題的にならなかったり、あるいはさまざまな仕方で、一次的もしくは二次的に主題的になったりする。

(二) これらさまざまな事況を感情移入のうちで考察してみよう。どのような関心に基づいていたとしても、私が「他者のうちに沈潜する」という仕方で他者が経験されている〔場合がある〕。私は共現前においてその人の生をともに生きるのであり、そのさい他者は私の知覚世界において身体的人格として経験されており、より詳しくいえば、他者は私の知覚に相応する現在の顕在的な空間野において経験されている。他者がそもそもそのようにして私に対して現に存在しているとき、その人は人格的な生の人格として共現前してもいるのだ。そうはいってもこの共現前は、表面的に見ただけでは、とりわけ他者が私にと

[9]

って関心のないものとして背景にとどまるさいには、完全な不明瞭さ、不明晰さのうちで、完全に非活動的にとどまっていることもありうる。共現前それ自身が活性化され、関心をもった能動性において作動する場合、その共現前は、そのことなる人格を引きうけ、そのことなる人格の中へと入りこむことで、成立するのだ。つまりそれは、その人格の生と、疑似的にともにいることのなかで成立する。すなわち、その人格の経験、思考、価値づけ、行動が準現在化する共現前において、その共現前がそのつど規定されるかぎりで〔成立している〕。私は「いわば」ともに生きるのである。

463 **合致――「引き受けること」あるいは「分かち合うこと」**

反対する動機がなければ、私は即座に、私の自我と他者の自我との合致において、（いわばその人のなかで私が何らかのふるまいをするといったように）他者のふるまい方と態度決定、そして、その人が妥当とすることをともに遂行する。すなわち私は、いわば、他者にとって現実的に妥当するものを私の妥当性として、他者の判断を私のものとして引き受けるのである。他者の企図や、あるいは行為、仕事に関してもそう言えるだろうか。まずは、さしあたりこのようなこととして、引き受けることが意味するのは、それを自分固有の行動の仕方として、本来的に「引き受けること」を意味してはいないことである。すなわちそれは、互いに互いを対置させることではないし、私の自我と他者の自我とを区分することにおいてでもない。他方、私が他者のうちでともに生き、そして例えばともに判断を行う場合、私はまさに他者と合致していると言える。どのような関心からか、私がその合致から離脱し、ふたたびそれに距離をとるようになるとき初めて、自分に固有に存在するものがあると信じて、私自身にとって固有な判断がこの合致において私に生じていたことが分かる。しかも私は、その合致にあって、自我として、他者から区別されていなかったのであり、しかも引き受けるものとしてともに態度を決定し、他者が妥当とすることを引き受けていたということも分かるのだ。いまとなって私には、いわば独我論的に獲得された存在、《そのようにあること》、判断などといったものが残されることになる。*2

（三）ここで実践の諸作用に関してだが、それらすべては、行為するものにとってすでに存在するものとしての世界に関係し、しかもその意味にそくして客観的にそこにあるものとしての世界へと関係づけられている。しかし、このことが意味するのは、客観的なものとしての世界は、すでに参加し、分かち合っている自我の合致をとおした間主観的な引き受けに由来する妥当性の領分という意味をもっていることである。そして、その意味は、現実的な引き受けであれ、可能的なものであれ、さらには相互に修正し、前進する確証をとおした引き受けに由来した、また由来しつづける妥当性の領分の意味をもつのである。

他者とのつながりのうちで、私にとって存在の妥当をもつ個々の引き受けとともに、すでに私にとって存在しつつ妥当する世界は、新たな意味の規定を手に入れることになる。ふりかえってみて直ちに分かることは、あらかじめ私にとって世界として妥当していたものが、そうした伝統に由来する存続するものを、いつも、もっていることである。私にとって存在する世界は、いつもすでに、私が世界をもっていたかぎり（あるいは、私が自分を目覚めた人間の自我として遡れるかぎり）において共同世界なのであり、「私たちすべて」の世界であり、個々の私たちそれぞれにとってのたんなる集合的な世界ではなく、相互の伝統に基づく世界である。まさに、私の「私たち人間」ということですら、伝統に基づいているのである。

464 ここではしたがって、特別な解明がなされなければならないが、それは以下のような《なされ方》ということにかかわるものである。すなわち、どのようにして、感情移入とそれとともに進行する引き受けとをとおして、共同の世界が生じるのか、また、どのようにして、現に相互に交流する人間の自我をとおして、現実としてともに経験したり、経験することができるような開かれた存在地平が生じているのか〔そのいかにであり〕、また、どのようにして、自我の共在という際限なさのうちで、すべての人にとっての世界が世界として生じるのかである。その世界とは、コミュニケーションのうちにそのつど現に立ち現れるすべての人にとって、その人々が「引き受けたもの」のうちに共同に存在するものとして構成されていなければならないものであり、しかもそれらの人々にとってだけでなく、すべての人にとってそう構成されていなければならない。

人は、行為ということ、すでに一つの実践的な企てということを、いま述べられた意味において「引き受ける」ことはできない。私の共現前において準現在化される他者の意志は、合致における私の意志ではない。私の意志は、私がその合致から外に出てしまうとき、私の固有な意志として私にとどまることになる。そのようにあるのが、企図的な意志、その決意、行為として実行する意志、成果における、作品といったもののうちで「沈澱した」意志であり、終了した意志である。それはまるで、私がその作品を私の意志とみなすか、あるいは、みなしうるかのようにある。

（追加　一九三二年四月一三日からの続き）

他者との結びつきのうちにある私は、確かに他者のうちで疑似的に生き、その人のうちで疑似的に希求し、もろもろの実践的な可能性を見やりつつ、ある可能性もしくは他の可能性を優先的なものとして決定しながら、それらすべてのことにおいて、いわば、ともに進んだり、あるいはともに進まないこともできる。したがって、ある仕方で私は、ここでも引き受けることと引き受けないことの違いをもっているのであり、それは憶断したり、そう感じたり、欲求したり、実践的な行動の違いをもっているのと同様である。とはいえ、私の原初性における固有な自我としての自分を、感情移入され、共現前された自我（他なる我《エゴ》）から距離をとることで、私はそこで、〔他者と〕同じものを欲求したり、同じものを意欲したり、さらには実践的に同じことを決定したりしているのではない。他方で、他者の憶断する行動の仕方に関して、すなわち、何らかの世界客観の存在に関して、私が一致しつつ合致する感情移入のなかで（この点からいって他者と「一致しつつ」）ともに進むかぎり、対象的な同一の存在意味の憶断が私には残されている。この一致において私に育ったものは、私に留まりつづける存在信憑である。すなわち、他者にとって存在し、そのような状態にあるその同じものが、私にとって存在し、そのような状態にあるということだ。

465 どのようにしてこの差異は理解されるのか。すでに明らかにされた構成から分かるのは、世界に存在するものとして私が妥当性のうちで憶断として所持するものとは、ともに存在する他者をとおして私とその人々にとって等しく妥当するものとして、私にとって妥当するものであるということだ。世界に存在するものは、私たちにとって共通しており、その斉一性が十分であるかぎりで、コミュニケーションする他者をとおして誰にとっても共通している。

私が変化しつつ介入する一方で、私にとって存在する他者の方で介入することがない場合、それがまず意味するのは、私の原初性という単独なものに還元された領分で、私はこの私にとって原初的に存在するものを変化させるということである。そのさい、この存在するものは、同じものとして変化したものとなる。他者との共同体においてそれは、斉一性が十分であるかぎりで、その人々にとっても変化したものとしてそこにある。

他の人々がコミュニケーションをとおして私にとってそこにいる他者として介入してくるとき、この変化を共同化する可能性が生じてくる。私たちは同時に変化しつつ変化させるが、それと同じこととして、私たちは一致しつつ変化させ、私たちのそのつどの、それぞれの自我による変化から、共同的変化の統一が生じるのである。もしくは、志向された変化は、結果として生じる変化を生み出さないときもある。意見があわず、一方は他方を阻止する。とはいっても、結果として生じる変化について語ることは、多義性をふくむ。ひとりひとりが前後して、同じことに介入することができ、ある人による各々の変化は、一つの変化させられたものを創り出すが、それはいまや、他の人々にとって現にそこにあり、その変化をとおしてさらに変化させられることも起こる。そのとき、誰にとっても変化したものが存在することになる。あるいは私たちの介入が、同時に行われ、その後、あるものの介入が他のものの介入をさまざまな仕方で阻止することも起こる。その仕方とは、共同の持続的な同時性において結果の形成がなされているというあり方や、ある介入が他の介入を単純に取り消してしまうといった限界状況をともなっているという仕方であったりもする。他方で、それ以外の場合、力の差が役割を果たすことになり、積極的な結果が生じ、「結果」といわれる変化の成果が生じることになる。

私たちは、コミュニケーションにおけるすべての人にとって、現に存在するものの変化をもっており、その変化は、（一方で）「おのずから」、すなわち（ただともに経験するものとして活動しているだけの、）いわば主観の介入なしに起こる場合と、介入する（価値づけし、意欲し、行為したりする）主観による変化の場合があり、私たちはそこで、主観的に働きかけられ、能動的に努力され、産出されたものとしての変化を、純粋に受動的に経過する変化に対してもっているのである。

466 いまやしかし見過ごされてならないのは、私が私にとって現実存在する環境をもっていることであり、その環境は、その核において現実に経験されていて、さらに可能な経験、すなわち、可能力的に予料され、遊動空間としてのみ、あらかじめ描かれた可能な経験の地平をともなって与えられている。私にとって存在するものは、私とコミュニケーションするすべての人、すなわち各人にとって（遊動空間にそくしたあり方で）存在するものとして存在する。私は他の人々の開かれた地平をもっており、その他の人々とは、あるときは受動的にふるまい、またあるときは経験されるその人々の環境の展開にむけて能動的に、したがって変化させせつつ介入している。このことはしかし、一般的には、可能的経験の遊動空間においてのみ、あらかじめ描かれている。したがって、私にとって存在する環境は、すべての人々にとっての世界であり、本来的な経験の領野、ないしはその側面を超えた地平に取り囲まれた先所与性でもある。それは遊動的所与性とでもいうべきものであり、もろもろの可能性の遊動空間であり、その一部は、おのずから経過するものの既知と未知の可能性からなり、他の一部は、既知と未知の固有な可能性と不慣れなものの可能性からなる。この不慣れな可能性とは、未知であったり、既知である他の人々による介入に由来するのである。

世界は私にとって、この地平性の中に存在し、内省においては、いつもすでに構成されたものとして存在している。それはつまり、私が脱構築しつつ見いだすのは、原初性における地平性であり、次に、超越論的な、第一の他の人々の地平性として見いだす。この地平性は、他者の開かれた実在的な可能性として、また、その人の固有な存在可能性として、各々に経験され、経験されうる他者における地平性としてみいだされる。しかも、それは共現前された原初性をともなう、共現前された自我の形式の内部においてであり、さらには、共通する存在者《オンタ》の必然的同一化において、開かれた可能な不一致や修正の地平における斉一性の必然的統一構成としてみいだされるのである。他者の地平をつらぬいて私にとって構成されるこの存在者の世界は、それ自身、これらすべての他の人々にとっての共同世界であり、その人々にとっても同様に構成されたものとしてある。この世界は、一般的な空間時間的世界として構成され、そこにおいて私と私にとっての他の人々は（したがって私たちは）、世界を構成するものとして統覚され、また構成するすべての統覚それ自身の超越論的主観として、自分と他の人々にとって統覚されている。しかも私たちは、世界に存在する人間として、もしくは超越論的間主観的構成によって存在する物(的身)体として、すなわち、その人々の心にとっての身体である物(的身)体として統覚されている。心という表題のもとで、そのつどの超越論的主観は、存在として、人格的生の人格として統覚される。それは自分自身と他の人々を世界にそくして統覚するものとしての人格であり、
467 それによって、あらゆる世界経験や世界に属するもののあらゆる意識所持は、人間の心的体験として統覚されて立ち現れる。この世界において私たちは、私たちの宇宙を、すなわち存在者の宇宙や統覚的に構成されたものの宇宙、可能的に斉一的な経験の宇宙をもっている。この宇宙とは、すべての段階の存在者、あらゆる可能的段階のすべての「経験」の存在者であり、一回的に「個体的な」存在者の宇宙であり、空間時間性の形式において個

体化され、普遍的人間性に根を下ろした、そのつどの個体的世界からその本質可能性と本質一般性へと高まるという潜在性としての理念的対象性の宇宙なのである。

空間時間的な個体的世界に属するのは、客観的に人間として存在するもろもろの主観であり、そのような人間の行為やふるまい、そしてその成果である。とはいえ、世界に属すると言えるのは、存在する個々の主観だけではなく、社会における社会の構成員としての個々の主観なのであり、最終的には社会的に結びついている、直接的にそして間接的に相互に人格的に結びついた人間性における社会の構成員なのである。全体的人間性の統一は、広範におよび、社会的活動の間接性が及ぶかぎりの広がりをみせ、普遍的伝統のもっとも広い意味での顕在的な、あるいは潜在的な統一に及んでいる。

したがって、超越論的な間主観性がその存在を維持し、展開するような超越論的構成の無限の運動性において、この世界は、私にとっての世界として構成されている。この中心的人間である私は、私の総体的な人間性にとっての私であるが、この人間性は他の人々の人間性の開かれた地平をもっているのである。この地平性は、この宇宙の地平的な所与性と不可分に結びついていて、この宇宙は、私にたえず経験という仕方で統一的に現出する宇宙の空間時間的な実在性からなっている。私は、世界をまさに現出する無限性としてもっているのであり、私の人格的な人間性における人間的な人格としてもち、世界と開かれた他なる《フレムト》人間性にとって、同じものとしてもっている。人類にとっての同一の世界、すなわちすべての人間を同時にみずからのうちに含む、あらゆる人類と全人類における人間一般にとっての同一の世界は、誰にとっても、どの人類にとっても時間空間的に実在して存在する。この空間時間性において実在的なものは、その存在にかかわる変化と不変化における同一的なものである。その変化とは、私との関係において、すなわち個々の主観との
468 関係において、もしくは総体的な人間性や、すべての人間性の総体性との関係において、おのずから変化することと、人間の能動性に基づく変化、もしくは人間の企図や企画、行為の変化として、たえず区別されている。世界は、人間にとって眼前にあるものとして存在し、（人間そのものにとって、客観的に）人間に対置されるものとして存在する。すなわち、すべての人間と人類とが主観性であり、その主観に対置されるものをもち、対置されるものとして、また、人間や人類、そしてみずから自身をもつかぎりで、世界は人間に対置されるものとして存在する。まさに、全空間時間性において存在するものとして〔世界は存在する〕。

端的に‐客観的な態度——作動するものとしての自己自身と他の主観への反省的態度。自然科学的態度と人格主義的態度。現在と過去と同様に、自己と私たちからみられた未来としての世界の

未来。

このような相対性において私は、人間の主観性として存在するものと、客観性もしくは空間時間的実在性として存在するものを見いだす。そして私、ないし人間が主観としてみずから活動し、主観の機能のうちに存在し、したがって、この作動において客観へと向けられていることに応じて、実在的か、人格的かの態度の違いが見られる。あるいは、その人間が主観存在や、他者の主観存在とその作動に方向づけられているか、そして、人間をも客観として（高次秩序の作動において）もつような、いかなる客観としてそれらへと方向づけられているのかに応じて、その人間は、あるときは実在-世界的に（学問的にいえば、最広義の意味で自然科学的に）態度決定され、あるときは人格的に（精神科学的に）態度決定される。この実在的世界は、そのさいたえず以下のようにして経験されている。つまり、その世界はすでに存在し、より以前の構成をとおしてこれまでそうであったものとして経験され、実在的な未来の開かれた地平をともなって経験されている。そしてその未来は二重の可能性の意味をもっている。すなわち、私の行為や私の行為的な介入に由来する未来であるか、もしくは、私が介入することがなくてもおのずと起こる未来である。それはすべての人類にとってそうである。行為するものは、この二重の可能性を必然的に

469

みずからの目前にもつ。すなわち、存在していたものと存在するものということと、私の実践的な可能性であるもの、そして私の可能的な行為の方向性に応じて新たに実在的であるもの、しかもさまざまに実在的である存在を創出するもののことである。*3 個々の人格的行為（並存したり、相互的であったり、対立したりする行為）の形態の多様性において、あらゆる人類はその存在のあらゆる瞬間に、まさにそのように存在し、存在した世界と、可能性の宇宙としての未来をもっている。それら可能性の斉一性と抗争において――ここでの抗争には、それぞれの人格のもつ意図の抗争と相互の阻止が属しているのだが――、必然的に一つの存在する未来が現れ出てくるのでなければならない。この未来は、最終的な結果として現れ出るのであり、この結果は、どのように個々人が行為することになるのか、したがってどのように各人がみずから感じつつ、この存在として経験される世界に対して行動するのか、その仕方に依存しつつ決定される。それによって、全体的な結果が、必然的に、決定されるのだ。すべての並存的行為や相互的行為、対立的行為をとおして、あるいは、すべての実践的な斉一性と非斉一性をつらぬいて〔ここで〕起こっているのは、次のことである。すなわち、すべての非斉一性が危害を及ぼすことのできない一つの実在的世界が存在することであり、それ自身や私たちに由来する破綻ということで何か未知なことが起ころうとも、それでもある特定の決まったことが、存在する世界の出来事として生じているということである。この世界は、過去と現在としてだけではなく、未来としても時間化されている。この世界が現在と過去として時間化されてきたのは、まさに、すべての実践的な非斉一性にもかかわらず、そこに介入してくる能動性が、一つの存在の結果へと導いているからであり、導いていなければならないからである。存在するものはたえず、まえもって規定されており、すべての未来に対して規定されている。あるいはむしろ、存在するものの未来としての時間は、何らかのものが《まえもって規定されていること》、すなわち、ある何らかのものや一つのあるもの、実在的なものが帰結するであろうと規定されていることとしてのみ意味をもつ。まえもって世界は一つの形式をもっており、この形式には未来に実在する可能性の構造、さらには実践的可能性の構造が属している。もろもろの主観は、その形式をもっているが、それはそれら主観にとってすでに地平的に妥当する世界の主観としてである。まえもって時間的に、未来に向けて形式化されているこの世界は、帰納のための枠組みをもっている。とはいえこのことは、未来が現在から憶断によって、その特定の個別性において決定可能であると言っているのではない。未来が「規定されている」というのは、「存在形式の内部で何ものかが生成する」というかぎりで規定されているということである。しかし、そのことで、未来がすでに規定可能、すなわち現在から「計算可能」ということなのではない。

自明的な世界と、まえもって存在する世界の地盤において述べられることとは、以下のことである。すなわち、感情移入が成功するか、斉一的に確証する経験という仕方で成功しうるとされねばならないかぎりで、もしくは私が他者を、同一の他者として一貫して理解できるかぎりで、私の原初的世界と他者の原初的世界の合致が、すなわち収斂する合致
470 が、存在しなければならないということである。あるいは修正をとおして収斂する合致へと至らなければならないということである。そのためにはまずもって、私の原初的な、知覚しながらの活動の統一が、他者にとって、他者の原初性における統一として理解可能であるのでなければならない。そして、それに相応して、私の知覚する活動が、他者にとって、統一を作り上げることができる活動として、また、可能力性に由来する活動性の統一として理解可能であるとされねばならない。同様に、他者がその原初的な経験の環境において、行為しつつ変化させる介入のもとで生み出すものは、私にとって、他者の介入に由来する変化として理解されねばならない。あるいは、他者は主観として理解されるだけではなく、客観、すなわち人間、この世界における実在としても理解されるということでなければならない。そして同様に私自身も人間として、私にとって統覚されているのでなければならず、他の人々とのコミュニケーションのさいに、空間時間性において地平のなかに配置されているのでなければならない。これらすべてのことは、完成済みの世界構成の

分析において、〔また〕構成する志向的能作の絡み合いについての構成的な遡及する問いにおいて、解明されねばならない。

原初的な直接性のうちにおいて〔分析の対象となるのは〕、もっとも直接的な知覚する身体的活動や間接的活動としての行為、自我的な運動と質的な変化というすでに空間時間的に知覚可能なものの行為の間接的活動である。こうした活動は、他者を統覚することにとっての基礎であり、他者は、ただちに、知覚し、自我的に変革し、行為しつつ働きかける人として統握されるのだ。次に、経験する活動の錯綜性とさらなる間接性〔が分析対象であり〕、この活動は、同様に、同時に実在的に働きかけるものであり、したがって、自我によって働きかけており、自我的な働きかけのさらなる間接性が対象となる。厳密な意味において目標設定され、目論まれ、意図的に実現されるものとしての行為が、分析の対象であるだけでなく、そのさい、非意図的なことに対して、存在するものを予測していたこととしての意図的な経験や知覚なども、分析の対象である。

超越論的にみて〔分析対象は〕、ヒュレー的変転にもかかわらず〔成立する〕同一性、すなわち「私は自分から変化するよう働きかけることができる」という能力による、同一的で変化しないものの構成〔である〕[10]。《できること》との相関における存在。変化の構成。まずもって、不変化をファイ現象へと流動化すること。この変転は、早くとも遅くとも、

471

おのずから停止するものであり、その後ふたたび不変化が訪れる。これは、私の「介入」なしに、ただ知覚する行動であり、活動である。私は、自分固有の身体において、たんなるファイ現象としてのどのような種類の「運動」の変化も停止にもたらすことができる。そして、そのようにして私はここで、ファイ変転と静止との相関的な関連をもつが、それによってふたたび、まるで私が何もしないかのように、不変化が知覚可能になり、しかもそれ以外の知覚する器官などの支援のもとで知覚可能になる。近くの領分の狭い範囲において、身体性を手段とする「行為する」こととしての運動は、身体外部のものを運動にもたらし、ファイ現象を随意的に静止させ、不変化へと導く。考慮すべきこととして、事物をつかみ、持ち上げ、持ち運ぶなどといったことがある。固有な原初性においてそのようにあること。次に、同様の状況にある他者を理解すること。

運動と運動する力。抵抗。

間主観的な関連における同一的なものとしての実在的同一性の解明。空間時間的に延長《レス・》するもの《エクステンサ》、すなわち私たちすべてにとっての客観としての自然客観の存在論的形式の構成。それに相関して、自然を経験し、自然に介入する主観の階層における人間的主観の存在論的形式がともに構成されている。

いまやしかし、社会の構成員としての、つまり総体的で人格的な人間性における人格としての人格的結合における人間的人格の構成〔が問題になる〕。〔しかし、〕《お互いにそこに居合わせること》、すなわちそれによって同じ空間時間的な環境を共有し、その世界において心理物理的に「実在的なもの」として、自然へと組み入れられたものとしてそこに居ることは、それだけでは、いまだ〔ここで言われている〕「社会的に」《共同体化されていること》なのではない。たんなる相互並存的な存在と《お互いにそこに居合わせること》において、一方からもしくは相互に理解しつつ〔感情移入において経験しつつ〕、その感情移入が直観的な共現前になる場合に、私と他者のあいだに「合致」が確かに生み出されてはいる。とはいえ、まったく新たなことと言えるのは、そのような合致によって基づけられた、私と私にとっての他者を人格的に「統一する」合致である。そのさい前提になるのが、相互に、そして現に《お互いにそこに居合わせること》であり、お互いの内的存在にかかわっていることである。このような状況において「私は他者に向き合う」のである。

相互に行われる顕在的な感情移入というこの状況には、さらに多様な様相がある。私は他者を経験する。直接的な他者の知覚においてであり、直接的な感情移入においてである。他者も同様に私をそのように経験する。それによってすでに、私たちがお互いを知覚するものとして、相互に知覚していると言えるのだろうか。もちろんそうではない。私は他者

472 を（たとえば会合で）目にするが、その他者がそもそも私を現に見たのか、あるいは私にいま注意を払っているのか、分からないといったことは、よくあることだ。私は他者を、また他者が私を観察できるが、その人も私も観察されていることに気づくことなくそうすることもできる。または他の人々が、私が何らかの事柄や特定の人々にかかわっているとき、私の知覚野に人間としてそこにいたとしても、私の注意はその人々に向けられておらず、その人々への現実的な感情移入をおこなっていない、ということもある。私は、その人々の人格的で身体的な存在にとくにかかわることなく、その人々のはっきり告知することを個々に詳しく理解しようと努めていたのでもない。

したがって、何よりも最初に問題になるのは、私が、他者に、すなわち目覚めた能動的な自我としての他者に向かっているということであり、当然のことだが、その人は共通の環境に関して能動的であることだ。私が他者とかかわりあうのは、その人の「告知」、すなわち、その人のもっとも直接的な身体的、知覚的、行為的な、さらにそれ以外の、自分を制御するその仕方を顕在的に追理解することにおいてである。また、そこで他者の「心的」存在が告知されているような間接的なことのすべて、たとえば、他者の腕が突き動かされる運動の「性急さ」において告知されたり、突然投げつけられたものの運動にその人の内的な激情、その力の緊張、場合によっては心情の興奮が告知されたりするような間接的なことを追理解することにおいてである。

特別なこととして挙げられるのは、私が他者を、いわば逆向きに、その人が私に能動的に向かい、現に私の告知や、そこで告知された私の能動性に向けられているように、その人を理解することである。さらに特別なこととして、そのさい私は他者を、特別な告知において自分を表現する人として理解することであり、また、他者が同時に私を、その人に現実に向かっていると理解することである。また、たとえば、その人は、何らかの関心において私を観察しつつ、その人が自分を観察していることに私が気づいていない、と考えることもありうる。おそらく、私がそれに気づいていないかのように「そうふるまう」ことから、気づいていないと考えるのかもしれない。その場合、私が気づいているとするあらゆる表現を、まさに抑圧しているといえよう。

相互に能動的に入り込む感情移入が生み出されているときは、どうなのだろうか。〔しかし、〕それによっては、いまだ、いかなる社会的統一も、コミュニケーション的統一も生み出されてはいない。いかなる現実の我‐汝‐結合も生み出されてはいない。その統一は習慣的な我‐汝の統一、そして私たちの統一にとっての前提であるような顕在性として存在する。それらの統一は、世界における人間のたんなる寄せ集めではなく、私とそのような集合の他の構成員にとって、経験可能なものとしてあるのでもない。それは人格的に結びついた共同体であり、さまざまに可能なタイプの人々の人格的統合である。

いまだ欠けているのが、告知の企てとその意志である――欠けているのは、(自らを伝える)伝達の特別な作用であり、その作用は、共同体を創出するものとしてラテン語でまさに伝達《コミュニカツィオ》と言われる。

473

伝達の現象学

この作用の根源的な発生を理解することは、当然のことながら重要な問題である。しかし、まずは、その作用自身をその志向性において解明するのが妥当である。その作用はその前提を、すでに詳述されたように、相互に現実に知覚する様相における相互的な感情移入のうちにもつ。その感情移入において、一方が、他方の主観的存在へと入り込み、それに加えて、一方が他方をこの観点において理解する。私はこのような状況において、自分を他者、すなわち他の自我に向け、この他なる自我は私にとって汝になる。他者が他なる自我として理解されているかぎり、その人は作用の主観、ないし能力の主観としての他の自我である。その人はそっちを見たり、そっちに行ったりする。その人は、私たちに共通な世界野において、好みに応じて、あちこち、行ったりもするだろう。そこで、何かを手にして、押したり、ぶつけたり、別のことをするかもしれない。あるいは、その代わりに別のことにかかわるかもしれず、その物の代わりに別の物を手にし、その意図の代わりに別の意図でそのことにかかわるかもしれない。その人が実際にどう行動するのかは、自分にとって理解できるその人の作用が、表現の二面性をもっていることから理解できる。その人は、その外面性で、それに対応する意図と現実化に関する内面性を告知する。それは、その人が特別に告知する、すなわち伝達する意図をもっていなくても、私にとって有効性をもつ告知である。この側面が明らかに前提にするのは、告知がたんなる表現をとおして理解されるということである。〔しかし、〕伝達とは、他者が何らかの作用を遂行し、何らかのものに注意を向け、それによって、予見されるように何らかの行為を行うよう、たんに働きかけることなのではない。私は、こういったことを、他者が、その人の能動性が私の希望や意志に応じて実行されるように、私が仕組んでいたことを知らずに、働きかけることができるのである。私はそのような場合に、その人に伝達を行ったということはないのである。伝達するというときの意味と伝達の正常な概念には、当然のことながら、私が伝達の意図をもってそれを実現するさいに、私は同時に他者によっても、そのように行動する自我として理解（経験）される、ということが属している。他方、そこに前提されているのは、私の伝達する活動が、感情移入にそくして私にとってそこにいる他者に対してはっきりと告知されているということである。また、その活動が、その感性的な外面において、意図と意欲する活動にそくした私に帰属する内面性を表現しているということである。したがって、表現の意図性が表現されていなければならず、このいつも前提にされている表現するということだけでは、感情移入の一般的なものに属するといったことと同様、いまだ伝達なのではない。

とはいえ、私たちはふたたび以下のことを区別しなければならない。他者への伝達という場合、私は当然ながら、その人が特定の作用を行使することを望み、その人に何らかのものを知覚させ、私たちが一緒に体験したことを思い起こすことを望んだりする。あるいは、私は、その人が私の知識を受け入れ、判断にかかわることを理論的に認識するよう望んだり、その人がそのような経験や知識の結果によって、行為を遂行するはずであると望むのである。ただしそうしたことは、その人が習慣上、以前の取り決めにしたがって、私の召使いなのではないといったかぎりにおいてである。召使いであれば、私は取り決めに応じて、何らかのことを私のために実行するよう命をくだすだけのことになる。明らかに区別されるべきは、伝達する作用と、それとはことなった作用であり、私は最終的に、他の人々の中に、それをとおして仲介されたその作用の働きかけをめざしていたと言えるような作用である。

私が他者へと向かうのは、その人が、その人の作用のそのつどの間接性において、何らかの行動を望んでのことである。そして、その作用が、その人の行動が最終的に望んだこと、また私にとって望ましいものとして望んだことを、生じさせるよう望んでいるのである。この望みは、場合によって、そのもともとの感性的表現をもつものであるかもしれず、そのように立ち現われて、その表現が他者に理解されることもある。それはこの表現が、その人ないし私に、そのように望まれるものとして、受け止められ、注目される場合である。ある新たなものと言えるのは、そういった理解が、望みが満たされるための動機になりうるという経験に基づいて、私がその表現を意図的に、注意を呼び起こす切迫さによって、つよく特徴づけ、特別な仕方で形作ることである。また、私が、私の身振りで自然に、そして一挙に表現されるその望みを、言語的表現や語りに結びつけたりすることである。

他者は、たまたま語りつつ伝達する人でさえも、語りを語りとして理解しており、私がその人への語りかけとして語ること、すなわち、伝達する語りかけとして語ることを理解しているのである。また、他者は、私がそこで、その人とその人の行動の仕方にかかわる私の意図について意見を述べていることを理解しているのである。そのようにして他者は、私もまた同様に、〔各々にとっての〕他者を相互の関係において語るもの、伝達するものとして理解している。ここでの「語り」というのは、意図的で、さしあたり、直接的で原
475 様相的なもっとも広い意味での伝達において用いられており、どのような形態であろうと

も構わない（音に出された言葉や書かれたものをとおしてであれ、伝達的な身振りをとおしてであれ）のである。

したがって、社会性の基礎づけに属するのは、私と共現前された相手の側からの幾重もの層になった能動性である。すなわち感情移入しつつ、しかも能動的に入り込む他者《フレムト》の知覚において、その人を特定の作用に動機づけるような意図で他者に向かったり、その人に語りかけ、語りかけることで自分の意図を告知することや、共有する状況において、私の語っている内容や私がその人に向かっていることそのものを理解するように動機づけることをとおして、その人を動機づけることが属している。

普通の状況とは、私が語りかけつつ他者がその伝達を理解して（しっかり聞いてくれて、その伝達そのものに入り込み、それを引き受けつつ）、それを受け取ってくれるよう期待することである。この通常の期待は裏切られたりすることもある。他者が聞く耳をもっていない場合、私はくり返し表現の手段を変えることで理解を得るよう試みる。

すべての社会性の基礎には、（まずは、現実に産出された社会的能動性の根源において）伝達共同体の現実的な結合がある。それは語りかけと語りかけの受け入れからなるたんなる共同体の結合、もしくはより明確には、話しかけることと傾聴することからなる共同体の結合である。この言語的な結びつきは、コミュニケーション的な統合一般の根本形式であり、私と他者の特別な合致の根源的形式である。さらには誰か他者と、その人にとっての他者とのあいだの合致であり、語りの統合である。すなわち私は他者を、私に語りかける人として統覚し、それによって私の行動の仕方に関係づけられている希望と意志を（その希望は、希望に満ちた可能性の地平をともなった意志の様相でもある）私に伝達する人として統覚する。ないしは、逆に私が語りかけるとき、私の語りかけを聞いている人として、しかも私の伝達にしっかり応じてくれる人として統覚する。伝達がそれとして引き受けられ、受け取られるのだ。私の伝達する意志、したがってその意志の意味内実をともなった私の作用が、統覚されたその他者へと入り込んでいくのは、その人が《自分のものにする》という、すなわち、それに応じて傾聴するという能動性を遂行することによるのである。他者を理解するにさいして、私にとってその人が傾聴していると言明できるのは、その人の外的な態度からであり、それが真剣に傾聴していることを「表現して」いるのである。この第一の共現前する表現から伝達する人が成立するのは、他者がそれについて何かをいうときであり、その語りかけに丁寧に「何でしょうか」といった風に応じることで、私はそれを理解する。

476

《我－汝》の合致

本質的なことは、私がある作用の遂行者として、まずはここで、伝達作用を遂行するものとして、他なる自我とのそうした疑似－合致へと至るということであり、他なる自我は作用を遂行し、目覚めて作動する自我として、私の自我と合致するということである。あるいはより明確には、私が諸作用を遂行し、他者によって作用を遂行するものとして理解されるだけではなく、私の作用の遂行は、他者においてある種の共遂行を、つまりその伝達を受け入れ、伝達の意図に応じることを動機づけているのである。語りかけとその受け入れにおいて自我と他の自我とは、第一の統合へと至る。私は私にとってだけ存在するのではなく、また他者は私にたいして他者として存在するだけではなく、他者は私の汝であって、語りつつ、傾聴しつつ、返答しつつ、私たちは一つの我々を形成するのであり、この我々は、特別な仕方で統合され、共同体化されている。

とはいえ、これによって私たちは、この伝達の内容についてはいまだ配慮をしていない。伝達はその内容として、そのつどみずからのうちに他者をある特定の行動の仕方にむけて規定しようとする意図をもち、そのさいこの行動の仕方は、まさに伝達をとおして、伝達の内実として告知される。この伝達を聞きつつ、受け取ることは、いまだ、充実という意味において期待、あるいは意志を受け入れるということなのではない。他者はこの意志を拒絶することもできる。ある場合には、他者は私に同意し、内的に肯定するように行動し、別の場合には拒否し、対立し、否定したりする。たとえば肯定するといった「応答する」行動は、〔上辺だけの〕たんなる共現前といった表現だったり、述定的な肯定や拒否として、あるいは未決定であるとか、おそらくそうするだろうといった様相として、正常な言語的応答における伝達する表現を見いだしたりする。どんな場合であれ、そのさい、我-汝の共同体において自我は、ある種の作用の自我として、そして他なる自我はそれに相関する自我として結びつけられている。この二つの自我は、自我の合致における二重の私のように、そこから調和したり、調和しなかったりする作用が照射されている。自我が自分自身との葛藤に至りうるように、この合致において自我は、その自我と合致する〔別の〕自我との争いに至ることもある。斉一性の関係とは、そのうちで、ある自我の作用が他の自我の作用において充実されることであり、一方の自我が他の自我をとおして、〔何かを〕めざしつつ、能作することを貫いて自身を拡張し、一方の側から、または交互に、他なる自我のうちで努力し、計画を立て、説明しつつ現実化する自我の斉一性の関係であり、この関係は、明らかにもっとも内的な合致を創りだすことになる。しかも対抗すること、否定し、拒絶するといった行動もまた、ただ人々が並存するといった行動なのではなく、作用する自我と作用する自我とのお互いの心の内部に踏み込んだ行動である。私が他者に向ける願いは、他者の中へと入り込んでいる。私は望みつつその他の自我に、その自我を動機づけるものとして到達している。とはいえ、その人が私の望みを受け入れているかぎりで、私は私の望みをもってすでに他の自我のうちにいるのではあるが、その人の中で拒否を経験することもあるのである。

いまやさまざまな特殊な問いが立てられるべきであり、本質にそくして、可能で、より密接に関連している出来事が探求されるべきである。ここでももっぱら問題になっているのは、共同体化された能動性という出来事であり、顕在的な伝達共同体内部における能動性の出来事である。

憶断的な領分、すなわち経験する知識における共同体化は、いまやしたがって、表現性の領分において、明確な判断として判断する者から、伝達をとおして判断する者へと移行したり、あるいは、根源的な判断において統一にいたったりする。他方で、争いや斉一性をめざす努力――間主観的斉一性、共同体化された判断における斉一性が問題とされる。[*4]

次に、真理をめざすこと、判断によって獲得されるものとしての最終的妥当性をめざすことが問題になる。それらの判断は、私たちすべてが伝達にそくした共在において斉一的に承認できるものであり、しなければならないものである。持続して私たちにとどまり、つねにくり返し私たちにとって活用可能であるような獲得物や、基礎づけの記録をとおして確定された獲得物をめざすことのなかで、共同体化が行われる。これは学問的、理論的社会性、共同体の獲得物としての学問の統一である。

それに対して、その理論に対置されるものとして実践がある。存在しつつ、共同で経験され、共同で評価可能な世界の〈中へ〉と変化しつつ入り込む行為と、この行為における共同体化がある。また、相互の妨害、相互に抗って行為すること、しかも共同体化に先立ってそうすることがある。言語共同体において、または語りかけ、および理解して受け入れられた語りかけとの顕在的な結合性において可能になる我‐汝‐行為があり、私たちという性格をもつ行為がある。その斉一的に結びつけられた行為は、「取り決められた」目的の意味の統一において存在し、その目的の意味へと行為する各々の単独‐自我が「関与して」いる。高次の秩序の人格性として行為する私たちという構成、ないし、能動的主観性の統一として、いわば多数の人々の主観性の統一としての私たちの構成がある。とはいえこの領分には、否定する実践的なふるまいもまた存在し、それは意図的で明確な、相互に抗って行為することである。

ここで熟慮されるべきは、伝達、及び伝達とその受け入れとの結合は、通常語られているように、〔同時に〕進展するとされねばならないのではないのか、ということである。すでに動物においても、お互いを了解していて、また「自我」として、他なる自我の望みと欲求を理解しており、それら望みと欲求は「私の」自我の行動に関わっている。そのように交互に、そしてお互いに方向づけられて存在しており、他者にたいして伝達する表現へとすでに意識的に方向づけられて存在している。それは、ケーラーのサル[11]が共在において、彼らの丁重な挨拶の仕方やともに興じる遊戯において働いていると言える。*5

まず初めに、私は正常な社会的作用を考察するが、その後に嘘や、意図的な偽装、偽りの伝達という異常性についても考察することになる。

すべての社会的作用は、すでに構成された間主観的知覚野における作用である。それは、この野のうちで経験するものすべてにとって実在的な出来事であり、その出来事に多くの主観、すなわち人間が、そのように経験されるものとして参加している。とはいえ、あらゆる経験はその経験地平を備えているが、それは統覚のことである。統覚は仮象の経験であることもあり、それだからこそ社会的作用は、経験の進行において本当でないもの、仮象のもの、とくに偽りのものとして明らかになることもある。この偽りの様相化においては、それ自身が可能な社会性の様相の一つであったりする。このことはしたがって、より詳細にさらに解明されねばならない。

479 さらになお、社会的作用、《我 - 汝 - 作用》、特殊な《私たち - 作用》が、理解にもたらされねばならない。その後に、社会的結合が、（統一化された私たちの連帯における）習慣的な私たちの習慣的連帯として解明され、夫婦関係、友人関係、協会等々が人格的でコミュニケーション的な連帯として解明されるべきである。しかも、時間的に限られた目的や、特殊な個々の業務などにかかわる継続的な取り決めの存在〔が解明される〕。結びつけられた人格の習慣性は、一方では、個々人にとって、彼らに帰属する習慣性や、彼らの内に存在し、係留する意志の方向性である。しかし諸人格というのは、彼らが結合しているかぎりで、個別化されてはいない。この習慣性へと、相互に対する存在と相互に内在する存在や、合致してあること、また多人数からなる意志の統一へと参加していることが、入り込んでいる。この結合は、作用－自我と他なる作用－自我とのあいだで作用－自我の数多性（そして最終的には、間接的で社会的な作用において相互に関係づけられ、結び付けられる開かれた数多性）にとっての統一を産出する。そのようにして、より高次の秩序の人格性が、持続的に存在するものとして構成される。すべての人格的な自我だけが、自己に固有な習慣性をもっているのではなく、その数多性も結合された習慣性をもっている。しかもそれは、各々の自我のあらゆる習慣性が他のあらゆる自我の習慣性へと「入り込み到達する」ことによってである。

とはいえ、そこから初めて人格的な結合と、結び付けられた人格的存在の形式論の構築が始まるのであり、それは結び付けられた人格的な作用の生のうちで表れている。その作用の生にもとづく多数の作用に、個々の仲間たちは「参加する」のである。個々の人格の作用が仲間たちの作用の生へと、顕在的であれ、潜在的であれ到達する。このことが人格と結合にとっての特殊な地平拘束性を生じさせる。共同体の存在の呈示に関する個々の主観的な様式を生じさせるのであり、その共同体において作用はまさにその共同体にとっての作用なのである。

人類における人間としての人間の構築、しかも全人類における人間性において。この存在論的形式は展開であり、歴史である。

（一九三二年四月一五日　脱稿）

480 二三　自我と他者の人間学的認識と世界認識

〈第一節　人間学の普遍的特性〉

私が熟慮しようとしているのは、私にとってつねに私の所持としてすでに存在する世界において、どのようにして人間は学問「以前」において生きているのか、さらに学者として生きるのかであり、ここで学者としてというのは、とくに精神科学者、人間学者として、何を意図して生きているのかである。私が人間一般や、普遍的一般性における人間性を主題として考え、通常の精神科学が準じているもろもろの制約を撤廃することで（そのほかに、それと同様な仕方で人間について主題的に熟考し、しかも無制約的な一般性においてそれがどのようにして特殊性のうちで働いているのかを熟考することで）、私が見いだすのは、普遍的な人間学的認識がすべての世界認識一般を包括するということである。それは同様に、世界へ向けてのすべての人間的関係一般や人間的な努力や価値づけ、行為の普遍性を包括し、それらのうちで人間はみずからの世界を形態化し、そのさい世界に「人間的な表情」を付与するのである。

　世界の存在は前提されており、すべての世界認識はすでに存在している世界を探究する。この存在する世界には、行為する人間も帰属している。その人間は、ある存在のうちでその人間にあらかじめ与えられている世界へと行為をとおして入り込むことで、それを別様なものにしようとし、それが別様でありうるという個々の実践的可能性において認識し、それにそくして行為する。そのようにして普遍的な学問とは、そもそも人間の実践における人間についての学問でもあり、しかも認識するものとしての人間についての学問でもある。最終的には、普遍的、人間学的に認識するものとしての人間についての学問でもあり、

481 そのさいすべての現実的、そして可能的な認識作用や認識能力などについての学問なのである。存在している世界は、普遍的な学問によってさまざまな方向性において普遍的に探究される。世界における普遍的な人間性についての学問としての人間学は、人間がどのような特性をもつのかを探究する。人間学的に見れば、人間とは、自分自身と他のすべての世界的なものへと多様に関係づけられる主観として存在し、あるいはそこにおいて学問的に関係づけられ、ふたたび人間学的に関係づけられる。したがって結局は、この人間に由来する円環のうちに、つまり個々の共同体などにおいて相互に存在する人間に由来する円環のうちに、人間的な能作や形成物としての学問が帰属し、それ自体が人間的な能作として帰属する。当然ながら、他のすべての学問もそうである。したがって、人間がもつ自然、すなわち人間にとって不完全な仕方で経験され、人間によって完全性にもたらされるべき経験のうちで経験可能になるものとしての自然や、つねにより完全なものとして経験可能になり、最終的にはもっとも完全な完全性の上昇へと進んでいく自然科学者の学問としての自然もまた同様である。

自然科学は、〔はたして〕普遍的な人間学の外部に存在するのであろうか。精密で記述的な自然科学、有機的で無機的な自然科学、それ以外の学問や数学、心理物理学はどうであろうか。人間についての学問は特殊な学問であるように見える。何と言っても人間は、世界のうちに存在するのであって、それ自身で世界を包含しているのではない。にもかかわらず人間についての学問は、人間としての人間を踏み越えることなく、すべての学問を包括するのである。そのような人間の〔人間学における〕態度とはどのようなものなのか。

〈第二節　人間学の態度とその逆説《パラドクス》。主題としての自我と他者〉

人間学的な人間の考察は人格としての人間の考察であり、人格は志向性の主観として世界へと「関係づけられる」ことによって、世界のうちに存在する。志向性とはまさに人格的な存在、つまり何かにたいする主観的存在を形づくるものである。この人間考察は、したがって普遍的で純粋な心理学が探究するものと同一なのであろうか。当然ながら人間は、たえず自分の身体の主観として考えられ、つねに自分の身体をもつもの、そしてその身体と一つになっているものとして考えられている――しかしこの一致は、人間学およびその
482 分野においてはもっぱら、ある意味で記述し直されるべきものであり、おのおのの人格が
自分の身体へと習慣的で志向的に関係づけられていることとして考えられている。同様に、世界における存在も、人間学的にはもっぱら、もろもろの主観が相互に、またそれ以外の世界へと志向的に関係づけられていること（このことについての精神科学者のあらゆる反省が、自然主義の先入見に陥るということがあるとしても）として考えられる。

人間学は、すべての自然経験、自然についての見解、自然認識を包括する。それはいまや、個々の人間の自然認識、あるいは共同体化された人間の自然認識、とくに学問的に共同体化された人間の自然認識だけではなく、当然ながら真正ではない認識や真正な認識、もしくは明瞭ではない認識や洞察的な認識といった、真実を明らかにする真正さ（それがこの相対性における洞察を意味する）のすべての相対性の内部での認識をも包括している。そしてそのように相対性のうちで進行しつつ、完全なものへと近づいていくような、それに固有な共同体化における自然科学者の世代性を担う自然科学を包括するのである。そのようにして人間学は、自然科学研究にたずさわる人格性からする、すべての生成され、蓄積される学問的形成物やもろもろの自然科学的な真理や理論をも包括する。そのさいこの人格としての人間が、人間一般という普遍的テーマにおいて普遍的で人間的な人格性としてまさに主題となる。人間を主題としうるためには、人間の志向的生やその表象、思考、感情、行為、つまりそうした能作形成体が主題とされることが不可欠なのである。

さて、自然主義的態度を、人間学的（精神科学的）態度から区別するものは何なのだろうか。自然科学者は自然を主題とするが、それは純粋に自然それ自身であって、人間を主題にするのではない。人間一般はもちろんのこと、自然を認識する人間でさえ主題にすることはないのである。

何かへと方向づけられてあることという様式、もしくは認識する主観性の認識する作動という様式が存在しなければ、どんな人にも、またどんな共同体にも、何ものかがそれ自身存在するものとして示され、証示されることはありえない。このようにして、自然主義的態度は、そのさい問題になっている存在者を経験するのではあっても、認識するものとしてのみずから自身やその認識様式について経験することはなく、主題的に認識しつつ把握することもない。人間の人格が、普遍的‐人間学的に主題にされるときにだけ、認識しつつ主題化することやすべての作動する自我的なもの一般が、それ以外の自我的な作動のすべてと同様に、主題のうちに取り入れられるのだ。人間の人格は、確かにどの個々の作用においても、またどの特殊な主題においても、現に存在しており、作動する共同主観もまたともに意識されているのであるが、この共同主観は、普遍的反省の遂行という新たな課題に属している。

自明であるのは、たとえ私たちが何を認識しようとも、私たちは人間であり、認識する自我主観であり、経験する生を生きぬき、能動的であれ、連合的であれ、統覚しつつ構成的な形成体を構成するということである。私たちはそうした形成物とともに蓄積される所持や習得物、認識を獲得するのであり、それとして認識された存在者は、私たちにとってそのときに「存在する」ものとして、存在者の存在‐性や学問的規定を備えた私たちの

「人間的な」形成物となる。——これらすべては、人格をとおして構成されているのである。これはまた、なんというパラドクスであろうか。そもそも私たちは、世界内における人間であり、自我主観であるが、〔同時に〕世界を経験し、最終的には世界を認識しつつ世界をもつものである。ここで言っているのは、私たち自身は世界のうちに従属させられる出来事であるのに、その世界が私たちの形成物であり、したがって、私たち自身でさえ、私たちの形成物であるということではないのか。なんと馬鹿げたことであり、パラドクスであろうか！　どのようにして、このパラドクスは、見かけ上の不合理として、それでも真理を担っている不合理として解消されるのだろうか。

世界とは私たちにとっての存在者の宇宙であり、この世界に関係づけられるのは、目的の宇宙や当為の宇宙、私や私たちすべてによって目的づけられるもの、ないし目的づけられるべきものの宇宙である。そこには、私たちが倫理的に関心づけられている場合、私たちが追い求める斉一的な目的の宇宙と、それに相関する普遍的主観性の「倫理的な」目的が属しており、この普遍的主観性は、普遍性において相互に斉一的に存在しているのではなく、そこへと向かっているのである。

手始めに、私たちは、私たちにとって存在する世界を「存在者」へ向かう認識という私たちの普遍的主題として取り上げる。そのつどの自我主観である私、主題化する経験や認識の諸主観である私たちは、まさに自我的に「作動している」あいだは、「作動するもの」としては主題にならない。〔ただし〕このことは、私たちが少し前に経験や認識として主題化していたものが、事後的に主題化されるということを排除しない。そのとき私たちは、みずからにとって作動しつつ、「世界的に」なっている。作動する主観性と世界は、相互に関係して存在している。主観性は生き、作動するのであるが、何らかのものをそのつど経験し、認識し、それに従事しながら、それらを主題化したりすることもあるのである。こうして主観性は、相対的にみずからにたいして存在していると言える。主観性はそのさい習慣性や古い習得物、統覚的地平を備えており、そのような先行描出において進行する主題化の潜在性を備えている。それに応じて、私も〔主題化される〕。私は、私の主題的な地平において他者をもつのであり、場合によっては顕在的に、しかし一般的には潜在的に他者をもっている。私は作動するものとして主題的に存在しているのではない。しかし私には、自我としての「自己意識」があり、いずれにせよ、潜在的な主題性という私の地平において存在している。そして場合によっては、私自身を主題にするが、そのさい私は、私であることのすべてにそくして自身を把握することは決してできない。とはいえ私は反省の地平全体と潜在性全体に結びついた認識する意志を堅持するという意味で、自分自身を完全に主題にすることもできるのである。

〈第三節　他者の経験とつながりの経験。他者へと方向づけられてあることと、その人々が述べ、考えていることへと方向づけられてあること。私の内での他者との結びつき〉

私が他者を経験することで、しかも主題的に経験することで、その人々は確かに自我主観として主題的になる。しかしそのさい、さまざまな可能性が私にそなわっているという仕方で、他者は主題となる。さしあたり、たとえば誰かが部屋に入ってきて、私に話しかけるといったとき、〔そこで〕その人は知覚されている。普通、私はそのさい、彼の伝達を理解し、「受け取る」といった態度のうちでそこにいる。

私は以下のように問う。他者はこのとき、本当の意味で主題的なのであろうか。つまり他者は、〔たとえば〕私が家をみてそれを考察するときのように、他者を規定し、よく知るために、その人に方向づけられている、といった知覚のうちに存在するのだろうか。当然そうではない。私は、〔他者を〕経験しつつ、他者が口に出した考えや、要求、願い、命令といったものを「受け入れ」たり、あるいは即座に「引き受ける」ことで、「他者が述べること」へと方向づけられているのだ。私は以下のようにも問う。つまりこのことは、私がある事物をみて、それを他の事物にとっての記号、例えば道標として受け取る（すべての他との関連を排除するために、それを自分にとっての記号という道標としてみる）場合と等しいのであろうか。私はその指示にしたがうが、事物を〔それとして〕観察するのではなく、表象し、作用することで指示されたものへと方向づけられている。〔物の観察のとき〕私は、当然、この物を「認識し」、それを見つめながら、〔たとえば〕「道標として把握」できるのに必要なだけ歩んでいく。それは、もろもろの性質における、私にとっての諸事物なのであり、それらの諸性質は、その現出様式において可視的になり、そのように現出するものとして、その相対的な存在確実性をもつ。正確にいえば、まさに、その存在確実性がここでは指示に役立つのである。

同じように、確実と言えるのは、部屋に入ってくる人を思念する場合である。私はその人を男性として認識するが、そのさい当然のことながら、その状況において私にとって必要なだけにかぎられた、その人の特性によって規定された人格として認識する。ただちに私は、その人が述べることを了解しつつ、言ったことへと向かっている。このことはしかし、私にとって、その人の存在の実在的な契機が主題的になることではない。他者が現れ、私によるその人の知覚が始まるやいなや、私は、即座に認識しつつ、私自身にとっても、もはや「匿名的」であることをやめる。たとえ、とくに、そのことが、私自身に方向づけられていないとしても、〔私自身〕「匿名的」であることはない。私は、「私自身を意識」し、他者を知覚しつつ、その人へと方向づけられたものとして、その伝達において、その人が述べること、なおも述べるであろうことに第一の関心をもっている。私の自己意識は、言われたことを受け入れる、ないし、引き受けることにかかわっている。しかし注意されなければならないのは、〈他者の主観的なものに純粋に〈関係づけられ〉、そのさい感性的に、また「精神的」に意味を付与しつつ経過することとしての〉他者の側で伝達が遂行されることと、他方で私の、《私に-対する-存在》と生において進展することとのたんなる二重性が問題になっているのではないということである。

私の固有な意識生のうちで、私は私と他者のあいだの区別をしており、この私の意識生において、他者の言表と私の了解、了解しながら行う私のふるまいとの区別をしている。しかし〔それらを〕並存するものとしてではなく、その人が述べることと、私が自分の了解のうちで理解することとが同じものとしているのである。そして、了解しつつ私は、その人が信じているものをともに信じたり、あるいはその人にとって確実であることに私が疑念を抱いたり、もしくはその人がたんなる推測として述べることを、私が確信したりもする。またさらに、他者がある希望を述べ、私がそれを受け入れ、ともに同じものを希求するといったことや、それとは逆にその人が希望するものに消極的に私がふるまうことも、つまり否定的に希望するといった様相においてふるまうこともある。私が何かすることをその人が希望する場合、私は肯定的な意志をとおして内的に（おそらく伝達しつつその人に話しかけながら）返答し、場合によっては、さらにそれを実行しようとする。このことは自我的な《共に在ること》であり、ともに経験し、価値づけ、行為し、理論化する作動である。

ここで私たちは、内的な状況へと注意を向け、そのなかでもとくに私の内的状況について記述する。つまり外部から、すなわち私が二人の人物をみずからにたいして個々に割り当て、次に並存する私と私のパートナーについて、自分について思考しつつ、私とその人とに割り当てて記述するのではない。他者との共在は、私にとってまさに共在なのであり、私たちはそのさい、一つの機能の統一のうちに存在する。

私の意識生において私は、自分の持続的な原初性の連関と、その連関にたいして作動する自我と自我生をもっている。私は、そこで原初的な「世界」をもっているのであり、しかもそこに帰属する自分と、私の原初的な作動を、つまりどのようにして世界がそこで原
486
初的であるかという、その世界所持にたいする作動をもっている。とりわけ、それに帰属するものをともなう何らかのものへと、主題的に方向づけられてある。そこで立ち現れてくる他者についてのもろもろの指示は、私をいまや先導することができ、私が他者と実際に交流することができるようにしている。どのようにして私は、この交流において、つまり実際の共同体化において導かれているのだろうか。それについて私たちは、その一部に

ついて上述してきた。いまやより正確には、以下のように言うことができる。すなわち私の原初性の様相的な変様は、感情移入する「準現在化」をとおして意識されており、他者の自我は、「そこに」ある物(的身)体的な身体の自我として、そのうちでそれを支配する等々の自我として意識されている。そして、他者の準現在化された自我は、私とその人にとって、一般的には部分的にだけ、ないしは、様相化の違いにおいて妥当する世界に関する志向的な合致において、準現在化された他者の原初性の自我として意識されている。合致はどのような様相化にも存在するが、他方、そのような合致というのは、私の自我と他者の自我に関して存在する、すなわち共在するものの合致であり、それによって私の原初的な作動と他者の（斉一的か、もしくは様相化する変転における）作動との合致が成立し、この作動から私の原初的な「世界」と他者の原初的な世界との合致が成立する。（自我としての）自己合致における私の原初的な作動として、私の原初性の自己意識における私は、同時に感情移入にそくした作動の自我であり、他者を他者として「知覚する」自我でもあり、作動する自我としての私自身の変様の存在妥当を遂行する自我でもある。しかもそれだけではなく、それと一つになり、不可分な仕方で共同体化をともに遂行するということがある。私たちは、原初的な遂行を行なう自我の連結された存在妥当（それは、そこにおいて「世界」を存在するものとして、いまや顕在的に主題的なものとして、そして潜在的な主題の地平としてもつ）をもち、他方で、感情移入にそくして意識化された他者の自我（変様されて私に意識されているものの遂行者である、私のような他者の自我、すなわちその人の原初性の自我）ももっている。そのさい私は、両方の存在妥当を遂行するものとなる。すなわち私は、原初的な妥当の自我として、自分自身にとっての遂行主観であり、
487 そして、感情移入しつつ知覚する遂行主観、つまり他者にとって（しかし私にとってではない）の原初的な妥当をともなった他者の存在妥当の遂行主観でもある。私にとって他者は、他者の様相において妥当するものであり、「他者」の様相においてその人の原初性が感情移入にそくして準現在化されている。

〈第四節　類比《アナロジー》、すなわち私自身とのつながり、想起と感情移入。自我時間化とそれに相関する世界時間化〉

私がいつもくり返し並存させていたように、私は、それそのものにそくしてもっとも根源的で現在的な生の領分、および遂行領分の本源的な現在‐自我として、再想起において、私の「過去の」自我と、その志向的な変様において、まさに想起にそくして過去となった根源的な現在領分を与えてきたのである。ここでは、今の自我と過去だった自我が「同一の」自我であり、ここに依拠するのが、潜在的で顕在化されうる再想起の持続性をとお

してとどまりゆく自我の統一性、つまり時間的に持続する生の自我を生じさせる統一である。しかし、この自我が、再度、その存在意味をもつのは、根源的な、再想起の（場合によっては可能的に再想起されうる）現在において、その自我によって、主題的な領野として構成された世界の持続的な合致においてのみなのである。そして、その世界は、同じものではあるが、ただざまざまに現出し、その地平の変転において、しかもそれ自身合致をみずからに宿している変様の変転において存在する。まさにそのようにして、いまや私は、原初的に構成されたものとしての世界をともなった私－自身と私の原初性の妥当を遂行する当の者となるのである。そして同時に、この当の者は、その者が妥当する感情移入を遂行することで、他者の原初的領分と世界とをともなった他者の自我を、その遂行をとおして措定し、しかも、それとともにただちに、同じ世界が私たち両者にとって存在するような綜合が遂行される。このことは、相応する原初的な存在妥当の綜合をとおしてそうなるのである。私は、私の原初的な存在妥当を根源的なものとしてもっており、感情移入にそくして変様された存在妥当をもっている。それは、他者の自我の存在妥当であり、準現在化された他者の存在妥当と一つになっている。そして、他者を私が「引き受けること」として一つになっているのであり、他者の準現在化された思念、知覚、洞察などを私が「ともに遂行すること」として一つになっているのである。それは、新たな遂行様式の遂行と

488 してあり、新たに変様された志向性としてある。したがって、想起の類比体《アナロゴン》であるといえ、私が私の「過去の」生の準現在化において、私の知覚の変様を遂行するのと同様である。その変様においては現在的な自我ではなく、過去の自我が知覚する自我であったのであり、「その当時」において知覚されたもの〔他者の知覚に類比的に〕は、まさに、〔現在の〕私が知覚したものなのではないのである。しかし同時に私、つまり現在的な自我は《共同妥当》を遂行し、そこにおいて私は、想起された自我とのいわば共同化を遂行する。その共同妥当は、確実性の様相のうちで変転しうるが、そのあらゆる様相には合致が存在し、その合致は、同じ「世界」にかかわり、たとえ抗争のうちにあっても、同一にとどまる世界にかかわっている。同様であるのが、先想起、つまり私の未来の見通しの形成に関してである。私、すなわち現在的な自我は、第一に本源的な現在をもち、拡張された想起をとおして過去と未来をもっている。私は私にとって存在する時間の統一を、現在的なものとして、そして、その現在を出発点として、主題化の変様と拡張をとおして意識化されるものとしてもっている。将来的存在の確実性は、そのさい将来的な（いま顕在的で、原初的なものから出発する）現在の確実性であり、それは、みずから自身を基点とした場合、そのもろもろの過去の現在であり、そのもろもろの将来的な現在の現在なのである。この確実性が現在において私に存在するのは、私が任意に将来的な現在を見通し（そうなるかもしれないという様相において)、それとして直観化し、いまやそこから、志向的に含蓄されたあり方で過去と未来の存在地平をもつことによってである(そのさい、その過去には、私の今の現在が属している)。このようにして存在する世界が、時間の存在形式とそれと相関して存在する自我の存在形式において構成され、その自我は、この世界へと関係づけられ、そこへと入り込んで生きる、そこにおいて生を営むものとして存在することになる。

間主観性に関しても同様である。つまり私の過去性と未来性において自我と〔そこに属する〕私のものは反復しており、私の現在的で「原初的な」存在が、「みずからを」反復させることと同様なのである。この反復するものと反復されるものは、私にとって存在する他者の「反復」においても類似している。私が時間と世界をもつ同一の自我として、あるいは継続する自我として存在し、私自身に対して時間をつらぬいて存在するのは、私があらゆる現在と原初性において顕在的、あるいは可能力的に共同体化する自分自身との合致において、自我とその所持にそくして、私自身の志向的な変様(志向的な変転、反復)とともに存在することによってである。そしてこのことと同様に、私は、私の顕在的な現
489 在において(そしてそこを基点とする、すべての変様された現在をともなった私の自我的な持続全体において)現実的、もしくは可能力的に、私の志向的変様として構成される他

の他者としての他者と、その変様された現在および共同体において持続する存在様式としての他者とともに存在する。この共同体のおかげで、私にとって「この」世界は、私の原初性に基づくたんなる私の世界としてではなく、共同世界として存在する。私の原本的な原初性において私にとって存在する身体物体は、身体として私が知覚するのであるが、それが私に「想起させる」のは、私がそれを支配するものとしての私に固有な原本的な身体である。そしてそれをとおして、他なる自我とその自我支配を「想起させる」。このことは、原初的で私に固有なものとして構成された世界と、他者の世界として「想起された世界」との共同体化にとっての架け橋なのである。*6 他者は、私の志向的な「反復」であり、そこには私が他者を反復として(顕在的もしくは可能力的に)もつというだけではなく、その他者が(したがって、その人は私に妥当していなければならず、このことは私の存在妥当において存在し、それをとおして他者は私にとって存在し、志向的に包括されている)、また私をも、その人の志向的な反復としてもつということが核心となっている。(私と他者の)相互的な共同体化であるこの共同体化における核心には、さらに「客観化」が存在し、それは、すべての身体と身体のうちで作動する自我にとっての、身体における作動をとおして構成されるすべての世界的なものの「客観化」である。各々のものは、内世界的に「客観的」である。それはつまり、私が経験可能なものとしてもつものと、各々の他者が経験可能なものとしてもつものとが同じであるということである。私の経験のシステムは、（私の「想起」様相としての）感情移入の顕在性と潜在性の延長上で、あらゆる他者のシステムと共同体化されている。そのようにして私の可能的で、可能力的な意識様式の総体システムは、すべての他者の意識様式と共同体化されている。それによって客観的な世界が、客観的な時間‐空間性とともに構成され、それに相関して、その世界にとっての主観として、そして世界において共同体化された人間性にとっての主観として、すべての
490
主観の共同体が構成されるのである。洞察されるべきは、この共同体化が新たな拡張された地平を創造するということであり、「その」世界は進行する構成のうちで、その存在意味をたえず拡張することによって存在するということである。

このようにして、私にとっての世界は、「反復する」「想起」という私の能作から存在意味をもっており、この私の能作とは、すべての変様のたえざる複合作用のもとにあるさまざまな志向的変様という私の能作である。この能作は、私自身と、共同体化をとおして意識される他者、そしてすべてのそこに含まれる能作――つねに私の原本的《オリジナル》な能作と、私にとってともに妥当する、変様の「内」にある能作――とが一緒になった、たえざる共同体化のもとにある私の能作でもある。

〈第五節　すべての客観性の基礎としての身体の客観性。構成的解明と発生〉

ここでは、以下のことがなお留意されねばならない。客観性の基礎は身体の客観性であるということだ。その客観性は、《以前のもの》と《以後のもの》という客観性の秩序をもっており、すでに構成する機能に由来する秩序としての、原初性における存在秩序に基づいている。身体は、その外部に存在している物体的なものに先立つものである。身体の物(的身)体性は、客観的世界におけるもろもろの規定のたんなる基層を包括しているだけであるにもかかわらず、客観的な精神と呼ばれる規定の層に先立っている。そのような仕方、つまり身体が恒常的にすべての客観的なものに客観的に先立つという仕方において、身体がその「内部」で作動する主観と、内世界的なあり方で客観的に不可分であることが根拠づけられており、この主観はこうした仕方でともに客観化されているのである。他な《フレム》る《ト》身体は、その身体において他者が支配するものとして私にとっては他なるものである。そして私たちは相互に、自分たちの身体と不可分であることをみずからで経験しており、私たちの身体は、私たちの誰にとっても「客観的」であり、世界内において、私たち両者にとって存在している。もちろんそれによって私は、いまだ内世界的に客観的な他者や、内世界的に客観的な身体を完全な意味でもってはいない。しかし私が他者の開かれた数多性と、相互に対他的なものとしての他者に到達するやいなや、私は(私にとって現実的な

491

他者の、そして、考えられうるかぎりのあらゆる他者の）誰もが誰にとっても他者として経験可能であることを見て取るのである。また、他者とは、誰にとってもその人々のものとして経験可能な（そこにおいて他者がそれを支配する）身体をもって存在する自我であり、当該の自我の身体として、同じ身体物体という間主観的な経験をとおしてのみ、この同じ自我が、それ自身経験可能になる、ということを見て取る。したがってつねに、客観的に人間‐自我としての自我が経験され、それは身体的なもの、客観的に物（的身）体的な身体のうちで支配するものとして経験される。そしてそこから、おのおのの自我が、自分以外の世界の自我として、さしあたりはその人の外的世界の自我として経験される。世界は、誰にとっても必然的に《自我‐人間‐外的世界》として経験されるが、しかしそれは、所与様式の相対性をとおして、誰でもみずからの身体の周囲に方位づけられ、描出されねばならない同じ世界として経験される。あらゆる世界的なものは、世界的‐客観的なものとしての意味を、当然ながらもっているが、それは以下のことをとおしてである。すなわち世界的なものが、地平意味をもつことによってであり、それは私を基点とする私の可能的なすべての経験、および私にとって経験可能な他者のすべての可能的経験における同一化可能なものという地平意味である。さらに世界的なもののもつ地平意味は、既知のものと未知のもののすべての間接性において存在し、その間接的なものが、私にとってそのつど〔遍時間的に〕[12]存在するもののすべての主観的時間を、共同体化をとおして、それ自身客観的時間として統一化するような時間を超えて広がっている。

意図することなく、人は構成的な解明において発生の言語をもちいて語ってしまうが、それでも、世界が、たえずあらかじめ所与されている世界として解釈され、その世界における構成的にあらかじめ形成された存在秩序が、きわだたされるさいには、まずもって真摯な意味での発生については語られないし、語ることもできない。*7 しかしどんな志向的変様であっても、発生を指示しており、それ自身のうちにそうした意味を担っている。私が世界をもつとすれば、私はすべての種類の想起や準現在化をもっており、それによって過去、未来の意識を、そして私と他者についての意識などをもっている。しかも想起は、それ自身のうちに発生の意味をもっており、期待や感情移入などにおいても同様である。とはいえ、超越論的に事実的な発生、および普遍的発生という真正なる問題を〔問題として〕獲得するのは困難をきわめる。この発生において私にとっての世界が、私にとって存在するものへと生成し、同時に恒常的に間主観的な――全-人間的に客観化された――発生として生成する。あるいはむしろ、世界が持続しつつ構成されることで、それは無限に持続するのである。

〈第六節　構成する意識と構成された経験〉

客観的世界は、誰にとっても構成的な世界であり、私にとっては、現実的で可能的な経験の世界であり、その世界のうちに、私にとっての他の人間の開かれた全性が含まれている。その人間は、現実的で可能的な経験の共同主観であり、この共同主観と同様、私にとって客観的な世界、すなわち私たちすべてにとっての世界が関係づけられている。私の経験および私たちすべての経験から、私はまさに、世界が私にとって存在し、何らかの人にとって存在するということのすべてを経験し、それを知るのであり、おのおのの人がみずからそのように経験している。しかしこのことは、経験と経験から生じるそれ以外の意識、すなわち私の意識と私たちの意識とが、私にとって、および私たちにとっての世界を構成していることを意味してはいないだろうか。その場合、人類とそこに属する私自身が、現実的で可能的な経験をとおして、つまり、私の経験と私たちの経験そのものであり、したがって経験の主観としての人間を前提しているような現実的で可能な経験をとおして、そもそも、どのように構成されるというのだろうか。

しかしここで注意されるべきは、あらゆる自然的な意味での世界についての知のすべてと、世界についての人間的な意識化のすべてとが由来する現実的で可能的な経験が、世界を構成するのではないということである。そうではなく、その経験それ自身が、構成されたものであり、私の人間の経験として、また、私の他の人々の経験として、世界にすでに属しており、人間である私と人間である私たちのあらゆる種類の意識として世界に属している。世界が構成されているとき、私にとって私のすべての作用は人間である私の作用なのであり、そこから私は他者を他の人間として、その人の作用の人間の自我主観としてもっている。触発や背景意識などにとってもそれは同様である。

〈第七節　世界の構成的秩序。原初的な知覚領分と他者をとおした世界の拡張（世界直観）〉

とはいえ、このことはより深い理解を必要とする。世界において周知であるもののすべて、世界についての知のすべて、そして世界にとっての可能性と到達可能性の手がかりなどは、世界意識において遂行される。目覚めた自我として私はたえず世界意識のうちにあり、すでに述べられたように、私はたえず自己意識のうちにある。この意識において私は、この自己であり、身体的な人格であり、人間の人格である。私が日常的な生において、もしくは開始しようとする哲学者として表明するどの我思う《エゴ・コギト》においても、我《エゴ》はこの意味をもっている。私が「私は」と述べるさい、私は自分を端的な反省において把握している。しかしこの自己経験は、あらゆる経験と同様、まずもってはあらゆる知覚と同様、すでに私

493 にとってそこに存在し、すでに意識されてはいても、主題的に経験されておらず、注意されていないような、何ものかへとたんに《自分を方向づける》ことなのである。そうはいってもしかし、世界はそもそもたえず意識されており、つねに統覚されている。そのことから、私が何らかの個々のものにだけ方向づけられているときにも、それにもかかわらず、私は背景において共現前するものを、構成され結びつけられた諸統一の領野として、すなわち触発的なものとして知覚していたのであり、〔そのうえで〕私は、たんなる「注意」という仕方で、個々のものだけに方向づけるのである。さらにいえば、それは地平であり、世界地平である。世界は私にとって存在しており、その私はそれ自身、私にとって存在している。より広義の意味では、世界は私によって経験され、その一部は主題的に、別の一部は非主題的に経験され、それを経験する私は、たえず私自身にとって経験され、あるときは主題的に、またあるときは非主題的に経験されている。

私たちが構成的秩序にそくして進むのであれば、（私が洞察するかぎり）原初的な領分において身体として、そして外的世界として経験されているものにとって、〔ないし〕そもそも意識されているもの一般にとって、自我と自我支配への顕在的で目的主題的な反省といったものはまったく必要ではない。自我はもっぱら対象的なものへと方向づけられている。それに対して、他者の知覚としての感情移入が考察に引き入れられるやいなや、身

体のうちで支配し、外的なものへと向かって支配する自我としての私自身への反省が、感
情移入において必然的であることが洞察されねばならない。また、この反省によって、感
情移入を形成するものの変様が、動機づけられていることが洞察されねばならない*8。
　私が自分の知覚野を出発点として、世界とは何か、つまりそこで実在的なものの領分が
知覚にそくして私に現在的であるような世界とは何か、ということを明らかにしようとす
れば、私は可能な知覚、可能な経験一般のプロセスへと踏み込むことになる。つまり、可
能的で斉一的に関連する経験の進行における無際限性へと踏み込むのである。それは根源
的な知覚において世界をよく知ることのできる道筋であり、ないしは、よく知ることが継
続する中で、可能な知覚のうちですでに知られたものを再活性化するための道筋でもある。
それは実在的なものから実在的なものへと進行する。世界は、「具体的な実在性」の世界
494 として、いずれ、あらゆるものが「顕在化可能」となるものとして与えられている。「知
覚野」として統一的に意識されたものの知覚のうちにある存在確実性は、ここにあるそれ
ら事物の経験確実性だけではなく、さらに広範囲へと到達する。つまり、ともに思念され
ているという、存在しつつともに妥当するものとして含蓄されているという意味での実在
的なものの地平、すなわち周知のものや、未知のもの、いまだ内実に関して完全に未規定
的であるような実在的なもののさらなる地平が存在し、つねにさらなる先へと拡張する地

平が存在するのである。そして、こうした地平には、明らかに相関的にともに予料された無限に進展する経験の可能力性の意識がすでに属している。そしてこのことは、すでにいま、事実として知覚されている事物の存在に該当し、ないしはいま、事実上、過去のものとして想起されている事物の存在などにも該当する。というのも、それ自身にとって斉一性のうちにあるあらゆるものは、可能的で全面的な経験を指示しており、ある種の遠くの所与性における事物としてのあらゆるものは、可能的な他の遠くの所与性を指示しているからである。それに加えて、このことは、すべての経験の遠さが可能的経験の典型的な道筋を指示しているのと同様であり、その可能的経験は一貫した経験を完全なものにする近さという最適な領域を指示しているからでもある。

私が、いまや原本的《オリジナル》な世界現在の知覚野としての私の知覚野をこえて、知覚されてはいないが世界において共現在的に与えられているものへと到達するためにさらに突き進むさいに、私は可能経験をへめぐり、全面的にその空間をこえて歩むことになる。その空間は、未知で未規定的な可能性に開かれた無限の野を特徴づけており、あるいは多義的地平を、〔すなわち〕可能的で、その空間形式に同時に存在する実在的なものの遊動空間を特徴づけている。これら可能的な同時性におけるあらゆる実在的なものが、方位づけの所与様式において、私にとって知覚へと至り、方位づけられた知覚野から〔他の〕方位づけられた

495 知覚野への進展において、より詳細に探究できるようなあり方で綜合的に結びつけられるようになる。この変転におけるすべてのことが、知覚にそくして存在する経験されたものとして、またその個別性とその連関において多様に変転するみずからを描出するものとして、それ自身において一致しているはずであり、妥当的に経験され、確証されるものとして、他のすべてのものと一致しているはずなのである。

知覚から知覚への歩み、そして綜合的な知覚の統一における知覚可能な個々の実在物から知覚可能な個々の実在物へのこの歩みにおいて、私は一つの知覚持続性のうちにみずからを保ちつつ、以下のように問うてみる。すなわちどのようにして私は、持続的な知覚の働きを実現させているのだろうか、と。そう問うことで与えられる第一の解答は以下のようである。[*9] 意図することなく私は、身体を支配しつつ、「感性的に」経験することで、まずもってもろもろの物体へと方向づけられており、このことに本質的に帰属しているのが、〔私が〕身体的キネステーゼを作動させつつ、眼球を動かしつつある等々、ということであり、最終的にはいつも、また必要とあれば「歩行している」ということである。ここでは可能な知覚について述べられていることから、知覚する活動の可能力性を先行的に直観しつつ、身体にそくして何らかの仕方でキネステーゼをともないつつ「感覚器官」を作動させ、生き生きとさせながら、それに相応して現実化しつつ、活動に思いを込めることを意味する。すなわち、みずからを前へと動かし、運動しながら感性的に知覚することへと思いを込めることを意味しているのである。そのさい私は歩むことで現れてくる、もしくは歩いているあいだ、そのまま保たれている遠方にある事物にたえず近づいていくはずである。そして、それらの近づいてくる事物は、さまざまな程度でよりよく知ることができるようになり、現にそうなったりするのである。

私は、そのつど何らかの近くの空間に、比較的安定した近くの周囲世界にいる。そこでは変転において何が起こりうるのだろうか。それは、運動が起こることや自分で随意的に起こされる運動、変化が生じることや私によって起こされる変化、前に進んだり、後ろに戻ったりすることなどである。私が〔自分で〕歩行せずに、車で運ばれたりするとき、私は相対的に安定した新たな近くの空間をもつことになる。そのさい車で運ばれることは、近くの野の安定した形態が失われるといった働きをなすことになる。これは、近くの領域の持続的な変転を生みだすキネステーゼ的な様式としての歩行と並行的関係にある。最後には、「おなじことのくり返し」が生じたりする。それに加えて、どの近くの領野においても、「注意」をとおした変転、つまりみずからを方向づけること〔が存在するが〕、それとキネステーゼ的な変化は、必然的に協働する必要はない。しかしいま、私に思いつくのは、すべての可能力性はその限界をもっていること、また感性的な経験を全面的に展開す

496

るための無限の時間も力も私にはないことである。このことが由来するのは、感性的経験が可能性としてはたえず開かれていて、可能力性としてあらかじめ描出されていても、私が一般的に可能力的に時間的に制限されていること、またとりわけ有限性を踏み越えていくための可能的経験の、さらに別の様式をもっていることである。私の知覚野において、私はすでに他者をもっており、たとえ〔いま〕そうでないにしても、いずれにせよ、なじみのある他者の圏域が現実に経験可能なものとして、あらかじめ私の世界に属しているのである。また未規定的で未知の周囲世界の開かれた感性的構造のおかげで、すでにともにいる人間の開かれた無限の宇宙も、私の世界に属している。

　私はこれまで知覚から知覚への進展について考察してきたが、知覚は当然のことながら、第一に「たんなる」感性的経験でありうるのであって、この感性的な、私にとって知覚可能なものとは、純粋にその感性的に知覚可能なことに関して実在的なものであったのである。*10 個々の知覚可能なものにおいて、私は実在的なものの中で、あらかじめであれ、または進展においてであれ、もろもろの身体を知覚し、感性的に延長するもの《レス・エクステンサ》として、つまり物体として知覚する。こうしたすべての物体において、私は原初的な「現出」において、原初的な「事物」を獲得する。すべての状況のもとで、私の物体としての身体は、あらゆる知覚野のうちに存在する。私が純粋に物体に、つまり延長するもの《レス・エクステンサ》の個々の規定において感性的に経験可能なものに方向づけられているかぎり、私は作動し、キネステーゼにそくして私の身体は作動する。そして私は、身体的な《ここ》から、(物体としての身体の《そこ》であるゼロにおけるゼロの物体の)《そこ》へと秩序にそくして歩み、そのさい近く(そこでこの身体は、つねに絶対的に近いものとしてきわだっている)から、近くになる遠くへと歩むのである。したがって身体はたえず、「私は静かにしている」、(空間を通り抜けるものとして歩行することで)「私は動く」、「私は動いている」という形式においてその役割を演じている。こうしたものとして身体は、知覚可能な外的世界の中心であり、すべての実在的なものは、私の身体の周りに存在し、私の周囲に感性的に知覚可能なものが、すでに知覚されていたり、あるいは感性的に直観されているものが存在している。私はそのさい変転しつつ、感性的に与えられているものやたんなる物体に純粋に方向づけられたりしている。

とはいえ、私が他なる物体としての身体に向かうとき、進展する経験の可能性が分岐することになる。私は感性的に経験可能なもの、つまり純粋な物体的なものに方向づけられたままでいることもできるし、あるいは他なる人格に方向づけられることも可能である。私は一貫して能動的な経験のうちで進展することができ、そうすることで私は自分の最終的な関心を、つまり自分を主題的に方向づけることを、物理的なものに向けてめざすことができる。私がこうしたことを私の可能的知覚において行うさいには、私は自分の原初的な知覚領分にみずからを留めている。しかし「精神的なもの」や「心理的なもの」あるいは「客観的精神」が、私の進展する可能的知覚にともに立ち現れるやいなや、私は可能な分岐に直面する。ただし、いずれにせよ私があらかじめ感性的に知覚しつつそこへと向かうことがなければ、原理的にそうした分岐点に至ることはない。最初に実在的なものが、感性的に知覚にそくして現に存在せねばならず、したがって私の身体的な活動において、
497
延長するもの《レス・エクステンサ》としてその知覚確実性をもっていなければならない。それは、みずから自身を現在的に描出するものとして存在しつつ、それによって私の関心が分岐しうるのである。この感性的なものは必然的に「精神的なもの」への架け橋なのである。

いまやしかし、私たちは物(的身)体としての身体を優先して扱うことにする。物(的身)体としての他なる《フレムト》身体は、私の身体を指示し、私が身体を支配することへの反省を覚起して、他の物(的身)体を、そこで私が支配する自我の志向的変様が、それに相応した仕方で支配している物(的身)体として「統握」するように動機づける。それに相応する仕方でというのは、私の支配する行動が、私の物(的身)体としての身体が感性的に経験され、経験可能となるような出来事と並行して経過するということであり、しかも、そのさいともに経過する一定の現出様式において並行して経過するのである。他なる《フレムト》物(的身)体は、その

物(的身)体的な出来事と私の身体の出来事との類比において、私の主観的な様相をある変転のうちで想起させる。その変転とは、あたかも私が自分の物(的身)体を他の物(的身)体と同一視しつつ、その現出様式等において考察するかのように、私の主観的な様相が私に対してもつであろうような変転である。

事実的な感情移入となると、他なる《フレムト》原初的自我主観の統覚や知覚でことが済むわけではない。いまや示されなければならないのは、どのようにして私が進展する感性的知覚において、物(的身)体的身体の開かれた地平の動機づけへと至るのか、であり、共同主観の開かれた地平へ、最終的にはともにいる人間としての共同主観の地平の動機づけへと至るのか、である。しかし私が、人間としての他の主観への方向づけをもつやいなや、「もろもろの人間のもとで」の一人の人間としての自己経験がすでにともに与えられる。すなわち私は、あらゆる人間がそうであるように、多くの人間のもとでの人間なのであり、「人間のもとでの人間」という特殊な様式において存在する。これは、誰もがあらゆるともにいる人間にとって存在し、誰もがおのおのにとっての共同主観として、同じ周囲世界に対して存在し、まずもって、物体的な周囲世界、そしてその後に身体的に人格的な周囲世界、そして客観的に精神化された周囲世界を経験しているのだ。可能な経験の世界としての私の世界が展開することで、すなわち、その世界に含蓄された志向的な基づけとその存在意味を構成する動機づけを体系的に解明することで、世界がたえず私の周囲に方位づけられた世界であること、ないし私がたえず中心的自我であることもまた理解できるものとなる。中心にあるのは、私の身体であり、それはたえず知覚しながら作動しつつ、作動する私の支配をとおして身体において進展する感性的経験を実現しており、それによって身体はまた、物体としての身体としてきわだたせられる事物として、間接的に他者の知覚を可能にしている。また私の身体は、それらの事物に感情移入された知覚周囲世界と私の知覚周囲世界との共通性の経験を、まずもって顕在的な共通性が及ぶ範囲での共通性の経験を、ともに可能にしている。

こうして、ここで共同体化される知覚が活動し始めるのであり、それは私の知覚から他者の知覚（これは私にとって感情移入されたものであり、現実的でも本来的でもない知覚である）へと入り込み、その表現の途上で、私にとって現実的に知覚されることなく、そもそも知覚可能ではないような他者にとっての知覚と、その知覚にそくして与えられる客観に関与しているのである。このことは、いまやすべての間接性と相互性へといたり、私の現実的で可能力的に拡張されうる知覚の世界を超えて、私にとって存在している世界の拡張についての解明へと至る。

原初的な知覚領分、原初的な感性的経験、それに加えて原初的な身体性、固有な身体性、そして作動する自我としての私の原初的な存在は、確かに拡張されるのではある。しかし、それはただ感性的にだけ私に接近可能となる事物的な外的世界において、ある種の事物、すなわち他者の自我にとっての身体としての事物が、つねにくり返し立ち現れるということだけによって拡張されるのではない。つまり、この拡張は、私が新たな知覚段階――他なる主観、「人間を知覚する」こと、しかもつながりにおける人間を知覚すること――に到達することによってだけ生じるのではない。そうではなく、ここでは私にとって（そしてともに存在するものとして私自身に妥当するすべてのものにとって）共同体化され、お互いにとって、お互いとともに生きるような人間の伝達[*11]としての表現の途上で、私の可能力的で有限な経験世界が開かれた無限の世界へと拡張されるのである。

　このことはしかし、〔いまだ〕暫定的で不十分な考察の仕方である。というのも、先に述べたことは、私の固有な知覚現在をこえた他者をとおして伝達される世界現在の経験についてだけの論述だからである。それにたいして世界は、すべての時間様相において考察されるべきである。示されねばならないのは、そこにおいて世界の経験の意味が、完全にそして必当然的明証性において解明される、そのような世界についての完全な直観を体系
499
的に樹立するにあたって、どのようにして、時間の完全な経験意味が可能なかぎり、顕在的な経験へともたらされうるのかである。そのさい、可能な、ともにいる人間の開かれた

無限の同時性だけでなく、世代の連鎖という開かれた無限性も、同様にどのような役割を演じているのかが示されねばならない。それに加え、どのような経験様式と経験可能性が自然史的な言明という標題のもとで開示され、自然的な無限性をあらかじめ描出する機能において開示されるのかが、示されねばならない。他方で、事象にそくした主観の表現をとおした告知がある。つまり、こうした補完によって初めて世界が具体において与えられるのであり、この具体のうちで世界は、私たちにとって人間の共同世界として、そのつど現実的に経験されているのである。とりわけ、ある特殊な主題を形成すると言えるのが、周囲世界に立ち現れ、ある仕方でともに経験され、しっかり定着しつつともに帰属すると言える文化の基底層である。しかも、指標や象徴、表現としてみられるもののすべてが、たとえその目的に応じて産み出されたものではないとしても、文化なのである。

他の次元にあって、〔これまで〕考慮されていないもののなかに、自分に固有の様相化と間主観的な様相化という重要な主題がある。その主題から、正常な共同体、さしあたり感性的に正常な共同体と、異常な共同体との区別がみられることになる。次に、原初的に知覚されるものの段階的な格下げと、現出として間主観的で正常に経験されたものと異常に経験されたものとの段階的格下げといった主題もあるが、それでも、人々はお互いに合意し、存在する世界をその合意の同一的な妥当統一としてもっているのだ。

このようにして私たちは、世界を、開かれた無限性において相互に、間接的そして直接的に共同体化された主観の存在妥当性の宇宙として理解することをまなぶ。すなわち、誰もがおのおのの世界を経験しつつ、目覚めた生として、知覚野の形式のうちで世界を知覚する。知覚野とは、可能力的な変転においてつねに、原初的な知覚の基底層においてあり、その内部には、ふたたび、感性的知覚のたえまない諸層をもっている。感性的に知覚されたものはどれも、第一の感性的地平をもっており、それはしかも、感性的知覚の多種多様な現出の地平なのである。その知覚現出の可能力的な（しかも可能力性における自分の身体の）キネステーゼと、持続的なものにおいて現実化されたキネステーゼにおいて、同一の事物が持続的に現出し、感性的に最適なものへの歩みのなかで、それ自体として、そこ
500 でみずから自身を描出する感性的特性において、確証される。この私の感性的な延長するもの《レス・エクステンサ》〔私の身体〕はしかし、「誰にとっても」存在するものの宇宙であるような世界における実在的なものという客観的な物体ではない。不変化と変化のうちで確定している私にとってのあらゆる感性的事物は、すなわち感性的に経験可能な因果性の諸関係における、そのように確定されている諸事物のあらゆる共同存在は、その超感性的な地平をもっている。その地平は、事物に、初めて実在的な意味を、つまり開かれた無限性とこの無限性における共同主観の全性とを指示するような意味を与えるのである。私は、（身体

的に経験するものであり、このような可能力性において、事物を、感性的経験を遂行することのできる可能力性によって、同一的なものとして所有しつつ占有するものであるが）、その共同主観とともに、可能な経験の共同体に拠って立っている。私の固有な志向的生の統一において私は、たえず私の固有な存在を意識しており、私の身体と私の外部の感性的なものを統覚的に与えている。このことは、斉一的に確証された確証可能な近くの現出と遠くの現出の統一として、また視覚的なパースペクティヴの統一、触覚的、聴覚的などの現出様式の統一として意識されている。これらすべての現出を私は、現出として意識しており、なにかを現実にみるといった何らかの現出を顕在的にもつ場合、そこで私は一方で、何らかのあり方で、（ないしは、原本的に《オリジナル》）私にとって意識されたキネステーゼ的状況への関わりにおいて、それらの現出をもつのである。他方で、私はそれら現出を、妥当性の地平とともに、つまりたとえ私が妨害されていようがいまいが、自由に現実的に産出されるようななじみのある様式のもつさらなる現出を、可能力的に産出しうるような地平とともにもっている。この様式、すなわちこの地平構造を、私は先行描出されている可能的な現出の先行的像化をとおっていくことで、いつでも直観にもたらすことができる。まさに正常な知覚において、私が感性的な客観を確実とみなしているのであれば、そこにおいて私は自由をもち、同時に、諸現出のシステムへの結合をもっており、そうした諸現出は、経験の進行のシステムにそくしたさまざまな可能性が描き変えることのできる自由さをもつのである。すなわちこれら諸可能性のうちの一つが、経験が現実的に実行されるさいに、経過しているので「なければならない」のである。このことすべてが、私の裁量に委ねられている。

501 いまや私は、私の意識生とその可能力性（潜在性）の圏域のうちに、私がいつでもまたすでに、他者ついて分かっていると言える以上、私と同様の人間の主観をもっているのである。私がまさに、世界所持のうちに存在するこの自我であるかぎりで、私はいまや以下のように述べねばならないことになる。すなわち、私に感性的知覚がもたらすもの、そしてその知覚に帰属するもののすべては、もっぱら私固有のものであり、私の「意識生」、私の妥当的生によって取り囲まれている、と。他者は誰でも、その人々の意識生をもち、その人々自身に原本的《オリジナル》に意識されており、他者だけがみずからの意識生なのであり、その人の原本的なもろもろのキネステーゼやそれらに帰属する地平をもっている。つまり、可能力的にキネステーゼを変化させ、キネステーゼを支配しうるような地平を、「すなわち」さらには他者にとって、他者にとってだけ与えられている「その結果……」という特性において経過する感性的現出を支配する地平をもっているのだ。そしてこの感性的現出が他者の期待に応じて、斉一的に経過するとき、この感性的事物がその人にとって存在するものとなる。また、それが不整合になる場合には、それは、他者にとっての、その不整合から生じる仮象となるのである。とはいえ、私はみずからの意識生において、たんなる感性的な経験だけではなく、感性的経験に基づけられた感情移入の経験様式を遂行し、そこでまさに他者を意識し、そこから可能的な他者のすべての開かれた無限性を意識する存在でもある。つまり、事象にかかわる表現、たとえば他者と過去を共有することについての表現をとおして、他者と現在を共有することを経て、開かれた無限性を意識する存在なのである。これによって世界は、客観的に精神的なものとして構成され、際限のない自然の核をともなった人間の現実存在を無限に表現しつつ、開かれた可能性における人間の際限のなさを包含しつつあるのである。*12

感情移入をとおして、私は存在妥当における他者と他者の原初性をもつと同時に、共同体化がもたらされる。私の原初性は、もちろん私のものであり、他者の原初性は、他者のものにとどまる。そして、おのおのの自我が自我である。しかし、他者とのこの共同体化において私は、人間のもとでの人間であり、人間‐自我のもとでの人間‐自我である。自覚するものとして私は、自分にたいする人間であり、自分を意識し、人間として確実に経験するものである。私が「私」と述べ、「私がいる」もしくは「あれこれのものがある」と述べるたびに、私は人間であり、もろもろの人間との共同体化において人間として意識している。そして、私にとって「ある」すべてのものは、いわば、《人間がいること》であり、世界的な《ある》なのであり、それは世界全体において、すなわち、私たち人間にとっての存在の宇宙、まさに、私と、私と共在するものとが一緒になって「私たち人間」
502 という一般性を形成するような私の仲間にとっての存在の宇宙において、その存在をもつ。この《あるという-領域》は、言明可能なものの領域であるが、言明されたものの領域ではない。それは、私と私たちとの蓋然的に経験可能なものの領域にひとしく、経験に基づいて思考可能なもの、認識可能なもの、そしてまさに真理において言明可能なものの領域と等価である。これに付け加えられるであろうことは、誤謬において言明可能なもの、疑われうるもの、推量されうるもの、問いただされうるものの領域であり、それらの様相はすでに経験に属しているのだ。現実的で可能的な経験の領土が理解されねばならず、そしてこの領土は、正常な意味〔の領土〕なのであり、（理念的に）斉一的に経験可能なものであるか、あるいは、斉一的であったり、不斉一的であったりする経験可能なものの領土である。ある場合においてこの領土は、固定的な存在妥当の斉一性の経験のうちにおいてあり、存在妥当において同一的なものとして該当する経験の斉一性綜合のうちにある。また別の場合では、それは個々の諸経験において、持続的な斉一性の個々の諸経験の範囲においてあり、グループを作りながら、個々の諸経験の集合的一致において同一のもの、同一化しつつ確証される存在妥当における同一的なものであったりする。とはいえ、この存在妥当には、亀裂が入ることもあり、その端的な確実性の様相が、相互にその存在妥当に関して抗争するような、可能なすべての様相化の特殊な出来事と相互に一致することのないような綜合的な対立緊張によって喪失される。

〈第八節　基体と顕在化。端的な経験と基づけられた経験〉

さらに続ければ、経験——根源的な把握と認識獲得の作用として——は、さまざまな階層をもつ。もっとも普遍的で最低次の経験は、感性的経験である。すべての経験可能なものは、端的に直截的に経験可能であるか、端的に経験されるものを基礎に階層の積み上げをとおして経験可能であるかのどちらかである。何ものかを経験する働きは、そこにおいて存在妥当を経験しつつ（根源的に自己把握しつつ）、存立するものとしての何ものかを経験する働きであり、そこへの通路として考慮されるのが、顕在化である。経験の働きは、みずからを把握しつつ、それ自身としての何ものかへと方向づけることであり、その何ものかをもろもろの契機へと解明すること、つまり特殊な個別経験において解明されうるそれそのものの《特殊な‐あることの特性》（その諸特性）を解明することである。そのかぎりで、存在するもの（経験における存在妥当のうちでそれ自身として意識されたもの）

503 の経験としてどの経験にも、その階層の積み上げが属している。何かが現に「ある」ということ、この「存在するもの」は、顕在化において、それが特殊性においてあるものを示す。この個別的な特殊経験は基づけられており、それは事物の経験にあって「その」形態や色などの経験のことである。この顕在化は、端的な経験を語るさいにも考慮され、〔まず〕端的に《何かへと‐みずからを‐方向づけること》であり、その後、多光線的に進行する。この複数の光線は、一つになって、一つの同じ存在者として継続的に志向されたそれ‐自身である存在するものとして解明している。もちろんこのことは、ある対象がその色に関してだけ興味がもたれるときのように、特別の関心がもっぱら特定の契機を優先することを排除するものではない。ただし、事物であれ、何らかの規定に関してであれ、それがどのような特定の「関心」であるかは、ここでは問題外である。とはいえ重要なのは、「存在者」のどの端的な経験にも、まさしくその基体が属していることであり、この経験は、経験する志向として働きかけつつ、基体を、そこにおいて基体が存在し、自己を示す特殊な諸契機をともなうような基づけられた特殊経験のうちで、顕在化するということである。

そもそもあらゆる経験は、基体へと関係づけられている。私たちは、すぐに、端的な経験の基体とそれに基づけられた経験の基体とを区別することを学び、それに相関して、一方の基体と他方の基体に関して顕在化されたものの区別を学ぶであろう。〈私たちは、また〉、転義された意味で、端的な経験と端的ではない特性をもつ経験についても語らねばならないであろう。この端的な基体は、端的に、その端的さに本質的に帰属する諸規定をもっている。あらゆる端的な経験、ないし端的な基体の存在意味をともなうあらゆる経験は、感性的経験である。この存在する（純粋に経験の存在意味とともに存在する）基体は、物体であり、経験の斉一性において真に存在するものとして妥当する物体として確証される。普遍的な斉一性において考えられる普遍的な感性的経験は、存在統一、すなわちより高次の秩序の統一をもっている。この普遍的経験の存在者は、全自然であり、すべての物体の宇宙である。明らかにこの全自然は、端的な経験において基体という仕方では経験されておらず、したがって基体の諸契機や「特性」へと端的に解明されてもいない。したがって、全自然というこの経験が、いずれにせよ、それに先立つ物体の経験に基づけられていることは明らかである。しかも、全自然もまた「経験される」のであり、それへと、私たちは、すでに個々の物体を経験しつつ方向づけることができるのである。また、それをその特殊性において顕在化することもできるのであり、そこにあって、全自然の存在は、その《特殊な‐あることの特性》においてみずからを示すのである。

ここでより明瞭に見るために、さらに私たちは、ある中間項をなお考察せねばならない。

物体を経験しつつ、私たちは、何らかの物体を解明しつつ（それを考察するとも言う）それへと方向づけられている。しかしそうした物体は、私たちにとって連関を欠いたものではないし、その経験は、つねに新たな物体の経験のたんなる継起でもない。私たちが経験しつつ述べるのは、物体が、物体の諸関係において、すなわち空間的、時間的な因果的関係性において、また部分と全体の関係、同一の全体のもつ部分間の関係といったさまざまな仕方での関係性において存立することである。同じような経験が存在するときはいつでも、当該の物体がそれだけで経験されるのではなく、多くの物体が「関連性において」経験されている。それは、多数性の経験の統一において経験されるのであり、その統一において、そこに帰属する個々の物体は、ある確実な統一を、すなわち空間的、時間的な配置、すなわち（そうしたものをすでに前提にする）因果的な配置などをもっているのである。私たちは、個々のものを継起性において経験するのであるが、そのさいそうした「配置」、そうした具体的な物体の多数性が意識されている。ただしそれらは、そもそもあらかじめすでに意識されうるのであり、その後に、より詳細に考察されもする。経験統一としての多数性が基づけられているときはいつも、その多数性は端的な基体ではなく、高次段階の基体であり、それ自身一つの物体ではなく、ある結合したものであって、物体の多数的な統一である。経験にそくして多数性は、その諸特殊規定へと解明される。すなわちそれはいまや、その諸特性とともにある個々の物体それ自身であり、しかも結合の諸契機であり、個々の物体およびその物体の特性を増大させる関係特性である。また多数的統一は、それ自身ふたたび、相互に統一をもつことができる。そうすることでその統一は、まえもって連結されたものとして経験され、基体という仕方で志向されるか、あるいは同じことであるが、それは主題的となり、顕在化されうるのである。

ここで、私たちが物体の宇宙、つまり全自然へと移行するとき、まずもって言えることは、全自然とは、普遍的‐統一的に経験可能な自然としての多数性なのであり、しかもすべてを包括する多数性であり、すべての物体、そしてまさにそれとともに、すべての経験可能な個別的な多数性をそれ自身のうちに含むような多数性であることである。

〈第九節　表現をとおした知覚とたんなる感性的知覚〉

私が目覚めた自我として、恒常的に知覚と経験のうちでもつ世界は、存在確実性において、何らかの内容をともなうものとして直観的であり、既知性の地平のうちに存在したり、直観的な現在性ではないが、未規定的な未知性をともなったりしている。

私の原初的な経験の世界、私の知覚の世界、現実的で可能的な知覚の世界。私が世界について現実的に知覚するもの、知覚可能なもの。まずもって、まっすぐに外に向かっている私の外部世界。私はすべての外部世界的なものを、時空的に物体の自然における物体として感性的に知覚する。私が人間や動物、そして文化的客観に行き当たるとき、私はたんなる自然だけではなく、精神的な存在意味の表現をもち、感性的に経験可能なものを超えたところへと導かれる。純粋に感性的知覚としての知覚は、たんなる物体性へ方向づけられており、端的にまっすぐにそこに向かっている。他方、私たちは表現の了解をとおしてだけ、知覚可能なものの知覚をもつのであり、それは、道具をそれとして了解することが、それが指示する人間を「思い起こさせる」ような場合であり、人間がその道具をある目的のために制作したとか、その道具は人間のためにこそそうあるとされているのである。また、〔その表現は〕より直接的に、人間の身体の表現としての物（的身）体としての身体の表現であったりする。そのどちらも、その表現を基づける物（的身）体的なものの感性的知覚を前提にしており、そこからの反省への移行を前提にしている。この反省は、したがって、直接的か間接的に、人間の人格的なもの（自我的なもの）の共同存在を、あるいは同様に動物の主観性の共同存在を、最終的な確実性へともたらし、この基づけられた仕方で、たんに物体として現実存在するだけでなく、それと一つになって、それへと関係づけられる主観的なものでもあるような存在するものを、最終的確実さにもたらすのだ。このことはしかし、端的にまっすぐ[*13]に経験可能なのではないし、知覚可能なのでもない。それは、

506 端的で感性的に経験可能なものによる基づけにおいてのみ、経験可能であり、端的なものとともに、それと一つになって「知覚にそくして」そこにあり、それそのものとして、そこにあるものとして経験可能である。反省はしたがって、端的に知覚されたものへと方向づけられうる知覚の働きではなく、ただ階層的に積み上げられており、直線的な方向づけから注意をそらせることで接近可能になる。ある人間が知覚にそくして現に存在する場合、その人は何らかのたんなる感性的事物のように、背景におさまって、そこにあることもある。この背景にあるものは、私の「知覚野」にあっても、私がそこへと方向づけられているのではなく、また、それを能動的に知覚し、それに従事しているのでもない。しかし私は、それを原本的《オリジナル》に現にあるものとして意識し、そこへと自分を方向づけることができ、知覚するという活動性の形式において、活動的に知覚しつつ考察することへと踏み込み、顕在化しつつ、その様相存在における存在を追跡できるという意識をもっている。このことは人間に対しても、動物に対してもそうである。

　ここでは、なお特別なことが、きわだたされねばならない。すなわち私が一人の人間へと方向づけられるさいには、この《自己を-方向づけること》、つまり能動性の主題的な光線がさしあたり端的に、まっすぐにその物(的身)体へと向かって、感性的に知覚しているのであり、この主題的な光線は、その物(的身)体において終局するのではなく、さらに進行し、その物(的身)体の表現の了解において自我主観へと向かう。したがって、何らかの活動や《自己を－方向づけ》たり、仕事をしたり、世界をもち、それによって世界から触発されていたりするその人の存在へと、まさにそのことが表現にもたらされるかぎりで向かっているのだ。そしてこのことに必然的に属しているのが、まさに私にとっての表現である、その物(的身)体としての身体への自我的な関係性という存続体である。とはいえ、さらにあらゆる解明に先立って、ここでは以下のことが述べられねばならない。すなわち一人の人間についての私の知覚が、他者の物(的身)体である感性的知覚から、その物(的身)体の表現をとおして、それに帰属して表現される自我主観へ至るというこの正常な歩みもまた、一つの態度変更を容認しているということである。つまり、私は純粋に物(的身)体的なものへと注意を向け、それによって、たんなる物(的身)体としての事物のようにそれとかかわりあうのであり、その表現は了解されてはいるが、この了解は顕在的に作動してはおらず、その自我主観は、いわば背景となっており、現にともにあるのだが、主題の外に存在しているのである。

そうしたことから私は、世界を経験の世界として体系的に、そしてまずは、知覚の世界として純粋に考察し、記述するために、当分はすべての表現の働きを停止させ、感性的な知覚（そして経験一般）が純粋に機能するようにしてみようと思う。それによって私は、純粋に普遍的な自然を獲得する。それは、感性的知覚の一貫した進行において、みずからのうちに含まれる関連として生じる自然として獲得されるのであり、しかも私によって知覚され、知覚可能になる自然として純粋に獲得される。というのも、私の顕在的な経験の領土では、私はいまや表現の働きを停止することで、いかなる他者ももっていないとされるからである。具体的に存在する世界にとって、このことは、一つの抽象を意味しており、まずは働きを停止することを表現しようとする一つの言葉である。すなわち、まず私にとって存在し、さらには妥当性のうちにとどまる〈何ものか〉を考察の外に置くことであるが、しかし、それによって、当然ながら、自然がそれ自身にとってだけ存在し、分離されて存在しているかのような概観や考えが述べられているわけではない。もしくは、「世界表象」や世界についての存在意識の根源的な形成において、初めに、私にとってだけ存在し、次に、その後、さらなる存在意味を確保せねばならないようなたんなる自然を、体系的に作り上げることが不可欠である、といったことが述べられているわけでもない。こうしたすべてのことが、語られているのではないのである。

世界を、しかも私にとって現実的で可能的な知覚において知覚されるものとしての世界を、直観にもたらそうとすることは、まずは感性的に知覚することで私を外部へと方向転換させ、外部世界へと超え進むことを意味する。しかし［そもそも］その始まりはいったい、どこにあるのか。外部世界が私にとって感性的に知覚されるのは、近さと遠さ、あるいは広さという拡張においてであるが、近くの世界的なものも、再度、より近いものやより遠いものをもっている。最終的に私は、自分が絶対的な近さをもっており、近さと遠さの相対的な差異のすべてにとっての始まりをもっていることに気づく。それが私の身体である。すなわち、(私にとって)感性的に知覚可能な世界、もしくは自然への還元において、私は私の感性的知覚にとってそれそのものにおいて第一の物体へと至る。〔では〕どうして身体は、世界についての私の感性的知覚にとって、それそのものにおいて第一のものであり、あるいは、同じことだが、私にとって必然的に第一のものであるのか。なぜならそれはまさに、私の「身体」であり、私の器官、ないし器官システムだからであり、それをとおして私は、自分が物(的身)体として知覚し、そのつど知覚しうるものすべてを知覚するからである。また、感性的知覚は見ることであり、見ることとは眼とともに見ることであり、あるいは、触ることは指で触ること、等々であるからである。とはいえ、身体それ自身は、どのようにして感性的に知覚されるのか。ここでは、一つの身体的器官が、他なるものにとっての知覚器官であり、最終的に身体とは、みずから自身にとっての全体器官なのである。身体にとってそのようにあることは、それ自身、知覚をとおしてこそ、つねに私にとって確実なものであるのだ。このことは、それ自身、すでに作動する身体性を前提にするたんなる感性的知覚なのであろうか。

508 この作動することは、自然への端的な方向づけにあって、匿名的である。しかし……

597 二四　共同体における人格、感情移入、愛（性愛と友愛）

〈概要〉　共同体化――あらゆる種類の内的な統一化として、人格、感情移入、愛（友愛）、衝動共同体としての性愛など。衝動的生一般、すなわち、低次の衝動的生から、意志的生への上昇、ヒューマニズムにおける生への上昇。

生――渇望していること。「原初的な充足」――原初的に実現可能な価値と自然。別様な価値。それに対応する行為する生の区分。自己保存と本能的生。

（拡張された意味における）本能的「飢え」。過剰な飢えの苦しみ。脅かされた実存の様式の一つとしてのこの苦痛への不安。不安一般における生。異種の動物と、動物一般、さらに人間への本能的不安。〔その〕反応である逃走。そして別の反応である「敵」という原初的な所与性における攻撃。死（食い尽くすこと）。群れの本能——性本能、性的接近と本能的充実。そのさいの「物（的身）体的合一」。

598

原初的現在（立ちとどまる生き生きとした流れること）の構造分析は、自我構造とそれを基づける自我を欠いた流れることのたえざる下層へと私たちを導く。その流れることは〔私たちを〕、一貫した遡及的な問いをとおして、沈澱した能動性を可能にし、それが前提にしているものへと、つまり徹底した先-自我的なものへと遡及的に導くのである。

世界生における自我——顕在的な感情移入における、世代的な生および性的な生における自我。他なる《フレムト》内面性——他なる世界表象と他なる世界統覚や他なる先-自我的な根底、他なる自我をともなった他なる原初的現在——感情移入する準現在化。

再想起との比較。想起されたものは、ふたたび直観的になる。想起の直観が達成不可能であるような極限が、知覚なのではないのか。だとすればそれは、現在ということになろう。想起の過去が幻覚に変化するということはありえない。同様に、感情移入にそくした他なる《フレムト》具体的現在の所与性は、自己知覚の完全な直観性をもちうることはない。他なる自我や他なる心が幻覚に変化するということはありえない。その合致においてあるものが別のものに止揚される。しかもその妥当性のうちで。他なるものとは、その〈妥当性〉のうちで完全な直観を求めて努力するさいに、私の原初性によってたえず動機づけられ、私の必当然的な自己妥当性のうちに基づけられている。この自己妥当性は、その具体性のうちで世界を経験するものとして、またはみずから自身を客観化された人間として経験するものとして、抹消不可能である。両者〔経験する主観と客観化された人間〕は一つになっているのだろうか。もしそうであれば、他なる身体は、他者にとって内的事物として与えられているように、私にとって知覚にそくして与えられているだけでなく、同時に私にとって「外部に」あるものとして与えられているということになろう。だとすると他者は、他者でありながら、同一の世界と、その中で私が外部に経験する同一の身体を内的に経験するような誰かではないことになろう。感情移入は知覚にはなりえない。感情移入されたヒュレー的なものは、私にとっての知覚ではありえない。

完全に等しいものとしてのヒュレー的なものの総体が、他者に感情移入されうるのだろうか。このヒュレー的なものの総体は、私たちの誰にとっても〔くまなく〕世界統覚へと入り込むのだろうか。そしてそうだとすれば、ここでふたたび、他の自我は、あるいは他の具体的に流れる現在は、私のものと完全に同じなのか、という問題が浮上する。しかし誰もが必然的に、同じ世界という統覚を遂行しつつも、他の（そしてその人が他者でありうるかぎりで）、さまざまな観点をもつのでなければならない。それによって他者は、同じ感覚所与をともなった同じ感覚野を所持することができない、等々の問題である。

もっとも内的に相互に一つになること、他者と愛し合いながら「融合すること」、「人格と人格との〔融合〕」、このことはどのように記述されるべきだろうか、そしてこのことは、同じく愛することといわれる性的な合一とどのように関係しているのか。このことは、人格的な融合でもあるのだろうか。あるいは、それは感情移入において他者へとかかわる特筆すべき仕方なのか。つまりそれは、他の人格を無条件に、その全体的な人格性において愛しながら（生きる意志をもつ他の自我として、その自我が最終的に何を意欲しようとしているのか、そのすべてにおいて）、自分では、その人の生きる意志を自分の意志のうちへと完全に受け入れるという仕方である。他者が欲すること（他者がそこにおいて最終的に欲するものへの方向性において）のすべてにおいて、私は、愛するものとしてともにそれを欲し、私の普遍的な生きる意志において、他者の意志を受け入れている。他者と実際にともにいることで、私はその人の人格の、しかもその人格にとって究極的な、努力の現実化の歩みを追理解するだけではなく、それによって同時にその努力を熟知するようになり、それにとどまらず私は、他者の努力をたえずみずからのものにする。そうすることで私は、すでに他者との友愛が築かれるときから、その意志の方向づけのうちにある（そこにおいて愛の原創設が――そのさまざまな形式において――始まっている）。意志的生の総体性に関係づけられた人格性、——したがって、自我のその存在における総体性に関係づけられている。愛における、一方的な「合致」、あるいは相思相愛における相互的な「合致」、人格の融合。そこにおいて誰もが「お互いの位置」からその生をもち、現実において経験し、思惟し、行為する生、またそれ独自の活動による習得物や習慣性や関心をもっている。しかしここには、持続するものとしての人格的な愛の合一の具体的な実現という問題が、それがどのようにしてその意味においてたえず存在するのか、という問題がある。人格が二つで一つであること、共同体化された総体的な生と努力の統一。

まずもって、「性愛」は〔上記の愛とは〕まったくことなるものである。それは、周期的にくり返し現れる性的衝動の周期的な満足において、全体の生に渡って広がる男と女の合一化であるにしても、そうなのだ。本能的衝動、低次段階の衝動（一般的に動物的衝動）——人間の人格的な領域における本能的衝動。端的な働きの結果であるような衝動は行為ではなく、衝動にそくして方向づけられていることは、人格的作用でも、意志の作用でもない。当然示されねばならないのは、どのように意志作用（簡潔な意味における作用）が、衝動的感性において基づけられて育ってくるのか、ということである。

低次の衝動的生から意志的生へと、そして最終的に「人間性《ヒューマニティー》」における生へと向かって

さらに、衝動的生の周期性に遡及的に目を向けながら〈示されねばならないのは〉、どのようにして、そのつどの感性的衝動に対して、習得の周期性をともなった人格的地平としての開かれた意志地平が育ってくるのかである。あるいは、意志することの習慣的統一として、開かれた無限の人格的な生の未来がどのようにして育つのかである。その意志は、将来的な意志の連鎖をつらぬいて進行し、すでにそのつどの今における充実、ここでは衝動充実を意欲しつつ努力するものである。将来に対する事前の配慮、将来的な「財」に対する事前の配慮、将来的な欲求の充実に役立つもの、それらは、いまそこにあるものではなく、未来へと準備されてあるようにするものである。このことが前提にするのは、不満足が続く飢えの経験、飢えの危機などの経験である。したがって、事前の配慮や財の〈意味の〉発生の解明が必要になる。人格は、事前に配慮するものとしてのみ人格である。事前の配慮のさまざまな地平の絡み合いが問われる。

どこにおいて過去の生への遡及的なまなざしが始まり、欲求の育成と、より高次の秩序としての財の形成が始まるのか。これらはどこにおいて人類の統一へと関係づけられるの
600 か〈この人類という表題のもとでの全統一性の段階的な構成〉。より高次の人間の生の意志の育成、生の課題の意識、絶対的規範の生の意識。その規範のうちにひらかれた無限性が、人間の共同体へと関係づけられており、そこには「永遠の価値」が育ってきている。

より高次の真なる客観的な財と低次の財や消費財との区分。低次の財をより高次の人間の現実存在を基づける先行条件として、より高次の人間性へと組み込むこと。それによって、その財は新たな意味とその精神を獲得し、そこにおいてのみ、瞬時的ではあっても、その「永遠の権利」をもっている。人間の人間化《ヒューマニゼーション》の相対性、人類の相対性において、人間は本来的に人間の人格となる。さらに人格とのかかわりにおける真理および真正さという理念の相対性と、人格的な悪としてのエゴイズムの相対化において、そうなる。それは、国家的人間性《ヒューマニティー》という理念の展開、最終的には絶対的理念の展開であるが、その理念によって相対的理念は、通過点という意味で基づける通過段階とみなされることで、その絶対的意味を獲得するのである。宗教と科学。

　人類という理念のもとでの生、最終的には人間性《ヒューマニティー》という絶対的理念のもとでの生。そこに帰属するのは、人間がたゆまず努力することにおける真正の未来の理念としての人格的未来であるが、その人格的未来は、一貫した、あるいは、そこで努力された人間の未来との相関性においてである。事実的な未来の生と、理念的、真正なる未来の生の区分。人間の共同体の生は、伝統と歴史的生に基づく生〈である〉。回顧することと過去の批判の必然性。歴史の必然性と歴史の批判。個人的後悔、国家としての、人間としての後悔。真正なる「倫理的」後悔。普遍性と普遍的な批判への究極的な行程、無限の相対性における世界や人類への究極的な行程。絶対的なものへの意志。絶対的歴史性と目的論。

有限性における人類と運命、個体的地平における個々人の運命、民族の運命。生の価値をもつ世界、無限の希望に満ちた未来における正常な人間の現実存在。有限な宗教、国家的な神々。国家的な偉大さと、国家的な宗教の没落。運命のつねに新たな形態。人類の思慮としての学問。自律的人間と、世界と運命の統治。学問への信仰の崩壊と技術化の帰結における人類の堕落。懐疑主義へと転換する学問。

無信仰、懐疑主義における最後の思慮、自律の可能性と、合理的な現実存在と絶対的な真正さの現実存在の形式の可能性に関する自律的な思慮。

原初的に実現可能な価値、原初的充足

自然的であれ、人為的であれ、合理的な循環性における生、欲していること、欲求をもっていること。しかもそのつど特殊な欲求をもつこと。欲求の充足として享楽へと向かって生きること。

601 原初的な充足――「充分に」物があるという原初的所与性に向けられつつ、しかもその物に関する原初的な実現をともなって享受が現実化される。食べ物は客観的な存在意味をもっている。とはいえ、その享受において食べ物は、私にとっての知覚にそくして必然的に現に存在する。しかもそれは近くの事物の所与様式において、そして「味覚」器官による直接的な接触のうちで触覚的に存在する。ある種の傑出した原初的な現出様式が、この食べ物の享受を実現し、欲望する志向を現実化し、それを充実する。花の「美しさ」も同様である。

食べ物は食べ物として統覚され、たとえ私がそれを食べに行かなくても、すでにあらかじめ一つの「価値」をもっており、私はその食べ物を、その種類に応じて、たとえばトルテや美味しそうにローストされた肉などとして認識する（私が空腹であると仮定して）。統覚へ至ることになるものは、私が〔食べ物を〕より近くに手繰り寄せることで、ある種の味覚を享受するであろうということである。私や私と同じような人、私の正常な環境世界にいるだれもが、そうするであろう。私や私以外の人々にとって、そのような（相対的な）価値が自己能与の原初的領域において実現されているのである。

いまやどのような実在的なものも、またどのような空間時間的に存在するものも、ただ直接的に経験され、知覚されるかぎりで、つまりそれらについての原初的な核――その現物の核――が知覚されるという仮定のもとで、そして、ある価値の「知覚」、あるいはむしろその価値自身の根源的な所有が享楽において生起し、さらにこの享楽が知覚にそくした所与様式に基づけられているかぎりで、原初性は、享受するいかなる場面においても本質的な役割を演じている。とはいえ、すべての価値が原初性においてだけ実現されうるわけではなく、すべての内世界的客観がたんなる自然客観であるわけではない。

世界経験――世界所持、目的に応じた形態化としての世界行為。行為――統覚の変転、その統覚において統覚システムが変更される。すると、すべての他者にとってもそれが変化する。本能的で目的にそくした生の自己保存と統一。

先行するもの、すなわち本能の正常な充足、充足へと移行する「空腹」。異常なもの、すなわち過剰な非充足、苦痛としての「空腹」。

不安における生。見知らぬ動物への本能的不安、すなわち「脅かされた実存」。逃走、攻撃、戦いという反応（「実存を脅かすもの」への攻撃、すなわち「敵」という原初的所与性の内部における）他なる《フレムト》身体物体への攻撃、それに触れ、摑み、その運動を破棄し、他なる運動する器官や他なる身体運動一般を、それが近くで運動するかぎりで不可能にし、その他なる身体が「逃走して」遠ざかってしまえば、放免するだけである。

死、他者の死――身体が身体であることを止める。生きた物（的身）体を食い尽くすことは、それを死なせることになる。人間と戦闘、逃走、他者への不安。

性的接近と本能の充実――原初性における物（的身）体の合一一般。すでに一つの物（的身）体を手に入れ、それを私の身体の部分にすること。性的な物（的身）体の合一――一つの物（的身）体性における二つの心、この物（的身）体性において個々の身体がなおも含まれていること。

群れの本能、世代的なもの。愛の本能、広義と狭義の意味における愛。防御と攻撃における、不安における、熱狂における統一としての群れ。動物から見られた人間。人間から理解される動物の世界。

私たちは家族の中で成長し、家族をとおして民族的共同体のうちで成長する。私たちは共同体へと入り込み、段階的にその環境世界へと入り込むように成長する。動物の世界においても同様である。私たちの理解は拡張され、私たちの世界経験、世界統覚が拡充される。私たちが成熟すれば、成熟した世界それ自身が、ある程度確固たるものとして、その一般的で存在論的な構造において存在し、特殊な伝統的類型において存在する。私たちはいまや、世界認識を主題にすることができ、歴史や自然史を主題にできる。人間の世代的な関連、私たちの歴史的世界。動物の世界、有機体の世界、有機的世代の統一――そこに一つの分岐としての人間の世代〔が含まれる〕。

原注

＊1　世界を統覚すること。しかも連合の受動的能作にもとづいて。この連合は、共通に統覚された環境からの触発をともないながら、感情移入する準現在化を動機づける。しかしその後に、私の能動性は、他者の能動性と一致したり、一致しなかったりする。

＊2　想起においてももちろん同様である。

＊3　この行為することは、経験する活動や最終的に私の身体的活動のうちに基づけられている。私の行為が直接的に起こるところで、あるいは私の活動が直接的であるかぎりでそうである。この行為は、他者をとおして行為するという形式において、そしてその人々の身体性についての私の経験をとおして間接的にも存在する。

＊4　孤独な判断の問いが欠けている。証言するということ！

＊5　とはいえ、動物の伝達と言語との相違こそが重要な問題である！

＊6　上述のテキストの草稿に並んで、原草稿では、以下の文章からなる原稿が残されている。ただしそれは、連続して記載されているテキストの特定の位置に組み込まれるようなものではない。「統覚は、すでに以前に類似の客観が経験されていることを前提にしている。客観形成は、たえず進展し、統一形成、同一化ができあがり、哺乳類の類型に基づいて、それと

同様な新たなものが形成される。象という周知の種の新たな個体ではなく、新たな種の哺乳類、例えば象の新たな特別種か、もしくは厚皮類の新たな種〔が形成される〕。典型的な統握、特殊な統握、種の統握。個々のものはすでに、正常なものとしてなじみのある周囲におけるそれらと同等な地平をもっている。その正常なものは、他なるものと個々の他なるものを異常なものとして、初めて可能にする。正常なものの根本領分においてすべてのものは、その類型を、種にそくしてなじみのあるものとしてもつことになる」。—編者注。

＊7　発生はとりわけここでは、世界の因果性という世界の意味をもってはおらず、超越論的な意味をもつものである。しかしそのさい問われるべきは、どのようにしてこの超越論的発生が、人間的、そして動物的発生、および心理学的そして社会的（教育学的）発生に「反映している」のかである。

＊8　違う！　これでは不正確である。低次段階の構成的な「もし〜ならば」は、たえずこの「〜になる」の通路である。感情移入はその基づけにおいて、まさに原初的な身体性を前提にしている。したがって、それは構成的な通路なのである！

＊9　以下の頁を見よ！

＊10　まえもって所与されているのは、たえざる世界経験と、そこにおける世界知覚において「実在的なもの」の宇宙としての世界である。それはつねに「感性的知覚」であるが、純粋に感性的に与えられているものへの、自我の方向づけという意味での感性的知覚ではない。

＊11　ここで直ちに提起できるのは、（a）もっとも広い意味における意図的な「述べるこ

と」としての伝達、(b) 客観的な精神としての人間的現実存在の非意図的な表現である。

＊12 上記では、以下のことがより強調されて述べられねばならなかったといえよう。つまり、感性的事物の現出とその統一は、それらが、私にそもそも意識されるから、私にとってもっぱら固有なのではなく、それらは私に、簡潔な意味において存在する自我に、すなわち自分の存在それ自身を原本的に意識している自我に、原本的に（あるいはむしろ原初的に）意識されるからであり、すべての原初的に意識されたものが、自我としての自我と不可分に一つであり、この自我とだけ不可分であるからである。

＊13 端的にまっすぐであることは、自我－反省的であることに対置される。

訳注

[1] Gemeingeist 「公共心」と訳される場合もあるが、より一般に使われる Gemeinsinn（ラテン語の sens commun 英語の common sense のドイツ語訳である）の訳語として「公共心」をあてがい、Gemeingeist を「共同精神」と訳したのは、本書「一九 共同体の高次の能作とその構成」の第六節の標題にあるように、この語は、「共同の作用ないしは共同の能作の基体としての交流する人格の数多性」ないし「共同の人格性」を意味し、人格としての能動的な働きかけあいをとおして成立する構成的統一を意味しているからである。

[2] Wirkungsgemeinschaft ドイツ語の Wirkung には、「作用」や「働き」といった意味だけでなく、それらを原因とした「結果」、「影響」、「効果」という意味もある。このように、

「直接的、間接的な働きかけが、結果として影響を及ぼし、効果をもたらす」という機能的関係がこの語には含意されている。このことから、この語を「共に働きかけあう共同体」と訳した。

[3]　Ich-Du-Beziehung　フッサールの「共同精神」における「我‐汝‐関係」の記述は、『フッサール全集』第一三巻における「我‐汝‐作用 Ich-Du-Akte」（同上四七三頁、一九二〇年）にすでに見られ、一九二一年のこのテキストに記述されていることからして、マルティン・ブーバー（1878-1965）の『我と汝』（一九二三年）における「我‐汝‐関係」とは、直接的な影響関係はないように思える（ルーヴァンのフッサール文庫に保存されたフッサールの蔵書のなかにもブーバーの著作は見当たらない）。しかし、それだからこそ、第一次大戦という時代の危機を経たこの時期に、フランツ・ローゼンツヴァイク（1886-1929）の『救済の星』（一九二一年）とブーバーの『我と汝』に代表される「汝」の概念を掲げる精神的運動が高まってきていることは、注目すべきことといえよう。フッサールの「我‐汝‐関係」の特徴は、精神共同体における人格同士の社会的な人格主義的かかわりにあり、直接、宗教的次元での関係性を意味しているのではない。なお、フッサールとブーバーが一九二八年、フライブルク大学でのフッサールの講義のさい、直接出会って、言葉を交わしていることについては、モーリス・フリードマン『評伝マルティン・ブーバー――狭い尾根での出会い〈上〉』（黒沼凱夫ほか訳、ミルトス、二〇〇〇年、三七五頁）を参照。

[4]　Quallensubjekt　「クラゲの主体」については、『その方法』の三七二頁も参照。クラゲ

の主体に至るには、脱構築という発生的現象学の方法がとられる。この方法は、私たちの意識のもろもろの構成層に対して、各層の構成能作を働いていないものとして停止させることで、各々の意識層相互の基づけ関係を明らかにする方法である。フッサールは脱構築をとおして、クラゲという主体がその知覚をとおしてどのように環境世界を生きているのかを分析しようと試みている。

[5] Gemeinschaft und Gesellschaft 「ゲマインシャフト」と「ゲゼルシャフト」を区別したのは、ドイツの社会学者フェルディナント・テンニエス（1855-1936）である。彼によると、「ゲマインシャフト」においては、人間の本質にそくした意志に基づいて、相互に人格的な関係が自然に形成される（例えば、家族や村落共同体などにおいて）。それに対して「ゲゼルシャフト」においては、人々は選択する意志に基づいて、相互に客観的事物をめぐる合理的で功利的な関係を形成する（例えば、都市、市場、会社などにおいて）。「ゲマインシャフト」と「ゲゼルシャフト」とそのままカタカナ書きすることが多く、「共同社会」と「利益社会」と訳されることもあるが、ここでは、内容にそくして「共同体」と「社会」と訳した。テンニエス『ゲマインシャフトとゲゼルシャフト』〈上・下〉杉之原寿一訳、岩波文庫、一九五七年）参照。

[6] Hexis 「状態《ヘクシス》」とは、アリストテレス倫理学における重要な概念の一つである。彼のヘクシスという概念は、通常考えられるような、日常的な行為の反復によって形成されるもの（習慣）という意味ではない。高田三郎が指摘するように、ヘクシスを有する人は、その

状態にあるゆえにその行為を発動する（例えば、「正義」というヘクシスを有する人は、自らの行為を正しい行為として発動する）。つまりヘクシスは、たんなる可能性としての「デュナミス」とは区別され、「……一定の〝エネルゲイア〟に向かっていわば一方的に方位づけられた可能性」である（アリストテレス『ニコマコス倫理学』（上）、高田三郎訳、岩波文庫、二〇〇九年、三三三頁）。また、アリストテレスのヘクシス概念のうちで、「所持」から「状態」へと意味が展開したのにそくして、habereを、「何らかの状態にある」という意味の se habere として解釈、説明したのが、中世ヨーロッパの哲学・神学者のトマス・アクィナスである。アリストテレスがヘクシスに与えた定義はこうして、トマスにおいてしばしば「習慣 habitus」の定義として用いられるようになる。詳しくは、稲垣良典『習慣の哲学』（創文社、一九八一年）第二部第三章を参照。

［7］ Menschheit 訳語として「人類」と「人間性」が考えられ、例えば一般的に「動物の歴史」に対する「人類の歴史」という場合の「人類」という用法と「普遍的人間性」といった場合の「人間性」に訳し分けた。

［8］ causa sui ラテン語で「原因 causa」と「自己ないし自身 sui」を結びつけて、自己の存在の原因が自己自身にあることを意味している。この概念は、プロティノス（古代ギリシアの新プラトン主義者）、デカルト、スピノザ（1632–1677）、カント、シェリング（1775–1854）、またニーチェにおいても使用されており、ほとんどの場合、無条件的存在として「神」が、この「自己原因」として表現されている。

[9] Sachlage 「事況」とは、文脈に応じて「状況」とも訳されるように、問題になっている事象位相を同定するさいに用いられる説明概念である。それに対して「事態 Sachverhalt」は、判断する働きの相関項であり、「SはPである」といった文法形式を備えた、狭義の志向的な経験に対応する。知覚において「知覚作用」と「知覚対象」とが区別されるように、判断においては「判断作用」と「判断される事態」とが区別される。事態は、知覚される感性的対象ではなく、理念的対象の一種である。「太郎は花子より足が速い」と「花子は太郎より足が遅い」という二つの命題は、言表される「事態」としては異なっているが、同じ「事況」を表現している。

[10] φ-Phänomen 仮現運動の代表的事例の一つ。一九一二年にゲシュタルト心理学の創始者の一人であるマックス・ヴェルトハイマー(1880–1943)によって発見された。二つの光点を交互に点滅させ、それを六〇ミリ秒ほどの間隔に設定すると、光点が一方から他方へと移動しているような知覚が被験者に成立する。実際の移動運動は行われていないにもかかわらず、運動が知覚されるのである。それがファイ現象である。

[11] ヴォルフガング・ケーラー(1887–1967)は、ゲシュタルト心理学の創始者の一人で、サルを使った実験で、行動主義心理学的理論に抗して、全体の状況を瞬時に洞察する能力をサルに認める「洞察説」を展開した。彼の「心理物理同型説 psychophysischer Isomorphismus」は、現代における「ミラー・ニューロン」の発見に先立つ見解とされている。

〔12〕 allzeitlich 「超時間的 überzeitlich」とはことなる「遍時間的」については、本書第四部訳注〔3〕を参照。

第四部　正常と異常

133　二五　正常な人の世界と、異常な人が世界構成へ参加すること[1]

他の人々を理解することだけが問題ではなく、共同の環境世界と人間の共同体を理解することが問題なのであり、これら共同の環境世界と人間の共同体にとって、この環境世界は精神的‐実践的世界として存在しており、この他の人々は、その世界へと入り込んで生きており、自分たちの精神的形式において形態化しているのである。

そのさい、解明する者としての私は、すでに一つの「できあがった世界」をもっていて、その世界に最終的にたどりつくのでなければならず、その世界を最終的には完全に構成的に理解するのでなければならない。しかし妥当のもろもろの段階――「人間」という構造ないし人間性の段階――において、また相関的に可能な相対的なもろもろの環境世界の段階において［その構成に関する理解としてある］。こうして、故郷の家族、故郷の地や故国などは、相対的に分節化した統一である。私はこれら諸層を「脱構築」[2]によって、それぞれ独立させて考えることができる。歴史的－人間学的な諸事例。それらは追理解にあって脱構築しやすくしてくれたり、範例として役立ってくれる。

いまやここで問題となるのは、心理的な本質のさまざまな類型が、前もって与えられている世界の構成にとってどのような役割をはたしているのかということである。とはいえ、まずもって、ここでいったい何が問題であると言えるのだろうか。

内省する者としての私は、超越論的還元という絶対的地盤の上に立つとして、「まさしくこの」世界を前もって与えられたものとしてもっている。存在意味を、思念されたもの、そして妥当しつつ引き続き妥当するものというあり方でみずからのうちに担っているような、いわば完成された能作をもつ私の意識生はいかにして明晰化されるのか。前もって与えられることを構成している志向性は、そしてその志向性において引き続き妥当し、なお引き続き自身を規定している世界の同一性は、いかにして築き上げられているのだろうか。世界のこの同一性はすでに築き上げられており、私は覚醒した自我として、世界をもつという顕在的な志向性のうちに生きているが、私はこの志向性をその「根源」に向けて問うのである。私はこの志向性を、志向的に基づけられた志向性として、すなわち顕在的および潜在的な含蓄性を自身のうちに含んでいる志向性として顕在化することができる。生き生きした発生としてのこの志向性から出発して、私は生き生きと経過しつつある発生、また過ぎ去った発生をも解明することができ、そのようにしてそもそもこの生き生きと前もって与えられている世界を、その生き生きとした遍時間性[3]において明らかにすることができ、しかもその世界の存在および《そうあるあり方》[4]を、その世界についての私の意識の能作として了解するのである。

原初的還元（前もって与えられた世界をその原初性へと還元すること）[5]という私の方法において、私は相関的に原初的な我《エゴ》に到達し、そこから出発してさらに構築し、私は感情移入（第一の根源性＝他なるもの《フレムト》の知覚において）を行使し、またこうも言いうるが、ふたたび原初的感情移入を妥当するものとみなし、「原初的な他の人々」を獲得する。私は経験の範囲に、さしあたりは「他なるもの《フレムト》の知覚」の範囲にとどまる。私は抽象的な還元のうちにとどまりつつ、私にとって前もって与えられた世界のうちで、私の原初性から出発して、さしあたり他なるもの《フレムト》の知覚として基づけられ、妥当するに至るものを追求する。私はいまやそのようにしてさらに進む。私はまさに幾人かの他の人々を知覚領野において受け取ることができることになろう。しかし私はやはりその人々を個別的に、より詳細に解明しうる、確証しつつ規定する経験へともたらさなければならないだろう。そうせねばならないのは、次のことを見きわめるためである。つまり、個人としてのその人々が、何をすることができ、どんな仕方でその人々がともにいることが、私に前もって与えられている世界に対して寄与しているか、つまり主観的にみて私にとって、私が私から、すなわち私の原初性によって動機づけられて、この他者の存在意味を志向的に形成し、この動機づけにおいて妥当へともたらさなければならないかぎりにおいて、そうなっているのかを、見きわめるためである。知覚上、他者は前もって与えられた世界の妥当の歴史を規定している。つまりこの世界とは、すでに間主観的に世界的なものであり、〔まずは、〕純粋に、私によって原初的に構成されたものである。そして他者によって、すなわち、もっぱらこの動機づけから出発して、私にとっていまや存在するものとしての他者によって構成されたものである。私がみる隣人は、すでに第三者なのであり、この第三者は（彼は彼で、私によって、つまりすでに第二の自我と共通の世界を層としてもっている自我によって〈与えられた意味創設にしたがって、なしうることであるが〉）いまや最初の「私たち両者」のこの世界を、私たち第三者にとっての世界へとさらに形成していくのを助けるのである、等々。そのさい、他の《フレムト》主観たちの存在意味もまた変形し、そして私固有の存在意味（私と同様の他の人々の中の自我としての）もまた引き続き変形する。次に、私が抽象的にすでに他者を世界の領野（これはさしあたり――抽象的に――私たち両者にとっての世界であるが）においてもつのと同様に、私はその他者を、価値づけする実践的な共同主観としてももつが、しかしまた客観、つまり私の配慮や私の活動などの客観としてももつのである（ある層からしてのみの自然〔として〕）。そしてそのようにして私は新たな習慣的な諸層を受け取り、私自身がそこに属する世界や、新たなこの世界に関する諸層を受け取る。これらの層のもとで、私は他の人々にとって「有意義性」をもち、他の人々は私にとってその「有意義性」をもつ。

私たちはこうしたことすべてをたんなる知覚領野において働かせていた。もちろん、以下のことがさらに問われる。すなわち、完全な時間化や、存続する実在性としての人間の構成、すなわち時間をとおして存続し、物（的身）体としてだけでなく、それと一つになって心的に存続する主観としての人間の構成がどのように解明されるのかという問いであり、そしてそれと一つになって存立する世界のさらなる構築、すなわちあらゆるこれらの、世界そのものに帰属する主観たちにとっての、また主観たちをとおしての構築が〈いかにして解明されるのか〉、という問いである。そのさい忘れてならないことは、人間が存続して、ともにそこにいることが構成されていることであり、それをとおして初めて、一つにとどまる実践的環境世界の統一が、すなわち一つの生活世界の統一が生成すると言えるような開かれた共同体としての人間と、その構成員の構成〔の仕方〕である。

ここで、はっきり強調しておかねばならない一つの前提がある。それは私が知らず知らずに、私の前もって与えられた世界の構成的構築への、この基づけの歩みにおいて、前提にしていたものである。それは、簡潔に言えば、私は他の人々をその「正常性」において受け取っているということである。そしていまや考慮しなければならないのは、これがいったい何を意味しうるかということ、ないし、同様に前もって与えられた世界にともに属している異常な共同主観を捨象し、正常な主観の異常とされる生の時期を捨象することが、いったい何を意味しうるかということである。つまり、これらの人々はどのようにしてともに構成されることができるのか、そしてその人々は、どの程度、自身の心理的生（超越論的に転向した）をとおして、前もって与えられた世界そのものの構成に参加しているのか、あるいはしていないのか、といったことである。

私たちはさしあたり、「正常性」に至るために、以下のことを考慮しよう。つまり、超越論的我《エゴ》として世界を経験しつつ（ただし存在地盤としての世界をカッコに入れつつ）、私は私の、いわば知覚的に現出する他の人々を「感情移入」をとおして目の前にしている。私は、私の全体的な習慣的構造と、私にとってすでに妥当している世界、すなわち私にとってすでに間主観的に妥当する世界を伴いつつ作動しており[6]、そのように作動するのは、そのさい、《私自身にとって存在すること》という形式と《他者との繋がりにおいてあること》という形式における《私の存在》、すなわち、私と同じ者として他者を統覚する、原創設するものとしての《私の存在》のおかげなのである。そのとき私に属しているのは、意識にそくした私の環境世界、つまり、あれこれの仕方で私にとって意識にそくして存在するものとしての、私にとってともにいる人間の共同世界であるような環境世界であり、
136
私の習慣的な関心や顕在的な関心の（そして各自の〈関心〉、および私たちの関心の）領野としての、私および私たちの本能の欲求とその充足の環境世界、また私および私たちのそれらに関係するその他の欲求や配慮の、また私の労苦の領野としての環境世界なのである。私はすでにずっと以前からたえず、私が覚えているかぎり、すでに他者と繋がっていたことから、私の顕在性と習慣性や私の関心の全体の生、そして習慣的な関心、能力、習癖などの自我としての私の存続する存在は、一つの環境世界に関係しており、この環境世界はすでに他の人々を含み、他の人々との交流において形成されており、またつねに新たに形成されているのである（多くの場合、他の人々もまたともに私の関心の的であり、実践的環境世界の客観になっている）。そのつど新たに私の周囲に近づいてくるどの人も、私の似姿にそくして統覚されるが、その人が正常だとされるのは、その人が知覚にそくした感情移入の導入によって、まさしく私と同様の人として私にとってもつはずの普遍的な地平の予描が、普遍的な本質様式において私と調和するときなのである。したがって具体

的にいえば、経験の進行において類似していると確証される（そのさい具体化は、まさに全体的な存在の様式を包括しているのであり、その存在の様式において、私にとってすでに形式があり、それに属する在り方で、その相関する様式における私にとっての意識にそくした世界を包括している）ときなのだ。さらなる経験全体が、さしあたりはたとえば連続的知覚が経過していき、こうした知覚の進行において、連続して詳細な規定化や変化する規定化が、具体的な形式の予描の内部で経過していくときに、他者は、正常とされるのである。

　私たちが構成的な根源へと遡行するときに理解されるのは、似たようなことが妥当の基づけに類比的に、あらゆる段階に対して詳論されうるであろう、ということだ。私が抽象的に私の原初的な存在と私の原初的に還元された世界、私の原初的な世界生をきわだたせるとき、私はそのことによって、より高次の段階のもろもろの動機づけを遮蔽し、何が「他者」としてそこで動機づけられているのか、また何が志向的な下層として、しかも妥当の層として、私の我《エゴ》と私の具体的に前もって与えられた世界および私の人間である他者の具体化に入り込んでいっているのか、といったことを考察する。私はさしあたり抽象的に還元された、いわばそれ自体において第一の他者を獲得するが、この他者に、私の還元された存在構造と世界構造、そして私の還元された世界生（ただし相関的な観点などにおいて変様されている）が移し込まれ、この他者がそこで正常な人であるのは、感情移入する知覚が現実に相対的に具体的な様式——それがこの抽象的な還元においても具体的と言われるだろうが——のうちで維持されるときである。自分自身の原初的な具体化における、私の還元された原初的存在は、いまや初めて自我となるのであり、この自我が他の自我をもち、そこから出発して他の自我との可能な社会的結合に入り、人格的な自我となり、自分自身の人格的な汝をもち、〔その汝の〕自分自身にとっては自我であるが、その自我にとっての汝へと私はなり、あるいはなりうるのである。

私たちがそのようにして、私にとっての人間としての人間の発生、およびその人間の世界の発生として（まずもって私の原初的な経験領域に、他の人々が入ってくるたびごとに）、一つの歴史を構築するならば、私たちはそのつど、いわば動機づけの因果性の諸段階を歴史化したのであり、おのおの新たな段階に関して私たちは、より高次の正常性をともに定義づけたのである。このとき、どの段階にも正常な経験世界として構成された環境世界が相関的であり、まさしくより高次の普遍的な段階の正常な人々に関係づけられているのである。*1

ところで、ここで言われているのは、あらゆる新たに考慮に入れられる他の自我が、一つの新たな世界を生み出すということなのではない、つまり、世界の形式的な本質構造を変化させるというのではないのだ。世界のこの形式的な本質構造は、前もって与えられた世界およびあらゆる可能な前もって与えられた世界の地平という意味を描出することにより、あらゆる現実的な経験は、それがどれほど知識や認識を拡大しようと、それでもやはり普遍的意味にそくしてすでになじみぶかい（たとえ顕在的には、ましてや学的に解明されていないとしても）世界だけを顕在的な既知性へともたらしているのである。

しかしもろもろの構造段階を区別することが肝心である。感情移入一般をとおして、疑
138 似発生的に言えば、すでに第一の感情移入をとおして共通の世界が構成される。さらに構成されるのは、《他の人々との-繋がりの-うちに-あること》、持続しつつ相互に（そして互いに対立して、これは《ともにある》ことの一つの形式でしかないが）同じ世界の中に入り込んで生き、互いに配慮を込めることなどである。この世界が関心のある世界となり、私たちの実践的な生の環境世界となるのであり、そのさい私たち、すなわち私と他の人々自身が、構成された客観世界へと属し、しかも持続して属しているのであるが、その一方でこの「私たち」は同時に世界の主観でもあり、世界を経験し（自身も含めて）、世界を知り、世界的に行為する私たちであり、その結果、世界の客観的な内容を豊かにしているのである。*2

本質的に新たなものが、二者性から複数性への拡張、そして開かれた終わりのない、開

かれた「無限の」世界へと入りつつ予料されうる複数性への拡張とともに登場する。これが生じるのは、まずもって次のことにおいてである。すなわち、共同化（いわば環境世界〈として〉さらに構築しつつ作動する）が、直接的に経験される他の人々から、他の人々にとっての他の人々をとおして、反復的に引き続き広がっていくということ、そしてこの間接性が共同化の「産物」の間接性をも、すなわち構成される結合した共同体とその共同体の能作をも条件づける、ということにおいて生じるのである。

再度、本質的に新たなもの、それは複数性への拡張と不断に絡み合ったものではあるが、開かれて終わりのない世代の構成であり、それと一つになった誕生と死の構成である。これはたまたま生じる偶然性としてではなく、心をもつあらゆる生物の普遍的な構造的徴表であり、そうしたものとしての人間には、生まれ、死ぬということが属しているのだ＊3。

139 ふたたびこのことと関連していると言えるのが、人間の現実存在の歴史性、ないし私にとっての、また私たちにとっての、歴史的な人間および歴史的な人間共同体の歴史的な環境世界としての世界の構成である。歴史的であるのは、あるもっとも広い意味での、決して物々しい純然たる意味での人間ではなく、歴史的な共同体の構成員としての人間である。この共同体は、世界（つねにただ「私」にとっての、および「私たち」にとっての世界にすぎない）における存在者として、より高次の秩序の確固とした実在として共同体化した人間の形式において構成されている。この高次の秩序の実在は、人格の交代をとおして、すなわち人格として誕生することと、そこから出ていく死をとおして、特別な確定性をもつと言えるのである。このことは現在という固有の意味（たとえば政治的なもの（国家）であろうと、学問的なものであろうと、共同体の歴史的現在、およびその共同体の環境世界の歴史的現在）と、歴史的な過去および未来についての固有な意味を生じさせている。また同様に、次のような特有な意味、すなわち歴史的に隠された共同体化、それも場合によっては、この隠された伝統性にもとづいてはっきりと意識された現在に生きる人々と、とうに死去した人々との共同体化（歴史的な伝統と伝統における生とのさまざまな諸形式）に関する特有な意味をも、生じさせる。

歴史的な共同体に属する者としての正常な人間の環境世界は、私たちが述べたように、それ自身、歴史的である。環境世界は、実在的な客観としてたんに人格だけでなく、さまざまな形式と段階における共同体をも含んでおり、また共同体の形成、変形、解消とならんで、引き続き形成される歴史的な事物の世界をも、共同体の能作として形成され、引き続き形成されるように含んでいる。

どの正常な人間も歴史的であり、一つの歴史的に持続する共同体において存在する者として構成されているとすれば、その人の環境世界、すなわちその人にとって具体的に構成

140

されている世界は、歴史的なものとして画定されているといえ、そのさい「空虚な」空間時間性と世界という開かれた地平は顧慮されていない。これは私たちが、全体的な歴史的共同体を取りあげるさいにもそうなっているのであり、この全体的な歴史的共同体は、全体的なものとして、もろもろの特殊な共同体へと分節化されているのだ。

　世界を拡大することの問題、すなわち空虚な世界地平を、もう一つの歴史的全体性、他《フレ》の《ムト》、全体的に他《フレムト》の種類の、その意味で異常な環境世界の異常な人々という全体性によって充当することで、世界を拡張するという問題がある。全体的な「地上の」人類への結合。逆に、伝統の「忘却」による、伝統の断絶による一つの全体性の崩壊。

　本質的に歴史的な環境世界の構成とあいともなって進むのは、自身の有限性を踏み越えていく終わりのない世界の構成、開かれた自然の構成であり、そして、このことが可能にするのは、つねに進行するものとしての、つねに新たな、ただし事実的には到達不可能な歴史的全体性の開かれた可能性の構成である。*4

　しかし、異常性の構成はどのような具合になっているのだろうか。私は超越論的に内省する者として、私から出発し、私にとって妥当する世界から出発した。私が遡って内省するかぎりでの私の時間性において、私はつねにすでに世界をもっており、これは同じ世界であるが、しかし私の生においてつねに新たな意味を受け取りつつ、あらゆる諸変様をとおして、なお存在する世界の統一を堅持してきた世界なのであった。幼児期にあって、私にとって、人類の世代的な現実存在と歴史の意味は閉ざされたままであり、私は伝統について何も知らなかったし、私にとって伝統は存在しなかった。他の人々だけがそれを知っていた。すなわち、私の遊びや童話などでさえ、太古の伝統から私へと、その伝統のうちに存していた他の人々をとおして伝達されたものであるということなのだ。私は誕生と死について、その言葉をすでにもってはいたが、何のことか見当もつかなかった。私は文学について、学問について、芸術について、歴史的文化一般については何も知らなかった。とはいえすでに、さまざまな絵画や道具などの事物をそなえた環境世界をもってはいたのだが。私がもっていた世界の存在意味は、進展する意味の変化する形成のうちにあったのであり、たんなる地平の充当による意味の拡張ではなかった。世界地平は、ある種の開放性をもってはいたが、特定の描き込みを、すなわち、いずれにしても開かれて終わりなく進展していくような特定の描き込みをもっていたわけではなかった。問題であるのは、どのような種類の意味形成が生じていたのか、それはどのように理解され、構成的に解明することができるのか、ということであり、さらに私が成熟した者として、まさしく「その」世界について表象を、もっとも、非常に不完全な表象をもっていたということと、また徐々にようやく、どこまでも広範に及んでいく世界についての知識を獲得したということ

141

とを、あとになってどのように理解できるのか、ということである。

成熟した大人や正常な人々のあいだにあって、成熟した人間としての私と、私と少なくとも間接的な共同体のうちに生存するあらゆる人々は、同じように私の世界経験を形成している。しかし経験世界の様式、つまりこの世界が成熟した「理性的な」人間にとってどのようにあるか、また同じことして言われるように、「この経験世界は現実にどのようにあるのか」という様式は、もはや根本的に何ら変わることはない。もちろん、時間が経過すれば「世界観」は変わるし、その存在意味も、私たちの歴史的な文化共同体の統一の内部でも変わっていく。したがって、このことがふたたびもろもろの問題を生じさせることになる。

私の幼児期に遡りながら、いくぶんか明晰な想起をもっているかぎりで、私は想起を遂行するだけでなく、遡及しつつ解釈と修正をも遂行し、それだけでなく、多くの場合、無意識の想起の捏造を、より以前の経験による統覚的な曲解と形態変成をとおして遂行する。これは今の統覚から出発する遡及する統覚である。

定義上の意味での正常な人間とは、成熟した人間の別の意味での（初めて規定されるべき意味での）正常な人間の理念化である。

私が理解しようとするのは、私の世界が人間的な環境世界として、しかも共同化されて生きる人類の環境世界として、より詳細にいえば、私の実践的環境世界ないしは生活世界の私の「私たち」の環境世界として、いかにして構成されるか、ということである。この世界はさらに非実践的な世界地平にとり囲まれており、またより具体的には、他のもろもろの国民ともろもろの生活世界を含み、最終的には「空虚な」世界地平へと移行するような世界地平によって取り囲まれているのである。これが理解できるためには、私はもろもろの抽象化を必要とし、一つの抽象化の段階は、成熟した人々の共同体であり、さしあたりは現実に「私と同等」と想定される人々の共同体である。

問題になるのは、世界が私にとって、事実上、証示可能なものとしてもつあらゆる〔構成〕層である。ここで妥当とされるのは、私の正常な「私たち」という成熟した人々の共同体を、そしてあらゆるそのような私たちの共同体を遡って追究することである。その一方、幼児たちは、眼の前にあって、適切に対処されるべき存在による世界にしか属していないといえ、それは、精神病者、病人なども同様といえよう。しかし困難であるのは、他方、これらのことすべてを満足できるように捉えることである。すなわち具体的な世界は、どのように、正常と異常によってともに規定されているのか、またそれに応じて具体的な文化世界がどのように各層に分かれているのか、またそのさいこの具体的文化世界が、学問として、芸術として、手工業として、国家として、まずは正常なもの、相対的に理性的

142
な、成熟したもののみがそれとみなされ、それと同時に、排除されたものと一つになって受け取られることで、具体的な地平性において存在していることを、どう捉えるのかということである。

最後に、成熟した人々はまったく同等の者として対峙することは決してありえないにもかかわらず、どのようにして一つの生活世界が構成されるのだろうか。生活世界は個別的な生活世界として（例えばヨーロッパの文化世界やイギリス国民の文化世界としてなど）、一つの個別類型的な普遍的構造をとおして構成される。そのさいこの普遍的構造をもつのは、当の文化のどの「正常な」人間も、その人間の時代とこの文化の時代において（それぞれの現在においてそのつど）意識的にまた習慣的に、その人間の精神的な生活空間としてもっているのである。また、その人間が自身の個別的能力に応じて、自身の個人的な生活から出発して、無数の不完全性の段階において具体化される「形式」として、不完全にもっているのである[*5]。

この文化世界そのものの確定性がそこに依っているような、こうした文化の確固とした構造はどのように構成されているのか。他方ではそうした構造もまた「その時代」をもち、「その時代の」構造であり、変転しつつ、それでもなお歴史的な様式の統一のうちでのみ変化するものである。この様式というものがいわば、古代ギリシアから現在までに至るヨーロッパのそれのように、ある普遍的時代の文化の「歴史的実体」をなしているのである。いまに生きる者はそのことを何も知らないが、自身の文化の歴史としてその人の歴史であるその歴史を、露呈することはできるのである。それができるのは、その人の歴史的現在〈自身の現在に生きる、過去をともなった具体的に生き生きした時間性〉から〈出発して〉のみ可能なのである。

人間として正常であるとは、「誰もが」という語で具体的に自分を理解している者であり、共在する人間の開かれた人間共同体に属する者である、ということだ。この共在する人間とは同一の歴史的な生活世界をもっていて、皆になじみがあるが、説明されてはいない同一の形式構造によって規定されている。正常な者とは正常な共同体において、正常な共同体によって正常な者なのである。

148 二六　正常性から出発する世界の超越論的構成

〈内容〉　前もって与えられた世界と、異常な人々をともなった正常な人々の世界。異常性の諸様相。人間－動物－精神病者。人格的異常性など。動物の世界、未開人の世界、精神病者の世界、端的な世界そのもの－私たちの世界。

志向性の主観としての自我。覚醒した自我。受動性の様相における志向性と能動の様相における志向性。「受動性」、すなわち、本能と連合。覚醒した自我の能動性、覚醒した自己意識の中で自身の自我作用を貫いて努力しつつあること。（衝動的習慣性としての）本能的衝動の特種な主観としての自我、あらゆる生き生きした現在を貫いているもろもろの衝動志向性の主観としての自我。そのさい覚醒した触発と作用において生き抜き、それらとともに新たに創設される作用習慣性の主観としての自我。様相化されていないものとしてきわだっているもの、すなわち様相化されていないままにとどまる獲得されているものに向かっている衝動。あらゆるそのような衝動の特別な綜合。したがって作用の生を衝動が貫いており、自我、触発された自我が、なにかあるものへと方向づけられ、目的づけられ、それに向けてめざされている。「能作を遂行する」こととしての作用、自身の能動性において習慣性に基づいて能作しつつある者としての自我。この習慣性にそくして自我は、自身の古い能作を、到来するものに向けてとどまり続け、抹消しえない獲得したもの、すなわちとどまる能力としてもっている。連合的受動性をとおして、獲得されたものの顕在化が、統覚として遂行される。統覚する者としての覚醒した自我の生、新たなものを、古いものにしたがって、確信において妥当なものにそくして統握する者、ある意味で古いものに同化しつつ統握する者としての自我。私がそれをとおして世界の現在をもつと言える
149 志向性は、過去の志向性を自身のうちに含蓄している。あるいは経験の、すなわち経験する統覚の現在の世界は、それ自身のうちに、世界を志向的持続性と媒介において類似化するものとして、私の経験の過去の過ぎ去った世界を含蓄している。確実性へと、存続するものへと、とどまる妥当性へと努力すること、所持すること。――しかしこれらは、すべてあまりに一般的であり、未規定的である。

したがって私たちは世界を能作として考察する――私にとっての世界を、私の能作、私の受動性に基づいて私の志向的能動性から発する能作として考察する。この能作において私は私にとって、世界の存在をともに能作する者としての他の人々の存在を獲得する。

全体的能作は、反省によれば、つねにすでに遂行されており、しかも私がつねにすでに前もって与えられた世界をもつ、という具合に遂行されている。能作は、私のおよび私たちの能作を遂行する主観性の不断に前進する能作として、さらに進展していき、前もって与えられた世界が引き続き形態化されていき、つねに新たな意味を獲得する。しかし不断

に同じ世界がそこにとどまり、どの現在においても、将来的に、誰にとってもこの対応して生成した意味をともなって前もって与えられるものであり続ける。私が探求するのは、前もって与えられた世界の普遍的な様式、さまざまな段階の環境世界におけるこの世界のあらかじめ与えられている仕方、この世界の様相化の構造の様式、この世界の進展において遂行される存在意味の修正の様式であり、この変転において同一性を堅持するということの世界のあり方の様式である。これを私は記述することができ、あらかじめ与えられることに関する構造真理を獲得するのであるが、これはしかし途方もない問題地平を開くものでもある。世界の存在、構成する主観性の存在は、顕在的な無限性へと導かないだろうか。存在が、つねに新たな能作から発する、能作されたものの発生の不断のプロセスであり、振り返ればつねにそのようなものであったというのであれば、顕在的な無限性は必然的なものであるように思われる。

超越論的還元は世界の素朴な存在を、前もって与える主観性へと遡及させ、世界をあらかじめ与えられていることとして、つねに新たな経験において経験され、経験可能である世界として構成する主観性へと遡及させる。この主観性には世界がともに属しており、構成されたものとして、習慣的獲得物として、能動性の、そしてとりわけ自己保存の構成された領野として属している。

しかし、この構成における世界の、したがって相関的に構成する主観性の体系的な志向的解明が貫徹されたとすれば、私たちは次のように言えるだろう。すなわち構成する主観性に対する相対性のうちにあるものとしての世界に対して、この主観性そのものは絶対的に存在するものであると。しかし、超越論的主観性は、現実的に絶対的に存在するものなのか、それ自身ある時間性をもつものではないのか。——私たちが顕在的に無限な時間の中にある存在を認めようとしない場合であるが。たとえ、私たちがすでに超越論的な意味を、その無限性という形式と秩序とを変更できないようなあり方で与えているとしてもである。

超越論的還元と経験世界の構成の解明（そこにおいて経験世界が意味をもち、意味を受け取り、意味をつねに新たに獲得するような、さらに学問的-論理的に構築され理念化された世界の構成、経験の世界としての世界の「理論的加工」をとおした構成となる）は、新たな種類の根本的な洞察の広範な領野となろう。しかしこれらの洞察はなお多くの謎をともなうことになる。また、私たちは私たち人間を理解し、世界をより深く理解することになる。すなわち、私たちのより深い存在、私たちの人間的な存在がそこにおいて湧出してくるような存在は、超越論的な自我と私たちとしての存在であることになる。しかし私たちは、私たちと私たちの人間としての世界生を、いまだ理解してはいないのである。

自己解明を開始し、遂行しつつ、私が見いだすのは、私は存在するということである。たとえ私が私自身にとって知られていないのであるとしても、私は私をよく知り、私を自我として見いだすことができる。その自我は、私自身を人間として、世界のうちに客観化されて経験し、そもそも世界を前もって与えられてもちつつ、前もって与えられ、そのつどの意味とともにすでに存在する世界の中に入り込んで生きる自我であり、その世界のうちでつねに新たな顕在的な目的をもつ自我である。またその自我は、世界に関係づけられた本能や、不断に回帰する欲求をもち、世界に関係づけられて存続する目的と手段の形成物、すなわち自我が自分自身の能作と、場合によっては他者との交流などにおいて設けられた目的と手段の形成物などをもつ自我なのである。

　このことを、超越論的自我は超越論的現象として見いだすのであり、自我は自分自身やそうしたものを自身の形成物として見いだし、自身を根源的な、および獲得された能力の主観、習慣性の構造における主観として見いだす。私は自分を、多くの観点において未規定であるにもかかわらず、自我として、特定のことができたりできなかったり、またそれが不可能であったりする私として見いだす。私は自分自身を必当然的に私にとって存在するものとして見いだし、私にとって存在するのは、必当然的な構造においてであることを見いだす。私はこの構造について次のように言わなければならない。すなわち、そのよう

151　に私は存在し、別様に存在することはできないということである。別様にあることは私にとって「思考不可能」であり、それは不変の構造なのである。その構造は、変更されるものや偶然的なもの、また、特殊なものによって充たされており、かならず何らかのもので充たされていなければならないような不変の構造なのである。私が私の《そうあること》に関して欺かれるとしても、これには必然的にある別のものが対応しており、「あらかじめ」、つまり必当然的‐必然的な構造として、私に属している充実の内部で対応しているのである。我ありの必当然性は、構造の特殊性に関して何ものも未決にしてはおかない。未決のままにとどまるのは、私がそれを現実に認識するかいなか、ということだけである。私固有の存在は「確定的」である。私自身に該当するあらゆる言表、私固有の経験から私を解明する言表は、真であるか偽であるかのいずれかである。それは「あらかじめ」決められている。

　必当然性によってとりまかれた確定的構造はいったいどこまで及ぶのか。そこには世界に対する主観としての私の存在が属しているのではないのか、このことは、自己変更が純粋な思考可能性であるかぎり、本質普遍的なものとしての私の自我のあらゆる自己変更の中に入っていくのではないのか。そしてこのことは、一つの共通な世界を構成する者としての超越論的な複数の主観の共同体を含んでいるのではないのか。

しかしそれはどのようにしてなのか。私は自分自身を、ないしは私の世界を、その世界がすべての者にとっての客観性を失うほどに、変様させて思考することはできないのだろうか。あらゆる経験をめぐる想定が解消し、私にとっての還元された世界すら存在しないということを、思い浮かべることができないだろうか。*6 私の身体と私にとっての事物がその存在妥当を失い、私の内在的な感性の領野において、それそのものが同定可能な感性の所与のいかなるきわだちも、またいかなる構成も停止し、したがって私の能動的自我にとってのあらゆる刺激が停止する、というようなことが考えられないだろうか。――あるいは、私がはじめから目だった所与をともなういかなる感覚領野ももっていないと考えてみることもできるのではないのか。自我生はどのようにして、所与なしに、その触発と作用において生じうると言えるのだろうか。しかし感覚所与が必然的なものであるならば、どうしてそれらは、客観的な統覚が形成されうるように経過し、キネステーゼと一つになって経過していかねばならないのだろうか。

152

したがって、私は世界を欠くこともありうるようにも思われる！　しかし、生とは、そもそも、私が任意に変様して考えることのできるような領野なのだろうか。それは自我の生なのではないのか。私は、決して目覚めることができずに、決して触発されることもなく、決して作用へと至ることができないような、また決して存続する能作などに〈至ることができない〉ような自我としてそもそも考えられうるのだろうか。睡眠と意識喪失とは覚醒した自我の可能性ではないのか、そして覚醒から出発して睡眠へと移行し、目覚めて睡眠を理解するような覚醒した自我なしに、それらは考えられうるのだろうか。そして「空虚な」視覚野あるいは触覚野などは、所与で占められた〔感覚〕野の変化や、制限された意味であろうと何らかの意味においてすでに世界をもっている自我の側からの変化としてしか、考えられないのではないのか。そしてすべての〔感覚〕野のまったく恣意的な変化は、とりわけ生全体に拡大されるとき、一般に自我生の構造によって〈そしてこの意味での生は自我なしにはそもそも考えられえない〉排除されてしまうのではないのか。[*7]

多くのことがさまざまな意味と意味の前提との明証的な可能性の構築という方法にかかっているのであり、それほど安易に、明証的な、しかし制限された可能性から明証的な普遍的な可能性へと変化させてはならないのである。他方、非常に困難であるのが、自我の明証、すなわち能力による可能性の主観や習慣性の主観、とどまる獲得物の主観としての自我の自己所与性、またそこにおいて世界的なものが与えられるような存続する統覚類型の主観としての自我を、現象学の主題にすることであり、また「生得的」で、あらゆる可能的発生にすでに先行しているような、存続する本能の主観としての自我の自己所与性を、現象学的な主題にすることである。

153

以下のことが大きな問題となる。まずは、「私は私の経験世界の主観である」という事実から、この経験世界を、そのあらかじめ与えられていることにおいて、現実的および可能的経験をとおして体系的に解明することであり、そして以下のことに注意することである。すなわち、この経験世界の解明に属するのが、その世界に従属している「心」や自身の心的な現実存在の具体化における人格的な主観であり、さらに必然的にともに解明されるべきであるのが、その主観の不変の構造であり、その構造によって、複数の主観が、自身がそこで存在する世界へと心理学的‐志向的に関係づけられているということである。

　このことが超越論的に転換することで、世界において人間としてみずからを見いだす超越論的主観としての私にとって、ともに超越論的我《エゴ》の中に入ってくるのが、心の内的な構造全体であり、それ自身の生全体やそれ自身の能力などをそなえた人格である。私が、世界における人間である私自身の形相的可能性にしたがって、私自身を自由変更して、超越論的に転換するとき、その自由変更において不変のままにとどまるのは、純粋に心的な構造の本質契機であり、したがって人格とその意識生である。まさにどのようなあり方であれ、人格の生、すなわち受動性および能動性の構造を備え、内在的時間性とそのもろもろの出来事に応じた、また能力、習慣性、中心化に応じた構造を備えている人格の生である。しかし不変の本質に属しているのは、すなわち自我自身にとって不変なものとして認識しうる構造としてのこの構造に属しているのが、この構造が流れる生の構造としてのみ不変であることであり、その生から発し、変転しつつその変転のなかでやはり確固とした人格の構造としてのみ不変であるということである。また、同様に、この人格から出発して形態変成する環境世界にとってもそうであって、この環境世界においてこの人格がその実存をもち、「まさしくその」世界の固有の時間性に対応する、そのつどの「現出の仕方」とともに、この人格が存在する、というような不変の構造が属しているのである。このようにして、超越論的主観性においてノエシスとノエマに応じているのが、人格が確固とした形式の発生において確定的であることである。

しかしそのさい、自我の世界をとおして客観化されてともに与えられている、他の超越論的自我の存在と、世代の形式におけるすべての人々の存在が、発生の新たな問題と誕生と死の問題をもたらす。

私から出発して超越論的なもののうちで歩みを進めるなかで、時間化の無限性の問いとともに、主観の超越論的多様性の無限性の問いが開かれてくる。

私とは何なのか、人間とは、人類とは何なのか、といった問いに、超越論的哲学は、自己自身と世界とを構成する者としての主観性のもっとも深い解明をとおして答える。しかしここで言われているように、前進するにつれ、つねにより深い問いがはぐくまれてくる。

私たちはつい先ほど、すでに超越論的主観性の無限性の問題を、超越論的な個別的主観の無限性の問題と呼び、またそれら主観の世界化の問題、したがってその全体性がどのように考えられるべきかという問題と呼んだ。

しかし別の方向において、前もって与えられている自分の世界へと関係づけられた者としての人間の解明は、能動的にこの世界へと入り込んで生きることとして理解されうる。すなわちこの世界へと、経験しつつ、思考しつつ、価値づけしつつ〈関係しながら〉、そして実践的にこの世界の中に介入しつつ生きているのであり、この世界を主導的な意図や目的にしたがって変化させつつ生きているのである。

世界における人間と、たがいに共在するものである人間とは、睡眠による休息をとおして、覚醒の綜合と多様な個々の作用における覚醒した生の統一をもっている。それに加えて特有な統一、すなわち病気やどんな異常性であれ、それらすべての休息をつらぬいて正常な生の統一がみられる。ここでは個々人は異常でもありうるが、しかし人間性、つまり全体的なあるいは、それとして区別された人間性と言った場合には、私たち全員が異常であることはありえないということを考慮にいれている。異常性とは正常なものの変様であり、正常なものに対してきわだち、ときとして認識可能な状況において、必然的に登場してくる出来事として、正常なものに付け加わるのである。しかし覚醒そのものが正常性の根本様相ではないのか。

人間性が一つの特別な統一をもっているというのは、人間が正常な人間性として、正常な個別的人間の主観をとおして正常な世界を構成し、正常な文化が生育し、個々の主観がそのすべての生のあり方において、少なくとも全体的にみれば、正常な様式を維持しているような、正常な人間性の実践の領野として構成しているということにある。また個別的主観も、その正常性をもっているのであり、その内部でこそ、異常性がある種の統一様式を、ときとして個々の点で阻害するものとして登場するのである。人間の正常性とは、外側から記述されうる様式だけではなく、内的な統一のことでもあり、その生における人格の統一であり、人格の類比体としての当の人間性の統一のことでもあるのだ。*8

これらすべてのことはいまや、超越論的に解明されるなかで、当然、超越論的主観性にも該当し、個別的なモナド的主観性や集合的主観性、しかし集合的にまとめられた主観性だけでなく、内モナド的に共同体化した主観性にも該当する。

しかし正常性は、さまざまな形式と段階をもっており、それらは本質的に人間の構成や人間性における人間の構成に属していて、そうした構成とともに共同体化しつつ人間は、自分自身へと生成し、幼児から正常な成熟した人間になる。人間は共同体のうちに存在するだけではなく、生成する者として共同体化の動きへと入り込みつつ生成し、共同体化を

155
めざして、共同体化とともに、相互の動機づけにおいて自己形成する者としてある。このようにして、人間は、そのつど生成した者として、自分自身のうちに、共同体から湧出した発生を担っており、あるいは同じことだが、自分自身の共人間的形成者を志向的に自身のうちに担っている〈ということになる〉。このことはもちろん伝統をとおした形成にも該当するのであり、そのとき伝統とは同じ人間性の共在する人間による働きかけ（いわゆる後世への影響）のことなのであり、以前の時代からの影響を意味している。

私たちは、構成された世界そのものに、つまりすべての人々にとっての客観的世界に属する正常性の意味を、また、世界について内省する者の構造として前提されているような正常性の意味を、どのようにして獲得するのか。正常性と異常性のもろもろの段階は、相対的な現出における相対的な存在に応じた、真に存在する世界の、客観的に真である存在に至るまでの存在構成の諸段階に相応している。

正常性において構成された世界は、同時に、異常性をそれ自身のうちに含むものとして構成されている。あるいは端的な経験世界、すなわちそこで一般的なものとして構成されている経験世界は、世界を正常性において経験する正常な人間性を含むものとして構成されており、それと並んでまた異常な人々、すなわち同じ世界を異常なしかたで経験する人々をも含むものとして構成されている。しかもそのさい、正常な人々と異常な人々とが同じ世界と同じ事物などについて意思疎通しあうようになっているのである。このことは次の理由に依拠する。どの正常な主観もそれ自身、ときとして自分の正常な経験から逸脱するような異常な経験をもち、そのような異常なものとして与えられたものをもつ。しかしそれでもやはり、そうした主観は、同じ所与、同じ事物を、ただことなって現出するにすぎないものとして、ときとして状況に応じて異常なものとして同一化するのである。このことは、間主観的にも妥当する。このことは対象的な根本構造を指示するものであり、この構造が形式として同一化を導き、空間時間的な個体化へと至らせるのである。第一の普遍的な正常性は、超越論的な間主観性が一般に一つの世界を、正常な人間性の正常な経験世界として構成するという正常性である。しかしそのさい、経験世界においても、異常な人々も登場するし、また、私たちはそれを異常とは呼ばないが、動物も登場する。しかし動物は、やはり人間の規準からみて変転したものとして理解されており、それら固有の正常性におけるそれら固有の相互存在において、動物にとって正常な、しかもどの特殊な種にとっても正常な「世界」を構成してもつように理解されている。しかしこれは本来的な意味での世界ではない。

　人間の正常性のより具体的な解明には、その困難さがみられる。この解明はもろもろの
156 特殊な正常性への階層の区分に導くことになる。第一に、正常な世界は、その基づける層

として正常な自然を、すなわちたんなる感性的な経験の圏域をもっている。正常な人間の感性をとおして構成される（純粋に「感性的な経験」からなる）自然の正常性を解明すれば、それは本質形式および正常な自然一般としての正常な事物の存在論的な解明となるであろう。それと相関的に、自然の主観的な経験的所与性の解明がある。その解明は、あらゆる感性的に正常な者にとっての、すなわち正常者として正常に感性的に経験する者にとっての自然の現出の仕方の解明である。そこにみられるのは、すべての正常な人間の、自分たちの感性的経験に関する調和、自分たちの現出の経過に関する調和である。こうした経過にしたがって、人間はだれもがことなる現出をもち、同じ現出をもつことはないけれども、それでもやはり同じものを見ているのである。

人間の正常性の性格づけ

「私は世界を統覚するが、正常者として世界を統覚する」。このことはさしあたり私的に語られている。しかしこの現象は一般的にどのように性格づけられるのだろうか。私はさしあたり私の知覚現在において、共在する人間とともにいる自分を見いだす。その人々とともにいる自分を私は、すぐに次のように理解する。すなわち、その人々は、私が感性的に知覚する、ないし感性的知覚において持続的に確証できているその同じ自然の対象を、同様に、それに相応する知覚の方向において知覚し、知覚しつつ確証している。しかもその人々は、私自身の場合と同じような感性的に経験可能な質において同一の事物を知覚しつつ確証するのである。このようにしてさらに次のように言える。私は共現在の環境世界をもち、そこには共在する人間がいて、私にとって感性的経験において確証された現実存在とその固有性である諸特徴や、さらにその空間時間的な関係や因果的な特有性（これらは感性的経験の枠内で受け取られる）をもつすべてのものは、まさしく共在する他の人々にとっても、同じものであると言えるのである。このようにして、私たちの誰もが自分の感性的な現出する立ち現れ《ファントム》をもち、自分たちのキネステーゼにおいて変転しつつ、誰もが自分固有の、そしてことなった現出する立ち現れ《ファントム》をもっているのである。しかし私たちは、場所を移動させて（自分たちを他者の空間時間的な場所に置き入れてみるならば）これらの現出の仕方を交換したりすることもできる。ところで、ここでいまや修正が必要となる。環境世界にはまた異常性も属しており、私固有の経験の生とそこで現出する固有の環境世
157 界や私の私的な環境世界には、異常なしかたで経験される事物が登場することも属しており、そのさい私たちは、異常なしかたで現出すると言うのだが、これらは本来的な意味で仮象なのではない。そういったことは、疾患のある眼に別様に見えるとか、あるいははっきり見えないといった場合であり、輪郭がぼけたり、現出する形象がダブったりすること

をともなったりするが、それは視力の正常な人が老眼になった場合と同様である。異常なしかたで見られたものや一般に感性的に経験されたものが、私自身にとって正常に見られうるものに相応する現出の仕方となるのである。すなわち、それは、そのものの正常な原対象的なものからの「異常な」逸脱として統覚されており、事物そのものに直接、妥当するのではなく、またもちろん写像としてでもなく、原本来的なものを指示するような変様として妥当しているのである。

こうして、私が環境世界のなかで、他の人々を理解することにおいてみいだしているのは、そのなかに異常な仕方で経験する人々、しかも私や私と同様な人々と比較して、一貫して異常な仕方で経験している人々がいることである。私は、その人々が自身の感性的経験の斉一性をもつ主観であることをみいだしている。その人々は、この斉一性にそくすることで、その私的な経験世界において、その人々にとって――他の人々に関係するのでなければ――異常な逸脱として現出することもありうるようなもの以外に、何ら私的な異常をもつことはできないのである。

したがって私たちは、以下のように補足しなければならない。すなわち「私は正常である」ということは、現象学的に内部から見れば、私は一つの環境世界に共在する人々とともにいるということを意味しており、この共在する人々とは、「全員が――個々の例外に至るまで」、〈この世界を〉同じ、同様に規定された世界として経験している人々であり、ないしは経験可能な、および互いにとって同一性において経験可能な世界として確信しているということなのである。世界――学問以前の世界――とは、私にとっておよび共在する人々全員にとって、〈彼らの開かれた、また世代的に「開かれて無限な」多様性において〉まさしくこの共同世界のことなのであり、しかも世界は自然なのであって、自然がそれで「ある」ようなすべてにそくして、「誰も」がその固有の可能な感性的経験において経験できるような自然であり、同時に、「個々人は除外しても、あらゆる他の人々」*9の開かれた一つの地平に関係づけて統覚されているような、そういった自然である。他のすべての人々は、同じ世界を、さらにそうある世界のすべてのものにそくして経験することができ、可能な経験の共同世界として世界をもつ。このことのうちには、人々が共同して経験し、相互に経験を受け継ぎつつ、自然を可能な共同の経験の世界としてもつ、ということが備わっている。

158 例外とされた個々人はそのとき、異常な共同主観という性格をもつことになる。環境世界の客観として、その人々は私たちの正常性にとってともに現に存在し、私たち全員にとって同じ規定において、その人々がこの経験世界においてあるものとして、経験可能である。その人々は、しかし、その定義からして、「正常に」ともに経験しているのではなく、それが私たちにとってあるもの（そのように言われている意味で正常なものとしてあるもの）のすべてにそって、可能な固有の経験において、この同じ世界に到達する能力をもっていないのである。他方、私たちはその人々を、やはり同じ世界を経験する者として経験する（私たちがその人々を一般に人間として、「動物化した」人間として経験するときでさえ）。私たちがその人々を経験するのは、ときとして、それ自身可能な世界として自分自身との斉一性において世界を感性的に経験する者として経験したり、またそこで完全に個々の他の人々と一致している者として経験したりもする。しかしその人々は、彼らの私的な経験世界を、私たちが経験する（「感情移入しつつ」経験する）ようには経験できない。つまり、その人々は、その経験世界を、すべての経験の特徴によって「個々人に至るまで、全員」にとっての共同の世界として経験することはできず、むしろまさしく個々の点における、個々の特徴の諸層による共同の世界としてしか、経験することができないのである。

しかし私たちが理解するのは、異常な人々が成長してきているのは、正常な人々の際限のない多様性の要求をとおしてであることであり、その要求は、くり返し規則として自分たちと同様の規則やさまざまな経験の所与性と同一のものと一致するように期待しているのである。また、異常な人々は、場合によってはみずからを正常な人々に適用させ、自分自身を例外的人間、すなわち異常者とみなし、自分たちにとって、私的にみれば正常に存在するものを、通常の正常な仕方で存在するものの異常な変様として解釈しなければならないとしていることである。しかしこのことの前提になっているのは、異常な人々が、正常な共同世界の諸特徴のうちある特定の層に関してのみ異常であって、その一方で、彼らはあらゆる他の点で、正常な人々との調和において経験をし、したがって他の点では彼ら自身正常であることである。

ここには、別の問題がさらにみられる。第一に、正常な人々にとって、どのように、同じ事物、同じ自然の同一化に到達するのか、またどのような異常が、あらゆる主観にとって、どのようなタイプの相対的な、あるいはいつまでもとどまるような異常として考えられるのか、ないしは理解可能とされる可能性を与えているのか、という問題である。他な《フレム》る《ト》ものの経験や他者を他者として経験することが前提にするのは、一方が、たとえば私が、(他の人の)物(的身)体を、他の自我の身体として経験するということであり、このこと
159
とともに与えられているのは、私の経験領分において与えられている物的事物と、他者によって自分の物(的身)体的身体として経験されるものとが、同じものであるということである。そしてこのようにして、他なるものの経験としての感情移入の可能性の条件が、他者を感情移入しつつ理解することにおいて、ある一定の範囲でともに理解されつつ、しか

も同一のものとしてともに理解されている他の人々の経験世界へと導いているのである。では、感情移入しつつ了解することの間接性のうちに基礎づけられているこの共同世界は、どの程度にまで及んでいるとされなければならないだろうか。そして異常性はどの程度まで可能であるのか（〔たんなる〕仮象性ではなく）、どのような異常が類型的なものとしてアプリオリに開かれているのか、したがってどのような異常が他者の解釈（たとえば彼らの身体的な感性における異常な人としてだけではなく、精神病者として）にとって活用可能なのか。ここではすべてが超越論的な（ないしは純粋に心的な）存在の現象学的な構造の理解にかかっており、またそのさい、ともに働いている根本事実、すなわち、解明する者は、その人の個人的に固有な心の内部の構造の志向的変様においてしか、すべての各々の異常性を経験可能な可能性として獲得することはできない、という事実にかかっている。このことは他の人間が「別様にある」ことや、他の人間の可能な類型に該当するだけでなく、徐々に遠ざかっていく媒介的な志向的変様において、動物の理解や動物的‐心的存在の類型にも該当する。

また根本的な区別が問われる。（一）異常な人が、たとえば色盲のように、その他の点ではまったく正常でありえ、統一的な人格性としてその人の斉一的な世界を経験し、その人の世界が正常な人々の世界と、その人の個人としての色の比較に至るまで、まったく合致しているような場合。(二)「精神病者」のような、そのさまざまな挙動において、もはや人間とはいいにくいが、しかし動物でもないような異常性。動物もまたその種における正常な動物としての、それ自身において統一的で斉一的な現実存在をもっており、まさしく、この統一性と斉一的な全体性は、偶然や根本的に異常なものに対立しており、志向的に理解可能なものとされるのでなければならない。動物にとってもまた、上記にのべた異常性の二つの類型が可能である。

また、記憶の異常、知性の異常、価値づけする行動や意志の、そして感情生活の異常や本能的な衝動や欲求などの異常が存在する。統一的な人格の枠内、すなわち一つの統一的な人間の生のうちには、人格的な異常が存在する。それを裏づけるような、過去および現在からの学問以前の、また学問をとおした経験素材が確かに大量に存在する。しかしこの素材は、それが伝承され、記述されているかぎりで、ただ外的で理解の及ばないような類型としてしか特徴づけられていない。日常的な解釈と日常生活での外的行動に依拠する日常心理学(あるいは「近代的」心理学であっても)者は、なんら異常心理学的なものの学問的な理解や再構成を提供してはくれず、なんら異常性の内的心理学の可能性を与えてもくれない。これらが可能になるためには、すでに大きな進歩をしている現象学が必要となる。

160

私たちはそこで、世界の現象学的解明の課題として何を学ぶのだろうか。そこで世界は、学者および哲学者としての私たちに前もって与えられた世界として、また特定のものとしてすべてに共通であるような経験の世界として与えられている。*10

そのようにして私は、超越論的我《エゴ》として私の固有の論理《ロゴス》を探求し、それとともに私の世界および私にとっての他の人々の論理《ロゴス》を探求する。こうして私は自分にとって、規準を、すなわち事実的世界のすべての判断にとっての完全な具体的な規準を作り出すのであり、さしあたりそれは、私の判断の規準であり、ないしは私自身のうちで私にとって告知され、証明される超越論的な同輩たちの規準として、すなわち私にとって、世界の、つまり私たちの世界の超越論的な担い手として作動している同輩たちの規準である。それは可能な超越論的主観性の具体的な普遍的形相であり、超越論的主観性とこの主観性の世界の数理であり、具体的な超越論的論理学である。それは、「形式的」論理学、超越論的で命題論的《アポファンティッシュ》[7]な論理学であり、判断する主観としての超越論的我《エゴ》に（そして超越論的他者に）関係して、何らかの超越論的な存在領分へと関係づけられている論理学である。私は何らかの超越論的存在領分、と述べたが、それはさまざまな種類の存在者が、超越論的に構成されていて、超越論的自我や超越論的な自我生なども、またすべての世界的なものや世界に関係づけられている理念をともなった世界もそうだからである。これらのものはすべて、確か

161 にそれそのもののあり方において、超越論的な意味をもっているが、それは、さまざまな仕方においてなのであって、それでも、それらすべてが存在者として構成され、また構成されうるのである。

私による、私の自己内省から生じる超越論的で具体的な形式的‐命題論的論理学（もちろん超越論的に了解され秩序づけられ、すべてのアプリオリな学問を包括するような）は、完全に形成された形相的な超越論的現象学に他ならず、これは超越論的な事実と、そのもとですべての世界にかかわる実証的なるものに対して、超越論的でアプリオリな意味を確保し、その意味をとおしてそうした事実は、その具体的で絶対的な意義へと至るのである。この現象学はあらゆる経験的な認識にとっての理性《ラチオ》である。

しかしもちろん、これですべてが語られているわけではない。超越論的現象学、あるいは具体的論理学は、それそのものが超越論的事実であり、私の事実であり、超越論的現象学を構築する人の事実、そして私の仕事の超越論的同志としての共同研究員の事実なのである。すべての超越論的なものと同様、超越論的現象学はその世界化をもち、世界のうちに超越論的現象学として歴史的‐事実的に二〇世紀という事実的現在において登場している。超越論的現象学はいまや私にとって、すなわち超越論的現象学を形成する者にとっての事実であり、以前は私にとって、超越論的自我としての私の事実を規定する「実在的」

可能性であった。この可能性がそうしたものであるのは、私のあらゆる超越論的同志たちにとっても同様であって、その同志たちは、私たちの世界の共同の担い手として、超越論的現象学など思いもよらないような場合でさえ、やはりそれをともに理解し、それを自身で形成するという超越論的な可能力性をもっているのである。

どのような意味をこのことがもち、もちうるのか、これを証示することが、それ自身超越論的‐アプリオリをめぐる主題である。超越論的な主観性である我《エゴ》は、自分自身をその可能力性の主観として認識し、まさしくこのことによってその共同‐我《エゴ》を、まさしく同じ可能力性の我《エゴ》として認識する。*11 主観性は自身のすべての生得的な可能力性を、超越論的論理の可能力性の相関者として認識するのである。

明らかに超越論的論理学は、次のようなものなのではない。というのは、超越的論理学は、まずは、私にとって、私の超越論的固有性（個体性）において固有の何かとして認識され、同様に他者についての私の超越化する認識にしたがって、そのつどその人々にとって、それぞれ独立した各人にとっての固有の何かとして認識され、次に、私および各人というすべての人々にとって同一のものとして認識可能になる、というのではないのである。私の世界の共同の担い手である他の人々は、その人々が共同の研究員であるといったとき、私の超越論的論理学の共同の担い手でもあるのは、私がその人々の超越論的論理学の共同の担い手であるのと同様である。これはつまり、私たち全員がその論理学に寄与していることを意味し、この論理学は、これらすべての寄与、すなわち私によって追理解され、固有の妥当〔性〕をもって受け取られた寄与をともなっていても、それは、完全に私の論理学あるいは現象学であり、またそうした各々の個々人の論理学あるいは現象学でもあるのであって、それは、場合によっては、なおも未知の、追理解され検証されるべき寄与からなる地平をともなっているのである。[*12]

私の超越論的論理学的な洞察はいつも妥当しており、他のすべての人々にとって本質的に妥当すると言えるのは、その人々があらかじめ私と同様な洞察を経験し、仮定しているかぎりにおいてである。しかし「他の」主観（それも超越論的モナド的に理解された場合でも）とは、「精神病者」や動物でもあるのであり、多様な本質類型における精神病者や動物である。私自身の志向的変様とされるのは、「感情移入する」経験をとおして接近可能になるすべての本質〔存在〕である。しかしすべてが、超越論的に還元された、世界の共同の担い手であるわけではない。すなわち、私が私の世界として前もって与えられているとしてもっているような世界、そして「私たち」が前もって与えられているとしてもっているような世界の担い手、まさに共同の担い手たちの開かれた数多性として理解される「私たち」が同じ世界をお互いにともに共同体において構成しつつもつような世界の共同の担い手ではないのである（動物や精神病の「人間」は決してそうとは言えないのである。もっとも彼らもまた私たちによって、世界へと、すなわち一つの同じ「現実の」世界へと、彼らの内的世界において関係づけられたものとして経験されてはいる）。

私たち人間－モナド、すなわち私たちすべてである、ともに構成する主観は、私たちの世界の共同の担い手であり、ともに経験し、ともに思考する者、しかし誰もが一般的にではなく、どの担い手にも意識されたある種の調和というあり方のうちにあって、しかもただたんに同じ経験の、および思考の所産を提供するものとしてだけではなく、相互に同じものを、同じ対象を補完しあって規定するものとして存在し、また主観から主観への継承をとおして伝播されるはずの妥当〔性〕のうちにあるような私たちである。そのようにして私たちはまた、私たちすべてにとって現にそこにある価値世界、および実践的世界の共同の担い手でもある。私たちは、場合によっては、いっしょにそこにいて、お互いのために、ともに同じ目的にそくして行為しつつ、その意味において私たちは一致している。ただし私たちはそこにおいてもすでに互いの内省をとおして補足し合っており、こうした目的の現実化において、例えば〔結果としての〕作品として、ともに行為する者としての私たちにとって同じ意味を、同じ当為の妥当をもつような、共同のものが出現するのである。そして外部に立つ者としての私たちは、作品を彼自身の人格的な意味における、その作品

163 の特殊で実践的な担い手への関係において理解するのである。同様に私たちは共同体の市民であり、同じ教会に属する共同体の同胞であり、神の王国における同じ子どもなどである。私たちは人間としてそのようなものすべてなのであり、いくつかの観点において、あるときは、世界をあらゆる人間一般にとっての共同の世界とするようなもっとも普遍的なものに関して、もっとも広い意味で相互のために現にそこに存在し、ともに現実的、および可能的な意思疎通の共同体のうちにいる人間一般として、それによって、私たちの人類、もっとも広い意味での人類の成員として、そうあるのである。また別の観点においては、私たちは一つの特別な世界としての私たちの世界の共同の担い手であり、特殊性における私たちへと関係づけられている。それは、団体の成員としての、教区をともにする者としての、一つの都市の、国家の市民としての、などとしての私たちである。共同体や共同体の環境世界は類別され、ヨーロッパ的なあるいは地球上の人類にまで至るが、この意味の人類はしかし、ここでいう普遍的な意味での人類という理念を充足しているとは言えない。ここでは人間という本質概念が問われているからであり、この概念は、地球外の人間が、私たちの世界の共同の担い手として生きているかどうか、すなわち地球外の人間が、現実に私たちに対する意思疎通の関係に入ってきて、直ちに世界を共同に構成するように促されるといったような能力をもつ地球外人間が生きているかどうかは、決定されないままにしておくのである。

しかしこの共同の担い手はどのように性格づけられるのか、そしてそのことに相応して、私にとって、また私たちにとって構成された世界において人間はどのように性格づけられるのか、また、人格としての、理性‐自我としての私たち人間は、私たちがまさしくそれであり、それとして私たち自身を知っており、またこれらすべてのことが妥当しない動物に対峙する私たち人間として、どのように性格づけられるのか。現実的および可能的な経験の私の世界において、その世界でつねにともに措定され、ともに前提されている心理的な本質において存在する人々は、どのように特徴づけられるのだろうか。私が私の世界の存在意味にとってともに作動する主観と見なし、そういうものとして根本的に、つねに前提している人々は、どのように特徴づけられるのだろうか。言い換えれば、私がそのつどそれについて語り、語ることになる私の世界は、私にとってすべての時間にわたり、「私たちの」世界、私たち人間の世界として思念されていたのである。私は、特定の人々から、経験や知識を継承したのではない。もっとも、私は、直接的および間接的な交流において特定の人間からのみ経験や知識を獲得し、私にとっての世界がもつ特殊な意味に入り込んでいったのではあるのだが。同様に、またたんにこれらの特殊なおよび特定の現実的な継承が考察されているだけではない。可能的経験およびそこに根拠づけられるべき可能的な

164 認識の世界としての世界。また未知の幾世代の人々の間接的な伝統全体も、ともに考慮される。そして最後に、私たちにとって、例えば火星の上に「人間」が住んでいるということが明らかになったとして、私たちが彼らと一つの意思疎通の共同体へと入っていく手段を見いだすとすれば、彼らはただちに人間としての「私たち」へと数え入れられるだろうし、「私たちの」すべての共同の世界としての世界の相関者となるだろう。

私は「まさにこの」世界を前もって与えられたものとしてもつ、すなわち私の志向的生においてそれをもつ。この前もって与えられていること、ないしこの世界の前もって与えられた意味には、この世界に共在する人間が属するということ、また私にはこの世界において私自身が、人間として客観的に実在的に存在するということが属している。そのさい、これは、通常いつも世界にあって実在的なものとしての人間という類型の普遍的な規定内実をなしていることなのだが、何よりもまず、共在する人間のうちで、ある形式が思念されているということがある。その形式とは、共在する人間が私によって私の意識生において、私にとって存在する者として経験されている、ないしは経験可能であり、またそのような存在意味をともなって経験されている、ないしは経験可能であるという形式であり、そして、人間は私とともに意思疎通の共同体において登場しうるという形式である。*13 この共同体において私は共在する人間を、まずもって、以下のような者として経験する。すなわちその人は私が経験するこの世界に関係づけられながら経験し、私自身と同じ経験可能性の埒内を動いている。しかも、世界で経験されるものを経験できるものとして思考しつつ規定し、またそれを評価し、取り扱うことができるという、私と同様な仕方の可能力性において、私と同様な仕方で経験しているのである。私の原本的に固有な経験と、自分で獲得した思考とは、自分の固有の領分において非斉一性が示されないかぎり、私にとって妥当し、妥当し続けるが、〈この非斉一性によって〉、最終的に抹消や修正を強いられることにもなる。それと同じように、追理解される経験や思考もまた、どのような種類の表現をとおしてそれらが私にとって理解可能になるのであれ、私にとって妥当するのであり、それはそうした経験や思考が私の経験や思考に「適合し」、それらが後者と一緒になって、斉一的な経験連関および思考連関の統一に至るかぎりでは、私の固有な経験や思考と端的に同じなのである。私によって経験される個々の主観において、私に明らかになる斉一的な経過は、個々の人々に別々にもたれている妥当や妥当性を生じさせるものではなく、また私のなかで固有に構成された斉一性から分離したものでもなく、それらの経過は、私の斉一性とも一緒になり、また相互に重なり合って、統一的にそれらすべてを包括するような一つの斉一性になるものなのである。しかしそれらの経過がそのようなものになるのは、

165

第一の、私にとってだけ基礎づけられうる私のうちなる形式においてなのであって、それ

は、私にとって他の人々がともに存在する主観として妥当するだけではなく、その人々の妥当〔性〕も、その人々にとって妥当する「世界」もまた、共有する妥当において、私からする、私にとっての妥当であるかぎり、その斉一性が成立するのである。それは、すべての私の妥当〔性〕が、私にとってすでに固有の（私にとってすでに存在するものの）妥当との連関において、場合によっては様相化に服したり、同一の普遍的な連関が、その斉一性を維持するかぎりでのみ存続するような妥当であったりすること、と同様なのである。ところで私の他なる《フレムト》ものの経験の意味付与の本質にあるのは、他者が私と同じあり方で統覚されているということ、また、他者はその反対に、その人の側から私との意思疎通の共同体にいる者として、その妥当性のうちにあるということである。私が他者を存在する者、すなわち私を理解する者として顕在的な妥当のうちにみとめ、他者が私を顕在的にみとめることによって、私はその人に向かい、その人が私と同じように、私に向かうことができること、そしてときとして、現にそれを実行するということを理解している。私は答えるという行動をとることができ、人格と人格との交流が成立し、的確な意味で、社会的結びつきの共同体が、作用や対立する作用にもたらされたりするのである。

これらすべてのことを、私はいつもすでにともにそこにあって、たえず変形したり新たにできあがったりするものとして、また世界にともに属することとして見いだしている。

この世界というのは、私の世界であり、ここで言われていて、また言われうるありとあらゆることにおいて、それそのものが、私によって理解されている世界である。しかも、私にとって存在し、このように私との「関係へと」入ってくる他の人々の、すなわち既知の人および未知の人の、空間世界的な配置に関して、開かれた無際限性にある他の人々にとっての同じ世界として理解されている。しかもこうした他の人々は、私にとってまずもって主観として存在し、彼らとともに私は同じ世界を共通にもち、その世界のうちで私たちすべてが生き、この万人にとっての世界が、共同体化からなる私たちすべてにとって、すべての意味を維持してきただけでなく、維持することになるのである。*14

私から出発して、私の生において私にとって妥当するに至るこれらの人々、すなわち、
私および私たちにとって既知のおよび未知の具体化という充実における、世界の存在意味
の構成のためにともに作動する者として妥当するに至る人々、そして一言で言えば世界妥
当の共同体として、つまり私にとってもすべての他の人々にとっても、誰のものでもある
一つの同じ世界を構成する世界妥当の共同体として、妥当するに至るこれらの人々は、つ
166 まりこれらの「私たち人間」とは、明らかに「正常な人間」のことである。私たちや誰し
ものうちに含まれている卓越性とは、正常性ということであるが、しかしこの正常性は、
そのようなものとして、異常なものがともに生起することによってのみきわだってくる。

あるいはむしろ、それ自体で最初のものとしての正常なものから、異常なものがきわだち、正常なものの志向的変様として登場してくる。他方、この正常なものは、感情移入にそくして心理的な本質存在として、また転化した人間性として理解された人々のさらに広範な領分のなかで、そのような本質存在の卓越した階層、つまり完全に本来的な意味での人間の、完全に成熟し、完全に「理性的な」人間の、すなわち現実に存在する世界の相関者の卓越した階層になる。

他の心理的な本質存在は、確かに（志向的に）同じ世界へと「関係する」と言えるが、やはり私の変化したものとして関係している。それらの本質存在は「〝まさしくこの〟現実の世界において」そうしたものとして存在している。私たちの世界を構成する共同の経験（私たちの経験、大人の人間の経験）は、それらの本質存在を、追理解が及ぶかぎりで、「その本質存在自身の〝世界〟」を、彼らがそもそも斉一的な経験を遂行することができるときにもつものとして、そこにみいだしている。また、その「世界」は、私たちが彼らにとっての現実の世界の「現出の仕方」（意識の仕方）として相応している世界であり、まさしく志向的変様として存在するが、しかし決して、世界そのものの存在を根源的にともに基礎づけるような、つまり世界の証示としての経験の根源性のためにともに支えとなりうるような「現出の仕方」とみなしてはいない世界なのである。

世界は私にとってすでに存在しているのでなければならない。世界はすでに世界という存在意味をもっていなければならない。それによって、私の経験地平の中に入ってくる、あるいはあらかじめ登場してくる動物や精神病者でさえ、世界を異常な仕方で経験している主観として理解することができるのである。そして、おそらく動物がそれ自体において、および自身と同等の動物との交流において、一つの固有な一致した経験世界をもつとして理解されうるのである。しかし、この経験世界とは、「私たちの」世界に並存する世界ではなく、「まさしくこの」世界の現出の仕方、すなわち私たち人間がもつ世界についての志向的変様なのである。私たちの世界はそのような変様によって修正されることはありえず、この変様は、なんら仮象的な、あるいは現出にそくした世界なのではない。またこの世界は、私たちの世界現出の仕方と抗争しうるようなものではない。というのもそうした変様はまさしく、私たちが世界と呼ぶものにとって、ともに構成するものでも、存在する
167
ものでもないからである。端的な世界、すなわち現実の世界とは、私たち人間の専一的な相関者であり、私たち人間の正常な、および異常な現出の仕方の統一としての相関者なのである。

しかしこのことが本当にそれとして正しいのかどうかは、問われるところである。というのも、動物が世界へと、つまり私たちの世界であるこの世界へと関係していると理解さ

れるとすれば、彼らもまた、ときには世界をともに構成するものとして作動しうると思えるからである。犬が野生動物を嗅ぎつけていることが分かるとき、犬はいわば、私たちがまだ知っていないことを私たちに教えているのだ。犬は私たちの経験世界を拡張している。犬は、すなわち動物は、それ自身において、根源的に、また媒介されつつ、自身の斉一的な世界経験をもっている。動物をそのように理解することは、この経験と私の、ないしは私たち人間の経験とのあいだに綜合を打ち立て、そのようにして、世界の現実性を、すべての人間および動物の諸経験をとおして総合的に包摂するような経験統一としてもつ、ということではないのか。

動物たちの事情は、さらに異議を唱えることにもなろうが、「未開の人々」の事情と同様である。しかしこれら未開の人々は人間なのであり、なぜ私たちは彼らを構成的に考慮に入れるべきではないのだろうか。もっとも彼らは、私たちが理解して学んでいるように、ある固有の論理と固有の範疇をもっており、そうしたものが、彼らの同一化を導き、実在するものの意味を規定しているのであり、そのようにして彼らの世界統覚を規定している。しかし彼らは、彼らの仕方で、やはり一つの世界、すべての者にとっての、未開の人々であろうと、動物であろうと、「正常な」人間であろうと、すべての者にとっての世界に関係づけられているのではないのか。どの動物種や、どの未開人の種族も、同じ世界がどのように自分たちにとって現出するかという、それ特有の仕方をもっている。私たちはこの仕方を追体験しつつ、彼らの世界統覚を私たちの世界統覚へといわば移し入れ、そのようにして場合によっては、私たち正常な人間にとって証示可能な現実として与えられる世界の、どのような事物、どのような出来事が、彼らに主観的に現出し、調和的に妥当する世界に由来する彼らの統覚に相応するかを、確定することができるのではないのか。

とはいえ、私は内省する者として、私にとって世界として前もって与えられているものをどこからもってきているのか、すなわちこの世界を存在し、このように存在する世界としてどこからもち、正常な人間や動物や未開の人々の統覚、そして最終的には精神病者の統覚の転化するあり方に関する世界の解明にあたって、その世界の同一性と現実性とをいったいどこからもってきているのだろうか。

私が私自身を問いつつ解明するのは、次のような世界である。その世界は、私に不断に
168 すでに前もって与えられており、私の世界経験の進行においてつねに新たに「現出し」、私につねに新たな経験領野を提供し、つねに新たに判断されたりする世界である。そしてその世界は、変転しうるその対象的な意味にもかかわらず、やはり私にこの一つの世界として妥当し、経験およびそこに根拠づけられている認識の斉一性において確証されるはずの、また引き続き確証されている世界であり、場合によっては修正に服する世界でもある。

というのも、存在する世界が存在し、「存在するもの」だけを含むのは、最低次の段階でのたんなる斉一性のうちにある確証の能作にしか由来しないからである。

私が、流れる意識生において現実的および可能的な明証において、私にとって存在する世界として斉一的に確証され、また確証されうるようなものについて内省するとき、また、そのさい、私が直接的および間接的なもろもろの明証の秩序について、またそれとともにもろもろの命題や存在妥当の基づけの秩序について内省するとき、私は私のそのつどの現実的な、および可能的な知覚領野へといたり、私の以前の現実的および可能的な知覚領野としての想起の、現実的および可能的な領野へと至るのである。そしてまた、そのようにして未来に関して、未来の固有の知覚領野へと至る。しかしこれらすべては、私の原本的な経験としての経験の統一へと結合されており、私によって原本的に経験され、経験されて存在し、これから存在することになるような能力による世界を構成するものなのである。たえず私に固有な現実的および可能的な経験から意味をもっている世界は、他の人間をも含んでおり、彼らの物(的身)体は、世界に、現に経験可能なしかたで属し、知覚にそくして帰属している。彼らの心理的生や彼らの人格的存在は、ある二次的な、もはや原本的ではない仕方で経験され、また経験可能であり(「他なるもの《フレムト》の経験」をとおして)、その二次的な経験の仕方の固有な関連において証示可能なのである。

私にとって前もって与えられた世界を、それ自体が与えられているがままに描出される明証へともたらすような、私の拡張された経験のうちで、もろもろの出来事が起こってくる。すなわち、誕生、年齢を重ねること、病気、死、世代的なものなどである。そして私はこれらによって、私自身を、いつか死にゆく者として、かつて生まれた者として理解する。私はそのさい、私の前に生まれていた、より年配の人々を経験し、私および私の現在のすべての同輩たちの後に、新たな諸世代がやってくるだろうという経験の予見をもっている。私は世界における人間を一般的に世代的なものとして、双方的に開かれた無際限性において関連しているものとして理解し、私が経験する同じ世界の存在が、もろもろの世代の終わりなき連鎖を貫いて人間によって同じものとして経験されていたということ、またその結びつきにおいて同じ世界が斉一的な経験をとおして（そして相互の修正をとおして）証示され、証示可能なものとして与えられていたということ、さらに明証的な予見において与えられるだろうということ、こうしたことを私は理解する。誕生と死によって限界づけられているもろもろの人間の生の統一を貫いて、そのように一つの人類の生の統一が、媒介されてはいるが結合された全人類的な経験の統一と、そこに根拠づけられた伝統の統一として伸び広がっている。そのように私は人類を歴史的な人類として理解し、世界時間の拡張として、すなわち世界的なもろもろの出来事によって充実された、私の生の時間、および私のともに現在を生きる同胞の生の時間を越えて広がる世界時間の拡張として理解する。

このような解明がいかに不完全で荒削りなものであろうと、私は最初の理解、すなわち、依然としてさらに自身の理解の地平において解明されうるような理解を獲得する。それは、私にとってあらかじめ存在する、つねにすでに前もって与えられた世界が、私の意識生において存在妥当と（私にとっての）存在証示を獲得するような、私の人間性と、他の人間性が属する他の人間によってともに構成されている、ということに関する理解である。*15

私は未開の人々や動物や精神病者をも、私の世界のうちにみとめてはいるが、*16 彼らを私と同じ、および「私たちと同じ」として経験してはいない。私が「私たち人間」と言うときに念頭に置いている人々は、より狭い、あるいはもっとも狭い、私の知り合いたちという「私たち」から出発して理解しているのであり、その私の知り合いたちとは、その完全性の程度に大小の違いはあっても、自分自身を把握しているという規定性によって定まっている。しかし私は彼らを端的に私の世界をともに構成する者として理解し（この理解は意味を規定しつつ、未知の人々、私にとって知り合いになりうる人々の開かれた地平のうちに入っていく）、私の「人間性」の共同人格として理解する。すでに述べたように、そのさい、私にもっとも近い人々、私にとってなじみぶかい人々、私の生がまずもって日常

170

性の層において、共通に営まれるような、そうした人々から出発する。ともに経験すること、ともに憂慮すること、ともに労働すること、互いを考慮しあうこと、共同で論じ合うこと、争うこと、互いに合意することなど、またともに食事をすること、ともに住まうこと、一緒に遊ぶことなどのうちに、共同のものがあるのである。

そのように素朴に私の人間性の地平において生きつつ、私は私のもっとも近い日常的な環境世界の他の人々を、私の環境世界において経験される、あるいは経験可能などんな人であれ、同じことをともに経験する者として、あるいはともに経験する能力、経験によって明らかになっている能力がある者として経験する。私は彼らをそのようにして、表現をとおして、とりわけ彼らの伝達をとおして、私の「世界表象」をともに規定する者として経験する。このことはもちろん、それが私たちのすでに共通に構成された環境世界にかかわりつつ、それを実践的に行為しながら変形させるかぎりで、またその環境世界に目的と手段の意味を与え、あるいは他の仕方で意味を与えるかぎりで、彼らの行ないすべてにかかわっている。私は端的にこの生の共同体において、[*17]私ができるだけ、理解のための諸条件（私がその人々の表現を、その伝達を見、聞きながら、統握することができるように、彼らに十分に近い位置に、彼らに対して対応できるような位置に立っているといった条件）を配慮するかぎりで、その人々の道具を道具として理解し、その製作物を製作物として、そして着手されて「製作中」のものも、完成した製作物のもつその目的とともに理解している。私は目的が決まっていることを、あるときは、その人々にとって個人的な意味をもつようなものとして理解するし、あるときは「誰にでも」という宛先をもち、誰によっても一般的に、目的にそくして理解されるようなものとして理解する。私はじっさいまた、私が私の環境世界において理解するものごとを、誰もが理解するということをも理解し、そのようにしてこの環境世界、すなわち私にとって前もって与えられた世界が、（私にとってすでに存在する）誰にとっても前もって与えられていて、誰にとっても同じ意味で理解されているということを理解する。またこの環境世界が、誰の生においても、そして相互的な理解の伝達のもとで相互に互いのうちへと作用しあいながら、すべての人の共同の生において、たえず、すべての人が寄与している一つの存在意味をともないつつ、引き続き形成されつつあるということを、理解しているのである。*18

示されなければならないのは、誕生と死とが、世界構成を可能にするための構成的な出来事として妥当し、――あるいは一つの構成された世界の本質的な成素として、ないしは誕生と死をそなえた世代性がそうしたものとして、妥当するのでなければならない、ということである。他の人についての経験、ないしは他者のなかにある私の経験としての感情移入の能作が構築されるさい、私はさしあたり、他なるもの《フレムト》にかかわる現実的および可能的な経験を、存在妥当をもつ準現在化の一つのあり方として、そして、私の原初的‐原本的な経験に対峙する変様されたあり方として指し示す。

「他なるもの《フレムト》の」想起が可能な自分に固有な想起と合致しているかぎり、また私の想起が忘却という限界をもってはいても、私が想起できないということはたんなる忘却性であって、この忘却性が同時に、忘却したことを想起するという潜在性に開かれているかぎり、そのかぎりで世界についての構成にとって十分なことがなされているとは言えない。それではまさに、まるで世代性が、誕生と死をともなう偶然的な世界事実であるかのようになってしまう。

感情移入は、根源的に、他の人間を生みだすが、場合によって、部分的に自分と同じような現実の経験や、可能な経験や、もつこともできた経験をともなう他者のみを生みだす。

他者の過去の想起は、私が理解できるかぎり、さらに遠くまで及ぶが、私が追理解することによって、その過去は私にとっても意味をもつことになる。その意味は、その想起が私にとっても可能なものであること、あるいは可能であったことを排除しない。そのようにして、他の人々が未来に、現実に可能なこととして、私の経験の圏域に登場してくることもある。それは私が経験することになる、あるいは経験できるであろう他の人々である。人々のなかで私が「人間」であることとは、私の予見されるある種の存在になること、すなわち他者としての人々とともに存在になることなのである。しかしいまやこの段階の経験のうちに、新たに人間と世界にとって意味を形成するものとして死と誕生とが入ってくる。人々のなかで世界を生きる人間としての固有の存在についての、そして各々の他の人々の存在についての未来の確実性は、踏み越えることのできない限界をもつのであり、そしてそれに相関的に、人間の過去の存在と世界の生における人間についての想起の確実性もまた同様に限界をもつこととなる。

しかしいまや、世界と誕生と死（したがって世代性）を真剣に本質関係のうちへと組み
172 込むこと、そしてどの程度までこれらが〔たんなる〕事実ではないのか、どの程度まで誕生や死を欠いた世界や人間とは考えることもできないか、を指摘することが、考察に値することなのである。

196

二八　世界の正常な経験様式

〈内容〉

（一）世界の正常な経験様式の（荒削りな一般性における）一般的な予備考察。生き生きしたノエマ的な時間化における世界、どのようにその時間化において世界が前もって与えられているのか、その空間時間的な（地理学的、力学的、因果的－自然的）構造。いつでも経験世界のもつ、前もって与えられた、つねに既知的な構造としての既知性の様式。地平様式、すなわち本来、自己時間化されている既知の環境世界の有限性、経験世界の反復様式としての過去および未来にむけての反復可能な拡張。拡張されたものは、現実的に生き生きした時間化を実現できる可能力性として、つねに前もって与えられた世界に従属している。それに相関的に与えられている構成する主観性。原存在の謎、遡行的に問う歩み。私にとって存在するすべてのものは、私の普遍的な時間化に由来する。すべてのものとは、原初的な存在、他の人々の存在、同一的に共通の世界、

197

人格的な共同体の関係における《私たち‐人格》としての私たちの構成、人格的に共同体化する諸作用（社会的作用および社会性）、共同体的な目的の領野としての、また人格的‐社会的な人間性によって人間性をもつ世界としての人類の世界などである。世代的なものとは、もろもろの世代を貫いて――開かれた時間性において――同一である人類の世界。有限の人類世界。故郷の世界と他なる《フレムト》もの。領土。この概念の変転。他なる《フレムト》ものの変転（他なる人の故郷、他なる人〔にとって〕の他なる人など）。そこで無限の経験世界の可能性にとって本質必然的であるものは何か、という問い。もろもろの生活世界の世代的な綜合は、すでに「可能な経験」の世界としての無限の世界の構成を生じさせるわけではない。環境世界に関係づけられた普遍的な「私たち」の意味。意思疎通の共同体の普遍的形式としての私たち、そこには人格的結合としての社会性も含まれる。どの共同体にも属するその特殊な実践的環境世界。すべては前もって与えられた世界である――そこから超越論的な遡行的問い、つまり妥当形成体としてのそれへの問い。遡行的問いは私へと導く、等々。

（二）追加。素朴な仕方で正常な経験世界およびその世界の与えられ方が考慮されているにすぎなかった。補足。前もって与えられた世界において、具体的な人間の生活世界の崩壊にまで至るような意味での含蓄された異常性――運命。

世界の有限性と生き生きした時間化

生き生きした過去地平および未来地平をともなって、生き生きした時間化のうちにある、生き生きした現在的世界としての経験に由来する世界。世界の根源的な同質性、世界の根源的に生き生きした同質的な構造。空間時間的構造、その世界の具体的な類型、運動と静止に応じた、また変形に応じた質的な変化や、因果的様式に応じた変化の類型。すなわち私が突けば突き返しがあるような因果的様式、また自由落下と落下の加速の様式における、また慣性における因果的様式、あるいは、物体の振動する変形（衝撃による）と空間における音の放射的拡散とのあいだの連関における因果的様式がみられる。空間における熱と物体を熱することとのあいだの連関、またその逆に温かい熱を放射する物体と空間を満たす熱としての熱とのあいだの連関、熱と光の放射との連関、また「力学的な」経過に関してのそうした連関などがみられる。

こうした一般的な類型は、私たちのどんな時でもまた、どの空間位置においても共通な世界としての経験世界に属しており、そうした類型は、どこであろうと私たちがいるところでは、どんな空間的－時間的な世界の現在のうちにあってもなじみぶかいものであり、前もって与えられた既知の様式であり、それは到来するものに対しても、またどんな私たち自身によって遂行された状況の変化に対しても予料されているような既知の様式なのである。

その様式に属するのは、――すなわち、私たちの経験の世界としての世界にとっての所198与性の様式として、また、私たちの経験においてそれ自体与えられてはいても、地平とともに思念される世界として――、私たちの世界に数え入れられるべきか決められないものもまた属している。私たちの世界のうちで現実にそのつど経験されているものに関して私たちはその様式、すなわち相対的に限定されている類型や一般的になじみがあって、見通しのきく周囲といった類型をもつ。それは、私たちがすでに知っていて、そのなかを生きている世界の類型である。

生き生きと流れる拡張と拡張の反復可能性

しかしこの有限の世界（現実的経験にかぎりのある世界、およびこの世界の既知性）は、《私たちにとって存在すること》の、また私たちの経験に至ることや知識へと至ることの不断の流れのうちに存在している。このことは、私たちがすでに私たちにとって現実存在するもののあれこれにかかわり、なじみのある類型の埒内で新たな形態を受け取る、ということのうちにおいてだけ妥当するのではない。世界は、私たちに言わせれば、私たちの現在の経験よりも遠くまで及ぶ。私たちは自分で運動し続けることができ、また動かされうるし、私たちの知識は、既知の事物がもつかぎりの多様性が増大していくという仕方で拡張される。世界はいつも有限的な多様性として知られた世界、ないし経験へと至る世界であり、つねにまた、経験の拡がりにおいて（私たちの主観的な、そのつど新たな有限の多様性からさらに新たな有限の多様性へと、次々に前進する歩みにおいて）拡張していき、また拡張可能なものであり続けるような世界でもある。私は、そして誰もが、拡張の経験の地平をともなった世界をもっており、私はそのさい、他の人々に頼ることができ、私の両親や私の同胞たちに、その人々の環境世界（私によって規定されていない、その人々にとってともに経験されてはいるが、細かなことは明らかでない環境世界）について問うこともできる。この様式もまた、未知の世界領分についての知識の拡張の様式として予料されており、それも反復可能な様式として予料されている。相関的に、世界とは、私たちにとってたんに限られた現実的に経験される、どの現在においても、また現在に至るまでの主観的な過去全体においても知られるにいたった実在の多様性であるだけではない。しかも、制限された生き生きとさらに前進していく拡張の様式をそなえた実在の多様性であるだけでもない。そうでなく、それはその反復可能な未来地平において、引き続き続行しうる拡張の形式において反復可能な世界なのである。このことは潜在性として、私たちの過去にも属しており、私たちはつねに、ある特定の方向の代わりに別のもろもろの方向にお

199 いても新たな事物を知ることができたであろうし、それは、拡張する進行がそのさまざまな可能性や、さまざまな方向をつねにもっているのと同様なのである。

ここで記述されていることは、私たちにとって存在する私たちの世界の知識の拡張にかかわる。この拡張された知識が提供するものは、私たちが新たに作りだしたものではなく、あらかじめ世界および世界時間性に属するものである。そのようにして世界は、流れる経験のうちで、流れる主観的‐間主観的な時間化のうちで時間化されているのであり、間主観性に個別に、あるいは共通に属している、知識獲得の拡張についての基礎づけられた体系の可能力性は、反復しうるものという性格をもっているのである。世界は限られたある一定量の実在として現実に経験されており、時間様相の転化における生き生きした時間化というあり方で経験されていて、そのようなものとして世界は、ある限られた一定量の、すでに既知の（その既知となったもろもろの経過、変化、固有性をそなえた）実在なのであるが、拡張していく流れ、すなわちそもそもいまだ顕在的に現にそこには存在しなかったような、もろもろの新たな事物をまのあたりにする、その流れにおける実在なのである。しかしそのつど私たちは、さらに進み、新たなものを探し出すという可能力性をもち、またもっていたのであって、つねに知られるべき新たなものが、さまざまな可能的な進展する方向のうちにある、ということも予料されている。さらに予料されているのは、世界未来であり、さしあたりは私たちのものとしての世界未来であるが、また接近することのできる共現在が予料され、この共現在は、どの時間位置においてもさらに進むことができ、さまざまな方向で進むことができるという反復可能性における可能力性とともに予料されている。

無限性と世代的な間主観性
反復的に構成されている世代的な連関
他の人々を貫く反復

もちろんここで世代的な間主観性が考慮されなければならないばかりか、ここにともに属しているのが、「無限な」世界としての客観的世界の意味形成、すなわち誰にとってもそのかぎりのある時間化において、かぎりのある仕方でのみ拡張されうる世界としての客観的な世界の意味形成である。間主観的な共同体化にあって世界は、拡張された、そして拡張しつつある間主観的時間において拡張される。しかし諸主観の世代的連関は、私から出発して、また各人にとっての有限性から出発して、反復して構成されているのではないのか。生とその時間化とは持続的な推定のうちで遂行されるのであって、その推定が反復的にくり返しその推定をそれ自身のうちに、志向的に包括している。そこには引き続き続

200 行された推定も属しており、私の他の人々は、私と同じかぎりある環境世界をもつだけでなく、それを超えて私がいまだ、あるいは決してもたないような環境世界ではあっても、事実上、もちうる可能性のある環境世界をももっている。したがって、これら他の人々が、ふたたび〔それと同じような〕他の人々をもつことができるのであり、最終的にはこのような間接性において、私自身にとって事実上、接近できないような他の人々をもつことができるのである。世代的にも同様であり、私は両親をもち、私の両親の両親も知っていたが、この両親もふたたびその両親をもち、この両親がふたたび、等々となり、私が決して知りえないような両親たちをもつことになる。この「等々……」は私の推定に属しており、私の推定上の現実存在の地平に属している。私にはこの地平を「露呈する」能力と、私にとってもろもろの可能性の一つを可能な現実性として直観的にする能力が属しており、必然的にそこには、この可能性に従属する地平が属しており、というように無限に進んでいく。

私は私の妥当の生において、顕在的な妥当と含蓄的な妥当、また含蓄のうちにさらに含蓄している妥当との相互内在をもち、それも反復可能な仕方でもつ。露呈の顕在性のうちで反復しながら、妥当が生成し、くり返し妥当が生成するのであって、現実存在するものも生成し、くり返し存在するものが生成する。そのさいすでに私にとって存在するものは、つねに新たな内実のうちへと時間化され、新たな存在者が立ち現れ、規定されうる。これらすべては、私にとって初めて構成される間主観性に対する構成的な関係性のうちにある。私のうちには他の人々が、相互内在的に含蓄されたものとして含蓄されており、また、他の人々のうちには私が含蓄されている。このようにして、自我的な生の相互に含蓄された生き生きしたあり方の自我的相互性において「まさしくこの」世界が構成されているのである。私のうちには意のままにできることや狼狽させられること、目的と目的活動や働きかけと創出といった地平があり、気分の地平、幸福や不幸といった色調の地平がある。私——私の眼前には、地平として、私の世界における、すなわち幾重にも媒介された人格上の関係による私の人間的共同世界における私の人格的な現実存在があり、そこでは私の生の領分のもろもろの人格そのものが、何らかの仕方で自分たち固有の人格的な結びつきをもっている。これらすべては暗い地平としてあり、この地平の含蓄を私は明るみに出すことができ、その既知性において、またその未知性の空虚な可能性の地平へと入っていって解明することができる。

　認識主観としての私〔について〕、私は他の人々の助けによって認識しつつ、認識能作（認識形成）を遂行するが、これらの能作は、存続するものとして「世界」と、すなわち
201 存在地平と一つのまとまりとなり、共同研究者にとって接近可能となり、彼らにとって規

定されたものとなる。それは私が、彼らの能作を私の地平において可能な「経験」のうちに見いだすことができるのと同様である。

絶対的な超越論的存在のこの生動性は、「私」という形式における存在と、構成する自我生との志向的能作の生動性としてある。この自我生は根源的な本能的習慣性から、その意味形成の方向を予描されたものとしてもち、つねにすでに地平をもっており、つねにその世界を形態化し、特定の地平形成体を獲得し、その中で「他の人々」という意味、すなわち共同主観という意味、つまり間主観的世界とともに間主観的地平のためにともに構成するという意味をもった形成体をも獲得する者としてそこに生きている。

原存在の謎――私の、超越論的に問う者の原的な謎――、時間化という私の原現象的な流れ。そこに私が問う者として、すでに前もって与えられているのを見いだすのが、世界という意味形成体、すなわち私にとって妥当するものとしての世界である。それは、私にとって流れることにおいて存在する世界であり、それ自身のうちでもろもろの時間様相において流れ、存在を自身のうちで構成しているような流れである。私は不断に覚醒した自我として「まさにこの」世界を経験するが、その世界を、流れる生き生きした現在の現象として経験し、思念として、また現出として、世界が私にとっていま知覚にそくして現出するがままのものとして経験する。私は同時に、再想起および予見において、世界が私にとってそのさい妥当するがままに、くり返し別々の「何か」、および「いかに」において、しかも同じ世界を経験しているのである。この世界は、妥当性の地平をともなっており、この妥当性の地平をまずもって内省しなければならないのは、私が私にとって既知のもの全体を、私にとって瞬間的に覚起されうる既知のものだけを取り上げ、次につねに先行描出されている普遍的な形式と類型とがそこに属していることを明らかにするためである。露呈する直観化と同一化の綜合において、すなわち私の生の流れにおいて、私は明示化されたものとして世界を、この生の環境における存在意味として獲得するのであり、それも、そのように多層的に、そしてくり返し同一化しつつ規定しうるという能力の意識とともに、獲得するのである。そのさい私は、私の同一化の道を、他の人々とその同一化する生との露呈を貫いて歩みぬくのであり、それは判断する思考や述定する思考の能動性において、また、確固たる妥当性が問題となる、認識作用という実践の能動性においても同様なのである。

私はこうすることで、私がすでに獲得物としてもっているものを解明するが、それは、たえず獲得することにおいて、すでに〔そこに〕あるような獲得物としてである。〔というのも〕現にそこに前もって与えられている世界は、硬直した存在者としてではなく、生の流れる働きのうちで、すなわち原的な流れのうちでつねに私にとって引き続き生成する

202 ものとして、前もって与えられているのである。そして、この世界は、私にとって生成する存在意味として、前もって与えられており、この存在意味は、「別の自我たち」という意味を、私とともに共存するものとして自分の内部に担うような意味として、私にとって形態化し、つねにすでに開かれた推定された意味として形態化するのである。こうした意味は、私の現実的な能動性、あるいは能力がそなわっているという意味での能動性をとおして形態化されうるのであり、それがより細かく規定されるのは、ときには、恣意的な形態化（明示化）においてではあっても、やはりすでに妥当している存在地平においてのみなのである。それは以下のようなあり方においてである。すなわち、できるということのもつ方向性とは、前もって可能な行動の方向性であり、私が恣意的に選ばれた現実化の方向を進むとき、私が現実化するものとは、私が前もって現実化することができたであろうような、またそのあとにもくり返し現実化することもできるような何かなのである。この何かとは、それ自体としてその持続を客観的時間のうちにもち、その始まりやその変化のあり方、そしてその終りをもち、後からこの持続存在においてくり返し同じものとして、また以前に存在したものとして接近可能なものである。他方、それは、それが存在する以前に予見されえたというあり方、すなわちいずれにしても何か将来のものであるというあり方をもっている。この未来的なものとは、未規定なまま一般的に、将来の実在的存在の様式としてどの位置からでも、また、どの自我的な現在および現在の経験からでも先行描出されており、どの位置からでも、後からくり返し充実したり、たんなるより詳細な規定として把握されなければならないといったあり方で先行描出されている、確固たる未来の様式に〈相応している〉のだ。

私が認識に、——超越論的態度において、超越論的に述定的な解明において、本質認識への要求や必当然性への、また論理性への要求をもって——至るのは、次のことである。すなわち、それ自体第一の、真の具体的存在者とは、顕在性および習慣性における、また受動性および敏捷《びんしょう》性における私の存在であり、私はこの存在において一つの意味形成体を、すでに獲得されたものおよび不断に獲得されたものとして（含蓄的に）もつ。しかしそれは、妥当において「世界」という存在意味を不断の主観的な所与性の様相のうちにもつ意味形成体であり、つねにそこでは世界が妥当しているのである。さらに、この認識は、つねに予料がさまざまな仕方で、可能力的な露呈のプロセスと確証のプロセスの予料として、過去と共現在と未来に関して妥当している、というような認識である。いまや私が見いだすのは、この前もって与えられた世界が、この存在意味形成体として、すなわちこの同一のものとしてつねに動きのある、現実的で可能力的な同一化する確証のうちに、多様に基づけられていることである。とりわけ、私がそこで見いだすのは、その存在意味に「別の

203 超越論的な存在」が基づけられていることである。しかしこの基づけられていることは、その基づけの絡みあいにおいて、くり返し一つの有限な世界領分へと導かれるような仕方においてあり、そのつどそうした世界領分を基づける超越論的な他者（彼らは同時にこの有限の世界領分において人間として、世界客観として客観化されて登場している）にかかわっている。そのさい、基づけの仕方は、ただちに、これら主観の可能力性において根源的に接近可能である世界客観の数多性にしたがって、拡張された世界領分へと導かれているのである。これらの世界客観にはそのさい、他の人々にとってともに存在する他の人々もまた（人間として客観化されて）属する。また、彼らの世界拡張には、少なくとも推測的に予想されうる新たな主観をともなった世界拡張も属している。そのようにしてくり返し、間主観的に妥当するようになる世界は、不断に、すべての新たな主観にとってともに妥当（場合によっては修正もされるが）し、新たな主観に相応するとともに、古くからの主観にとっても妥当するのである。このことはとりわけ世代的な連関におけることがらであって、このことによって世界は、その継起的時間性においてその存在妥当を明示しているのであり、そのようにしてコミュニケーションの開かれた連関のうちにあるのだ。

　私がここで表現しているのは、私が存在者として見いだすものであり、私が存在意味として妥当のうちにもつものである。また、私が顕在的な妥当のうちで、その地平に対する指標として措定するものである。そしてこの地平が私にとって意味するのは、くり返し同一化する能力ということ、それも予描され、私にとって歩むことのできるなじみある綜合的な道において、くり返し同一化する能力ということである。私の生は徹頭徹尾、可能力性における生であり、徹頭徹尾、志向的な綜合の生、受動的な綜合の生であり、この綜合はいくえにも進行方向をもっていて、現実化されるそのどの方向においても、原現象的な流れにおいて原時間化しつつあるのだ。しかしこの受動的な経過の構造は、覚醒した自我、すなわち能動性ないし可能力性の自我によって能動的に統制されていて、そのさいすべての能動はその可能力性の地平をもっているのである。

いまや私は受動性という標題のもとに、二次的な受動性をもつ。これは作用に由来する受動性であり、――自分固有の作用や統覚された、すなわち感情移入する準現在化をとおして受動的に私に対応してくる他なる《フレムト》〔作用〕に由来する――受動性であり、そして私は、固有の生き生きと作動する原本的な可能力性と活動性をもち、他なる可能力性をもつ。すなわち、固有の能力および行動から発する原初的な存在意味の能作としての固有の能作と、準現在化される、私にとっていまやともに妥当するような他なる能作とをもつ。しかしこのことがそうあるのは、他の自我がたんに受動的に準現在化されるものであるだけではなく、私の可能力性から出発して存在するものとして妥当のうちにあること、また、私

204 にとって確証しうること、および確証することの地平とともに妥当のうちにある、ということによるのである。そこに含蓄されているのは、私にとっていま存在する他の人々によって、彼らの可能力性から構成された存在領分であって、この領分は私にとって間接的に存在し、彼らの存在領分として間接的に確証しうるものであり、たとえ部分的であろうと、私の存在領分としての私の領分と綜合的な合致のうちにある。そのさい他の人々は、私の進展する他なる《フレムト》経験の地平から、一般に、私の他者ではないような、他者にとっての他の人々を受け取っている。そして私が生活を展開するにつれ、私の原初的な環境世界において、ないし私の完全に形成された経験としての私の現在的な環境世界において、なじみのものになってくるのは、私にとっていまだ既知ではないような他の人々に遭遇することができ、ときおり遭遇することになることによる。私がいま他の人々を経験するのも、こうした可能力性をともなう他の人々をこのように経験することによるのである。

しかしまた以下のことも注意されなければならない。つまり、私が他の人々にそくして、他の人々に関して経験することが、その遡及的効果を私に及ぼすことであり、この遡及的効果は、私が私自身にとってもち、不断に新たに獲得することができるような現に獲得する存在意味に関する遡及的効果である。私が内省するとき、私はつねに、またすでに人格なのであり、この人格は、私自身にとって、他者が私にとっての存在であることをとおして、私にとって育まれてきた意味をもつのである。私の行為はすでに私にとって存在するものの周辺に関係し、私のそのつど現実に経験される環境世界に、また確かに未知であるが、現実に私にとって接近可能であるものの地平、すなわちそういうものとして現実に私にとって妥当するものの地平に関係している。そのようにしてまた、私の行為も他の人々に関係している。しかしここで可能であり、現実的になるのは、行為が他の人々をめざして行為しているのであって、たんに客観としてではなく、主観として彼らにとって作用を受け、また作用を及ぼすことを促したり、動機となることとしての行為なのである。そしてまさしくこのことは、他の人々、私にとって妥当する他の人々のうちに入り込み、彼らが現実に、また可能なこととして、私を動機づけたりしながら、そこで、もっとも広い、拡張された意味において「統一化する」ことが、したがって人格的な相互の結合が生じてくるのである。

もろもろの基づけによって世界が私にとって存在し、その世界が私にとって妥当する世界であるのだが、そのような基づけの露呈にさいして、私は以下のことを洞察する。つまり、私の固有の超越論的存在が、すなわちそこにおいて私が私にとって超越論的に自身を構成する（原時間化する流れに基づいて私自身を能動的に存在するものとして経験する）ものが、私にとって存在するすべてのものの存在を、私のものである一つの普遍的な時間化のうちで時間化するということである。しかもそれを解明すれば、このことは、私の存在のうちに私の原初的な「世界」が依拠しているということであり、この世界には他者の《私にとっての存在》が依拠しているし、彼らの原初的世界の《その人々にとっての存
205 在》ということが依拠している。また、そこにはさらに、私の原初的な世界として、そしてその人々の原初的な世界として、現出にそくして呈示される同じものとしての同一的な世界が《私にとって存在》するということも依拠している。こうした仕方で、私にとって、お互い相互に理解し、理解することのできる《私たち》が構成される。すなわち、現実的で可能力的な、相互の、あるいはときに相互に、またときには一方的でもある相互的社会的対化としての社会的関係や、人格的な結合としての社会的な複数の統一体、また、共同体の目的の領野としての人間世界や社会的人間性をとおして人間性を向上させる世界としての人間世界が構成されるのである。さらには、以下のような可能性（ならびに、この世界の人間の側からすれば、可能力性）がある。つまりその可能性とは、この世界において構成されたものを世代的にたどっていき、ないしはこの世界をあい前後して継起するもろもろの世代の一つの生活世界、歴史的な伝統の統一を備えた一つの生活世界として、したがって一つの歴史的な文化世界として理解し、それについて遡行的に問いすすめ、また前方にも問いかけ、そのようにして世界と人間とを一つの開かれた時間性において解明する

可能性である。それは、すなわちこの世界を、現在の、過去の、未来の世界（人間の生活世界）という流れる時間様相において、かつ一つの同じ世界としてもつ（流れることにおいて、同じ時間と同じ存続する世界存在とを客観的に構成しつつ）、という可能性である。これはつまり、世界を、この有限性において、その世界の中でその現在に生きている万人にとっての世界〈として〉、私にとって、そして万人にとって、そういうものとして経験する、ということなのである。

有限の世界。故郷の世界と他国

そのように考えられ、そのように正常とされ、慣習によるとされる生活世界として構成されたあらゆる世界には、有限性とこの有限性を踏み越える可能性とが属している。そうした世界は、構成的段階——最初の客観的な世界段階——として、故郷の世界、すなわち自分の具体的な現在のうちで共同体化された故郷の人間性の世界である。このもろもろの世代に由来する集団、およびそれらの集団の集団などは、そのすべてが最終的には一つの統一を形成しており、すべての結合する間接性を包括するような結びつきの一つの間接性を形成している。そうした世界は、どの人格的な個人にとっても、閉じた集団のおのおのと同様、実際に可能な到達可能性の宇宙として意識されている。

この人間性とその人々の統一的世界（環境世界）のうちに、ときおり、他国から、「他なる《フレムト》人々」が入り込んでくる。他国とは、私たち故郷の人々とおなじような、その 206 人々にとっての故郷の人々、まさに別の他の《フレムト》人々をともなったような世界なのである。私が自分の側から、他の人々を超越論的に経験の妥当へともたらすのとおなじように、私はすでに故郷の人間として構成されていることで、故郷の文化空間（領土）にあって故郷の成員として、〔いつも〕新たな他者性を私の経験へともたらしている。あるいは私たち故郷の者たちは、その故郷とともに、他なる《フレムト》ものを、その故郷と領土をもつ他なる《フレムト》人々からなる（そして他なる人々にとっての他なる人々などをもつ）他なる《フレムト》故郷として経験する（根源的に、普遍的な世界構成を前進させるなかで構成する）。文化領土（現実上、実践的となったすでに人間化された環境世界）は、自然という外部の範囲をもち、その自然を使用可能なものとし、人間化にむけて無限に開かれている。しかしそれは、本来的な意味で領土をもつとは言えない。ときおり、こうした〔他なる領土の〕遠さのうちへと入っていくとき、そこで過去の文化や過去の人間の現実存在の指標がみいだされることもありうる。

領土はたんに一定期間だけのものでもありうるのであって、その故郷の民族が遊牧民族ということもあり、他のもろもろの遊牧民族や他の種族などと遭遇しあうということもありうる。ここにはもろもろの（人間学や歴史が、現実として私たちにとって目の当たりにしてくれるような）可能性がある。しかしそれらの可能性を貫く本質必然性、すなわち私たちが完全な時間空間的な無限の世界を経験することができるための可能性の条件としての本質必然性が存続しないだろうか。そうした世界がもつ練り上げられた論理的な同一性を、私たちは端的な世界についての真理として受け取るのではないのか。そしてそのような世界が、やはり私たちにとって有限な生活世界としての「断片」において与えられているのではないだろうか。

私たちにとって存在する世界は、私たちの言う可能な経験の世界である。とすると、可能性とは時間と空間に関しての可能力的な到達可能性（したがって確証）のことではないのだろうか。それは到達の諸形式なのではないのか。

（a）時間性に関して私たちは世代をもつ——私の両親、私たちの両親、その両親の両親、等々である。しかしこのことはたんに空想といったものと考えられているのではなく、この間接性において前もって描かれているのである。すなわちそれは、前もって描かれた過去なのであり、従属的なもろもろの環境世界、かつて存在し、それらがどれほど知られていなかろうと、また未規定のまま予料されていようと、私たちにとって妥当し、可能な歴史的な知識の開かれた地平であるような環境世界の前もって描かれた過去なのである。

（b）しかし空間的にはどうであろうか。私および私たちの地上の地平は、地平の圏域の

207 うちにかすんでみえる遠い事物とともにある。私たちはそこまで行くことができ、そこに近づくことができる。また私たちがそこまで到達したとすれば、さらに新たな地平に向けてまた進んでいくこともできよう。そのようにして私たちは「はてしなく」動きつづけ、動きつづけたかのように考えることもできよう。遠い事物の〔視覚上の〕変化やパースペクティヴは、地面の表面にだけかかわるのではなく、高く投げ上げられた石、高く飛ぶ鳥などもそれを示しているし、高くそびえる木、山々なども示している。そのようにして私たちはまた、高く飛び、高みへと動かされるかもしれないということも考えることができる。

しかしこの《考えることができる》ということは、存在の可能性を私たちに証示するような経験的な予描でもあるのだろうか。私の「できるということ」は限界づけられている。構成する経験に関する私の自由は、それをとおして私が近さと遠さの変転にあって同一の存在するものを経験していると言える。この自由は、ときとして偶然に阻まれることもあるが、やはり、ある正常な、前もって描かれた、あらかじめ妥当する一般的な制限をもっていると言える。その制限に属するのが、とりわけ、誕生と死という、この世界において時間的に有限な生をもち、どれほど大きくなろうとも制限されたもろもろの力をもつということである。したがって私は、私にとって、私の故郷の人間性と一つになったもっとも隔たった遠さと、その遠さに至ることがもたらすはずの遠さの現出をもっている。しかしその遠さの指標となるのは、もはやここで考量された様式をもつ実際に可能力的な経験の諸対象なのではない。したがってこの遠さの指標は、現実に存在するものとしてこの事実的な可能力性によって予描されているのではない。こういったことは、最終的には、私たちがたとえ放浪し、私たちの世界を拡張しようとも、私たちすべてにとって共通に、まさにそのようにあるのである。私たちの世界は、経験のそのような可能力性の世界としてとどまり続け、そのことからして有限性のうちでそうあり続ける。そしてこのことは、天空の広大さにも関係づけられている。

ところで、私たちがもろもろの世代の連鎖を引き合いに出すとしたら、どうであろうか。その時間的な「無限性」は、いまだ空間世界的な現実性、ないしただ実在的な可能性としての空間的な無限性を先行描出しているのではない。私たちにとって世代をつなぐ人間として現実に存在し、そこで経験され、現実の可能力性において経験可能なもろもろの実在が、空間の「すべての側面にそって」際限なく運動し、そのようにして証示可能であるというような実在的可能性としてだけ、先行描出しているのではない。

複数の生活世界の綜合と世代の綜合は、まずはそう見えるかもしれないが、「可能な経験の世界」としての無限の世界を生じさせるわけではないのである。私たちが世界を、私

たちの意味で「可能的経験の世界」とみなしたとしても、それは、存在者の宇宙、すなわ
208 ち、普遍的に交流する人間が、人間の歴史的時間をそなえた世代的な人間として、無限に、
すべての可能力的な拡張において実際に経験しうるような存在者の宇宙を意味しているの
ではないのだ。[8]

原注

＊1　構成的解明の歩みがより厳密な正確さを必要とするのは、私がそこで記述しているように、存続し、たえず経験を重ねることのできる人としての、私と同様の人間として理解され続ける人としての他の人々の空間化と時間化にかかわるのであり、それと相関的に、同一的で、したがって特定のその仕方で存続する、同じように一貫して理解可能な世界としての世界の空間化と時間化、すなわち私と同様の人間としてのあらゆる他の人々にとって同じ経験可能性〈をもった〉世界の空間化と時間化にかかわっているのである。そこに含まれているのは、各々の《世界の - 中へと - 生きる生》から精神的な意味連関において成熟してきた人が、その各々にとって理解可能であるということであり、これら共通世界は、したがって、この主観全体に対するその関係性において同質的である、ということである。

構成においてははっきりときわだたせられ、論じられなければならない契機は、確固とした「私たち」の構成であるが、その構成は、この私たちの個々の人格が、互いにとって経験可能で、到達可能であり、客観として自分たちを同時に包括しつつ、自分たちにとって共通な、確固とした生の領分、生の環境世界へと生成していく共通の、顕在的に経験可能な世界領域の内部でそれ自身を維持しているといった構成である。したがって構成的な問題とは、関心をもつ主観としての人格の有限な関心領野としての、具体的な人格的環境世界の問題なのである。

＊2　したがって、〔問題であるのは〕、持続的にたがいにとって結びついた私たちとして現実存在すること、同じ近隣世界において実践的な領域としての利害関心の絡み合いにおいて生きること、おたがいにともに、あるいは対立しあって、顕在的な生の環境としての世界の中に入って生きることである。したがってここで特別なこととされるのは、実践的な生の環境の構成であり、その世界の私たちである。

＊3　《他の人とともにいること》が確固として構成されていること、すなわち実践的な環境世界へ相関的に関係しながら、普遍的な社会性が構成されていることは、世代に先立ってすでに抽象的に論じられうる。そのようにして、人格的に有意義なものとしての、この実践的環境世界の時間化の仕方にしたがって、そこには、抽象的な歴史性が含まれているのである。世代が加わってくると、この具体化の進展は、とどまりつづける《他の人とともにいること》の具体化、すなわち母親ないしは両親と子どもという具体化の進展であり、同時に私たちは、より具体的に、世代的に形成された時間化と歴史的な環境世界とをもつことになる。

＊4　しかしやはり他の面では、この可能性が問題になる。全体的な世界は次のように作られているのではないだろうか。すなわち、無限の自然があり、そのなかに配置された歴史的共同体がみられ、進展しつつ共同化されており、理念的に、無限の自然が普遍的人間性の統一的な領土となり、あるいはまた、無限の世界が、統一的な唯一の歴史的な世界となるように

なっていて、その唯一の歴史的世界においては、全人類、すなわちすべての人間性の綜合が、理念的に、すべての存在するものに対する裁量を任せられていて、すべてを無限のうちに精神化する、というように作られているのではないだろうか。

*5 まずもって、どの文化世界もその形式をもっており、変転のなかでその存続する形態をもっている。

*6 私自身と私の世界、すなわちこの事実を、自由に変更しつつ変様して考えること——世界の無化（『イデーン』）の問題。

*7 そして、ここで、自由な変化と呼ばれているのは何であるのか、ということが考慮されているだろうか。そして、その変化において、本質的に経験の「隠蔽」ということ、すなわち真の存在という理念のもとで可能とされる経験の「隠蔽」があるということが、考慮されていると言えるのだろうか。ここには多くの問題が属していると言えよう。

*8 民族の人間性！ そして理念において、本来的な人格性における全体的人間性。国を超えた超国家性における一つの国家は、個々の人格の類比体として妥当すると言える。

*9 「通常は」とか「普通は」、また「つねに」とか、「個々の例外、現実に、既知の、場合によって例外はあるものの」といった表現は、論理的形式の一つであり、経験的に一般的なものの論理的形式である。

*10 考慮されていないのは時間である——ここで言及されているのは現在のみであり、——現在は時間の諸様相にとって原様相である。そしてそこには基本的な区別がある。人間

はその人格的で世代的——歴史的な——時間連関における人格として、その人間性の時間関連のうちで自身を自覚しており、この人間性は自然時間をともなう実在的な世界のうちに生きるものとして、人格が同時に心理物理的人間として、また人間性が同時に心理物理的人間性として実在の世界に属するように生きていると言える。この二重の意味での世界のうちには、動物たちも存在するが、動物はなんら世代的で歴史的な世界をもつことはなく、それによってなんら実在的世界ももたず、本来的な意味で時間や空間や存在的構造をそなえた実在物の宇宙をもつこともない。そうしたものは動物たちにとってではなく、私たちにとって構成されているのである。

＊11 もちろん顕在的な「できる」としての顕在的な能力ではなく、そのような「できる」を形成することができるという「理念的な」可能性である。それは、やはり意味がないとは言えない可能性である。

＊12 しかしこれでは、あまりにおおまかである。

＊13 他の人間は私にとって人格として存在する。そこにはすでに、彼が私にとって、私の人格的な「人間性」における人格だということが見られる。このことは、ただちに強調されなければならないことだ。

＊14 しかしさらに、私はすでに自分を、私の「民族」の人格的成員、また普遍的な《故郷の人間性》としての私の人間性の人格的な成員として見いだす。

＊15 しかし人類の、そして世界の、具体的に一つの文化世界に特有なもの、またもろもろの

人格による、もろもろの人格から形態化される世界という特有なものは、いまだ解明されていない！　連鎖的なコミュニケーションは、〔それだけで〕伝統を与えることはなく、万人にとって接近可能なものとしての精神的獲得物の共有物となり、万人にとってすでに地平的に「現実の世界」として先行描出されているような伝統を与えることはないだろう。そこには、故郷の世界――他の故郷世界、すなわち私たちにとってではなく、彼らにとって妥当するような故郷世界が欠けている。そこから相対化への道が開かれてはいるのだが、万人にとっての――あらゆる「人類」にとっての――新たな世界という問題もみられる。場合によっては問題として、無条件的に客観的な学問、さしあたりは精密な自然科学にとっての方法の能作の問題や、また客観的な精神科学の問題もある。

＊16〔この世界は〕すでに、無条件に客観的な学問の理念の構成より以前、あるいは私の第一の人類の相対化より以前に〔みとめられる〕！

＊17　このことは相対的である。つまり、私たちドイツ人とも、私たちヨーロッパ人とも〈言える〉。

＊18　故郷性の諸段階において。私たちが互いを理解せず、あるいは互いに「他の《フレムト》」ままにとどまっているかぎりで、私たちは同じ世界をもっていない。

私が構成され、私の共在する人間が構成されるのは、つねにすでに私の故郷の人間性においてである。世界は、それがそのつど、その世界そのもののうちで実在的である私の、「私たち人類の」世界として、存在意味をもつように前もって与えられている。前もって私および誰もが人類という地平のうちに存在し、あらゆる実在的なものが実在的な世界の地平のうちに存在する。この地平は、私の人類の地平の相関者であり、さしあたり私の故郷の人間性の、それから私の超国民、地上的人類の地平の相関者であり、このように開かれているが、しかし生においては、人類〔という理念〕に対する態度に応じて、「さまざまな私たち」と「存在する世界」もまたさまざまである。

訳注

［1］ normal「正常 normal」「異常 anormal」の訳語については、本書第一部訳注［35］および第二部訳注［11］を参照。

［2］ Abbau「構築 Aufbau」（第二部訳注［20］参照）と対になる語で、「脱構築」は発生的現象学の方法とされる。静態的現象学の本質直観をへた構成層の全体から、特定の構成層の能作を作動しないものとして取り除いてみる方法である。それによって他の構成層との生成における時間秩序、時間的基づけ関係が明らかになる。このような文脈から、通常「解体」と訳される語をここではあえて「脱構築」と訳したが、一般に流布しているジャック・デリダ（1930–2004）の「脱構築 déconstruction」と直接は関係しない。デリダの用法は直接はハイデガーの（存在論の歴史の）「解体 Destruktion/Abbau」に由来するものであるからだが、ただし、デリダの出発点が『フッサール哲学における発生の問題』（一九五三／五四年）にあったことを考慮に入れると、間接的には関係してくると言える。

［3］ Allzeitlichkeit　この「遍時間性」とは、時間を超えた理念的性格を意味する「超時間性」とはことなる。「超時間性」とは、一般に時間を越えたもの、時間性格をもっていないものと考えられた理念的なものや論理形式的なものなどの性格として言われる。例えば「1+1＝2」という判断を私が下すとき、事実上いまという特定の時点において私という個別的主体が判断を下しており、その意味ではこの判断作用はこの特定の時間位置をもつが、他方では「1+1＝2」という判断内容はそうした個別の判断作用を越えて妥当している。しかし、理念的なもののこの「無時間性」ないし「超時間性」とは、現象学的に捉えかえすと、いついかなる時でも判断作用の相関者になりうるという意味で「遍時間性」のことであり、『経験と判断』（第六四節（c））ではこの意味で「この超時間性とは遍時間性のことなのである」と言われる。ところで注目すべきことに、ここでは「世界」について「遍時間性」と言われている。確かにフッサールはある箇所で（例えば、『第一哲学』講義）、「真の世界」とは、決して到達できないがどれほど経験が誤ろうとも拒否されることのない一つの極理念であるとも述べている（『フッサール全集』第八巻、四八頁参照）。しかしここでは理念としてか否かは度外視しても、世界がいつでも具体的にいまにおいて経験されているために、私はいつでも現象学的にその経験に立ち返って考察を始めることができる、という性格が「遍時間性」と呼ばれているようである。

［4］ Sosein「現にあること／現実存在 Dasein」と対になる用語。Dasein がその対象が現に存在することを表すのに対し、Sosein はその対象があれこれのあり方で存在するというそ

のありさまを表す。当時の議論ではシェーラーがこの対概念を使用したことで知られる。シェーラーは、事物は把握する作用からは独立に存在するもので、認識とは事物の Sosein に主体が関与 Teilhabe することであるが、他方でその Dasein は強い意味では認識されないとする実在論的立場をとり、『イデーンI』以後のフッサールとは袂を分かつことになった。

[5] primordiale Reduktion 「原初的」については本書第一部訳注[37]を参照。「原初的還元」は『デカルト的省察』四四節で詳論される、他者経験の現象学的究明のための出発点となる方法的手続きのことが言われている。ふだん具体的に私たちが生きている世界の意味には、すでに他者が共に関与しているので、他者がいかにして他者という意味をもってくるのかを研究するには、まずそうした他者性を捨象した「自分固有の領分」から出発して考察する必要がある。それは抽象的・人為的に考えられた、いわば私しかいない世界、しかも他者を知らない私の世界である。そこではまず、(一)他の人間や動物など、心をもつ主体が遮断され、次に、(二)社会や文化に由来する意味づけである「精神的述語」(「本」「机」「建物」など)が遮断される。さらに、(三)そこには自然科学者の前提しているような自然的世界の「客観性」が成立しないことになる。というのも「客観的」という意味は間主観的構成によって初めて獲得されるものだからである。これらの要素を遮断した自分固有の領分は、「原初的世界」と呼ばれるが、そこにおいても根源的な仕方で「世界」の超越が成り立っていると言われる。

[6] fungieren 「私は作動する」とは、強い意味での意識(「私は考える《エゴ・コギト》」)の志向性(「思《コ》

考作用《ギタチオ》」）から区別されるような、より潜在的な層において明示的に意識されることなくすでに働いている志向性、ないし能動性以前の受動的な志向性とも言われ、具体的な経験において欲求・感覚作用・身体運動・他者経験・時間意識等の様々な働きを担う。これにならってメルロ＝ポンティ（1908-1961）が『知覚の現象学』（一九四五年）の序文で「作用の志向性 intentionalité d'acte」と「作動する志向性 intentionalité opérante（fungierende Intentionalität）」とを区別したことが知られる。ここでは「正常性」がいかにして構成されるかという問題設定から、その考察のための発生論的な前提が確認される中で、受動的な層であって、「感情移入」をとおして私と他者との共同性がすでに成立しているような場面への遡行が描かれている。

［7］ apophantisch　フッサールは、『形式的論理学と超越論的論理学』（『フッサール全集』第一七巻）で論じているように、形式的論理学を、その判断命題の推論形式（たとえば、三段論法にみられる）の解明にあたる形式的命題論と「何か一般についての論説であり、対象、属性、関係、多様性、等々、」（『経験と判断』序論第一節を参照）といった判断対象にかかわる「形式的存在論 formale Ontologie」とに区別して考える。その両者の関係は、相関関係として考えられ、カテゴリーとして形式化された対象性に向けられた超越論的態度に形式的存在論が、また、推論形式に向けられた超越論的態度に形式的命題論がそれぞれ相応している（『フッサール全集』第一七巻、一五二頁以降を参照）。この形式的論理学は、この箇所にあるように、超越論的事実を内含する超越論的間主観性の構成による超越論的論理学に統

合されている。

［8］　このテキストに続き、「（人格的－人間的な）私たちの構成の意味。特殊な共同体にとっての枠組みとしての普遍的「私たち」」、並びに「補足」という見出しのついたテキストが続くが、訳出のさいの紙面の都合で割愛せざるをえなかった。フッサールはここで、普遍的な「私たち」の構成を改めて共同体を構成する超越論的存在としての「私と他者」の観点から問い直すとともに、補足として「子供の死や戦争」といった異常な出来事に襲われるとき、「総体性における世界」の哲学的問いがその鋭さを増すことについて言及している。

解題

第一部　自他の身体

一　自分の身体と他者の身体

原典のタイトルは、「自分の身体の統覚は原本的な身体統覚であるのに較べ、他者の身体の統覚は間接的である。感情移入によって最初の真の超越が構成される（一九二一年夏学期）」（全集第一四巻テキスト一番）。

二　私の身体の構成

原典のタイトルは、「共現前による立ち現れの段階における私の身体の構成。他者の身体物体と自分の身体物体の類似性を可能にする感情移入はどこで成立するのか（おそらく一九二一年）」（全集第一四巻付論三三）。

三　内的身体性

原典のタイトルは、「内的身体性。〈原本的な経験における〝心的物的なもの〟〉（一九二七年一月二六日のための準備）」（全集第一四巻テキスト二五番）。

四　ゼロ方位づけと空間構成

原典のタイトルは、「どのようにして私はゼロ方位づけにある外的物体を表象できるのか。私が自分を置き入れることのできる場所の体系としての空間。私の自分の身体物体を一つの物体として統握する際の感情移入的な共現前（おそらく一九二七年二月）」（全集第一四巻テキスト三二番）。

五　空間構成と感情移入の「古い」解釈

原典のタイトルは、「〈空間構成。感情移入の〝古い〟解釈を問いに付す。私の自己運動の外的表象という矛盾を説明することが必要だったのか〉（おそらく一九二七年二月）」（全集第一四巻テキスト三四番）。

六　運動や空間位置にとっての構成的キネステーゼ

原典のタイトルは、「〈近い空間における空間的なものの真なる存在を現実化すること。立ち現れを構成するキネステーゼと、運動や空間位置にとって構成的なキネステーゼとの区別〉（おそらく一九二七年二月）」（全集第一四巻付論七六）。

七　身体と外的事物の相関関係

原典のタイトルは、「最低次元の物理的自然の体系的構成のために。身体と外的事物の相関関係（一九三二年五月末）」（全集第一五巻付論一六）。

八　身体を事物として統覚すること

原典のタイトルは、「心的物的統覚。身体はどのようにして、他の事物と同様に経験されるに至るのか。他の事物と同様に運動したり停止したり、それゆえ空間のうちにあるものとして（おそらく一九三二年六月）」（全集第一五巻付論一七）。

九　身体と外的事物の構成

原典のタイトルは、「身体が物体かつ身体として構成される仕方、同様に、そもそも身体の構成と外的事物の構成が絡み合っている仕方（おそらく一九三一年九月）」（全集第一五巻付論一八）。

一〇　努力と意志としてのキネステーゼ

原典のタイトルは、「欲求しつつ努力することおよび意志の道としてのキネステーゼ（おそらく一九三一年九月）」（全集第一五巻付論一九）。

第二部　感情移入と対化

一一　感情移入論への導入

原典のタイトルは、「感情移入論への導入となる一般的な考察。〈原本的な領分、ならびに心理学的発生と超越論的発生の問題〉（一九二七年二月初め）」（全集第一四巻付論六三）。

一二　精神の現出としての他者経験

原典のタイトルは、「精神の現出、感情移入、他者経験。〈身体性および表現の問題。本能と空虚表象〉（一九二四年）」（全集第一四巻テキスト一六番）。

一三　**感情移入と共現前**

原典のタイトルは、「感情移入的な共現前の問題。〈ベンノ・エルトマンとエーリヒ・ベッヒャーの類比推理と統覚的補足の理論に対する批判〉（おそらく一九二七年二月）」（全集第一四巻付論六七）。

一四　**他者経験における連合、合致、対化**

原典のタイトルは、「〈私の自己の変様としての他者。他者の経験における連合、合致、対化。ゼロ物体と外的物体の対化という問題〉（一九二七年二月二二日の講義のための準備）」（全集第一四巻テキスト三五番）。

一五　**他者経験と充実**

原典のタイトルは、「他者経験の理論のために。他者知覚の直観的な充実形態と非直観的な充実形態（一九三〇年八月）」（全集第一五巻テキスト六番）。

一六　**感情移入と対化連合**

原典のタイトルは、「感情移入の理論のために。詳しい身体分析に基づいて。〈入り込んで想像すること、対化連合、想起変更〉（一九三一年八月）」（全集第一五巻テキスト一五番）。

一七　再認と対化

原典のタイトルは、「感情移入と再認。〈対化。感情移入の最初の前提として私の身体を物体として統覚すること〉（おそらく一九三四年の三月か四月）」（全集第一五巻付論五四）。

第三部　共同精神（共同体論）

一八　共に働きかけあう共同体としての社会共同体

原典のタイトルは、「共同精神Ｉ——人格、人格の全体、人格の働きかけの共同体。共同体、社会共同体（一九二一年、フライブルク）」（全集第一四巻テキスト九番）。

一九　共同体の高次の能作とその構成

原典のタイトルは、「共同精神Ⅱ——人格の高次の秩序の統一とその相互関係（ベルナウ一九一八年あるいはザンクトメルゲン一九二一年）」（全集第一四巻テキスト一〇番）。

二〇　共同体における文化と伝達

原典のタイトルは、「共同精神II――文化の生と共同体の生（一九二二年秋）」（全集第一四巻付論二六）。

二一　分かちあう共感と意志による人格的生

原典のタイトルは、「人格的生。意志的な創設に基づく社会的結びつき――本能に基づく――共感に基づく。分かちあうこと「共感」（一九三二年一一月）」（全集第一五巻付論三一）。

二二　伝達共同体と社会的習慣性

原典のタイトルは、「たんなる感情移入の共同体（たんにそばに‐いること）にたいする伝達共同体の現象学（語りかけとしての語りとその語りを受け入れること）。経験（ドクサ）と実践に向けた現象学的人間学について（一九三二年四月一三日とそれ以前に書かれたものであり、一九三二年四月一五日に完了）」（全集第一五巻テキスト二九番）。

二三　自我と他者の人間学的認識と世界認識

原典のタイトルは、「人間学としての普遍的精神科学。人間学の意味（一九三二年一一月—一二月。一九三二年一一月一日から）」（全集第一五巻テキスト三〇番）。

二四　共同体における人格、感情移入、愛（性愛と友愛）

原典のタイトルは、「覚え書き、衝動共同体、愛などについて（シュルフゼー、一九三三年九月）」（全集第一五巻付論四三）。

第四部　正常と異常

二五　正常な人の世界と、異常な人が世界構成へ参与すること

原典のタイトルは、「正常者たちの世界と、異常者たちが世界構成に参与することの問題（一九三一年一月一〇日）」（全集第一五巻テキスト一〇番）。

二六　正常性から出発する世界の超越論的構成

原典のタイトルは、「超越論的主観性の必当然的な構造。正常性から出発する世界の超

越論的構成の問題（おそらく一九三〇年末、あるいは一九三一年）」（全集第一五巻テキスト一一番）。

二七　世界構成にとっての誕生と死

原典のタイトルは、「問題：世代性――世界構成にとっての本質的な出来事としての誕生と死（三〇年代初頭）」（全集第一五巻付論八）。

二八　世界の正常な経験様式

原典のタイトルは、「直観的な露呈において前もって与えられた世界――拡張の体系論（一九三一年八月なかば）」（全集第一五巻テキスト一四番）。なお、原文テキスト二〇八頁から二一四頁は、紙面の都合で割愛しなければならなかった。このことについて、第四部訳注［8］を参照。

訳者解説

山口一郎

フッサールの「間主観性」の問いとは、前巻『その方法』の解説にあるように、「主観と主観の間」という意味での「間《あいだ》」に関わる問いである。フッサール現象学において、この「間」は、現象学の基本概念である「志向性」の概念によって、はじめて、的確に理解されうる。志向性とはそもそも、「主観と主観」の間だけでなく、「主観」と「客観」との間に、いつも、すでに、「成立してしまっている関係性」を意味する。つまり、観念論的、あるいは実在論的に、主観と客観がすでに前提にされた上で、その主観がその客観にどのように関係するのかを問うのではなく、主観と客観が意識にもたらされる以前にできあがってしまっている関係性そのものが志向性なのであり、その関係性の成り立ち（構成の仕方）が厳密な方法論にそくして現象学的分析にもたらされるのである。

この志向性の概念によるフッサールの他者論が『デカルト的省察』の第五省察で呈示されて以来、つねに次のような批判がなされてきた。「私と他者」の間が「主観と客観の間」に働く（作動する）志向性による関係性によって理解されるとすれば、この私の主観に働く志向性は、「他者の主観」を私にとっての「客観」として構成してしまうのではないのか、つまり、他者の主観とは、私にとっての客観にすぎず、私の主観は直接、自分に疑えなく明証的に与えられてはいても、他者の主観そのものには、直接至りえない、という批判である。したがって、フッサールの他者論は、たとえば、私の心を突き動かす「非難する他者のまなざし」や「私を際限なく包み込む他者の愛」、あるいは、この私を超えている「他者の他者性」や「明らかに自分の経験を超えている他者に属する他者の経験の独自性」を哲学的解明にもたらすことができないと批判するのである。

この解説において、まず、この批判が生じるのは、志向性の意味が大変狭く捉えられているためであることを論証し、次に、フッサールの他者論が、「真の他者（汝）」との関係性をとおして真の「自己」が実現されうる「人格共同体」を目指した共同体論として展開されていることを指摘したい。そのさい論証の基軸になっているのは、受動的志向性と能動的志向性の区別である。この区別によって、潜在的志向性と顕在的志向性の統一である「志向性の綜合」も、受動的志向性の統一である「受動的綜合」と能動的志向性の統一である「能動的綜合」に区別されることになる。ここで受動的志向性とは、「自我（私の主観）と他我（他者の主観）」というように自他に区別される意味での「自我そのものが働いていない」、「作動していない」、「先自我的」とか「没自我的」と性格づけられる志向性を意味する。能動的志向性は、この受動的志向性の働きが明らかにされる以前に、能動・受動の形容詞がつかないままに「志向性」といわれてきたような、「自我」の働きが前提にされる「われ思う ego cogito」というときに作動している志向性なのである。この区別がフッサールの他者論においていかに決定的役割を果たすことになるか、以下、詳論する。

一　自他の身体の構成と間主観性論

フッサールの他者論に特徴的なことは、「自我の主観と他者の主観」という観念を前提にして論証を進めるのではなく、また、実在する複数の人間の一人としての自分と複数の他者を前提にして、その関係性を問うのでもなく、「自他の身体の区別」が意識されている志向性による構成のされ方が、私と他者の主観の間の関係性を根本的に規定する基盤になっていることである。例えば、痛そうに頬に手を当て「歯が痛い」と言っている人に共感はしても、その人の歯の痛みを直接感じているわけではない。また、「痛そうに頬に手を当てている」その人の外観（視覚像に与えられる外的身体性）とその人の「歯の痛み」（その人の体内で直接感じている内的身体性）の区別は明白である。自他の身体の構成の問題とは、まさに、この内的身体性（心の働き）と外的身体性（物としての外観をもつ身体）の関係の問いを意味する。

フッサールは、この物としての身体と心としての身体が、私の身体においてどのように統一されているかを、触覚野の「二重感覚」として詳細に分析する（本書テキスト九参照）。右手が左手を触れるとき、右手は触れる手（主観としての内的身体）として働き、左手は触れられる手（客観としての外的身体）になっている。同じ私の身体で、右手の触れるという主観の働きと触れられている客観としての左手が二重になって意識されている。他方、その直後、それまで触れられていた左手が主観としての触れる手になり、触れていた右手が客観としての触れられる手になりうる。このことをフッサールは「この逆転が起こるやいなや、そのさいに、したがって、つねに合致しあう対《ペア》になった感覚の機能も逆転する。」（本書一一〇頁）と記述している。この触覚の二重感覚そのものは、すでにフッサールの『イデーンⅡ』第一八節で言及され、メルロ＝ポンティをとおしてよく知られるようになったが、いずれの場合にも、ここで述べられている「合致する対《ペア》の感覚」として記述されるには至っていない。ここで言われている「対の感覚」とは、『デカルト的省察』で述べられている「受動的綜合の根源的形式」である「対化（対になること）」を指している。そして、ここで重要なことは、「触れる‐触れられる」という触感覚の二重感覚は、私の身体に限定されずに、他者の身体の私の身体への働きかけとして記述されていること、しかも、明確に「自我の覚醒（能動性）と没自我性（受動性）の区別」をとおして語られていることである。フッサールは、能動性に属する、触れるという能動的接触が、受動性の領域に属する「連合」の様相に移行する「二義性」について次のように記述する。能動的接触が受動的連合に移行するのは、この受動的連合が「ちょうど、感覚所与（接触感覚）が根源的な連合的時間化において「意識されて」いるように、すべての現実的な能動性からかけ離れているからである。私が注意して、この背景において《触れられ‐触れる》事物が私を「触発する」とき、この触発はすでに自我的様相なのであり、それは純粋な連合（それは、「没自我性」の領分、自我が覚醒していない領分であり、――「受動的な背景」……触発的‐能動的自我生の根底にあって進捗するものにかかわっている）を突破するのだ」（本書一二四頁）と述べる。

（一）ここで述べられているのは、まず第一に、能動的接触と接触感覚が能動的志向性と受動的志向性として区別されていることである。元来、受動的志向性は、時間意識（「連合的時間化」の属する構成領域）がどのように構成されているかを問う「時間論」を経て初めて開示されてきた。『イデーンⅠ』（一九一三年出版）で、志向性は、純粋自我（超越論的自我）を前提にする志向性であり、当然、自我の働きをとおした能動的志向性に他ならない。自我が関与しない受動的志向性が『イデーンⅠ』で言及されることがないのは、フッサール自身、「私たちが還元をとおして摘出した超越論的に〝絶対的なもの〟は、実は究極的なものではなく、この究極的なものとは、深層にあって完全に固有な意味で自ら構成され、その源泉を究極的で真なる絶対的なものにもつものである」(『フッサール全集』第三巻第八一節参照)と述べるように、この究極的なものである「時間意識の自己構成という謎」を考察外に置いているからである。しかし、このような純粋自我に依拠する超越論的還元という見解は、一九二〇年代にはいり、発生的現象学と、自我の生成以前と以後を発生的に究明しうるモナド論的現象学に批判的に統合されていくことになる。

(二)『イデーンI』で除外されていたのは、時間意識の構成の問いだけではなく、超越論的他者の構成の問題も埒外にされていた。このことをフッサール自身、一九二三/二四年の講義『哲学入門』(『フッサール全集』第三五巻)で、「時間と他者」の構成を疑う余地のない明証性(必当然的明証性)に還元しえない、『イデーン』期の超越論的還元の「超越論的素朴性」(同上、第二三節)として徹底した自己批判を行っている。この自己批判をとおして、解明されてきたのが、自我の関与を含まない受動的志向性によって私に与えられる「感覚所与の根源的な連合的時間化」なのだ。連合は受動的綜合として働く(本書一二三頁以下を参照)。感覚所与(接触感覚)は、片方の手で、もう一方の手に触れながら指を移動させるとき、そこには、自我がそれに気づこうと、気づくまいと、接触感覚の持続的な統一が、類似した触覚感覚内容の連合にそくした(過去)把持をとおして成立している。このように「連合的時間化」をとおして、自我の気づく以前に先構成された感覚内容の意味のまとまりが、自我の注意を引くように働きかける、つまり触発するのだ。触発をとおして、この先構成されたものに自我が能動的に関与するとき、「触れている」と意識される能動的志向性としての能動的接触が成立するのである。

二　受動的綜合としての対化による「間主観的自然」の構成

『デカルト的省察』の第五省察で間主観性の構成が「対化」によって超越論的に根拠づけられて以来、「対化」は受動的志向性による受動的綜合と規定されているにもかかわらず、『イデーン』期で語られる志向性、つまり能動的志向性と誤解されるのは、いったいどうしてなのだろうか。それは、先ほど述べられた「連合的時間化」の真意が的確に理解されていないことによるのだが、ここで「対化」そのものについて論述されているテキストに向かい、いったい何が現象学的分析にもたらされていたのかを、明らかにしてみよう。

(一)　フッサールは、他者の身体が私の身体に対して与えられているその与えられ方を「準現在化」と呼び、それを自分の痛みが直接自分の身体に感じられる私の「原本領分」での与えられ方と対比して、「それは連合的に覚起されなければならないのであり、……

その連合はそこにある「身体物体」から私の身体物体へと向かい、実際に合致へと至る。……それは私の身体への関係づけにおいてであり、この関係づけは衝上〔押しかぶせ〕的合致としか呼ぶことができない」（本書二一〇頁以下）と論じている。つまり、そこにある「身体物体」が「私の身体物体」に「連合的覚起」をとおして志向的に働きかける、つまり先に述べた用語では、触発してくるというのだ。この場合の連合的覚起というのは、私の身体で直接直観できている内的身体と外的身体（自分の身体の外観）の対の連合が、私がそこにある〝他者の〟「身体物体」を見たとたん、私の身体にその〝他者〟の身体の「対の連合」として覚起される（呼び覚まされる）というのだ。つまり、触れる右手のキネステーゼ（内的身体の運動感覚）と触れているときの右手の視覚像の変化（外的身体の視覚感覚）の対になった意味の連合が、私の身体に潜在的志向性として与えられていて、そこに、〝他者〟の「身体」の外的身体性（右手の視覚像の変化）が与えられるとき、私の身体に潜在的に与えられていた「右手の動きのキネステーゼと右手の視覚像の変化」の対になった意味の連合との間に、両方の意味地平同士が衝き上げて押しかぶさる「衝上的合致」が起こるというのだ。自我の注意はその合致によって際立ってくる「対化の現象」に向けられ、「自他の身体」についての意識が生じるのである。

（二）　ここで生じているのは、「志向的現象」としての連合であり、「類似性連合に構成的に属しているような合致が生じる」ことによって、「受動的志向性としての連合がすでに可能であり、不完全ではあるにしても、自我の活動なしにつねに効力を発揮している」(本書二一五頁)。ここで「自我の活動なしに」とは、「自我が類似連合による意味のまとまりに気づく以前に、すなわち自我がそれに注意を向ける以前に」ということだ。自我そのものが類似連合による意味の統一を構成するのではなく、意味の統一は、自我がそれに気づき、意識する以前に、いわば無意識にできあがっており、〝私〟の側の内的身体と外的身体との対化連合と〝他者〟の側の内的身体と外的身体の対化連合との間にそれらの二つの対化の類似性をとおして、受動的綜合による内的身体と外的身体との調和的統一という「人間の生きた身体という意味」がそのつど、新たに創設されているとされる。しかし、他方、当然のことだが、私たちは、「人間の身体の意味」がそのつど創設されるとき、自他の身体の区別がついている。フッサールはこの区別の淵源を、幼児の発達を巡る発生的現象学の分析において、「身体中心化」(『フッサール全集』第一五巻付論五〇参照)に見ている。

(三) しかし、この身体中心化の問題以前に、受動的綜合による、意識される以前の内的身体と外的身体との類似性連合という見解に対して、そもそも内的身体性に属するキネステーゼは、自分の身体にしか直接与えられておらず、しかも、自分の身体(右手であれ左手であれ）を動かすことは、本来、随意運動であり、「自分が自分の右手を動かす」という能動的志向性が作動していることは、明白だ。ということは、ここで述べられている、そこにある〝他者〟の身体物体から私の身体物体に向けられた対化といわれる類似性連合は、実は、私の能動的志向性としてのキネステーゼが、（過去）把持をとおして受動性に変様した、能動的志向性に由来する受動的志向性であって、もとを正せば、能動的志向性の複写（コピー）にすぎない、という批判が出てくる。受動的志向性というのは、実は、能動的志向性が習慣化して、無意識に生じるようになった能動的志向性の受動的習性だというのだ。「自我の関与をまったく含まない受動的志向性」が、それとして理解されてこなかった第一の理由は、まさに、「自我の痕跡を含まない受動的志向性は作動しえない」、言い換えると「受動性に能動性の痕跡が含まれている」とする「能動性における受動性」という受動性の狭隘な理解にある。

（四）それに対して、原理的な反批判として指摘されねばならないのは、フッサールが受動性を「能動性における受動性」と「能動性以前の受動性」に峻別していることだ（『経験と判断』第二三節参照）。ここで問われている内的身体性に属するキネステーゼに関しても同様、能動的キネステーゼと、自我の能作として作動する以前の受動的志向性としてのキネステーゼの区別が露呈されてくる。フッサールは、「本能的に走り回るキネステーゼ――配置の本能的刺激――単一性の多数性のおそらく本能的な予料――数多的な触発――野生のキネステーゼ」（本書二六一頁）というように、無意識に働く本能的キネステーゼを主題化し、無意識の本能や衝動をテーマとする「無意識の現象学」（『受動的綜合の分析』第三三節参照）を発生的現象学の研究領域として確立する。先に述べた「連合的時間化」は、根源的に、受動的志向性としての衝動志向性によって構成されるとされ、間主観的に無意識に働く衝動志向性が「あらゆる原初的現在をとどまる時間化として統一化する」（『フッサール全集』第一五巻テキスト三四番参照）ことで、間主観的時間化（自他の間で共に生きられる時間の流れ）が、衝動志向性をとおして超越論的に根拠づけられているのだ。

（五）これまでの議論で、フッサールの他者論、とりわけ、『デカルト的省察』第五省察の「対化」に向けた多くの現象学者の批判の射程が明確になってきたと思われる。K・ヘルトは、第五省察で展開される「ここの身体とそこの身体との共現前」を「虚構的意識」と評し、超越論的自我の「自己分裂と自己共同化」という自我論の枠組みにおいて、自我の脆弱さにおいてかろうじて他我の共在が認められると主張している。この主張は、そもそも『デカルト的省察』の第五省察が、第四省察で展開されている「私の我《エゴ》の自己解明を、体系的に自我論的な学問という形式において首尾一貫して遂行する」超越論的観念論の枠組み（『デカルト的省察』第四一節参照）ではなく、モナド論的現象学の領域で展開されていることを見落としているのだ。自我の関与を含まない受動的綜合としての「対化」を自我論において理解することは不可能なのだ。

メルロ＝ポンティとレヴィナスの間に位置して独自の他者論を展開するB・ヴァルデンフェルスは、対化を積極的に受け止め、匿名的間身体性を主張するメルロ＝ポンティの見解を継承しつつも、感覚の意識の構成を、時間のズレを前提にする隔時性において働く能動的志向性による、とするレヴィナスの志向性の理解にそくして、フッサールの「連合的時間化」に働く受動的志向性である衝動志向性による生き生きした現在の流れという見解を退ける。そこでは、最終的に受動的志向性はそれとして認められることなく、能動的志向性による「応答の倫理」が呈示されるのである。

三　共同精神における人格共同体

フッサールの人格共同体論の特徴は、（一）感情移入による構成をその基盤としつつ、どのようにして社会共同体が人格共同体として形成されるに至るか、とりわけ、本来的な感情移入と伝達の意志と人格的かかわりの必要性が論述され、（二）我－汝－関係が、家族愛と、人格の社会的かかわりを前提にする倫理的愛として、受動性と能動性の区別をとおして論述され、(三) 人類の文化共同体が、自然科学と精神科学における世界認識を統合しうる普遍的人間学の枠組みにおいて考察されるなかで、『危機』書(『フッサール全集』第六巻)で論じられている「人間主観のパラドクスと間主観性の構成の問題」の重要性が浮き彫りになっていること、(四) 間主観的共同体における正常と異常の構成が、発生的現象学の視点で解明されていること、以上四点にあるといえる。

(一) フッサールは、社会的作用といわれる他者に向けた人間の社会的活動は、これまで述べられた他者の身体と私の身体の対化によって構成される「間主観的自然」の段階においては成立せず、本来的な意味での感情移入をとおして、はじめて成立するとする。本来的感情移入とは、他者と正面から向きあい、自分の意志を伝達し、互いの意志を了解しつつ、たんに理論的認識にとどまらない、「実践的な意志の共同体」を形成することであるとされる。そのとき人は、人格的な自己意識を獲得し、人格の主観になるのだ。ということは、周りの人の行動をみやり、その行動の意図を理解し、その行動の文脈のなかでそつなくふるまい、疑似家族的人間関係において、お互いの利害得失にのみ照準を合わせる行為は、いまだ社会的行為とはいえないのだ。相手と正面から向き合い、お互いの意志を確認しあうところからしか、人格的行為は生成しない。

(二) 我‐汝‐関係において互いに向き合うことは、「お互いに見つめ合う」とも表現され、それをとおして人格的愛が成立する。この人格的愛は、まずは社会的人格の起源としての家族愛において現実化している。そのことをフッサールは、「家族のどの一員も、……その一員が自分の傍らにいることが嬉しいからだけでその人を求めるのではなく、家族のどの一員も、努力する生や活動や、ともに働きかけ合い、関係しあって活動するといった相互の関係づけという共通したものがあるからである。……どの主観もその人なりに、他者の生と活動に介入し、その人のなかでともに生きながら、多様な我－汝－関係のうちで人格としてその人と一つになる」（本書三〇五頁以下）と述べる。これに対して「倫理的愛」が、キリスト教的な隣人愛を基盤にした倫理的共同体において実現されるべき理念的課題とされている。しかし、ここで注意されねばならないのは、フッサールが「愛と愛の共同体そのもの」とを区別し、理念としての人間愛と人格的共同体そのものの実現の限界とを見極め、家族愛における人格共同体の上にこそ、倫理的愛の実現が可能とする、「本能の基盤の上にある倫理的なもの」という、受動性を基盤と前提とした能動性という基づけ関係を重視していることとである。

(三) 複数の人格のあいだで共同の作用や能作が成立する場合、共同精神が成り立つとされ、フッサールはこの共同精神を、「まるで、一つの意識と人格の能作をともなう人格の一つの統一であるかのようだ」と表現する。この共同精神が具現化されるのは、たとえば「大学の各学部や、諸団体、民族、国家」などであり、それらの共同精神は、それぞれの「故郷世界」を基盤にした文化と伝統を担っているとされる。フッサールは、この人格共同体の実現のされ方を「すべての世界認識一般を包括する」普遍的な人間学という標題のもとで解明しようとする。そのさい、ここでいう人間学とは、人格共同体において研究が進められる自然科学の自然認識をも包括するとして、自然科学を特徴づけ、「自然科学者は自然を主題とするが、それは純粋に自然それ自身であって、人間を主題にするのではない。人間一般はもちろんのこと、自然を認識する人間でさえ主題にすることはない」（本書四〇八頁）としている。このあらゆる客観的学問を遂行する人間そのものを主題にする人間学的態度の普遍性が主張され、この人間学的態度において世界認識を遂行する人間は、法外なパラドクスを自覚することになる。それは「私たち自身は世界のうちに従属させられる出来事であるのに、その世界が私たちの形成物であり、したがって、私たち自身でさえ、私たちの形成物であるということではないのか」（本書四一〇頁）というパラドクスである。このパラドクスは、『危機』書（『フッサール全集』第六巻）で「人間的主観性の逆説――世界に対する主観であると同時に世界のうちにある客観であること」（同書第五三節）と表現されていた。本書のこのテキストでは、『危機』書にみられた「現在と過去」、「知覚と想起」という類比関係に安易に依拠することなく、「すべての客観性の基礎としての身体の客観性」という自他の身体の構成という視点にたち、間主観的な感性的知覚領分において、間主観的構成の分析が展開されている。

(四) 間主観性の構成は、正常な人にとって、また異常な人にとっても同一の世界がどのように構成されているのか、という観点から考察されている。そのさい注目すべきは、フッサールが、成人の正常な人々のあいだで感情移入をとおして成立する正常な実践的環境世界の構成分析から出発して、発生的現象学の方法である「脱構築」を活用して、異常な人々、幼児や動物の段階での周囲世界の構成の解明を試みていることである。脱構築というのは、志向性の構成層の全体を地層学者のように、上層から下層へと発掘していくことではない。間主観性の構成が問われて、フッサールの試みた自我主観と他我主観の区別が生成する以前の「原初的領分」への「原初的還元」で試みられているのは、まさに、正常な成人にとって自明である自他の区別にかかわる志向性の能作を働いていないとしてカッコ入れすることであり、それによって、正常に働く自他の区別を可能にしている構成層を、人間の実践的環境世界を構成している構成層の階層的構築の全体から「脱してみる」脱構築の方法なのである。この方法によって開示されてくる幼児における志向性による構成の世界は、時間意識に関しては、想起と予期の働かない(過去)把持と(未来)予持のみ働く流れる現在の受動的先構成と、空間意識に関しては、能動的キネステーゼが働く以前の受動的な本能的キネステーゼ（野生のキネステーゼ）による先構成の世界である。こうして衝動志向性の充足／不充足に基づく母子間の間主観的な共有される時間化と空間化の構成段階が露呈され、自我の生成以前のモナド間のコミュニケーションの領域の解明が現象学的分析の課題とされるに至るのである。

四　「汝」、ないし「他者の他者性」をめぐって

フッサールの人格共同体論において論ぜられている「我－汝－関係」とM・ブーバーの「我－汝－関係」との共通点と相違は、これまで展開されてきたフッサールの他者論に対する「汝」の概念をめぐる批判の内実を明らかにすることになる。家族愛から倫理的愛を一貫する、相手を自分にとっての「経験と利用」の対象にすることなく、人格としてひたむきに愛するという態度は、フッサールとブーバーに共通している。「配慮(Sorge)」を人間関係の基軸にすえるハイデガーにおいて、人格に対する積極的な愛は背景に退き、「未来の自己の死への覚悟を迫る孤立した実存」に、フッサールとブーバーの語る人格共同体への方向はみえてこない。ブーバーの「我と汝の出会い（我－汝－関係）」を否定するレヴィナスは、私たちに与えられている感覚体験を、自我の働く能動的志向性として捉えることで、自我の形成以前に受動的志向性として働く本能的愛をとおし

て、幼児期に人格の核が育まれてくるという視点が欠落することになる。他者の他者性を志向性の彼方に位置づけるレヴィナスは、まさにこの志向性を自我の能作が含まれる能動的志向性としてしか理解していない。ブーバーの「我‐汝‐関係」において、またフッサールの人格主義的態度における「我‐汝‐関係」においても、能動性の極みにおいて、自己への反省、つまり自己遡及性から解放された人格相互の結びつきが成立し、「出会い」が生起しているのだ。

フッサールとブーバーにおける「我‐汝‐関係」の相違を挙げれば、人格共同体における「我‐それ‐関係」の位置づけを指摘することができる。フッサールの場合、能動的志向性のノエシス‐ノエマの相関関係による構成論を基礎にして、自然科学と精神科学を統合しうる、静態的現象学における「本質直観」をとおして、「我‐それ‐関係」の志向的基盤を呈示できるのに対して、ブーバーの場合、「我‐それ‐関係」そのものの志向的構成について触れられることはなく、現代社会を支配する圧倒的技術知に対して、次元的に対立する「我‐汝‐関係」を対置させることに終始し、学知を統合しうる方向性を見いだすことが困難であるように思える。同種の批判は、西田幾多郎の「私と汝」と題する論稿にも妥当するものである。西田において、道徳哲学の領域で積極的に取り上げられるカント哲学における人格概念は、日本社会における具体的社会制度論や社会哲学への展開をみせないまま、直接、宗教的人格の次元への飛躍をなしてしまい、日本社会における人格共同体の基盤は構築されずにとどまってしまっているのだ。フッサールの間主観性論における人格共同体論から学ぶことができる一つの重要な視点は、受動的志向性に基づけられた能動的志向性による「我－汝－関係」を基盤にする、第三人称的な「我－それ－関係」における社会制度の構築にあるといえるだろう。

最後にあたり、なかなか進展しない私たちの作業を忍耐強く見守っていただき、いつも励ましの言葉で支えてくださった、ちくま学芸文庫編集部の伊藤正明氏に心からの感謝の言葉を申し上げたい。

事項・人名索引

この索引は、人名についてはすべて取り上げたが、事項については「間主観性の現象学」というテーマにとって重要と思われる語ないし語句に限定した。

さ　行

た　行

な　行

は　行

ま　行

ら　行

わ　行

本書は「ちくま学芸文庫」のために新たに訳出されたものである。

ちくま学芸文庫

間主観性《かんしゆかんせい》の現象学《げんしようがく》Ⅱ　その展開《てんかい》

二〇一三年九月十日　第一刷発行

著　者　エトムント・フッサール
監訳者　浜渦辰二（はまうず・しんじ）
　　　　山口一郎（やまぐち・いちろう）
発行者　熊沢敏之
発行所　株式会社　筑摩書房
　　　　東京都台東区蔵前二―五―三　〒一一一―八七五五
　　　　振替〇〇一六〇―八―四一二三
装幀者　安野光雅
印刷所　星野精版印刷株式会社
製本所　株式会社積信堂

ISBN978-4-480-09574-9 C0110